Eine Arbeitsgemeinschaft der Verlage

Böhlau Verlag · Wien · Köln · Weimar
Verlag Barbara Budrich · Opladen · Toronto
facultas.wuv · Wien
Wilhelm Fink · Paderborn
A. Francke Verlag · Tübingen
Haupt Verlag · Bern
Verlag Julius Klinkhardt · Bad Heilbrunn
Mohr Siebeck · Tübingen
Nomos Verlagsgesellschaft · Baden-Baden
Ernst Reinhardt Verlag · München · Basel
Ferdinand Schöningh · Paderborn
Eugen Ulmer Verlag · Stuttgart
UVK Verlagsgesellschaft · Konstanz, mit UVK / Lucius · München
Vandenhoeck & Ruprecht · Göttingen · Bristol
vdf Hochschulverlag AG an der ETH Zürich

MARTIN H. JUNG

Kirchen-
geschichte

A. Francke Verlag Tübingen

Martin H. Jung (geb. 1956) ist Professor für Evangelische Theologie an der Universität Osnabrück. Seine Forschungsschwerpunkte liegen im Bereich der Neueren Kirchengeschichte (Reformation, Orthodoxie, Pietismus, Erweckungsbewegungen, 19. und 20. Jahrhundert, Frauengeschichte) und der Geschichte der christlich-jüdischen Beziehungen.

Umschlagabbildung: Atelier Reichert, Stuttgart nach Bildern des Autors

Bibliografische Information der Deutschen Nationalbibliothek

Die Deutsche Nationalbibliothek verzeichnet diese Publikation in der Deutschen Nationalbibliografie; detaillierte bibliografische Daten sind im Internet über http://dnb.d-nb.de abrufbar.

© 2014 · Narr Francke Attempto Verlag GmbH + Co. KG
Dischingerweg 5 · D-72070 Tübingen
ISBN 978-3-8252-4021-9

Das Werk einschließlich aller seiner Teile ist urheberrechtlich geschützt. Jede Verwertung außerhalb der engen Grenzen des Urheberrechtsgesetzes ist ohne Zustimmung des Verlages unzulässig und strafbar. Das gilt insbesondere für Vervielfältigungen, Übersetzungen, Mikroverfilmungen und die Einspeicherung und Verarbeitung in elektronischen Systemen.
Gedruckt auf chlorfrei gebleichtem und säurefreiem Werkdruckpapier.

Internet: http://www.francke.de
E-Mail: info@francke.de

Einbandgestaltung: Atelier Reichert, Stuttgart
Satz: Informationsdesign D. Fratzke, Kirchentellinsfurt
Druck und Bindung: fgb – freiburger graphische betriebe
Printed in Germany

ISBN 978-3-8252-4021-9 (UTB-Bestellnummer)

Vorwort

Dieses Buch geht in mehrfacher Hinsicht neue Wege. Erstmals wird Kirchengeschichte nach einem durchdachten didaktischen Konzept vermittelt. Erstmals werden beim Gang durch die Kirchengeschichte laufend aktuelle Bezüge hergestellt. Erstmals endet die Kirchengeschichte nicht 1945 oder 1989, sondern reicht bis in das Jahr 2013. Erstmals wird Kirchengeschichte unter konsequenter Einbeziehung der beiden für das Christentum wichtigen Nachbarreligionen, des Judentums und des Islam, behandelt. Selbstverständlich findet auch der neuzeitliche Katholizismus gebührende Beachtung und auch den evangelischen Freikirchen wird Raum gegeben. Und schließlich will dieses Buch auch auf das Reformationsgedenken 2017 vorbereiten.

Seit 1987, als ich in Tübingen erstmals eine Assistentenstelle übernahm, lehre ich Kirchengeschichte aller Epochen. Mein Berufsweg führte mich nach Siegen und nach Basel und zuletzt nach Osnabrück, wo ich seit 2002 die Professur für Historische Theologie (Kirchengeschichte, Dogmen-, Theologie- und Konfessionsgeschichte sowie Ökumenische Theologie) am Institut für Evangelische Theologie an der Universität Osnabrück innehabe und mich im evangelisch-katholischen, im christlich-jüdischen und im christlich-muslimischen Dialog engagiere. Meine Lehrerfahrung in verschiedenen Kontexten, bei der Ausbildung von Religionslehrer/innen und Pfarrer/innen, hat Eingang in dieses Buch gefunden. Seit dem Abschluss meiner Promotion im Jahre 1990 habe ich selbst zu zahlreichen Kapiteln der Kirchen-, Theologie- und Frömmigkeitsgeschichte der Neuzeit eigene Forschungsbeiträge geleistet und publiziert. Auch sie spiegeln sich in diesem Buch.

Das Glossar im Anhang hilft beim Verstehen von Fachwörtern. Hochgestellte Sternchen vor Begriffen zeigen an, dass der jeweilige Begriff im Glossar erklärt wird. Erstmals macht diese Darstellung der Kirchengeschichte auch mit den Möglichkeiten bekannt, die das Internet bietet. Zum Buch gehört ferner eine eigene Website. Auf ihr finden sich bei „Zusatzmaterialien" unter anderem abhörbare Aussprachehilfen für fremdsprachige Begriffe, zum Beispiel aus dem Französischen. Eine wichtige Hilfe bei der Vorbereitung von Referaten oder mündlichen Prüfungen! Im Text wird durch ein Notenzeichen (→ ♪) auf dieses Angebot verwiesen. Zur Website des Buches führt folgender Link:

URL: http://www.utb-shop.de/9783825240219

Für Mithilfe bei Korrekturen und beim Erstellen der Register danke ich meinen Wissenschaftlichen Hilfskräften Christian Fischer, Wiebke Meyer, B. A., und Alina Pohlmann, B. A.

Osnabrück, im September 2013   Martin H. Jung

Inhalt

Vorwort V

1. Christus, die ersten Christen und das Christentum 1

2 Antike 11
2.1 Kirchengeschichte der Antike im Überblick 11
2.2 Hauptthemen der antiken Kirchengeschichte 19
2.2.1 Judenchristen und Heidenchristen 19
2.2.2 Apostel und Apostolische Väter 23
2.2.3 Verfolgungen und Martyrien 27
2.2.4 Apologeten und Kirchenväter 33
2.2.5 Konstantins Wende 39
2.2.6 Christologien und Trinitätslehren 44
2.2.7 Asketen und Eremiten 49
2.2.8 Gnosis und Manichäismus 52
       Aufgaben 55

3 Mittelalter 58
3.1 Kirchengeschichte des Mittelalters im Überblick 58
3.2 Hauptthemen der mittelalterlichen Kirchengeschichte 69
3.2.1 Mission 69
3.2.2 Mönchtum 71
3.2.3 Kreuzzüge 80
3.2.4 Papsttum 82
3.2.5 Scholastik 88
3.2.6 Humanismus 92
3.2.7 Christen und Juden 94
3.2.8 Christen und Moslems 98
       Aufgaben 101

4 Reformation 104
4.1 Kirchengeschichte der Reformation im Überblick 104
4.2 Hauptthemen der Reformationsgeschichte 112
4.2.1 Biografie und Theologie Luthers 112

4.2.2	Von der Gemeinde- zur Fürstenreformation	123
4.2.3	Biografie und Theologie Zwinglis	126
4.2.4	Täufer, Spiritualisten und Antitrinitarier	129
4.2.5	Vom Augsburger Bekenntnis zum Augsburger Religionsfrieden	132
4.2.6	Biografie und Theologie Calvins	137
4.2.7	Von der Gegenreformation zur katholischen Reform	140
4.2.8	Luthertum und Calvinismus in Europa	142
	Aufgaben	145

5	Frühneuzeit	148
5.1	Kirchengeschichte der Frühneuzeit im Überblick	148
5.2	Hauptthemen der frühneuzeitlichen Kirchengeschichte	153
5.2.1	Orthodoxie	153
5.2.2	Barockscholastik	156
5.2.3	Der Dreißigjährige Krieg	158
5.2.4	Pietismus	161
5.2.5	Aufklärung	167
5.2.6	Kirchen in England	172
	Aufgaben	174

6	Moderne	177
6.1	Kirchengeschichte der Moderne im Überblick	177
6.2	Hauptthemen der Kirchengeschichte des 19. und 20. Jahrhunderts	184
6.2.1	Diakonie und Caritas	184
6.2.2	Neue Theologien	187
6.2.3	Staatskirchen, Volkskirchen, Freikirchen	191
6.2.4	Antisemitismus und Philosemitismus	194
6.2.5	Päpste und Konzile	198
6.2.6	Bekennende Kirche und Kirchenkampf	203
6.2.7	Kirchen in Deutschland nach 1945	206
6.2.8	Mission und Dialog	211
6.2.9	Ökumene	214
6.2.10	Kirchen in Amerika	218
	Aufgaben	221

7	Zeitgeschichte	224
7.1	Kirchen-Zeitgeschichte im Überblick	224
	Aufgaben	230

8	Vertiefungen	232
8.1	Warum Kirchengeschichte – und wie?	232
8.2	Geschichte der Kirche oder Geschichte der Kirchen?	237

8.3	Kirchengeschichte als Christentumsgeschichte.	238
8.4	Die Geschichte der Kirchengeschichtsschreibung	239
8.5	Kirchengeschichte und Theologie	241
8.6	Kirchengeschichte in der Region	243
8.7	Kirchengeschichte in der Schule	244
8.8	Kirchengeschichte in der Gemeinde	248
8.9	Epochen der Kirchengeschichte	250
8.10	Kirchengeschichtliche Quellen und Hilfsmittel	251
8.11	Kirchengeschichte im Internet	253
8.12	Prominente Kirchenhistoriker	256
8.13	Kirchengeschichtliche Arbeitsweisen	258
8.14	Seminar- und Examensarbeiten in Kirchengeschichte	259
8.15	Kirchengeschichtliche Zukunftsperspektiven.	261
8.16	Das Jubiläum: 1517–2017	263
9	Anhang	265
9.1	Musterklausuren	265
9.2	Glossar.	267
9.3	Lösungen zur Musterklausur.	277
9.4	Lösungen zu den Bildinterpretationen.	279
9.5	Personenregister.	284
9.6	Sach- und Ortsregister.	286
9.7	Nachweis der Abbildungen	292

Christus, die ersten Christen und das Christentum

1

Das Christentum wurzelt in Jesus, den seine Anhänger als Christus ansahen und bezeichneten. Jesus war eine Gestalt der Geschichte, daran besteht kein Zweifel. Wir wissen zwar nur wenig historisch Zuverlässiges über sein Leben, aber dass er gelebt hat, dass er gepredigt und geheilt hat sowie als Dämonenaustreiber (Exorzist) aufgetreten ist, ist gesichert. Ebenso sicher ist, dass er am Kreuz gestorben ist. Das bezeugen auch außerchristliche Quellen.

Jesus

Wann Jesus geboren wurde, wissen wir nicht. Alles, was die Bibel über die Umstände seiner Geburt erzählt, sind lange nach seinem Tod entstandene Legenden, die wichtige und richtige theologische Gedanken in anschauliche, einprägsame Geschichten kleideten. Jesus stammte aus Nazareth, sein Vater hieß Joseph und seine Mutter Maria. Er hatte mehrere Geschwister. Vielleicht lernte er den Beruf seines Vaters und wurde Zimmermann. Er war nicht verheiratet und hatte keine Kinder. Irgendwann begegnet ihm Johannes der Täufer, ein jüdischer Bußprediger, eine historisch greifbare Gestalt, und Jesus ließ sich von ihm im Jordan taufen. Anschließend begann Jesus eigenständig, in Anknüpfung an Johannes zur Lebenserneuerung aufzurufen und zu predigen. Er durchstreifte seine Heimat, Galiläa, gelangte an den See Genezareth und sammelte Anhängerinnen und Anhänger, darunter einen kleinen Kreis von besonderen Vertrauten, die Jünger. Wahrscheinlich war Jesus so nur ein Jahr lang unterwegs. Dann zog er mit seinen Anhängern nach Jerusalem (s. Abb. 2.1). Dort wurde er verhaftet, verhört, verurteilt und hingerichtet. Das Urteil sprach Pilatus (auch: Pontius Pilatus), eine geschichtlich greifbare Gestalt, der in Jerusalem 26–36 als römischer Statthalter regierte. Das Urteil vollstreckten römische Soldaten. Jesu Anhänger waren entsetzt und suchten überwiegend das Weite. Andere ergötzten sich jedoch an dem grausamen Schauspiel und empfanden das Urteil als gerecht. Die Kreuzigung fand an einem Freitag statt, unmittelbar vor einem Passahfest. Es war nach dem jüdischen Kalender der 14. oder der 15. Nisan. Diese Angaben

Johannes

Kreuzigung

führen in das Jahr 27 oder 30 nach unserer Zeitrechnung. Das Jahr 30 ist wahrscheinlicher. Ganz konkret fand die Kreuzigung dann am 7. April 30 statt. Wo genau Jesus gekreuzigt und wo genau er begraben wurde, weiß man nicht. Den ersten Christen waren die Orte nicht wichtig, da sie Jesus auf neue Weise als gegenwärtig erlebten und als von Gott aus dem Tod erweckt verkündeten. Erst später begannen sich die Christen für heilige Orte zu interessieren und versuchten zu identifizieren, was noch zu identifizieren war.

Christus

Jesu Anhänger sahen in ihm den Christus. Ob er sich selbst so gesehen hat und ob seine Anhänger ihn schon zu Lebzeiten oder erst nach seinem Tod so ansahen, ist unsicher. Christus (→ 2.2.6) war das griechische Äquivalent zu dem hebräischen *Messias (→ 2.2.6) und bezeichnete den „gesalbten" Erlöser-König, eine sehnsüchtig erwartete Gestalt der Endzeit, die dem unterdrückten Judenvolk die Wende bringen sollte. Mehrfach waren im Zeitalter Jesu Gestalten der Geschichte als *Messias/Christus angesehen worden, doch immer wurden die Erwartungen enttäuscht. Jesus entsprach zwar auch nicht den gängigen Vorstellungen, insbesondere passte sein Kreuzestod nicht ins Konzept, denn seine jüdischen Anhänger lasen im Alten Testament, dass verflucht ist, wer am Kreuz stirbt: „Ein Aufgehängter ist verflucht bei Gott." (Dtn 21,23) Dennoch blieben sie mehrheitlich bei ihrer Entscheidung und ihrem Glauben. Die Kreuzigung war die grausamste und schmachvollste Hinrichtungsart der Römer und sie wurde vor allem an politischen Verbrechern vollstreckt. Pointiert könnte man sagen: Das Christentum entstand, als die Anhänger Jesu anfingen, seinen Schmachtod theologisch, das heißt positiv und als sinnvoll zu deuten. Dabei half ihnen das Alte Testament, zum Beispiel Jes 53,4f, das Lied vom Gottesknecht:

> Fürwahr, er trug unsre Krankheit und lud auf sich unsre Schmerzen. Wir aber hielten ihn für den, der geplagt und von Gott geschlagen und gemartert wäre. Aber er ist um unsrer Missetat willen verwundet und um unsrer Sünde willen zerschlagen. Die Strafe liegt auf ihm, auf dass wir Frieden hätten, und durch seine Wunden sind wir geheilt.

Der Tod Jesu wurde von den Christusgläubigen als stellvertretendes Opfer begriffen (vgl. 1 Kor 5,7; Hebr 9,28) und die Kreuzigung als Erhöhung (vgl. Joh 12,32), in der sich die Liebe Gottes gezeigt hatte. Vom Leben, Leiden und Sterben Jesu berichten die

Evangelien

Evangelien, eine von den Christen geschaffene neue literarische Gattung. Ihr Schwerpunkt liegt auf der Darstellung und Interpretation des Leidens und Sterbens Jesu und der damit verbundenen „frohen Botschaft" (griech. εὐαγγέλιον/euangelion = gute Nachricht) für alle Menschen, dass Gott das Heil aller Menschen will und für das Heil aller Menschen gesorgt hat. Mehr und mehr wurde in der Folgezeit die Kreuzigung im Lichte der geglaubten Auferstehung interpretiert: Christus war zwar gestorben, hatte aber letztlich über den Tod triumphiert. Schon für Paulus hatte Jesus „dem Tode die Macht genommen" (2 Tim 1,10).

Die Auferweckung Jesu aus dem Tod war für die frühen Christen so wichtig wie seine Kreuzigung. Anders als die Kreuzigung ist die Auferstehung allerdings kein geschichtlich greifbares Faktum. Wir haben nur die Berichte des Neuen Testaments, von denen die ältesten, bei Paulus, von Erscheinungen Jesu nach seinem Tod berichten (1 Kor 15,3–6). Dies wurde und wird unterschiedlich interpretiert. Die Erscheinungen lassen sich als *Visionen erklären. Solchen muss keine reale, leibliche Auferweckung aus dem Tod vorausgehen. Moderne Theologen erklärten, Auferstehung bedeute einfach: Die Sache Jesu geht weiter (Willi Marxsen, Dorothee Sölle). Immer wieder spielte aber auch die Hypothese eine Rolle, Jesus sei gar nicht am Kreuz gestorben, er sei scheintot gewesen oder ein anderer sei an seiner Stelle gekreuzigt worden. Letzteres glauben auch die Moslems. Klar ist: Mit Auferstehung oder Auferweckung meint die Bibel nicht die Wiederbelebung eines Leichnams, sondern den Übertritt Jesu in eine neue Existenzweise in der Sphäre Gottes, als „Erstling der Entschlafenen" (1 Kor 15,20), das heißt wie sie von Juden und Christen – und von Moslems – für jeden Gläubigen nach dem Tod erwartet wird.

<small>Auferweckung</small>

Motiviert von der Botschaft „Er ist auferstanden!" versammelten sich die ersten Christen in Hauskreisen in Privathäusern und bedachten miteinander Jesu Leben und Sterben. Sie warben für ihren Glauben mit Worten, und sie überzeugten durch ihre Taten. Kreise von Jesusanhängern – christliche Gemeinden – bildeten sich in Jerusalem, aber auch in anderen Orten Palästinas. Wir wissen von frühen Jesusanhängern in Samaria, Lydda (heute: Lod), Joppe (heute: Jaffa), Cäsarea (s. Abb. 2.1), aber auch im syrischen Damaskus (s. Abb. 2.1).

<small>Hauskreise</small>

Sie bezeichneten Jesus als Christus, und der Titel wurde rasch zu einem Beinamen, doch erst seit den 40er Jahren und erstmals in Antiochien (s. Abb. 2.1), einer damals bedeutenden Großstadt in Syrien, heute in der Türkei gelegen und Antakije genannt, bezeichneten Außenstehende die Anhänger Jesu als Christen.

<small>Christen</small>

Damit war eine neue Religion entstanden, die sich rasch verbreiten und schließlich die Welt erobern sollte. Das Christentum hat eine 2000-jährige Geschichte, ist jünger als das Judentum, jedoch älter als der Islam, aber es ist von allen Religionen die bedeutendste. Weltweit zählen heute etwa zwei Milliarden Menschen zu dieser Religion. Zum Vergleich: Moslems gibt es ca. 1,3 Milliarden und Juden ca. 15 Millionen.

Merksatz

MERKE: Der korrekte sprachliche Umgang mit den zentralen christlichen Namen und Titeln ist im Deutschen nicht einfach, weil die griechischen und lateinischen Wortendungen nach den Regeln ihrer jeweiligen Sprache gebeugt werden oder sich altertümliche Formen des Deutschen erhalten haben.

- Jesus (Genitivbildung): „der Tod Jesu" [üblich] oder „der Tod von Jesus"
- Jesus (Akkusativbildung): „ich ehre Jesum" [altertümlich] oder „ich ehre Jesus"
- Jesus (Dativbildung): „ich vertraue Jesu" [altertümlich] oder „ich vertraue Jesus"
- Jesus (Vokativbildung): „hilf mir, Jesu" [Kirchensprache] oder „hilf mir, Jesus"
- Jesus Christus (Genitivbildung): „der Tod Jesu Christi" oder „der Tod von Jesus Christus"
- Christus (Genitivbildung): „zwei Jahre nach Christi Geburt" oder „zwei Jahre nach Christus"
- Jesus Christus (Akkusativbildung): „ich ehre Jesum Christum" [altertümlich] oder „ich ehre Jesus Christus"
- Jesus Christus (Dativbildung): „ich vertraue Jesu Christo" oder „ich vertraue Jesus Christus"
- Jesus Christus (Vokativbildung): „hilf mir, Jesu Christe" [Kirchensprache] oder „hilf mir, Jesus Christus"
- Herr Jesus Christus (Genitivbildung): „das Leiden unseres Herrn Jesus Christus"
- Herr Jesus Christus (Akkusativbildung): „der Glaube an unseren Herrn Jesus Christus"
- Herr Jesus Christus (Dativbildung): „ich vertraue dem Herrn Jesus Christus"
- Herr Jesus Christus (Vokativbildung): „wir rufen zu dir, Herr Jesus Christus"

- Maria (Genitivbildung): „Mariä Himmelfahrt" oder „die Himmelfahrt Marias" oder „die Himmelfahrt Mariens" oder „die Himmelfahrt von Maria"
- Petrus (Genitivbildung): „der Nachfolger des Petrus" oder „der Nachfolger Petri" oder der „Nachfolger Petrus'"

Blickt man zurück auf die Anfänge, so ist dieser Erfolg des Christentums erstaunlich, ja beinahe wundersam. Aus der kleinen Anhängerschar eines Gekreuzigten ist die größte Weltreligion geworden. Die Gründe des Erfolgs liegen sowohl in der inneren Kraft dieser Religion als auch in äußeren Umständen, die ihre Verbreitung begünstigten. Die innere Kraft herauszuarbeiten ist Aufgabe der Theologie, die äußeren Umstände zu klären Aufgabe der Historie. Die kirchengeschichtliche Disziplin verbindet Theologie und Historie und zeigt Zusammenhänge und Entwicklungen auf. Sie ignoriert dabei nicht, dass zu den äußeren Umständen, beginnend mit dem 4. Jahrhundert, eines hinzukam: Gewalt. Auch Gewalt, mitunter brutale Gewalt, hat zur Verbreitung des Christentums beigetragen und es zu dem gemacht, was es heute ist. Das wird insbesondere deutlich, wenn man das 8. und 9. Jahrhundert betrachtet, ferner das 16. und 17. sowie das 19. und frühe 20. Jahrhundert. Heute allerdings ist die weltweit erfolgreichste Religion zurückgeworfen auf ihre Anfänge. Weitere Erfolge und ihre Zukunft hängen nur noch von einem ab, der inneren Kraft. Wie in den Anfangsjahren der christlichen Religion versammeln sich auch heute Christen wieder in Hauskreisen und fragen, warum und wofür Jesus gestorben ist, und sie werben für den Christenglauben mit Worten und überzeugen durch ihre Taten.

Erfolg

Das Christentum entfaltete sich als Sonderform des Judentums in einer von religiöser Vielfalt geprägten Welt. Das römische Weltreich, das religiös und kulturell stark griechisch ausgerichtet war, hatte keine einheitliche Religion, sondern erlaubte höchst unterschiedliche religiöse Kulte, sofern sie nichts Sittenwidriges praktizierten. Religionspluralismus ist also keine Erfindung der von der *Aufklärung geprägten Moderne, sondern war schon bei den alten Griechen und Römern eine Selbstverständlichkeit. Dass es zwischen dem Ende der Antike und dem Beginn der *Aufklärung anders war, hat das Christentum zu verantworten.

religiöse Vielfalt

Religiöser Pluralismus kennzeichnete auch das Judentum, dem Jesus entstammte. Das Judentum war, als das Christentum

Judentum

entstand, keine einheitliche Religion. Es gab verschiedene Strömungen und Richtungen, und als Zentren der religiösen Praxis dienten einerseits der Tempel in Jerusalem mit seinem Opferkult, andererseits *Synagogen (Versammlungsräume; griech. συναγωγή/synagoge = Versammlung), in denen gelesen, gesungen und gebetet, aber nicht geopfert wurde. Der Synagogengottesdienst befand sich im Aufschwung, zumal sich das Judentum über den ganzen Mittelmeerraum, ja über das ganze Herrschaftsgebiet der Römer ausgebreitet hatte, das im 1. Jahrhundert im Osten auch Ägypten, Armenien und die Krim umfasste und sich im Westen von Marokko bis England erstreckte und auch Trier und Köln einbezog. Opfergottesdienst konnte man nur in Jerusalem feiern, einen synagogalen Wortgottesdienst aber überall.

Im palästinischen Judentum gab es Sadduzäer, Pharisäer, Essener und Zeloten. Die Sadduzäer (benannt nach Zadok, einem Oberpriester aus der Zeit des Königs David) waren die politisch führende Gruppe. Ihr religiöses Interesse galt dem Jerusalemer Tempel und dem dort ausgeübten Opferkult. Pharisäer dagegen legten großen Wert auf ein gottgefälliges Leben im Alltag und sonderten sich von Menschen ab (hebr. פרשים/paraschim = Abgesonderte), denen das nicht wichtig war. Ihr religiöses Interesse war auf das jüdische Gesetz ausgerichtet, auf die göttlichen Gebote und deren Auslegung in der jüdischen Tradition. Geringer an Zahl und weniger geschichtsmächtig waren die Essener (Wortbedeutung unklar). Sie lebten streng asketisch in kleinen Gemeinschaften und verzichteten auf die Ehe. Ob sie auch die in den 50er Jahren des 20. Jahrhunderts ausgegrabene Siedlung Qumran am Ufer des Toten Meers bewohnten, wie lange vermutet worden war, ist unsicher. In der Nähe dieser Siedlung wurden aber 1947–1956 in mehreren Höhlen religiöse Schriften gefunden, die teilweise von essenischem Geist erfüllt sind. Sie waren dort im 1. Jahrhundert abgelegt, vermutlich wegen den kriegerischen Auseinandersetzungen mit den Römern (s. u.) versteckt worden. Die Zeloten (griech. ζηλωτής/zelotes = Eiferer) waren die jüngste unter den verschiedenen religiös-politischen Gruppierungen Palästinas. Religiös stimmten sie mit den Pharisäern überein, doch ihr eigentliches Interesse galt dem Kampf gegen die Römer. Im Jahre 66 fachten sie den großen Aufstand gegen die Besatzungsmacht an, der nach römischer Redeweise (lat.: bellum Iudaicum) als der „Jüdische Krieg" in die Geschichte einging, für die Juden aber mit einer Niederlage und der Zerstörung des

Tempels im Jahre 70 endete. Der jüdische Tempel wurde nie wieder aufgebaut.

Die Juden hatten nur einen Tempel besessen, die Griechen und die Römer besaßen viele. Griechen und Römer kannten und verehrten die traditionellen griechischen und römischen Götter, wobei die Kulturverschmelzung zwischen Griechen und Römern auch zur Verschmelzung ihrer Gottheiten geführt hatte. Der griechische Hauptgott, Zeus, verschmolz mit dem römischen Hauptgott, Jupiter. Dieser wurde als „Vater" und „König" verehrt. Sein Kultort befand sich in Rom, auf dem Kapitol. Hier opferten ihm der Senat, die Beamten und die Soldaten. Aber auch in der privaten Frömmigkeit spielte Jupiter eine Rolle. Neben Jupiter/Zeus gab es viele, viele weitere Götter mit unterschiedlichen Zuständigkeiten: Mars/Ares brauchte man für den Krieg, Venus/Aphrodite für die Liebe und Bacchus/Dionys für den Weingenuss.

Griechen und Römer

Ein wichtiger Punkt der römischen Religiosität war die Kaiserverehrung. Kaiser wurden nach ihrem Tod als Götter verehrt. Dies galt auch für Augustus, der zur Zeit Jesu regiert hatte. Eigentlich hieß er Gaius Octavius, trug jedoch den ihm 27 v. Chr. verliehenen Ehrentitel Augustus (lat., dt.: der Ehrwürdige) wie einen Namen. Nach seinem Tod im Jahre 14 n. Chr. wurde er in Rom in einem eigens erbauten Mausoleum beigesetzt. In den Römerstädten wurden Tempel zu seinen Ehren errichtet und Statuen aufgestellt. Ein berühmter Augustustempel stand in Pula in Kroatien. Aber auch in Trier wurde er als Gott verehrt, trug die Stadt an der Mosel doch seinen Namen: Augusta Treverorum (lat., dt.: Augustusstadt im Lande der Treverer). Kaiserverehrung gehörte zur römischen Kultur, aber sie wurde von Staats wegen organisiert, kein einfacher Bürger war verpflichtet oder auch nur gehalten, daran aktiv Anteil zu nehmen. Erst in der Mitte des 3. Jahrhunderts wurde das anders (→ 2.2.3).

Kaiserverehrung

Privat verehrten die Griechen und Römer allerhand Hausgötter. In jedem Wohnhaus gab es Statuen und Altäre, in jedem Wohnhaus wurde geopfert. Auch die Geister ihrer Ahnen riefen die Menschen an. Besonders beliebt waren so genannte Mysterienkulte. Das waren geheimnisvolle (griech. μυστήριον/mysterion = Geheimnis) Religionen mit einer nicht öffentlichen Religionspraxis, organisiert wie Vereine. Besonders unter Soldaten beliebt war der Kult des Gottes Mithras, der als „Unbesiegbarer" gepriesen wurde. Geboren aus einem Felsen soll er mit einem Stier gekämpft und diesen getötet haben. Wer Mitglied einer Mithras-Kultgemeinschaft werden wollte, wie es sie – archäo-

Hausgötter

logisch nachgewiesen – zum Beispiel auch in Trier gab, musste mehrere, mitunter absonderliche und Furcht einflößende Mutproben hinter sich bringen. Ein weiterer, später aus der persischen Kultur in das Römerreich einwandernder Kult war die Verehrung der Sonne. Auch der Sonnengott (Sol) galt als unbesiegbar (lat.: invictus) und konnte so wiederum mit Mithras identifiziert und verbunden werden. Synkretismus – Religionsvermischung – war typisch für die Religionskultur der Spätantike. Auch der Begriff selbst geht auf die Antike zurück: Synkretismus meint nach Plutarch, es „mit" (griech.: σύν/syn) den Bewohnern von „Kreta" (griech.: Κρήτη/Krete) zu halten, das heißt, obwohl unter sich zerstritten gegen den von außen kommenden Feind zusammenzuhalten. Beim religiösen Synkretismus ist es allerdings kein äußerer Feind, der den Zusammenschluss unterschiedlicher, ja gegensätzlicher Religionen bewirkt, sondern der Wunsch, bei verschiedenen attraktiven religiösen Angeboten nicht alternativ entscheiden zu müssen.

Philosophien

Einen religiösen Charakter entwickelten auch die Philosophien im Römerreich der Antike. Dies gilt vor allem für den Platonismus, die an den großen griechischen Philosophen Platon, der im 4. Jahrhundert v. Chr. gelehrt hatte, anknüpfende Philosophie. Im Laufe der Jahrhunderte hatte sie sich weiterentwickelt und verändert und zunehmend religiöse Akzente gewonnen. Man spricht vom Mittelplatonismus (1. Jh. v. Chr.–3. Jh. n. Chr.) und schließlich vom Neuplatonismus (3.–6. Jh.). Die meisten Gelehrten des ersten christlichen Jahrhunderts und auch noch später waren von diesem Platonismus neuer Form geprägt. Daneben gab es aber auch noch die Philosophie der Stoa, die stärker ethisch ausgerichtet war. Asketische Ideale vertraten die Kyniker und lehnten zugleich Sitten und Gesetze als ungerechtfertigte Eingriffe in die individuelle Lebensführung ab. Beliebt bei den griechischen und römischen Gelehrten war es auch, Anleihen sowohl bei der einen als auch bei der anderen philosophischen Richtung zu machen. Man bezeichnet diese Art von Gelehrsamkeit als Eklektizismus (griech. ἐκλέγειν/eklegein = auswählen). Dem Synkretismus im Bereich der Religion entsprach der Eklektizismus in der Philosophie. Beides war Ausdruck von Freiheit, Offenheit und Toleranz.

Christentum

Das Christentum nahm seinen Anfang in einer religionspluralistischen Kultur, bekämpfte aber diesen Pluralismus und unterdrückte ihn, auch mit Gewalt, nachdem es im Laufe des 4. Jahrhunderts die Möglichkeit dazu erlangt hatte. 380 wurde das Christentum Staatsreligion. Weitere Wegmarken auf der Bahn zur religiösen Vereinheitlichung waren die Zerstörung der *Synagoge von Kallinikon am Euphrat 388/89, die Ermordung der neuplatonischen Philosophin Hypatia in Alexandrien 415 und die zwangsweise Schließung der Athener „Akademie", des Zentrums des Neuplatonismus, 529.

Das Christentum war in seinen Anfängen auch selbst pluralistisch. Die Einheit der Christen war durch den einen Herrn, den einen Glauben und die eine Taufe (vgl. Eph 4,5) gegeben, aber von Anfang an gab es viele *Christologien (→ 2.2.6) und viele Theologien, und es gab auch kein Zentrum, geschweige denn eine einzelne Person, die das Sagen hatte. Nachhaltigen und bleibenden Ausdruck hat der innerreligiöse Pluralismus in den vier Evangelien gefunden: Nicht ein Evangelium berichtet vom Sterben Jesu und seinem Leben, sondern vier Evangelien berichten auf unterschiedliche Weise darüber, mit verschiedenen Abläufen, mit verschiedenen Einzelheiten und mit verschiedenen Deutungen. Doch schon bevor sich das Christentum mit der Staatsmacht verbinden konnte, bekämpfte und unterdrückte es den innerreligiösen Pluralismus. Wegmarken auf der Bahn zur religiösen Vereinheitlichung waren die Fixierung und Abgrenzung des Neuen Testaments im 2. Jahrhundert (→ 2.2.4) und die Herausbildung eines Glaubensbekenntnisses im 3. Jahrhundert. Beides waren allerdings Prozesse und keine Festlegungen, die zu einem bestimmten Zeitpunkt an einem bestimmten Ort getroffen worden wären. 325, 381 und 451 wurden hingegen an konkreten Orten konkrete Entscheidungen gefällt, die das Christentum nachhaltig normierten und definierten. 325 wurde in Nicäa die Gottgleichheit des Sohnes Gottes beschlossen, 381 in Konstantinopel die Göttlichkeit des *Heiligen Geistes und 451 in Chalcedon die Lehre, dass Jesus Christus zugleich Gott und Mensch war. Wer fortan von diesen zentralen theologischen Lehren abwich, wurde als Irrlehrer betrachtet und aus der religiösen Gemeinschaft ausgeschlossen, mitunter sogar getötet.

Erst in der Moderne fand das Christentum zum innerreligiösen Pluralismus zurück und erst in der Moderne lernte es wieder, in einer religionspluralistischen Kultur zu leben. In beiden Fällen entschied sich das Christentum nicht bewusst für den Pluralismus, sondern der Pluralismus kam von außen, letztlich durch die Ideen und Umwälzungen der *Aufklärung, und das Christentum rang sich Schritt für Schritt dazu durch, ihn zu akzeptieren. Im *Protestantismus begann dieser Prozess schon im 18. Jahr-

Religionsfreiheit hundert, die römisch-katholische Kirche dagegen akzeptierte die Religionsfreiheit und damit den äußeren Religionspluralismus offiziell erst im Jahre 1965, während sie den innerchristlichen Pluralismus bis heute nicht als etwas Positives ansehen kann.

Antike | 2

Inhalt	
2.1	Kirchengeschichte der Antike im Überblick 11
2.2	Hauptthemen der antiken Kirchengeschichte 19
2.2.1	Judenchristen und Heidenchristen. 19
2.2.2	Apostel und Apostolische Väter 23
2.2.3	Verfolgungen und Martyrien. 27
2.2.4	Apologeten und Kirchenväter 33
2.2.5	Konstantins Wende. 39
2.2.6	Christologien und Trinitätslehren 44
2.2.7	Asketen und Eremiten 49
2.2.8	Gnosis und Manichäismus 52
Aufgaben. 55	

Kirchengeschichte der Antike im Überblick | 2.1

Das Christentum entstand, als die Römer die Welt beherrschten. Es war jedoch keine Religion der Römer, sondern es entstand auf dem Boden des Judentums. Jesus war Jude und die ersten Christen waren Juden, die Jesus nach seinem Tod als Christus bezeichneten und verehrten (→ 1). Das war in der Zeit des Kaisers Tiberius, nach heutiger Zeitrechnung im 4. Jahrzehnt des 1. Jahrhunderts. Diese christliche Zeitrechnung, die die Jahre von der Geburt Jesu an zählt, stammt aber erst aus dem 8. Jahrhundert. Das Christentum begann in Jerusalem, fasste jedoch rasch auch in anderen Orten der römischen Provinz Palästina Fuß, und um das Jahr 40 gab es schon Christen in der römischen Großstadt Antiochien. Nachdem hier Außenstehende die Jesus-Anhänger zum ersten

Jesus

Christen Mal als Christen bezeichnet hatten (vgl. Apg 11,26), wurde aus der Fremd- rasch eine Selbstbezeichnung. Auch die Bezeichnung der neuen Religion als Christentum ist erstmals in Antiochien aufgekommen, zu Beginn des 2. Jahrhunderts.

Infobox

Die „Antike" als „Epoche" der Geschichte
Die Geschichte wird in Epochen unterteilt, auch die Kirchengeschichte. Als Epochen bezeichnet man Zeitabschnitte, die sich durch deutliche Gemeinsamkeiten von vorausgehenden und nachfolgenden Abschnitten unterscheiden. Die Antike war die von der griechisch-römischen Welt beherrschte Epoche und reichte von 1100 vor bis 600 nach Christus. Statt von der Kirchengeschichte der Antike spricht man auch von der Alten Kirchengeschichte oder von der Geschichte der Alten Kirche. Als Epochengrenze ist für sie aber schon die Zeit um 500 anzusetzen (→ 3.1).

Römer
Griechen
Auf dem Weg von Jerusalem nach Antiochien fasste das Christentum rasch auch unter Nichtjuden Fuß. Das Christentum war attraktiv, weil es nichtjüdischen Römern und Griechen, die teilweise schon länger mit der jüdischen Religion, ihrem klaren Monotheismus und ihrer strengen Ethik sympathisierten, wie eine vereinfachte Form des Judentums erschien. Es verzichtete nämlich bei den Männern auf die *Beschneidung als Aufnahmeritual und es verzichtete darauf, von seinen nichtjüdischen Anhängern die Einhaltung der traditionellen jüdischen Speisevorschriften zu fordern, zu denen der Verzicht auf Schweinefleisch ebenso gehörte wie die konsequente Trennung von Milch und Fleisch beim Kochen und beim Essen. Wer Christ werden wollte, musste sich nur zu Jesus Christus bekennen, sich im Glauben unterweisen und anschließend taufen lassen. Das war einfach.

Mission
Die Christen selbst sahen in ihrem Glauben ein Judentum, das sich der Welt zuwandte und sich für die Nichtjuden öffnete. Aus dem exklusiven Gott der Juden sei nunmehr ein universaler Gott für alle Völker geworden. Sie sahen sich als verpflichtet an, dieses Angebot unter den Nichtjuden bekannt zu machen. So engagierten sich die Christen schon wenige Jahre nach Jesu Tod für die aktive Verbreitung ihres Glaubens und sandten Missionare aus. Unter ihnen hatten Personen eine führende Stellung, die sich auf eine direkte Beauftragung durch Jesus beriefen. Sie wurden *Apostel genannt. Bezeugt ist, dass es anfänglich unter ihnen auch Frauen gab, darunter Junia (Röm 16,7). Der wichtigste und bekannteste *Apostel war Paulus, ein Jude aus Tarsus (s. Abb. 2.1), an der türkischen Mittelmeerküste gelegen. Er war

zugleich der erste Theologe der Christenheit: ein biblisch, philosophisch und rhetorisch gebildeter Mann, der mit Mitteln der Vernunft über den christlichen Glauben reflektierte und ihn vernünftig zu begründen suchte. Theologie ist die vernünftige und zugleich gläubige Reflexion und Rede (griech.: λόγος/logos) über Gott (griech.: θεός/theos) im Besonderen und Fragen der Religion im Allgemeinen.

Theologie

Die Öffnung für die Nichtjuden hatte Konsequenzen. Nach wenigen Jahrzehnten schon dominierten im Christentum die Nichtjuden über die Juden und das Christentum entfernte sich von seiner jüdischen Mutterreligion. Auch die Umwelt sah das Christentum nicht mehr als Sonderform des Judentums an, sondern als etwas Eigenes, etwas Neues. Dadurch verloren die Christen aber auch den Schutz, der den Juden im Römerreich gewährt wurde. Das Judentum war akzeptiert und toleriert, das vom Judentum gelöste Christentum jedoch nicht. Neuerungen waren für Menschen der Antike immer verdächtig, und die neue Religion bekam es zunehmend mit Vorurteilen und Verdächtigungen zu tun, was zu Feindschaft und zu Verfolgungen führte.

Verfolgungen

Die erste spektakuläre Christenverfolgung fand unter Kaiser Nero im Jahre 64 statt. Damals gab es in Rom einen verheerenden Stadtbrand, und die Bevölkerung verdächtigte den Kaiser, diesen Brand selbst gelegt zu haben. Nero jedoch beschuldigte ungerechtfertigt die Christen und verfolgte sie. Zahlreiche Christen, darunter vermutlich auch Paulus, starben als *Märtyrer, als Glaubenszeugen, d. h. als Menschen, die ihren Glauben mit ihrem Tod bezeugt hatten (griech. μάρτυς/martys = Zeuge).

Märtyrer

In der Folgezeit kam es immer wieder zu Verfolgungen, die aber zunächst überwiegend lokaler Natur waren und nun von der nichtchristlichen Bevölkerung ausgingen. Zu Beginn des 2. Jahrhunderts gab Kaiser Trajan dem Umgang mit Christen eine gesetzliche Grundlage. Er bestimmte, dass die bloße Zugehörigkeit zum Christentum strafbar sei, gleichwohl aber nicht nach Christen gefahndet und anonyme Anzeigen nicht akzeptiert werden sollten. Auf der Basis dieser Rechtsgrundlage starben im 2. Jahrhundert weitere prominente Christen den Märtyrertod. Durch die sporadischen Gewaltmaßnahmen wurde das Christentum allerdings nicht geschwächt. Im Gegenteil: Viele Nichtchristen bewunderten das Verhalten der Christen und begannen sich selbst für diese neue Religion zu interessieren.

Die Christen reagierten auf die Verfolgungen, indem sie sich verteidigten, aber nicht mit Waffen, sondern mit Worten. Mehrfach griffen im 2. Jahrhundert philosophisch gebildete Christen zur Feder, stellten in an den Kaiser und die römische Bevölkerung gerichteten Verteidigungsschriften ihren christlichen Glauben dar und wiesen alle Beschuldigungen zurück. Für die Verfasser dieser Apologien hat sich der Begriff *Apologeten eingebürgert. Der berühmteste *Apologet des 2. Jahrhunderts war Justin, ein aus Nablus in Palästina gebürtiger griechischer Philosoph, der im fortgeschrittenen Lebensalter Christ geworden war. Auch er starb später als *Märtyrer.

<small>Apologien</small>

Die Verfolgungen des 1. und 2. Jahrhunderts waren harmlos verglichen mit dem, was die Christen im 3. und 4. Jahrhundert ereilte. Nun gingen die Gewaltmaßnahmen nicht mehr von der Bevölkerung aus, sondern von den Kaisern, und nun waren es keine lokalen Aktionen mehr, sondern reichsweite. Die politische und wirtschaftliche Situation des Reiches war schwierig geworden, und verschiedene Kaiser hatten die Absicht, das Reich durch die Wiederbelebung der traditionellen römischen Religionen, wozu auch die Verehrung der verstorbenen Kaiser als Götter gehörte, zu neuer Blüte zu führen. Aus diesem Grund wurden in der Mitte des 3. Jahrhunderts zweimal alle Reichsbewohner, mit Ausnahme der Juden, verpflichtet, den Göttern zu opfern. Die Christen kamen in große Bedrängnis, denn eine Opferverweigerung wurde bestraft, im schlimmsten Falle mit dem Tode. Erneut starben zahlreiche Christen als *Märtyrer. Gegen Ende des 3. und zu Beginn des 4. Jahrhunderts kam es zu neuen Opferbefehlen, nunmehr mit dem Ziel, die Christen zu identifizieren und auszurotten. Die schlimmsten Verfolgungen widerfuhren den Christen unter dem Kaiser Diokletian, dem es durch seine wirtschafts- und militärpolitischen Maßnahmen tatsächlich gelungen war, das Reich außen und innen zu stärken.

<small>Opferbefehle</small>

Auch die Verfolgungen des 3. und 4. Jahrhunderts erreichten ihr Ziel nicht. Im Gegenteil, das Christentum wurde immer stärker. Die Zahl der Christen wuchs und auch die theologische Arbeit erlebte einen Aufschwung. Nach den *Apologeten wirkten vom ausgehenden 2. Jahrhundert an erstmals bedeutende, auch später noch gelesene und diskutierte Theologen. Sie werden als *Kirchenväter bezeichnet. Der größte *Kirchenvater des 3. Jahrhunderts war Origenes, der aus Alexandrien (s. Abb. 2.1) stammte, aber in Cäsarea in Palästina (s. Abb. 2.1) wirkte und dort eine theologische Schule errichtete. Er betätigte sich als Bibelausleger, beschäftigte sich jedoch auch erstmals kritisch mit dem hebräischen Text des Alten Testaments. Außerdem wirkte

<small>Kirchenväter</small>

er bahnbrechend für die *Dogmatik, indem er als erster Theologe überhaupt eine umfassende Zusammenfassung der christlichen Glaubenslehre verfasste. Origenes starb an den Folgen von Folterungen, die er wegen seines Festhaltens am christlichen Glauben erlitten hatte.

Das Ende der Verfolgungsperiode kam unter Kaiser Konstantin, der im Jahre 306 zunächst nur in einem kleinen Reichsteil an die Macht gekommen war, aber von 324 an als Alleinherrscher regierte. Der Anhänger des „Unbesiegten Sonnengottes" (lat.: Sol invictus) wendete sich im Jahre 312 im Zusammenhang mit einer Schlacht vor den Toren Roms und einem unerwarteten Sieg dem Christengott zu und ließ sich kurz vor seinem Tod im Jahre 337 auch taufen. Konstantin bereitete nicht nur den Verfolgungen ein Ende, sondern begann sogar das Christentum zu fördern, zum Beispiel durch den Bau großer Kirchen. Gleichwohl tolerierte Konstantin weiter nichtchristliche Religionen. Erst unter Kaiser Theodosius wurde das Christentum im Jahre 380 Staatsreligion: Die Bevölkerung des Reichs wurde, mit Ausnahme der Juden, auf den christlichen Glauben verpflichtet.

Während sich die äußere Situation der Christen verbesserte, wurde die innere immer schwieriger. Die Christen stritten untereinander über theologische Fragen und bekämpften sich gegenseitig. Hauptstreitpunkt war die Sicht Jesu. Schon wenige Jahre nach Jesu Tod hatten viele Christen in Jesus nicht einfach einen besonderen, von Gott erwählten und ausgezeichneten Menschen gesehen, sondern ein vom Himmel auf die Erde gekommenes göttliches Wesen, letztlich Gott selbst. Damit jedoch stand die Frage im Raum, ob die Christen zwei Götter verehrten oder nur einen. Grundsätzlich wollten die Christen am jüdischen Monotheismus festhalten, aber sie konnten Gott nicht mehr ohne Jesus Christus denken. Verschiedene Theologen legten verschiedene Modelle vor, wie man sich Einheit und Vielfalt Gottes denken könne. Kaiser Konstantin missfiel die Uneinigkeit unter den Christen, und er berief eine große Kirchenversammlung ein in seine Residenzstadt Nicäa, am Bosporus gelegen. Im Jahre 325 tagte dort erstmals ein *Konzil, eine Versammlung von Repräsentanten aller christlicher Gemeinden. Hier wurde beschlossen, dass der Sohn Gottes, Jesus Christus, in gleicher Weise Gott ist wie Gott Vater. Das Schlüsselwort lautete „wesenseins".

Nachdem die Wesensgleichheit des Gottessohnes mit Gott definiert worden war, stellte sich die Frage nach der Göttlichkeit

381 des Heiligen Geistes. 381 tagte, nach weiteren Auseinandersetzungen, in Konstantinopel, der von Konstantin neu gegründeten Hauptstadt am Bosporus, ein neues *Konzil, das neutestamentlichen trinitarischen Formeln wie Mt 28,19 Rechnung tragend den Heiligen Geist in das Bekenntnis einbezog und ihn – wie Christus – als „Herr" bezeichnete. Damit hatte das Christentum die *Trinitätslehre, die Lehre von der Dreieinigkeit Gottes, verbindlich gemacht, eine Lehre, die das Christentum bis heute nachhaltig vom Judentum und vom Islam unterscheidet, die beide an einem strengen Monotheismus festhalten.

Trinitätslehre

Die theologischen Auseinandersetzungen des 4. Jahrhunderts wurden begleitet von einem erneuten Aufschwung der Theologie und einer Verlagerung der theologischen Arbeit vom griechischen Osten in den lateinischen Westen. Hierfür stehen die Theologen Ambrosius und Augustinus. Ersterer wirkte in Mailand, letzterer in Nordafrika. Beide waren prägend in ihrer Zeit, wurden aber auch im Mittelalter noch verehrt und gelesen.

Nachdem die Göttlichkeit Jesu Christi definiert worden war, verlagerte sich die Diskussion auf die Frage, wie ein Mensch zugleich Gott bzw. Gott zugleich Mensch sein könne, und auch **451** hierüber entstand ein erbitterter Streit. 451 tagte in Chalcedon, an der Bosporusküste Kleinasiens gelegen, ein weiteres *Konzil und beschloss die *Zweinaturenlehre: Jesus Christus habe zwei Naturen gehabt, eine göttliche und eine menschliche, er sei „wahrer Gott und wahrer Mensch" gewesen.

Zweinaturenlehre

Merksatz

MERKE: In der Antike …

… befanden sich die Zentren des Christentums im Osten.
… war Griechisch die Hauptsprache des Christentums.
… bildete das Römerreich äußere die Basis der christlichen Religion.
… folgte beim Christ-Werden die Taufe auf den Glauben.
… war das Christentum eine Religion der Städte.
… war die Kultur noch nicht einheitlich und geschlossen christlich.
… wandelte sich das Christentum von einer verfolgten Minderheiten- zur Staatsreligion.
… standen als alternative Religion dem Christentum das Judentum und diverse Kulte gegenüber.
… wurde Theologie von Bischöfen und Einzelgelehrten entfaltet und gelehrt.

Kirchengeschichte der Antike im Überblick

... beschäftigte sich die Theologie vorrangig mit der Gottesfrage und der *Christologie.
... wurde Jesus Christus vor allem als der gesehen, der über den Tod triumphiert hatte.
... entstand das Mönchtum als radikale Form des Christseins.
... besaß jede größere Gemeinde ihren eigenen *Bischof.
... waren die Bischöfe rein kirchliche, keine politischen Machthaber.
... hatten Rom und sein Bischof noch keine besondere Bedeutung.

Während die einen über theologische Fragen stritten, fragten andere nach dem richtigen, dem konsequenten christlichen Leben. Im 4. und 5. Jahrhundert entstand das christliche Mönchtum, eine Sonderform der christlichen Existenz, die Zurückgezogenheit und *Askese betont. Die Anfänge liegen in der zweiten Hälfte des 3. Jahrhunderts, als sich Christen in Ägypten in die Wüste zurückzogen, um dort als Einsiedler zu leben und in der stillen Andacht die Nähe Gottes zu erfahren. Später bildeten solche Einsiedler Kolonien, und daraus entstanden dann Klöster, wo Mönche gemeinsam unter einer einheitlichen Leitung und einheitlichen Ordnungen lebten. Das in den Wüsten Nordafrikas und des Orients entstandene Mönchtum verbreitete sich rasch im ganzen Römerreich. Schon in der 2. Hälfte des 4. Jahrhunderts gab es nachweislich Mönche auch in Trier. Prägend für das westliche Mönchtum wurde ein Mann namens Benedikt aus Nursia in Mittelitalien. Er lebte an der Wende vom 5. zum 6. Jahrhundert und schuf mit dem Benediktinerorden eine Form des Mönchtums, die sich bis in die Gegenwart gehalten hat. In Deutschland leben heute noch 700 Benediktinermönche.

Zu den großen Förderern dieser alternativen christlichen Lebensform gehörte um das Jahr 600 der römische Bischof Gregor. Auch er gehört neben Augustin und Ambrosius zu den großen, prägenden Theologen der westlichen Christenheit. Ihn kann man ferner als den ersten *Papst bezeichnen. Der *Papst ist eigentlich nur der *Bischof von Rom. Den Anspruch, die Weltchristenheit zu repräsentieren und zu führen, haben die Päpste nicht immer schon erhoben. In den ersten christlichen Jahrhunderten hatten die Bischöfe von Rom noch keine besondere Bedeutung. Die Bischöfe von Antiochien und Alexandrien sowie der Bischof von Konstantinopel waren angesehener und einflussreicher. Doch

Mönchtum

Papst

Rom gewann zunehmend an Einfluss und an Bedeutung, und mit Gregor saß zum ersten Mal eine wirklich große Gestalt auf dem römischen Bischofsstuhl. Er schrieb theologische und erbauliche Werke, die jahrhundertelang gelesen wurden, und hatte neben kirchlichem auch großen politischen Einfluss in seiner Stadt und in Italien.

Die kirchliche Bedeutung Roms wuchs, während seine politische Bedeutung sank. Schon seit Konstantin regierten die Kaiser das Reich nicht mehr von Rom, sondern von ihren neuen Zentren im Osten aus. Zu Beginn des 5. Jahrhunderts brachen dann erstmals *Germanen* in Italien ein und verwüsteten die einst so bedeutende Stadt. Weitere Germaneneinfälle in Italien folgten im Rahmen der *Völkerwanderung, einer großen, in ihren Ursachen unklaren Migrationsbewegung vieler Volksgruppen vom Nordosten Europas in den Südwesten. Während sich die Römer im Osten mit der neuen Hauptstadt Konstantinopel gegenüber den Germanen behaupten konnten, ging der westliche Teil des Römerreichs unter.

Mit dem Ende Roms endete die Antike und damit die erste große Epoche der Christenheit. Neue und eigenständige Entwicklungen folgten, die das Denken und Leben der Christen immer weiter von den ersten Anfängen entfernten.

Im östlichen Christentum jedoch blieben die Denk- und Lebensweisen der ersten christlichen Jahrhunderte weitgehend erhalten. Die Kirchen Griechenlands, Kleinasiens und des Orients werden deshalb als *orthodoxe Kirchen bezeichnet. In ihnen begegnet uns auch heute noch die Frühform der christlichen Religion, verbunden mit dem Anspruch, diese sei die wahre und richtige (griech. ὀρθός/orthos = gerade, richtig; griech. δοκεῖν/dokein = glauben).

Politisch folgte im Osten ein Auf und Ab. Nach Kaiser Theodosius, der wie Konstantin den Beinamen „der Große" erhielt, war im 6. Jahrhundert Justinian I. noch einmal eine bedeutende Kaisergestalt. Er regierte weite Gebiete Italiens und baute Ravenna als Residenz aus, wovon noch heute zahlreiche Bauwerke zeugen. In Konstantinopel errichtete er die Großkirche Hagia Sophia (Heilige Weisheit). Außerdem kodifizierte er das römische Recht und übermittelte es als „Codex Iustinianus" dem Mittelalter. In der Folge wurde das oströmische, später als byzantinisches bezeichnete Reich von Arabern, Kreuzfahrern und Türken bedrängt und ging 1453 schließlich unter.

Literatur

Karl Suso Frank: Lehrbuch der Geschichte der Alten Kirche / Elisabeth Grünbeck (Mitarb.). 3. Aufl. Paderborn 2002. – **Kirchen- und Theologiegeschichte in Quellen.** Bd. 1: Alte Kirche / Adolf Martin Ritter (Bearb.). 10. Aufl. Neukirchen-Vluyn 2012. – **Christoph Markschies:** Das antike Christentum. Frömmigkeit, Lebensformen, Institutionen. 2. Aufl. München 2012 (Beck'sche Reihe 1692). – **Karen Piepenbrink:** Antike und Christentum. Darmstadt 2007 (Geschichte kompakt).

Hauptthemen der antiken Kirchengeschichte | 2.2

Judenchristen und Heidenchristen | 2.2.1

Jesus war Jude und die ersten Christen waren Juden. Über Jesus wissen wir nicht viel, was streng historisch betrachtet sicher ist. Unstrittig ist jedoch, dass er gelebt hat und seine Gestalt nicht erdichtet und erfunden wurde, und unstrittig ist, dass er Jude war und sich als Jude verstand. Unter seinen Anhängern waren Männer und Frauen, und alle waren Juden. Allerdings gab es Juden, die aus Palästina stammten und aramäisch sprachen, und es gab Juden, die irgendwo in einer der Städte des Römerreichs lebten und griechisch – oder lateinisch – sprachen. Das Hebräische wurde nur noch im Gottesdienst verwendet, aber das Aramäische war mit dem Hebräischen verwandt. Die aramäisch sprechenden Juden unter den Jesus-Anhängern wurden deshalb „Hebräer" genannt, die griechisch sprechenden „Hellenisten". Beide Gruppen unterschieden sich in ihrem Verhältnis zum jüdischen Religionsgesetz, in ihrem Verhältnis zum jüdischen Tempel und in der Art und Weise, wie sie die Bibel auslegten. Generell waren die Juden Palästinas konservativer als die hellenistischen Juden.

Juden

Infobox

Juden
Juden sind die Nachfahren des Volkes Israel, das zur Zeit Jesu und der Alten Kirche schon lange keinen eigenen, souveränen Staat mehr besaß. Sie hatten ihr religiöses Zentrum in Jerusalem, ihrer ehemaligen Hauptstadt, wo bis 70 n.Chr. der Tempel bestand. Die Mehrzahl der Juden lebte jedoch zerstreut über den ganzen Mittelmeerraum und den Orient. Volks- und Religionszugehörigkeit deckten sich. Als Jude wurde man geboren, man konnte jedoch auch zum Judentum übertreten. Religiös war das Judentum nicht einheitlich. Verbindend war die Heilige Schrift, aber der Tempelkult mit seinen Tieropfern stand nicht mehr im Zentrum des religiösen Interesses aller. Die Religionspartei der Pharisäer feierte Wortgottesdienste in lokalen Gebetshäusern, den *Synagogen. Das heutige Judentum basiert auf dieser pharisäischen Richtung des Judentums. Zwischen

Judentum und Christentum besteht ein klares Mutter-Tochter-Verhältnis, wenn sich auch die Mutter nach der Geburt und dem Auszug der Tochter aus dem Mutterhaus noch einmal stark entwickelt und verändert hat. Außerdem kam Streit auf zwischen Mutter und Tochter. Zunächst verfolgte die Mutter die Tochter, später und nachhaltiger verfolgte aber die Tochter, das Christentum, ihre Mutter, das Judentum.

Mission

Unter den Christen wurden die weltoffenen und überregional vernetzten Hellenisten zum Träger der *Mission. Ihrer offenen Art entsprach auch die Bereitschaft, auf Nichtjuden zuzugehen, ihnen den christlichen Glauben nahe zu bringen und ihnen den Schritt zum Christsein zu erleichtern. Dazu gehörte als wesentlicher Punkt der Verzicht auf die *Beschneidung. Ein männlicher Nichtjude, der Jude werden wollte, musste sich beschneiden lassen, ein Nichtjude, der Christ werden wollte, jedoch nicht. Die *Beschneidung war bei denen, die sich für das Judentum interessierten, unbeliebt, nicht nur weil sie schmerzhaft war, sondern auch, weil man sich dadurch unter Nichtjuden dem Spott aussetzte. So bot das Christentum die Möglichkeit, an dem teilzunehmen, was das Judentum attraktiv machte, allerdings ohne seine Nachteile in Kauf nehmen zu müssen. Als Aufnahmeritual

Taufe

genügte die Taufe, ein dreimaliges Untertauchen des zum Jesus-Glauben Gekommenen in fließendem Wasser, ersatzweise ein Übergießen des Kopfes mit Wasser unter Anrufung Jesu. Die Taufe wurde als reinigendes Bad verstanden und diente der Sündenvergebung. Außerdem verlieh sie dem Glaubenden den *Heiligen Geist. Die Taufe, bis heute ein alle Christen verbindendes *Sakrament (eine Heil vermittelnde Handlung), wurde von den Christen von Anfang an praktiziert und knüpfte wohl an Johannes den Täufer an, von dem sich Jesus hatte taufen lassen. Jesus selbst dagegen und seine Jünger zu seinen Lebzeiten praktizierten die Taufe noch nicht.

Merksatz

MERKE: Jesus war Jude, seine Anhänger waren Juden, die ersten Christen waren Juden. Doch bald schon kamen Nichtjuden – Heiden – hinzu, gewannen rasch die Oberhand und drängten die Juden unter den Christen und viele jüdische Elemente des Christentums in den Hintergrund.

Die christliche Botschaft hatte unter Griechen und Römern, die dem Judentum nahe standen und Kontakte zu *Synagogen hatten, rasch großen Erfolg. Während die Juden selbst zurückhaltend, teilweise feindselig auf die Botschaft der Christen reagierten, dass Jesus der erwartete *Messias gewesen und ein neues Zeitalter oder sogar das Ende der Zeiten gekommen sei, schlossen sich Nichtjuden in großen Scharen dem neuen Glauben an. Gemeinden entstanden in vielen Städten Kleinasiens, aber auch in Griechenland, ferner im ägyptischen Alexandrien und in Rom. In den meisten Gemeinden dominierten die nichtjüdischen Christen, die – ohne negative Konnotation – auch als *Heidenchristen bezeichnet werden. Bald schon stellten sie die bedeutenderen Theologen. Ignatius von Antiochien war ebenso *Heidenchrist wie der *Apologet Justin und der *Kirchenvater Origenes.

Heidenchristen

Die Situation der *Judenchristen wurde auch durch zwei politische Einschnitte erschwert, die die Juden betrafen. Im Jahre 66 wagten die Juden Palästinas einen Aufstand gegen die Römer, der 73/74 mit einer vernichtenden Niederlage, verbunden mit der Zerstörung des Tempels (70), endete. Die Christen beteiligten sich nicht an dieser Rebellion, hatten aber auch die Folgen der Niederlage zu tragen. Die *Judenchristen wurden wegen mangelnder Solidarität mit ihrem Volk angefeindet, und der Verlust des Tempels traf auch sie, weil für sie dieses Heiligtum ihres Volkes weiterhin von Bedeutung gewesen war. Wenige Jahrzehnte später, 132–135, kam es zu einem zweiten, nun deutlich messianisch inspirierten jüdischen Aufstand, geleitet von einem Bar Kochba (aramäisch, dt.: Sternensohn) genannten Führer, der als göttlicher Heilsbringer verehrt wurde. Wieder beteiligten sich die Christen nicht, was nun sogar antichristliche Ausschreitungen seitens der aufständischen Juden zur Folge hatte. Erneut behielten die Römer die Oberhand und schlugen den Aufstand nieder. In der Folge wurde Jerusalem in eine heidnische Stadt umgewandelt und allen Juden, und damit auch den *Judenchristen, der Aufenthalt in der Stadt verboten. Nun gab es keine judenchristliche Gemeinde in Jerusalem mehr, die Ursprungsgemeinde des Christentums war untergegangen, und Jerusalem gewann erst nach Jahrhunderten seine alte Bedeutung wieder.

1. Aufstand

2. Aufstand

Die Judenchristen waren von der politischen und religiösen Katastrophe des Judentums mitbetroffen, und gleichzeitig wurden sie innerhalb des Christentums mehr und mehr an den Rand gedrängt. Sie sonderten sich aber auch selbst von den anderen Christen ab und gingen eigene Wege. *Judenchristen hielten an der *Beschneidung fest, feierten weiterhin den Sabbat (Samstag) als Ruhetag neben dem Sonntag als dem Tag der Auferstehung

Judenchristen

Christi. Und sie sahen in Jesus nicht, wie die meisten *Heidenchristen, einen vom Himmel auf die Erde gekommenen Gottessohn, sondern einen von Gott bei seiner Taufe erwählten und zum Dienst ausgesonderten Menschen. Die Christen aus den Heiden wiederum sahen in den *Judenchristen Abweichler von der eigentlichen christlichen Lehre, Außenseiter und Irrlehrer. Nachdem sich das Christentum zuvor schon vom Judentum distanziert hatte, distanzierte es sich nun auch von den an Jesus glaubenden Juden in den eigenen Reihen. Gegen Ende des 2. Jahrhunderts beschrieb einer der ersten *Kirchenväter, der in Lyon als *Bischof wirkende Irenäus, die *Judenchristen mit folgenden Worten:

> Sie benutzen allein das Evangelium nach Matthäus und verwerfen den Apostel Paulus, den sie als vom Gesetz Abgefallenen bezeichnen. Auch lassen sie sich beschneiden, halten an den Bräuchen fest, wie sie das Gesetz vorschreibt, und verharren in der jüdischen Lebensweise, wie sie auch Jerusalem eine Verehrung bezeigen, als sei es die Wohnung Gottes. (Irenäus: Wider die Häresien 1,26,2)

Bereits im 2. und 3. Jahrhundert ist für uns das Judenchristentum in der Gestalt konkreter Gemeinden sowie konkreter Personen kaum mehr greifbar. Aber religiöse Texte zeugen von seiner weiteren Existenz, insbesondere im Orient. Die letzten Verbliebenen integrierten sich vom 7. Jahrhundert an in den Islam, der mit seinem strengen Monotheismus, seiner rigorosen Ethik und seiner Sicht Jesu als eines Propheten unter Propheten judenchristlichen Haltungen nahe stand. Im Zweistromland, dem heutigen Irak, hielt sich eine judenchristliche Gruppe, die rituelle Waschungen durchführte, bis in das 10. Jahrhundert. Nach ihrem Gründer Elchasai werden sie als Elkesaiten bezeichnet.

Elkesaiten

Infobox

Islam
Der Islam entstand im frühen 7. Jahrhundert auf jüdischer und christlicher Grundlage. Im Zentrum stehen der Prophet Mohammed, eine geschichtliche Gestalt, und die von ihm empfangenen göttlichen Offenbarungen, die im Koran, der heiligen Schrift der Moslems, festgehalten wurden. Mit Mitteln der religiösen Überzeugung, aber auch militärischer Gewalt, eroberten vom Islam erfasste arabische Stämme rasch weite Gebiete des Orients und Nordafrikas und gelangten bis nach Spanien und Frankreich (→ 3.2.8). Obwohl die Moslems Juden und Christen tolerierten, schlossen sich die meisten Christen, vor allem die noch übrigen *Judenchristen, der neuen Religion an.

Über ein ganzes Jahrtausend blieb das Judenchristentum erloschen. Vereinzelt traten später zwar Juden zum Christentum über, bildeten aber keine judenchristlichen Gemeinden mit einem besonderen Profil, sondern integrierten sich in die bestehenden Kirchen. Das änderte sich erst im 20. Jahrhundert, als in den USA sowie in Israel vermehrt Juden zum Christentum überwechselten und nunmehr eigene Gemeinden bildeten, die neben ihrem Glauben an Jesus als dem Christus an ihrer jüdischen Identität und ihrer Zugehörigkeit zum jüdischen Volk festhielten. Sie bezeichnen sich selbst als messianische Juden. Diese neuen judenchristlichen Gemeinden gibt es heute auch in Deutschland.

messianische Juden

Literatur

Andreas Hornung: Messianische Juden zwischen Kirche und Volk Israel. Entwicklung und Begründung ihres Selbstverständnisses. Gießen 1995 (Monographien und Studienbücher). – **Bernd Wander**: Trennungsprozesse zwischen frühem Christentum und Judentum im 1. Jahrhundert n.Chr. Datierbare Abfolgen zwischen der Hinrichtung Jesu und der Zerstörung des Jerusalemer Tempels. 2., durchges. u. verb. Aufl. Tübingen 1997 (Texte und Arbeiten zum neutestamentlichen Zeitalter 16).

Apostel und Apostolische Väter | 2.2.2

In der ersten Phase des Christentums spielten, bis in das späte 1. oder sogar frühe 2. Jahrhundert, *Apostel (griech. ἀπόστολος/ apostolos = Gesandter) eine führende Rolle. Der Begriff findet sich schon im Neuen Testament. *Apostel sahen sich als direkt von Jesus Beauftragte und Gesandte zur Verbreitung seiner Botschaft. Sie verkündigten aber nicht einfach seine Botschaft, sondern sie verkündeten ihn selbst. Aus dem Verkünder war der Verkündigte geworden. Seine Person, sein Lebensschicksal, sein Verhältnis zu Gott standen im Zentrum, nicht seine Lehre. Die *Apostel waren weit überwiegend männlich, aber es gab auch Frauen unter ihnen. Zumindest eine Apostelin ist im Neuen Testament namentlich bezeugt: Junia (Röm 16,7). Als wohl letzter *Apostel starb in der Regierungszeit Kaiser Trajans (98–117) in Ephesus (s. Abb. 2.1) der hochbetagte Johannes.

Apostel

Merksatz

MERKE: *Apostel gab es nur in der Anfangszeit der Christenheit. Um das Jahr 100 starben die letzten *Apostel und damit endete auch das Amt als solches. Der Titel wurde für christliche Amtsträger nicht mehr gebraucht. Im 19. Jahrhundert führte jedoch die neu entstandene „Neuapostolische Kirche" das Amt und den Titel wieder ein und gebraucht ihn, als einzige Kirche, bis heute. Wichtig durch die ganze Geschichte hindurch, bis in die Gegenwart, blieb aber der Gedanke der „apostolischen Sukzession": Alle Bischöfe verstanden sich in direkter Linie als Nachfolger der *Apostel, denn die *Apostel hätten die ersten Gemeinden gegründet und die ersten Bischöfe eingesetzt und geweiht und diese dann alle weiteren. Die bischöfliche Struktur der Kirche gleicht so gesehen weit verzweigten Baumästen, die letztlich alle einem einzigen Stamm entspringen. Nur in den meisten Kirchen der Reformation ist diese nahtlose Sukzession der Bischöfe abgebrochen.

Gemeinden

Die meisten *Apostel reisten von Ort zu Ort und wirkten als Missionare. Sie verkündeten die christliche Botschaft vorrangig in *Synagogen und ihrem Umfeld, also unter Juden sowie unter Nichtjuden, die mit dem Judentum sympathisierten. Wo ihre Botschaft Resonanz fand, sammelten sich die Menschen in kleinen Gruppen und bildeten Gemeinden. Von Palästina aus fasste das Christentum rasch in Kleinasien, Griechenland und Italien Fuß und ebenso in Ägypten sowie Nordafrika. Um das Jahr 100 sind bereits 45 Gemeinden geschichtlich nachgewiesen. Wenn die *Apostel weiterreisten, wurden ortsansässige Personen in den Gemeinden mit Leitungsaufgaben betraut (s. Abb. 2.1).

Ämter

Neben den *Aposteln gab es weitere leitende Ämter in den christlichen Gemeinden: Bischöfe, *Presbyter und *Diakone. Bischöfe (griech. ἐπίσκοπος/episkopos = Aufseher) standen an der Spitze der Gemeinde und leiteten den Gottesdienst. Der Titel findet sich schon im Neuen Testament, aber wohl erst im späteren 2. Jahrhundert bildete sich als feste Struktur heraus, dass jeweils ein Bischof allein eine Gemeinde leitete. Man spricht vom Monepiskopat (griech. μόνος/monos = allein). Bischof war ein rein kirchliches, kein politisches Amt. Später jedoch gewannen Bischöfe auch politische Macht. In der frühen Christenheit hatte

Bischof

jede größere Gemeinde ihren eigenen Bischof. Heute dagegen bezeichnet der Titel ein Amt, das über den Einzelgemeinden steht. Ein Bischof in Deutschland ist für Dutzende bis Hunderte von Gemeinden zuständig. *Presbyter dagegen gab es in den Gemein-

Presbyter

den immer mehrere. Auch sie hatten Leitungsfunktionen. Ihr Titel verweist darauf, dass sie schon besonders lange zur Gemeinde

Abb. 2.1
Orte des frühen Christentums

gehörten, denn griechisch πρεσβύτερος/presbyteros bedeutet „älter". Auch der Titel des *Presbyters oder Ältesten wird noch heute für Personen verwendet, denen in – evangelischen – Kirchengemeinden eine Leitungsfunktion zukommt, und als „presbyterianische Kirchen" werden, vor allem in den USA, von *Presbytern geleitete Kirchen bezeichnet. Aus der Bezeichnung *Presbyter ist allerdings auch das deutsche Wort *Priester entstanden. Die *Presbyter der frühen Christenheit hatten auch priesterliche, gottesdienstliche Funktionen. Heute dagegen bezeichnen *Presbyter und *Priester ganz verschiedene Ämter.

*Priester sind in der *katholischen und in den *orthodoxen Kirchen Männer, die das *Sakrament der Weihe empfangen haben und sich dadurch vom normalen Kirchen-Volk, den so genannten *Laien (griech. λαός/laos = Volk), unterscheiden und allein befugt sind, die *Sakramente der Kirche zu spenden. In evangelischen Kirchen gibt es keine *Priester mehr, da das *Sakrament der Weihe abgeschafft wurde. *Diakone waren ebenfalls leitend, aber vor allem dienend tätig (griech. διακονεῖν/diakonein = dienen). Sie halfen beim Gottesdienst, sie besuchten die Alten und Kranken und sie verwalteten das Vermögen der Gemeinde.

Priester

Diakone

Diakoninnen gab es ebenfalls; sie sind bis in das 6. Jahrhundert bezeugt, und in den evangelischen Kirchen wurde das Amt des *Diakons und der Diakonin oder *Diakonisse im 19. Jahrhundert wieder eingeführt. Presbyterinnen gab es in der Anfangszeit des Christentums nur vereinzelt. Als Sammelbegriff für kirchliche Amtsträger hat sich *Kleriker (griech. κληρεῖν/klerein = [in ein Amt] losen/wählen) eingebürgert, und die Gruppe der Amtsträger wird als Klerus bezeichnet.

Gottesdienst — Im Zentrum des Gemeindelebens stand der Gottesdienst, der in Anlehnung an den Synagogengottesdienst gefeiert wurde. Den Kern des Gottesdienstes bildete eine Mahlfeier, die nach dem Vorbild des in der Bibel überlieferten letzten Mahls Jesu mit seinen Jüngern (Mk 14,12–25) gestaltet war und später, wegen eines Dankgebets, das Teil der Feier war, *Eucharistie (griech. εὐχαριστία/eucharistia = Danksagung) genannt wurde. Heute ist im Katholizismus neben *Eucharistie auch die Bezeichnung Kommunion und im *Protestantismus *Abendmahl und Nachtmahl üblich.

Die christlichen Gottesdienste wurden in Privathäusern abgehalten. Allmählich wurden Privathäuser zu Kirchen umgebaut. Das älteste Beispiel wurde in Dura Europos am Euphrat ausgegraben und stammt aus der Mitte des 3. Jahrhunderts. *Kirchengebäude* im eigentlichen Sinn entstanden erstmals in der zweiten Hälfte des 3. Jahrhunderts und setzten sich im 4. Jahrhundert durch.

Gräber — Die *Apostel waren bedeutende, hoch geschätzte Gestalten der Christenheit, und ihre Gräber werden noch heute verehrt. Dies gilt besonders für die Gräber von Petrus und Paulus in Rom. Bekannt in der Gegenwart ist ferner das Jakobus-Grab in Santiago de Compostela, das aber geschichtlich mehr als zweifelhaft ist. Vergleichsweise historisch zuverlässiger ist das Grab des *Apostels Matthias in Trier, das einzige Apostelgrab nördlich der Alpen.

Apostolische Väter — Auf die *Apostel folgten als zweite Personengruppe mit überregionaler Bedeutung für die neue Religion die Apostolischen Väter. Sie wirkten von der zweiten Hälfte des 1. Jahrhunderts bis in die zweite Hälfte des 2. Jahrhunderts. Es handelt sich aber eigentlich nicht um eine Personen-, sondern um eine Textgruppe, und der Begriff wurde erst im 17. Jahrhundert geprägt. Zu den Apostolischen Vätern gehören einerseits konkrete, identifizierbare Personen mit Schriften, die sich von ihnen erhalten haben, wie die Bischöfe Ignatius von Antiochien und Polykarp von Smyrna, andererseits Schriften, die zwar Personen zugeschrieben werden, die aber nicht konkret identifizierbar sind, wie die beiden Clemens-Briefe und Schriften, die überhaupt keinen konkreten Verfasser nennen, wie die Zwölf-Apostel-Lehre, mit griechischem Titel Didache (διδαχή/didache [→ ♪] = Lehre). Es handelt sich jedoch um wichtige Texte, die vielfältige und interessante Einblicke in die Theologie und das Gemeindeleben des späten ersten und des frühen 2. Jahrhunderts geben und auch in die damals schon allenthalben bestehenden inneren Spannungen und Konflikte.

> **Infobox**
>
> **Die Apostolischen Väter**
> Folgende Texte aus dem 1. und dem 2. Jahrhundert, die nur teilweise mit konkreten, historisch greifbaren Personen in Zusammenhang stehen, gehören zur Gruppe der seit dem 17. Jahrhundert so genannten Apostolischen Väter:
>
> Didache – Barnabasbrief – 1. Clemensbrief – 2. Clemensbrief – Die Briefe des Ignatius von Antiochien – Der Polykarpbrief – Polykarpmartyrium – Papiasfragmente – Quadratusfragment – Diognetbrief – „Hirt" des Hermas

Bei den meisten Schriften aus der Reihe der Apostolischen Väter werden sowohl die Echtheits- als auch die Datierungsfrage lebhaft diskutiert und sind umstritten. Mit beiden hängen Fragen der theologischen Interpretation jedoch eng zusammen. Ignatius kann man beispielsweise als Zeugen dafür lesen, dass zu seiner Zeit die Gemeinden bereits von starken, wie Monarchen regierenden Bischöfen beherrscht wurden. Man kann aus seinen Aussagen und Forderungen aber auch den Schluss ziehen, dass es noch nicht so war.

Literatur

Leonhard Goppelt: Die apostolische und nachapostolische Zeit. 2., durchges. Aufl. Göttingen 1966 (Die Kirche in ihrer Geschichte 1, A). – Andreas **Lindemann**, Henning Paulsen (Hg., Übers.): Die Apostolischen Väter. Griechisch-deutsche Parallelausgabe. Auf der Grundlage der Ausgabe von Franz Xaver Funk, Karl Bihlmeyer u. Molly Whittaker. Tübingen 1992.

Verfolgungen und Martyrien | 2.2.3

Jesus starb eines gewaltsamen Todes und viele seiner ersten Anhänger erlitten, folgt man der Überlieferung, ebenfalls einen gewaltsamen Tod: Petrus und Paulus, aber auch Jesu Bruder Jakobus. Als Erster nach Jesu Tod wurde um das Jahr 33 in Jerusa-

Stephanus lem der hellenistische *Judenchrist Stephanus gelyncht. Hiervon berichtet das Neue Testament (Apg 7).

Stephanus ist ein spektakuläres Beispiel dafür, wie Christen zunächst von Juden verfolgt wurden. Genauer: Einige nicht an Jesus glaubende Juden verfolgten die an Jesus glaubenden Juden. Anstößig am Jesusglauben war für sie, dass ein Gekreuzigter als *Messias angesehen und am Religionsgesetz, zum Beispiel an der Sabbatruhe, am Tempelkult und an Speisevorschriften, Kritik geübt wurde. Die Christen reagierten nicht mit Gegengewalt, sondern nach dem Vorbild Jesu nahmen sie Leid und Tod auf sich.

Juden verfolgten *Judenchristen, nicht aber *Heidenchristen. Doch *Judenchristen und *Heidenchristen gleichermaßen wurden schon in der zweiten Hälfte des 1. Jahrhunderts von Griechen und Römern verlacht, verspottet und verfolgt. Die Gründe

Gründe waren vielfältig. Die Christen distanzierten sich von der griechisch-römischen Kultur, gingen nicht ins Theater und verehrten die Kaiser nicht als Götter. Sie machten sich selbst zu Außenseitern, und ihre privaten gottesdienstlichen Feiern waren verdächtig. Gerüchte über absonderliche Riten und Vorwürfe unmoralischen Verhaltens wurden laut. Unter anderem wurde behauptet, die Christen verehrten einen Eselskopf als Gott, eine Vorhaltung, die seitens der Römer auch den Juden gemacht worden war. Für diesen Vorwurf gibt es auch ein archäologisches Zeugnis. Im 19. Jahrhundert wurde in Rom eine Wandzeichnung aus dem 3. Jahrhundert gefunden, die einen Soldaten zeigt, der einem Gekreuzigten mit einem Eselskopf huldigt. Dazu die griechische Inschrift: „Alexamenos betet Gott an" (Abb. 2.2). Offenbar sollte der Christ Alexamenos damit verspottet werden. Als Folge der Verdächtigungen und Vorurteile kam es zu lokalen Ausschreitungen, und vereinzelt gingen auch Kaiser aus unterschiedlichen Gründen gegen Christen vor. Nero, einer der berüchtigtsten Kaiser der römischen Geschichte, missbrauchte die Christen als Sündenböcke, indem er ihnen die Schuld am Brand Roms im Jahre 64 gab, den er

Abb. 2.2
Spottkruzifix aus Rom, 3. Jahrhundert (Nachzeichnung)

möglicherweise selbst hatte legen lassen. Kaiser Domitian, der von 81 bis 96 regierte, ließ sich als „Herr und Gott" (lat.: dominus et deus) anreden und ging gegen „Gottlosigkeit" (griech.: ἀθεότης/ atheotes) vor. Auch unter ihm kam es zu lokalen Verfolgungen, nicht nur von Christen, sondern auch von Philosophen, in Rom und besonders in Kleinasien, wo Christen dem Kaiserkult nicht Folge leisteten.

Um das Jahr 110 kam es erstmals zu einer reichsrechtlichen Regelung, die beinahe anderthalb Jahrhunderte in Kraft bleiben sollte. Kaiser Trajan erklärte in einem Brief an den kleinasiatischen kaiserlichen Legaten und Konsul Plinius d. J., Christen sollten nicht gezielt gesucht werden, aber Anzeigen gegen Christen solle, sofern sie nicht anonym erfolgten, nachgegangen werden. Zur Verurteilung der Christen reiche dann aus, dass sie sich dazu bekannten, Christen zu sein, es müssten ihnen keine konkreten Vergehen nachgewiesen werden. Wörtlich erklärte der Kaiser: [rechtliche Regelung]

> Fahnden soll man nicht nach ihnen. Wenn sie aber angezeigt und überführt werden, muss man sie bestrafen, so jedoch, dass einer, der leugnet Christ zu sein und dies durch die Tat, das heißt durch Vollzug eines Opfers für unsere Götter, unter Beweis stellt, aufgrund seiner Reue zu begnadigen ist, wie sehr er auch für die Vergangenheit verdächtig sein mag. Anonyme Anzeigen dürfen freilich bei keiner Anklage berücksichtigt werden, denn das wäre ein äußerst schlechtes Beispiel und entspräche nicht dem Geist unserer Zeit. (Plinius II.: Briefe 10,97)

Im Laufe des 2. Jahrhunderts kam es mehrfach zu teilweise spektakulären lokalen und regionalen Christenverfolgungen. Schon unter Trajan, also vor dem Jahr 117, starb Ignatius, der prominente *Bischof von Antiochien, in Rom den *Märtyrertod. Ob er von wilden Tieren zerfleischt wurde, wie er selbst es erwartete, und ob es im heute noch erhaltenen Kolosseum war, einem riesigen Amphitheater, ist unsicher. Ein weiterer bekannter Bischof, Polykarp, starb in der Mitte des 2. Jahrhunderts in Smyrna (s. Abb. 2.1; heute: Izmir) in Kleinasien. Über sein Ende gibt es einen detaillierten Bericht. Nach ihm wurde der Bischof mit einem Dolch getötet und anschließend verbrannt. In Vienne und Lyon in Südfrankreich wurden um das Jahr 177 zahlreiche Christen, angeschuldigt von ihren nichtchristlichen Hausangestellten, verhaftet und gefoltert. Etwa fünfzig namentlich bekannte Männer und Frauen starben in der Arena. Die wegen ihres Glaubens zu Tode Gekommenen wurden nach jüdischem Vorbild als *Märtyrer bezeichnet und verehrt. [2. Jahrhundert]

ANTIKE

Märtyrerverehrung

Im Zusammenhang mit dem Märtyrertod Polykarps wird erstmals überliefert, dass Gläubige die Knochenüberreste einsammelten und diese feierlich bestatteten. Das Grab wurde dann zu einer Stätte des Gedenkens und der Verehrung, wo sich Christen vor allem am jährlichen Todestag des Bischofs in stiller Andacht versammelten. Der Todestag des *Märtyrers galt als sein eigentlicher Geburtstag, da an ihm der Eingang in die himmlische Herrlichkeit erfolgte. Damit begann im Christentum die Märtyrerverehrung, aus der später die Heiligenverehrung wurde, die es bis heute gibt. *Märtyrer und *Heilige wurden nicht nur verehrt, sondern angerufen, mitunter angebetet, weil man sie bei Gott wusste und glaubte, sie könnten für einen bei Gott Fürsprache einlegen. Die Namenstage der *Heiligen, die in der *katholischen Frömmigkeit noch in der Gegenwart eine große Rolle spielen, sind in der Regel deren Todestage. Zeugnisse frühchristlicher *Märtyrerverehrung finden sich in Rom in den Katakomben.

Infobox

Katakomben
Die Katakomben in Rom sind riesige unterirdische christliche Friedhöfe, die heute teilweise ausgegraben und begehbar sind. Entgegen weit verbreiteten Meinungen versteckten sich die verfolgten Christen aber nicht in diesen Anlagen, sondern sie bestatteten dort ihre Toten, einschließlich der *Märtyrer, und sie besuchten die Gräber der *Märtyrer und feierten in ihrer Nähe auch Gottesdienste.

3. Jahrhundert

Neue Formen und Ausmaße nahmen die Christenverfolgungen in der Mitte des 3. Jahrhunderts an. Im Hintergrund stand der schleichende militärische und wirtschaftliche Niedergang des Römerreichs, dem zunächst Kaiser Decius, der von 249 bis 251 regierte, mit aller Kraft entgegentreten wollte. Dazu sollte ihm auch die Wiederbelebung der alten römischen Religion dienen. Aus diesem Grund, nicht um die Christen zu verfolgen, erließ er im Jahre 249 ein allgemeines Opferedikt. Alle Bürger, ausgenommen die Juden, wurden verpflichtet, den alten Göttern, zu denen natürlich auch die verstorbenen Kaiser gehörten, zu opfern und sich den Vollzug amtlich bestätigen zu lassen. Die

Opferedikt

Christen brachte dieses Opferedikt in eine schwierige Situation. Eine offene Verweigerung zog Strafen nach sich: Vermögensverlust, Zwangsarbeit, Verbannung, Folter und im schlimmsten Fall der Tod. Einige gingen diesen Weg und wurden zu *Märtyrern. Manche Christen tauchten unter und versteckten sich. Andere bestachen die römischen Beamten und besorgten sich Opferbescheinigungen (lat.: libelli), ohne geopfert zu haben. Und wieder andere leisteten das geforderte Opfer, das in der Regel nur darin bestand, dass sie ein paar Weihrauchkörner auf einen Altar streuten, und sahen die Sache als für ihren Glauben irrelevant an. Innerhalb des Christentums entbrannte freilich eine heftige Diskussion um das richtige Verhalten in der Verfolgungssituation, und viele sahen die Opferbereiten als Abgefallene (lat.: lapsi) an, manche verurteilten auch die Geflohenen.

Ein weiteres Opferedikt erließ, nachdem Decius schon 251 in Kämpfen mit den Goten auf dem Balkan gefallen war, Kaiser Valerian 257. Es richtete sich speziell gegen die christlichen Führungspersönlichkeiten. 258 ordnete Valerian an, *Bischöfe, *Presbyter und *Diakone sofort hinzurichten. Durch die Verfolgung der *Kleriker suchte er die Gemeindestrukturen zu zerschlagen. Auch ihm ging es darum, die Götter zu versöhnen und so die Lage des Reichs zu verbessern. Viele namentlich bekannte prominente Christen, darunter auch die Bischöfe von Rom und Karthago, ließen ihr Leben als *Märtyrer. Die bislang gefährlichste Verfolgungswelle endete, als Valerian 260 in persische Gefangenschaft geriet und starb.

weiteres Opferedikt

Die vergleichsweise umfassenden und grausamen Verfolgungen in der Mitte des 3. Jahrhunderts erreichten ihr Ziel nicht. Im Gegenteil, das Christentum nahm an Kraft zu. Immer mehr Menschen schlossen sich der neuen Religion an, immer mehr Gemeinden entstanden. Selbst im römischen Militär fasste der christliche Glaube, trotz seines pazifistischen Charakters, Fuß, wie auch archäologische Funde bezeugen (Abb. 2.2). Gerade Soldaten, die laufend ihre Einsatzorte wechselten, trugen viel zur Verbreitung des Christentums bei. Sogar in den obersten Rängen des Staates gab es in der zweiten Hälfte des 3. Jahrhunderts einzelne Christen. Diese Entwicklung wurde begünstigt durch mehrere Jahrzehnte des Friedens und der Ruhe, bis unter Kaiser Diokletian eine neue und die größte und brutalste Verfolgungswelle überhaupt begann.

Diokletian war 284 an die Macht gelangt und hatte sich erneut das Ziel gesetzt, das römische Reich zu seiner alten Macht und Stärke zurückzuführen. Mit gewaltigen Reformbemühungen wandte er sich dem Verwaltungs- und Militärwesen ebenso zu wie der Wirtschaft und der Religion. 299/300 säuberte der Kaiser zunächst Heer und Hof von allen Christen. Im Jahre 303 erließ er drei Edikte, die eine planmäßige Verfolgung der christlichen Religion einleiteten. Das erste richtete sich gegen den christ-

Diokletian

lichen Kult und befahl die Zerstörung der Kulträume und der heiligen Schriften und verbot den Christen die kultische Betätigung. Das zweite ordnete die Gefangensetzung des Klerus an. Das dritte gebot allen *Klerikern den heidnischen Göttern zu opfern. 304 folgte ein Opferbefehl für alle Christen. Trotz dieser klaren Anordnungen verliefen die Verfolgungen uneinheitlich. Schlimm waren sie im Osten und dort vor allem in Ägypten, weniger schlimm im Westen. 305 dankte Diokletian ab. Seine Nachfolger, vor allem Galerius, setzten die Verfolgungen fort.

Merksatz

MERKE: Die Verfolgungen des 1. und frühen 2. Jahrhunderts waren spontan und punktuell. Die Verfolgungen in der Mitte des 2. Jahrhunderts waren organisiert und reichsweit, hatten aber nicht das Ziel, das Christentum als solches auszurotten. Erst die Verfolgungen des ausgehenden 3. und des beginnenden 4. Jahrhunderts waren gegen die christliche Religion als solche gerichtet. Obwohl die Verfolgungen viele, man schätzt insgesamt 100.000 Todesopfer forderten, wurde das Christentum durch die Verfolgungen innerlich gestärkt und gewann auch äußerlich an Ansehen.

Doch auch diese Gewaltmaßnahmen erreichten ihr Ziel nicht. Diokletian und seinen Nachfolgern gelang es nicht, das Reich zu stärken, indem sie das Christentum bekämpften. Der Gedanke lag nahe, das gleiche Ziel auf einem neuen Weg zu erreichen zu suchen: die Reichsstärkung durch Kooperation mit dem Christentum.

Toleranz Kaiser Galerius erließ 311 erstmals ein Toleranzedikt, das den Christen die Ausübung ihres Kultus gestattete. 313 folgte ein weiteres Toleranzedikt, für das nun die Kaiser Konstantin und Licinius verantwortlich zeichneten. Es leitete die später so genannte *konstantinische Wende ein: das definitive Ende der Verfolgungen und der Beginn eines Zeitalters, in dem das Christentum in engster Verbindung mit der Staatsmacht stand.

Verfolgungen heute Christenverfolgungen waren lange, lange Zeit kein Thema mehr, aber heute gibt es sie wieder. In Teilen der modernen Welt ist das Christentum privilegiert, in anderen unterprivilegiert, und in verschiedenen Ländern gibt es sowohl Diskriminierungen und Verfolgungen seitens des Staates als auch Übergriffe und Gewaltmaßnahmen seitens der nichtchristlichen Bevölkerungsmehrheit. In China ist es der autoritäre Staat, der Christen reglementiert und sanktioniert, wenn die in der christlichen Religion angelegten Freiheitsimpulse virulent werden. In Ägypten gehen sporadische Gewaltmaßnahmen bis hin zu Kirchenzerstörungen und Morden von der einfachen moslemischen Bevölkerung aus. Schwierig ist die Lage der Christen auch in Saudi-Arabien und im Iran, in Afghanistan und in Pakistan, in Somalia und in Eritrea, in Laos, Nordkorea und in Usbekistan. Im Irak regiert seit 2003 zwar kein Diktator mehr, aber die Situation der Christen hat sich nachhaltig verschlechtert, sodass von einer Million irakischer Christen inzwischen 700.000 das Land verlassen haben. Das Christentum ist momentan weltweit gesehen die Religion, die am stärksten unter Unterdrückung und Verfolgung leidet.

Martyrien gibt es ebenfalls bis in die Gegenwart. In Deutschland wurden in der Zeit des Nationalsozialismus nicht wenige Christen getötet. Prominente Beispiele sind der evangelische Theologe Dietrich Bonhoeffer (→ 6.2.6) und der *katholische Theologe Alfred Delp (→ 6.2.6). In der jüngeren Geschichte wurden insbesondere in Lateinamerika prominente Kirchenmänner ermordet. Allerdings ist darauf hinzuweisen, dass diese *Märtyrer des 20. Jahrhunderts nicht direkt wegen ihrer Glaubenshaltung starben, sondern weil sie sich – motiviert durch ihren Glauben – für soziale Gerechtigkeit engagierten oder gegen Diktatoren wandten.

Martyrien heute

Literatur

Jacques Moreau: Die Christenverfolgung im Römischen Reich. 2. Aufl. Berlin (West) 1971 (Aus der Welt der Religionen 2). – **Hans Dieter Stöver**: Christenverfolgung im Römischen Reich. Ihre Hintergründe und Folgen. München 1984 (dtv 10292, dtv-geschichte).

Apologeten und Kirchenväter | 2.2.4

Gegen die Verfolgungen wehrten sich die Christen nicht mit Gewalt, aber mit Worten. Im 2. Jahrhundert bereits entstand eine eigene christliche Literaturgattung, die sich mit der Kritik am Christentum auseinander setzte und den christlichen Glauben und die christliche Religionspraxis verteidigte. Diese Schriften heißen Apologien, Verteidigungsschriften (griech. ἀπολογία/apologia = Verteidigungsrede), und ihre Verfasser *Apologeten. Die *Apologeten sind die dritte Gruppe herausragender christlicher Gestalten nach den *Aposteln und den Apostolischen Vätern. Als *Apologeten wirkten vor allem Männer, die rhetorische Fähigkeiten und Kenntnisse der griechischen Philosophie hatten und sich

Apologien

erst als Erwachsene, mitunter im fortgeschrittenen Lebensalter der christlichen Religion angeschlossen hatten. Ihre Fähigkeiten und Kenntnisse, die sie zuvor teilweise gegen die christliche Religion eingesetzt hatten, wendeten sie nun zu deren Verteidigung an.

Die große Zeit der Apologien war das 2., das 3. und auch noch das 4. Jahrhundert. Danach bedurfte das Christentum dieser Literatur nicht mehr. Gleichwohl gibt es auch später noch Apologien, beispielsweise im 5. Jahrhundert, als die Zerstörung Roms durch die Germanen kritische Fragen nach den Göttern und dem christlichen Gott aufkommen ließ, und in der Moderne, als die aufgeklärte Rationalität jede Religion und auch das Christentum in Frage stellte.

Justin

Der bedeutendste *Apologet der Antike war Justin. Bevor er um das Jahr 150 Christ wurde, hatte der aus Nablus in Palästina gebürtige Mann eine rhetorische und philosophische Ausbildung genossen und als Lehrer gewirkt. Nachdem er Christ geworden war, betätigte er sich weiter als Lehrer, nunmehr im Dienste des Christentums, und unterrichtete vermutlich in Ephesus und zuletzt auf jeden Fall in Rom, wo er 165 gefoltert und enthauptet wurde. Er verfasste zahlreiche Schriften, von denen sich aber nur zwei erhalten haben. Seine etwa 153/54 geschriebene, an Kaiser Antoninus Pius gerichtete Apologie hebt den Obrigkeitsgehorsam und die Staatsloyalität der Christen hervor, die bei der Taufe gelobten, „nichts Unrechtes zu tun". Um Verdächtigungen zu wehren, schildert Justin ausführlich, auf welche Art und Weise die Christen ihren Gottesdienst feiern. Den Vorwurf der „Gottlosigkeit" wehrt er ab, indem er sich zum „Schöpfer" der Welt bekennt und zu Jesus Christus, dem „Sohn des wahrhaftigen Gottes". Das Christentum ist für Justin die wahre und ursprüngliche, allen anderen überlegene Philosophie.

Athenagoras

Gleichzeitig mit Justin wirkte Athenagoras, über den biografisch ansonsten nur bekannt ist, dass er in Athen lebte. Er verfasste vermutlich die später Justin zugeschriebene Schrift *Über die Auferstehung*. Auch die Verteidigung des christlichen Auferstehungsglaubens, der ja die leibliche Auferstehung, die „Auferstehung des Fleisches", behauptete, war den *Apologeten ein wichtiges Anliegen. Nichtchristliche Philosophen hielten nichts von dieser realistischen Jenseitshoffnung der Christen und glaubten allenfalls an eine unmaterielle Existenzweise jenseits der Todesgrenze. Die Juden und später die Moslems teilten jedoch den christlichen Jenseitsglauben.

Eine Sonderform der Apologie war die Auseinandersetzung mit dem Judentum. Auch hierzu leistete Justin einen Beitrag und schrieb einen *Dialog mit dem Juden Tryphon*, der sich vermutlich an ein Gespräch des *Apologeten mit dem Rabbiner Tarphon, einer geschichtlich bezeugten Gestalt, anlehnte. Justin begründet in seinem „Dialog" den Glauben an Jesus als den *Messias und die Abkehr vom jüdischen Religionsgesetz. Der fiktive jüdische Gesprächspartner wird dabei despektierlich behandelt.

Judentum

Mit den *Apologeten erreichte die theologische Arbeit der frühen Christenheit einen neuen Höhepunkt. Paulus war der erste Theologe der Christenheit. Nach ihm leisteten die Apostolischen Väter weitere Beiträge zur Entfaltung der Theologie. Aber sowohl Paulus wie die Apostolischen Väter verfassten nur kurze, situationsgebundene Schriften. Die *Apologien dagegen waren längere, in sich geschlossene Abhandlungen, die sich teilweise mit vielen Aspekten des Christentums und seiner Theologie zugleich auseinander setzten. Auf die *Apologeten folgte schon rasch eine weitere Gruppe christlicher Theologen und die Theologie erreichte wieder einen neuen Höhepunkt. Mit dem endenden 2. Jahrhundert traten erstmals christliche Denker auf, die man später, ihre große, auch längerfristig anhaltende Bedeutung betonend, als *Kirchenväter bezeichnete.

Kirchenväter

Der erste in der Reihe der *Kirchenväter war der schon als Kenner des *Judenchristentums erwähnte Irenäus. Er stammte, um 135 geboren, aus Kleinasien und wirkte als *Bischof in Lyon in Südfrankreich, wo er vermutlich um das Jahr 200 – angeblich als *Märtyrer, aber das ist unsicher – gestorben ist. Sein Hauptwerk, in griechischer Sprache verfasst, war eine umfangreiche Darstellung und Widerlegung christlich-theologischer Sonderlehren, das später unter dem lateinischen Titel *Adversus Haereses* – Gegen die Irrlehren – überliefert wurde. Als „*Häretiker" wurden schon in der frühen Christenheit unter Rückgriff auf Paulus (Gal 5,20) einzelne Abweichler und abweichende Parteibildungen (griech. αἵρεσις/hairesis = Partei) im Gebiet der theologischen Lehre bezeichnet.

Irenäus

Zu den Irrlehrern wurde im 2. Jahrhundert Markion gerechnet, ein Schiffseigner aus Sinope am Schwarzen Meer, der um 140 der römischen Christengemeinde beitrat, von dieser aber 144 wieder ausgeschlossen wurde, weil er eine eigentümliche, von der Mehrheit nicht geteilte Theologie zu entwickeln begonnen hatte, die sich vom Alten Testament und seinem Schöpfergott abgrenzte. Ferner forderte er die Mehrheitskirche heraus, indem er nur

Markion

Paulusbriefe und das Lukasevangelium zu den für die Christen verbindlichen Schriften rechnete. Gegen Markion definierte das Christentum den „*Kanon" (griech. κανών/kanon = Richtschnur) des Neuen Testaments in der noch heute gültigen Form und entschloss sich auch, am Alten Testament festzuhalten. Ein weiterer „Irrlehrer" war Montanus, ein christlicher Prophet aus Kleinasien, der mit dem baldigen Kommen des Gottesreichs auf der Erde rechnete und eine rigoristische Ethik propagierte. Die Gegenkirchen der Montanisten und der Markioniten hatten noch über den Tod der beiden Gründergestalten hinaus Bestand, gingen dann aber unter.

Tertullian

Mit den Montanisten in Verbindung stand Tertullian, ein zweiter früher großer *Kirchenvater. Anders als Irenäus war Tertullian nicht kirchenleitend tätig und anders als Irenäus bediente sich Tertullian der lateinischen, nicht der griechischen Sprache. Erstmals wurden nun gewichtige theologische Werke in lateinischer Sprache abgefasst. Tertullian, der sich um 196 der christlichen Religion angeschlossen hatte, war juristisch und rhetorisch gebildet, und das ermöglichte ihm scharfsinnige und präzise theologische Argumentationsgänge. Er beschäftigte sich mit der *Trinitätslehre (→ 2.2.6) und erläuterte sie mit Beispielen aus der Natur: Wie Quelle, Bach und Fluss oder wie Sonne, Strahlen und Licht drei verschiedene Dinge und doch zugleich eins seien, so auch Vater, Sohn und *Heiliger Geist. Im Bereich der christlichen Lebensführung lehnte Tertullian den Soldatenberuf als mit dem Christsein unvereinbar ab, befürwortete strenge Fastengebote und forderte die Verschleierung unverheirateter christlicher Frauen. Tertullian stammte aus Karthago, wirkte aber in Rom. Geboren wurde er um 160, gestorben ist er nach 220. Während seines Christenlebens radikalisierte sich Tertullian in ethischen Fragen und schloss sich den Montanisten an. Die Mehrheitskirche sah in ihm deshalb später einen Irrlehrer, und damit geriet auch seine Theologie in Vergessenheit.

Infobox

Kirchenväter

Der Begriff ist eingebürgert und weit verbreitet, wird aber uneinheitlich gebraucht. Aufgekommen ist er schon im 4. Jahrhundert. Allerdings wurde als *Kirchenvater nur bezeichnet, wer in seiner Theologie mit der kirchlichen Mehrheit übereinstimmte. Der moderne, insbesondere in der evangelischen Theologie üblich gewordene Begriffsgebrauch behandelt jedoch auch Männer als *Kirchenväter, die später von der Kirche verurteilt wurden, wie Tertullian und Origenes (s. u.), denn auch sie waren bedeutende Gelehrte. Theologen des Mittelalters werden nicht als *Kirchenväter bezeichnet, ebenso nicht die großen Reformatoren. Im evangelischen Bereich werden aber prominente Theologen der Neuzeit, vom 17. bis zum 20. Jahrhundert gelegentlich mit dem Ehrentitel „Kirchenvater" gewürdigt, vor allem Johann Gerhard (→ 5.2.1), Friedrich Schleiermacher (→ 6.2.2) und Karl Barth (→ 6.2.2).

Zeitgleich mit Tertullian wirkte in Alexandrien ein Mann namens Clemens, über den biografisch allerdings noch weniger bekannt ist. Geboren war er möglicherweise um das Jahr 150 in Athen, gestorben ist er vermutlich um 215 in Palästina oder Kleinasien. Wie für Justin war auch für Clemens das Christentum die einzig wahre Philosophie. Die Schriften des Alten Testaments sah er als älter und ehrwürdiger als die Philosophie Platons an. Sein dreiteiliges Werk mit dem Titel *Der Erzieher* (Paedagogus) erläuterte neu getauften oder kurz vor der Taufe stehenden Christen ethische und theologische Fragen. Clemens vertrat im Prinzip ein asketisches Christentum. In seiner predigthaften Abhandlung „Welcher Reiche kann gerettet werden?" zu Mk 10,17–31 erklärt er aber, dass man Jesu Aufforderung, alles zu verkaufen, nicht wörtlich verstehen dürfe. Jesu gehe es lediglich darum, das Herz des Menschen von der Bindung an den Besitz zu befreien.

Clemens

Mehr als über Clemens wissen wir über den *Kirchenvater Origenes. Anders als die meisten anderen großen Männer seiner Zeit stammte er aus einer christlichen Familie und war christlich erzogen worden. Zunächst wirkte und lebte er in Alexandrien, später jedoch in Cäsarea in Palästina, wo er eine berühmte christliche Schule aufbaute, die auch nach ihm noch Bestand hatte. 254 starb er an den Spätfolgen von Folterqualen, die er bei der decischen Verfolgung erlitten hatte. Origenes schrieb als erster Theologe eine richtige *Dogmatik, eine systematische Gesamtdarstellung des christlichen Glaubens unter dem Titel *Über die Grundlagen*, die sich in ihrer griechischen Originalfassung aber nicht erhalten hat, sondern nur in einer nicht unproblematischen, die mitunter anstößigen Gedanken des Origenes vermutlich glättenden lateinischen Übersetzung. Außerdem beschäftigte er sich als erster Theologe mit der Textgestalt des Alten Testaments und verglich den hebräischen Text mit verschiedenen christlichen und jüdischen Übersetzungen ins Griechische, darunter die von den Christen mit Vorliebe gebrauchte Septuaginta (lat., dt.: die [Übersetzung] der siebzig [Übersetzer]). Origenes war auch ein strenger Asket. Nach glaubwürdigen Überlieferungen hatte er

Origenes

sich selbst entmannt, um Jesu Wort von denjenigen, die „sich selbst zur Ehe unfähig gemacht [haben] um des Himmelreichs willen" (Mt 19,12) zu entsprechen. Es könnte aber auch sein, dass Origenes den Eingriff hatte vornehmen lassen, um als Lehrer ohne Anstoß zu erregen christliche Frauen unterrichten zu können.

Euseb

Ein Enkelschüler des Origenes war Euseb, der erste *Kirchenvater, der sich umfassend mit der Geschichte der Kirche beschäftigte. Euseb war in Cäsarea, aber nicht mehr unter Origenes, zur Schule gegangen und wirkte später als Bischof der Stadt. Seine *Kirchliche Geschichte* (Historia ecclesiastica) behandelt die ersten drei Jahrhunderte des Christentums, und zwar teilweise auf der Basis von Quellen, die ihm noch zur Verfügung standen, die heute aber verloren sind.

Augustin

Einen ganz anderen Werdegang als Clemens, Origenes und Euseb hatte der berühmteste aller *Kirchenväter, der Nordafrikaner Augustin. Geboren in einem christlichen Elternhaus machte er zunächst eine Karriere als Rhetor und verharrte dem christlichen Glauben gegenüber in Distanz. Sein Berufsleben führte ihn nach Rom und nach Mailand, und in Mailand begegnete er dem Theologen und Bischof Ambrosius, der ihn mit seinen Predigten fesselte und überzeugte. Augustin ließ sich 387 taufen und wurde später Bischof in seiner nordafrikanischen Heimat, in Hippo Regius. Dort verfasste er zahlreiche theologische Werke, die teilweise bis heute gelesen und diskutiert werden. Berühmt ist seine unter dem Titel *Bekenntnisse* (Confessiones) erschienene religiöse Autobiografie, verfasst in Gebetsform. Ebenfalls bekannt ist seine unter dem Titel *Über den Gottesstaat* (De civitate dei) erschienene Auseinandersetzung mit der Frage, ob die Eroberung Roms durch die Goten im Jahre 410 eine göttliche Strafe für die Abkehr von den alten römischen Göttern sei. Natürlich verteidigt Augustin das Christentum und seinen Gott, und damit ist dieses Werk ein spätes Beispiel einer christlichen Apologie. Den Gang der Weltgeschichte begreift Augustin als ein ständiges Ringen einer göttlichen mit einer teuflischen Welt (lat.: civitas diaboli). Zu letzterer gehören nach ihm alle Menschen, die von Selbstliebe (lat.: amor sui), nicht von Gottesliebe erfüllt seien.

Kirchenlehrer

Augustin war *Kirchenvater – und *Kirchenlehrer. Der Titel *Kirchenlehrer wurde besonders herausragenden Gestalten von bleibender großer Relevanz verliehen, neben Augustin waren es in der Frühzeit der Christenheit noch drei weitere Männer, die später dieser Gruppe zugerechnet wurden: der schon erwähnte Ambrosius, ferner Hieronymus, der 383–406 die Vulgata (lat., dt.: die allgemein gebräuchliche [Bibel]) genannte lateinische Bibelübersetzung schuf, und Gregor, der Bischof von Rom, den man als den ersten wirklichen *Papst ansehen kann (→ 2.1).

Die *katholische Kirche zählt heute neben der größeren, aber nicht klar abgrenzbaren Gruppe der *Kirchenväter insgesamt 34 *Kirchenlehrer. In der evangelischen Theologie wird der *Kirchenlehrer-Titel nicht verwendet. Natürlich gab es auch Kirchenmütter, bedeutende Frauen in der Geschichte der Christenheit, aber als Titel hat sich „Kirchenmutter" nicht eingebürgert. „Kirchenlehrerinnen" gibt es inzwischen jedoch, allerdings erst seit 1970 und bislang erst vier. Zuletzt hat der *Papst 2012 Hildegard von Bingen (→ 3.1) zur Kirchenlehrerin ernannt.

heute

Literatur

Wilhelm Geerlings (Hg.): Theologen der christlichen Antike. Eine Einführung. Darmstadt 2002. – **Hartmut Leppin**: Die Kirchenväter und ihre Zeit. Von Athanasius bis Gregor dem Großen. 2., durchges. u. aktual. Aufl. München 2006 (Beck'sche Reihe, C.H. Beck Wissen 2141).

Konstantins Wende

| 2.2.5

Nachdem die Verfolgungen des frühen 4. Jahrhunderts ihr Ziel nicht erreicht hatten und das Christentum nicht schwand, sondern im Gegenteil weiter wuchs, erwogen verschiedene Kaiser, das Reich nicht mehr durch die Verfolgung der Christen, sondern durch deren Tolerierung zu stärken. Den entscheidenden Schritt vollzog schließlich Kaiser Konstantin, der 306 als Usurpator, also unrechtmäßig an die Macht gekommen war. Zu seiner Zeit gab es christliche Gemeinden bereits in nahezu allen Reichsteilen, sogar in Britannien (s. Abb. 2.3).

Konstantin war der Sohn von Kaiser Konstantius, mit Beinamen auch Konstantius Chlorus genannt, und hatte Karriere als Soldat gemacht, zuletzt an der Seite seines Vaters. Überraschend starb der Vater im Jahre 306 in Großbritannien im Kampf, und Konstantin wurde rechtswidrig sogleich von den dortigen Truppen zum Nachfolger und Kaiser (Augustus) ausgerufen. Seinen Machtanspruch sicherte sich Konstantin in verschiedenen Schlachten, von denen eine Schlacht 312 vor den Toren Roms die wichtigste werden sollte. Konstantin stand an der Milvischen Brücke, einem Übergang über den Tiber, seinem Widersacher Maxentius gegenüber, der ebenfalls Anspruch auf die Kaiserherrschaft erhob und Rom unter seiner Gewalt hatte. Vor der

Schlacht 312

Abb. 2.3 |
Verbreitung des Christentums zur Zeit Konstantins

Schlacht, so berichten zwei unterschiedliche christliche Quellen, habe Konstantin eine *Vision empfangen, verbunden mit der Aufforderung, mit dem Zeichen Christi in den Kampf zu ziehen. Dem leistete Konstantin Folge – und siegte.

Diesen Kampf und diesen Sieg schildert Euseb, der *Bischof von Cäsarea in Palästina und erste Kirchengeschichtsschreiber (→ 2.2.4), in seinem *Leben Konstantins*. Er stellt dar, was ihm der Kaiser selbst von diesem Ereignis berichtet habe:

> Der Kaiser erzählte, dass er um die Mittagszeit, als sich der Tag eben zu neigen begonnen, mit eigenen Augen am Himmel, oberhalb der Sonne, das Siegeszeichen eines aus Licht gebildeten Kreuzes und darauf die Inschrift gesehen habe: „In diesem siege!" Wegen dieser Vision sei ihn und sein ganzes Heer, welches ihm bei dem Feldzug folgte und Zeuge dieses Wunders wurde, ein Erschrecken angekommen. Weiterhin berichtete er, dass er darüber gegrübelt habe, was die Bedeutung dieses Zeichens sein möchte. Und während er fortfuhr zu grübeln und nachzusinnen, sei die Nacht hereingebrochen. Im Schlaf sei ihm dann der Christus Gottes erschienen mit dem Zeichen, das er am Himmel gesehen hatte, und habe ihm befohlen, ein Abbild jenes am Himmel gesehenen Zeichens herzu-

stellen und als Schutz zu gebrauchen, wann immer er mit den Feinden zusammentreffe.

Es war aber das Zeichen auf folgende Art verfertigt: Ein langer, mit Gold überzogener Lanzenschaft trug eine Querstange und hatte somit die Gestalt des Kreuzes. Am oberen Rand des Ganzen war ein kunstvoll geflochtener Kranz aus Gold und Edelsteinen befestigt, in denen das Zeichen für den Namen des Erlösers angebracht war, zwei Buchstaben, die als Anfangsbuchstaben den Namen Christi bezeichneten, indem das P [griech., entspricht R] in der Mitte durch das X [griech., entspricht CH] gekreuzt wurde. ... An der Querstange ... hing ferner ein Stück Stoff herab ... Dieses Stoffstück ... trug ... das goldene Brustbild des gottgeliebten Kaisers und in gleicher Weise das seiner Söhne.

(Euseb: Leben Konstantins 1, 28f, 31)

|Abb. 2.4

Das „Labarum" genannte, von Euseb beschriebene „Zeichen", hier abgebildet auf einer Konstantin („Cons") ehrenden Münze des 4. Jahrhunderts (Nachzeichnung). Die niedergemachte Schlange, Symbol des Teufels, erinnert an das *Protevangelium Gen 3,15, den – hiermit von den Christen in Verbindung gebrachten – Sieg Jesu über Tod und Teufel.

Anschließend kämpfte Konstantin immer mit dem Christuszeichen ☧ (eine Kombination der beiden griechischen Anfangsbuchstaben von „Christus"; auch als Christusmonogramm oder Christogramm bezeichnet; s. Abb. 2.4) auf seinem Helm und auf den Schildern der Soldaten und ließ seine Truppe immer die als Labarum bezeichnete Standarte mit dem Kreuz (s. Abb. 2.4) mitführen. Konstantin gelangte 324 nach einem Sieg über seinen letzten Mitkaiser und Widersacher Licinius zur Alleinherrschaft. Wegen seiner grandiosen militärischen Erfolge legte er sich schon zu Lebzeiten den Beinamen „der Große" zu; bis heute spricht man von „Konstantin dem Großen".

Alleinherrschaft

Konstantin begünstigte das Christentum. Zunächst kam es 313, noch gemeinsam mit Licinius, der den östlichen Reichsteil regierte, zu einer Toleranzerklärung, die in der Literatur häufig als „Mailänder Edikt" bezeichnet wird, in Wirklichkeit aber ein einfaches Zirkularschreiben für den östlichen Reichsteil war, das

Toleranz

den Christen Duldung gewährte. Doch Konstantin beließ es nicht bei der Toleranz, sondern förderte das Christentum zunehmend, zum Beispiel indem er christliche Berater in seine Umgebung holte und gigantische Kirchen bauen ließ, unter anderem in Bethlehem, Jerusalem, Rom und Trier. Heute existieren nur noch an wenigen Orten Bauwerke aus der Zeit der frühen Christenheit. Berühmt sind die spätantiken Kirchen Ravennas mit ihren Mosaiken. In Trier steht noch Konstantins Palastaula, die heute als evangelische Kirche genutzt wird. Konstantin schaffte auch die Kreuzigung als Verbrecherstrafe ab und machte den Sonntag, an dem die Christen jede Woche der Schöpfung der Welt und der Auferstehung Jesu gedachten, zum Feiertag. Das gefiel den Christen sehr – aber auch Anhängern heidnischer Sonnenkulte.

Sonnenkult

Konstantin war, bevor er sich dem Christentum zuneigte, Anhänger eines solchen Sonnenkultes gewesen, der erst 219 aus dem syrischen Emesa „importiert" und dem 275 in Rom ein Tempel errichtet worden war. Von einem Sonnengott zum Christengott zu wechseln war nicht schwierig, da die Christen Christus ja metaphorisch als das „Licht der Welt" (Joh 8,12) bezeichneten und verehrten. Gleichwohl brach Konstantin nie völlig mit dem Sonnen- und anderen heidnischen Kulten. Erst auf seinem Sterbebett ließ er sich taufen. Ein Taufaufschub bis kurz vor den Tod war zur Zeit Konstantins allerdings nicht ungewöhnlich, weil die Taufe nach Ansicht der alten Christen mit einer so nur einmal möglichen vollständigen Sündenvergebung verbunden war und man damit sinnvollerweise so lange wartete, bis man nicht mehr neu sündigen konnte.

Konstantin war ein gewalttätiger und blutrünstiger Herrscher, der christlichen Idealen in keiner Weise entsprach und auch vor der Ermordung von Familienangehörigen – seiner Frau und eines Sohnes – nicht zurückschreckte. Gleichwohl glaubte er, dass dem Christentum die Zukunft gebühre und es die Religion sei, auf die der römische Staat (lat.: res publica) seine Zuversicht und Hoffnung (lat.: spes) setzen solle. Zu seinen Lebzeiten auf seine Veranlassung hergestellte Münzen bezeichnen den Glauben an Christus und das Kreuz lateinisch als „spes publica", als „Hoffnung aller" (s. Abb. 2.4).

Als Konstantin im Jahre 337 starb, war das Christentum etabliert und toleriert, aber Griechen und Römer konnten auch noch anderen Religionen anhängen, es gab weiterhin allgemeine religiöse Toleranz. Das sollte sich jedoch noch im 4. Jahrhundert ändern. Im Jahre 379 wurde Theodosius Kaiser, und er machte

380 das Christentum zur Staatsreligion, indem er erklärte, alle Einwohner des Reiches, die Juden ausgenommen, müssten den christlichen Glauben annehmen und ausüben. Das ließ sich freilich nicht von heute auf morgen durchsetzen, sondern es sollte noch lange dauern, bis die letzten Reste alter Kulte ausgelöscht waren. Ihre Vernichtung wurde jedoch planvoll vorangetrieben, und der Staat bediente sich dabei im Bündnis mit den christlichen Führern der Gewalt. Tempel wurden geschlossen und zerstört, Opfer verboten. Auch vor Mord und Totschlag schreckte man nicht zurück. 415 wurde in Alexandrien die neuplatonische Philosophin Hypatia bestialisch ermordet. Von der zunehmenden religiösen Intoleranz waren auch die althergebrachten Philosophenschulen betroffen. 529 wurde auf Veranlassung Kaiser Justinians I. in Athen die „Akademie", die auf Platon zurückgehende alte Philosophenschule, geschlossen.

380
Staatsreligion

Merksatz

MERKE: Konstantin tolerierte und förderte das Christentum von 313 an, aber erst Theodosius machte es 380 zur Staatsreligion und erst Justinian verhalf ihm 529 zur Alleinherrschaft.

Nachdem das Christentum zur Staatsreligion geworden war, wurde eine Epoche weitgehender religiöser Toleranz abgelöst durch eine Epoche religiöser Intoleranz, die weit über tausend Jahre andauern sollte. Erst durch die Macht der *Aufklärung im 18. und 19. Jahrhundert wurde in den christlichen Weltregionen die Alleinherrschaft des Christentums gebrochen. Die *katholische Kirche bejahte erst 1965 die Religionsfreiheit und damit den religiösen Pluralismus. In manchen Ländern Europas ist das Christentum jedoch weiterhin formell Staatsreligion, wenn auch nicht mehr verbunden mit Intoleranz anderen Religionen gegenüber. England und Dänemark haben noch heute evangelische *Staatskirchen. In Malta ist der Katholizismus Staatsreligion. Norwegen hat das Staatskirchentum 2012 abgeschafft. In Deutschland war es schon 1918 als Folge des Ersten Weltkrieges und der Revolution zu Ende gegangen. In beiden Ländern haben aber die ehemaligen *Staatskirchen noch immer ein sehr enges Verhältnis zum Staat. In Deutschland zeigt sich das vor allem an der staatlichen Kirchensteuer und am staatlichen Religionsunterricht. In Württemberg sind noch heute die meisten evangelischen Pfarrhäuser im Besitz des Staates und werden vom Staat

Intoleranz

unterhalten. In Bayern finanziert der Staat bis heute sowohl der *katholischen als auch der evangelischen Kirche die Bischöfe und zahlreiche weitere, gut dotierte Amtsträger in den Kirchenleitungen.

Literatur

Manfred Clauss: Konstantin der Große und seine Zeit. München 1996 (Beck'sche Reihe 2042, Beck Wissen). – **Karen Piepenbrink**: Konstantin der Große und seine Zeit. 2., durchges. Aufl. Darmstadt 2007 (Geschichte kompakt – Antike).

2.2.6 Christologien und Trinitätslehren

Im Zentrum der theologischen Arbeit der frühen Christenheit stand die Frage: Wer war Jesus und welche Bedeutung hat er heute? Die theologische Lehre von Jesus, dem schon das Neue Testament den Beinamen Christus (griech. χριστός/christos = Gesalbter) beilegte und damit als den von den Juden erwarteten Erlöser, den *Messias (hebr. משיח/maschiach = Gesalbter), bezeichnete, nennt man *Christologie (griech. λόγος/logos = Lehre). Die Antworten, welche die Christen auf diese Frage gaben, waren freilich von Anfang an verschieden. Gemeinsam war allen Christen, dass für sie Jesus wichtig, ja zentral war, und dass sie ihn in einer engen Verbindung mit dem Gott Israels sahen, den Jesus selbst als seinen Vater bezeichnet hatte. Doch war er ein Mensch, den Gott erwählt hatte, oder war er selbst ein göttliches Wesen? Und wie sollte man seinen Schmachtod am Kreuz verstehen?

Nicht wenige Christen, vor allem in der Anfangszeit und vor allem unter den *Judenchristen, sahen in Jesus einen von Gott erwählten Menschen, der bei der Taufe durch Johannes (Mk 1,9–11) mit dem göttlichen Geist begabt wurde, der predigte, heilte und Wunder wirkte, ein Lehrer und ein Vorbild, dem es nachzueifern galt.

Doch zu Beginn des Johannesevangeliums (Joh 1,1) wird Jesus als das „Wort" (griech.: λόγος/logos) bezeichnet, als das göttliche Wort, das vom Himmel auf die Erde gekommen ist, das aber zuvor – präexistent – bei Gott selbst war. Den Gedanken eines von Gott kommenden, die Welt durchwaltenden Logos gab es auch bei griechischen Philosophen, zum Beispiel in der Philosophie der Stoa. Bei Justin (→ 2.2.4), dem *Apologeten, findet sich eine Logos-*Christologie: Der Logos, durch eine Zeugung aus Gott hervorgegangen, offenbarte Gott, beteiligte sich an der Schöpfung, begabte die Philosophen mit Einsicht und erschien zur Zeit des

Alten Testaments in verschiedenen Gestalten. In Jesus Christus ist er Mensch geworden und hat die Wahrheit Gottes offenbart. Und alle Menschen haben mit ihrer Vernunft Anteil am Logos.

Tertullian ging weiter als Justin und erklärte, in lateinischer Begrifflichkeit, Jesus zu einer von drei „Personen" (lat.: personae) oder Manifestationen Gottes. Jesus war der „Sohn", neben dem es Gott auch als „Vater" und als „Geist" gibt. Damit hatte Tertullian die *Trinitätslehre geschaffen, die Lehre von der Dreieinigkeit Gottes – Gott ist dreifach und doch eins –, eine bis heute dem Christentum eigentümliche Lehre. Doch Tertullians Überlegungen gerieten zunächst noch einmal in Vergessenheit, zumal die meisten Christen griechisch und nicht lateinisch sprachen. <small>Sohn</small>

Mit der göttlichen Weisheit identifizierte Origenes den Sohn Gottes, wozu ihm Spr 8,22 Anlass bot. Der Sohn gehe durch eine ewige Zeugung aus dem Vater hervor. Nach ihrem Wesen (griech.: οὐσία/usia) seien Vater und Sohn eins, nicht aber der Zahl nach. Sie seien, wie auch der Heilige Geist, verschiedene „Hypostasen" (griech. ὑπόστασις/hypostasis = Personifizierung) der Gottheit. In Jesus Christus sei der präexistente Gottessohn Mensch geworden. <small>Weisheit</small>

Eine weitere Lehrvariante vertrat an der Wende zum konstantinischen Zeitalter in Alexandrien ein Theologe namens Arius. Er machte sich erneut über das Verhältnis des präexistenten Sohnes zum Vater Gedanken und erklärte streng rational, der Sohn Gottes sei ein Geschöpf Gottes, sei ein Zweiter. Andere protestierten dagegen, Jesus Christus, den Sohn zum Geschöpf zu machen und somit an die Seite des Menschen zu stellen. Für sie war der Sohn Gottes ein ganz und gar göttliches Wesen, das in Jesus vom Himmel auf die Erde gekommen war, kein Geschöpf. <small>Geschöpf</small>

Über die Ansichten des Arius entbrannte ein heftiger Streit, der die Christenheit zu spalten drohte und als Arianischer Streit in die Geschichte einging. Eben in dem Moment, wo die Christen nicht mehr verfolgt wurden und der Staat daran dachte, mit und durch die Christen das Reich zu einen und zu stärken, begann das Christentum selbst von innen heraus zu zerbrechen. Kaiser Konstantin mischte sich deshalb in den Streit ein und berief erstmals in der Geschichte eine Kirchenversammlung ein, ein *Konzil (lat. concilium = Versammlung), und zwar in seine Residenz in Nicäa, in der Nähe von Konstantinopel/Istanbul gelegen. Das *Konzil tagte im Jahre 325, und es versammelten sich rund zweihundert, vielleicht sogar 250–300 Bischöfe als Vertreter ihrer jeweiligen Gemeinden aus allen Ländern der Christenheit, darunter allerdings nur wenige aus dem Westen. <small>Arianischer Streit</small> <small>325</small>

Nicäa — Das *Konzil von Nicäa verabschiedete erstmals in der Geschichte der Christenheit ein *Bekenntnis, eine offizielle Definition von Glaubenslehren, und erklärte darin, dass der Sohn Gottes „nicht geschaffen" sei, sondern „gezeugt" und „wesenseins" (griech.: ὁμοούσιος/homoousios) mit dem Vater:

> Wir glauben an einen Gott,
> den Vater, den Allmächtigen,
> den Schöpfer alles Sichtbaren und Unsichtbaren.
> Und an den einen Herrn Jesus Christus,
> den Sohn Gottes,
> der als Einziggeborener aus dem Vater gezeugt ist,
> das heißt: aus dem Wesen des Vaters,
> Gott aus Gott, Licht aus Licht,
> wahrer Gott aus wahrem Gott,
> gezeugt, nicht geschaffen,
> eines Wesens mit dem Vater;
> durch den alles geworden ist, was im Himmel und was auf Erden ist;
> der für uns Menschen und wegen unseres Heils herabgestiegen und Fleisch geworden ist,
> gelitten hat und am dritten Tage auferstanden ist,
> aufgestiegen ist zum Himmel,
> kommen wird um die Lebenden und die Toten zu richten;
> und an den Heiligen Geist.
> (Kirchen- und Theologiegeschichte in Quellen I, ¹⁰2012, 154)

381 Konstantinopel — Zwei Generationen später, 381, wurde bei einem weiteren *Konzil in Konstantinopel das *Bekenntnis von Nicäa (lat.: *Nicaenum*) erweitert und neben dem Sohn auch der Geist einbezogen und gleichermaßen zu einem göttlichen Wesen erklärt, das aus dem Vater „hervorgegangen" sei und „mit dem Vater und dem Sohn angebetet und verherrlicht" werde. Damit war die christliche *Trinitätslehre endgültig fixiert. Sie ist bis heute relevant, wird aber in ihrer Aussage und in ihrer Sprachgestalt immer wieder kontrovers diskutiert, weil sie nicht rational, sondern paradox ist und in einem Spannungsverhältnis steht zum christlichen Anspruch, den jüdischen Monotheismus zu wahren. In christlichen Gottesdiensten findet das nicänische Glaubensbekenntnis in der Fassung von 381 (*Nicaeno-Constantinopolitanum* genannt) bis heute, vor allem an hohen Festtagen, Verwendung. Das in den heutigen (westlichen) Kirchen verbreitetere apostolische Glaubensbekenntnis (Apostolikum) verdankt sich keinem offiziellen kirchlichen Beschluss, sondern hat sich im 3. und 4. Jahrhundert, vermutlich im Kontext der Taufe, herausgebildet und eingebürgert. Auf die *Apostel geht es sicher nicht zurück.

> **Infobox**
>
> **Trinitätslehre**
> „*Trinität" (lat.: trinitas) – deutsch: Dreieinigkeit, früher auch: Dreifaltigkeit – ist ein Kunstwort (gebildet aus lat. tres = drei und unitas = Einheit). Als einzige monotheistische Religion begreift das Christentum Gott trinitarisch: ein einziger Gott, der in sich und nach außen jedoch differenziert – dreifach – erscheint und handelt, nämlich als Vater, Sohn und Geist. Juden und Moslems kritisieren diese christliche Gotteslehre und bezweifeln, ob sie wirklich noch monotheistisch ist. Auch innerhalb des Christentums gab es immer wieder Kritik, weil viele Christen sie für vernunftwidrig hielten. Andere jedoch, z.B. Tertullian (→ 2.2.4), veranschaulichen sie mit Analogien aus der Natur. Die schönste Analogie ist der Vergleich mit einer Liebesbeziehung: Ein Liebender und ein Geliebter und die sie verbindende Kraft (= Geist) der Liebe sind drei verschiedene Dinge und doch zugleich eins. Auch Gott lässt sich trinitarisch als ein Wesen der Liebe begreifen, was in sich Liebe ist, weil der Vater den Sohn liebt und der Sohn den Vater, und welches auch nach außen, zu den Menschen, liebend in Erscheinung tritt mit einer sich nie erschöpfenden, weil von der innergöttlichen Liebe gespeisten Liebe.

Die Festlegung und Formulierung der *Trinitätslehre war nicht die einzige Entscheidung des ersten christlichen *Konzils. Festgelegt wurde auch der Termin des Osterfestes, worüber sich die Christen ebenfalls lange gestritten hatten. Entschieden wurde, das Fest nicht mehr parallel zum jüdischen Passahfest zu feiern, sondern immer an einem Sonntag, und eine eigenständige Berechnung des Termins auf der Basis des Mondkalenders durchzuführen. Bis heute wird Ostern nicht an einem festen Tag gefeiert, wie Weihnachten, sondern am ersten Sonntag nach dem auf die Frühjahrs-Tagundnachtgleiche (als solche galt der 25. März, in Wirklichkeit ist es aber der 20. oder 21. März) folgenden Vollmond.

Ostern

> **Infobox**
>
> **Die christlichen Feste**
> **Ostern**, das Fest der Auferstehung Jesu, haben die Christen von Anfang an gefeiert. Bis weit in die Neuzeit war es das christliche Hauptfest. Strittig war nur der genaue Termin. Es korrespondierte mit dem jüdischen Passahfest (פסח/Pesach).
>
> **Pfingsten**, das Fest der Ausgießung des Geistes und der Gründung der Kirche, schloss sich an Ostern an. Es korrespondierte mit dem jüdischen Wochenfest (שבועות/Schawuot) und fand fünfzig Tage nach Ostern statt.

> **Weihnachten**, das Fest der Geburt Christi, wurde erst seit dem 4. Jahrhundert gefeiert, ist aber seit dem 19. Jahrhundert das christliche Hauptfest. Der 25. Dezember war eigentlich der Festtag des Sonnengottes (lat.: Sol invictus, dt.: Unbesiegte Sonne), Weihnachten korrespondiert aber auch mit dem jüdischen Lichterfest (חנוכה/Chanukka). Die Vorverlegung des Festes auf Heiligabend (24. Dezember) begann im 19. Jahrhundert. Kirchlich-offiziell aber gilt weiterhin der 1. Feiertag (25. Dezember) als Geburtstag Jesu. Dass manche Kirchen Weihnachten erst eine gute Woche später feiern, hängt mit dem Gebrauch eines anderen, des veralteten julianischen Kalenders zusammen.

Nachdem die *Trinitätslehre fixiert und Jesus als die Erscheinung eines vom Himmel auf die Erde gekommenen göttlichen Wesens definiert worden war, musste erneut darüber nachgedacht werden, wie in Jesus Göttliches und Menschliches zusammen sein konnte. War er ein auf der Erde wandelnder Gott mit übernatürlichen Fähigkeiten, also kein wirklicher Mensch? Die Bibel berichtet, dass Jesus gegessen und getrunken hat, dass er geweint und Schmerz empfunden hat und dass er qualvoll gestorben ist – ganz wie ein Mensch. Wieder drohte sich die Christenheit zu spalten in solche, die Jesus als ein rein göttliches Wesen ansehen wollten, und solche, die weiterhin auch seine menschlichen Züge sahen. Im „christologischen Streit" bekämpften sich die beiden theologischen Parteien. Im Jahre 451 tagte erneut ein *Konzil, in einer Kirche der Hafenstadt Chalcedon am Bosporus, unweit Konstantinopels, und verabschiedete ein weiteres *Bekenntnis, das neben dem *Bekenntnis von Nicäa bis heute gültig ist. Es bezeichnete Jesus Christus als „wahren Gott und wahren Menschen" und schuf damit eine zweite paradoxe christliche Lehre, die später als Zweinaturenlehre bezeichnet wurde: Jesus Christus hat gleichermaßen eine göttliche und eine menschliche Natur, er ist aber kein Mischwesen, sondern ein richtiger Mensch, der alles mit allen Menschen gemein hat außer der Sünde.

christologischer Streit
451

Merksatz

MERKE: Die *Bekenntnisse von Nicäa 325 (lat.: *Nicaenum*) und Konstantinopel 381 (lat.: *Nicaeno-Constantinopolitanum*) beendeten den trinitarischen Streit und definierten die *Trinitätslehre, das *Bekenntnis von Chalcedon 451 (lat.: *Chalcedonense*) beendete den christologischen Streit und definierte die Zweinaturenlehre.

Die Diskussionen über die Beschlüsse von Chalcedon hielten noch lange an. Nicht alle Christen konnten und wollten sie mittragen. Im Laufe des 5. und 6. Jahrhunderts gingen zahlreiche Kirchen des Ostens deshalb eigene Wege. Sie werden als orientalische *Nationalkirchen bezeichnet oder mit Blick auf ihre die Zweinaturenlehre ablehnende, die eine, göttliche Natur Christi betonende Theologie als Monophysiten (griech. μόνος/monos = einer, eine; griech. φύσις/physis = Natur). Es kam damit als Folge der Konzilsbeschlüsse zur ersten großen, nachhaltigen Kirchenspaltung. Erst in der Neuzeit gab es wieder Annäherungen.

Dennoch wird auch über die Zweinaturenlehre bis heute kontrovers diskutiert. Die Christen des Ostens und des Orients sehen in Jesus weiterhin vor allem ein erhabenes, verehrungswürdiges göttliches Wesen, während die Christen des Westens schon seit langem die menschlichen Züge Jesu, gerade auch sein Leiden, stark betonen.

Randnotiz: Monophysiten

Literatur

Helmut Fischer: Haben Christen drei Götter? Entstehung und Verständnis der Lehre von der Trinität. Zürich 2008. – **Norbert Scholl**: Das Geheimnis der Drei. Kleine Kulturgeschichte der Trinität. Darmstadt 2006.

Asketen und Eremiten | 2.2.7

Je mehr sich das Christentum etablierte, desto mehr hielten besonders fromme Gläubige nach alternativen Formen des christlichen Lebens Ausschau, und je mehr sich die einen auf komplizierte Fragen der theologischen Lehre konzentrierten, desto mehr strebten andere nach einfachen und zugleich radikalen Idealen. Schon in der zweiten Hälfte des 3. Jahrhunderts zogen sich einzelne Männer und Frauen in Ägypten in die Wüste zurück, um Gott in der Einsamkeit und unter Entbehrungen zu erfahren. Diese religiös motivierten Wüstenbewohner wurden als *Eremiten (griech. ἐρημία/eremia = Wüste) oder Anachoreten (griech. ἀναχωρεῖν/anachorein = absondern) bezeichnet. Sie glaubten damit dem Vorbild Jesu zu folgen, der ja nach dem biblischen Zeugnis eine Zeitlang in der Wüste gelebt (Mk 1,13) und sich auch später gelegentlich in die Einsamkeit zurückgezogen hatte (Mk 9,2, Mt 5,1).

Randnotiz: Eremiten

Der erste Eremit, über dessen Lebensgeschichte wir näher Bescheid wissen, ist Antonius. Er gilt deshalb als der erste christliche Mönch. Antonius stammte aus einem Dorf im Niltal, aus

Randnotiz: Antonius

Ägypten, und war ein Einheimischer, ein Kopte, kein Grieche und kein Römer. Um das Jahr 270 entschloss er sich zum asketischen Leben, verschenkte seinen Besitz und lebte zunächst in einer Grabstätte in der Nähe seines Dorfes. Später zog er sich immer weiter in die Einsamkeit, in die Wüste, zurück und hauste in einem verlassenen Kastell, zuletzt in einer Höhle. Dort empfing er aber Besucher und belehrte sie, gelegentlich kehrte er auch in die Zivilisation zurück und tröstete beispielsweise die Christen Alexandriens in der Verfolgungszeit. Antonius starb im Jahre 356 im Alter von angeblich 105 Jahren. Am Ort seines letzten Wirkens, am Berg Kolzim unweit des Roten Meers, entstand ein Kloster, das es bis heute gibt (Deir Mar Antonios). Von seinem Leben zeugt eine erbauliche Biografie, geschrieben vom alexandrinischen *Bischof Athanasius, der ihn persönlich kannte. Diese *Vita Antonii* fand rasch weite Verbreitung und große Resonanz und inspirierte viele Christen in Ost und West zum mönchischen Leben. Auch Augustin kannte und schätzte das Buch.

Infobox

Mönchtum
Mönchtum gibt es in vielen Religionen. Der aus dem Christlichen kommende Begriff bezeichnet eine religiös motivierte asketische Lebensform, verbunden mit einer Absonderung von der Welt oder der Gemeinschaft. Das christliche Mönchtum entstand im 3. Jahrhundert in Ägypten, und der Begriff Mönch bewahrt die Erinnerung an die Urform des Mönchtums, das zurückgezogene Leben in der Vereinzelung. „Mönch" stammt aus dem Griechischen und ist verwandt mit dem griechischen Wort für einzeln, allein: μόνος/monos. Durchgesetzt hat sich aber nicht das Prinzip der Vereinzelung, sondern das Leben in kleineren oder größeren Gemeinschaften in abgeschlossenen Wohnbereichen, im Kloster (lat. claudere = abschließen). Weibliche Mönche werden als Nonnen bezeichnet. Der Begriff kommt aus dem Lateinischen und ist ein Wort der kindlichen Lallsprache für Ammen (Kinderwärterinnen), hat also den Klang von „Mütterchen".

Das Einsiedlerleben bot Gefahren, vor allem für Menschen, die nicht reif und stark genug waren, um einsam zu leben. Für die meisten, die es aus asketischen Gründen in die Wüste zog, war das Leben in einer Gemeinschaft geeigneter. Der Ägypter Pachomius begründete um das Jahr 323 die klösterliche Existenzform: Asketen lebten in einer Gemeinschaft, beaufsichtigt von einem erfahrenen Leiter wie von einem Vater. Für den Vorsteher eines Klosters bürgerte sich der Vater-Titel „*Abt" (hebr. אבא/abba = Vater) ein. In einer Gemeinschaft lebende Mönche werden als

Koinobiten oder Zönobiten bezeichnet (griech. κοινός/koinos = gemeinsam, griech. βίος/bios = Leben).

In besonderer Weise einsam mitten unter den Menschen lebten in Palästina und Syrien die Styliten oder Säulensteher (griech. στῦλος/stylos = Säule). Sie fristeten ihr Dasein, oft jahre- und jahrzehntelang, auf einer hohen Säule, die zum Beispiel im Vorhof einer Kirche stand. So konnten sie am Gemeindeleben teilnehmen und auch mit den Menschen sprechen und zu ihnen predigen. Die Säule verließen sie jedoch nie, weder bei Wind und Wetter noch um zu essen oder die Notdurft zu verrichten. Dass es diese Säulensteher wirklich und sogar in großer Zahl gab, bezeugen nicht nur Berichte, sondern auch archäologische Funde. Allerdings hat sich diese sonderbare Form der christlichen *Askese nicht bis in die Gegenwart gehalten. Einsiedler gibt es noch, Klostermönche ohnehin, aber Styliten sind ausgestorben.

Eremiten, Koinobiten und Styliten waren *Laien, keine *Kleriker. Das frühe Mönchtum war eine *Laienbewegung. Antonius und Pachomius waren keine *Priester und hatten keine kirchlichen Ämter. Aber auch Kleriker fühlten sich vom mönchischen Leben angesprochen und wollten ihm nacheifern. Der Kirchenvater Augustin begründete das gemeinsame, mönchische Leben von *Klerikern und wurde so ebenfalls wichtig für die Geschichte des Mönchtums. Augustin lebte als Bischof von Hippo mit anderen *Klerikern in einer mönchsähnlichen Gemeinschaft und schrieb dafür auch eine Lebensordnung, die Augustinregel. Sie fand breite Resonanz. Im Mittelalter gab es viele Mönche, die als *Priester mönchisch lebten und die Augustinregel befolgten. Der berühmteste Augustinermönch war Martin Luther, der zwanzig Jahre lang als Augustiner lebte und als solcher zum Reformator (→ 4.2.1) wurde.

Zur Zeit Augustins lebten *Kleriker noch nicht ehelos, aber das ehelose Leben Augustins und seiner Mitkleriker wurde im Laufe der Zeit – neben dem ehelosen Leben Jesu – zum Vorbild für alle *Kleriker in der abendländischen Kirche. Während im östlichen Christentum noch heute *Priester verheiratet sind und nur Bischöfe, aus dem Mönchtum kommend, ehelos leben, wurde im Mittelalter das ehelose Leben zur Vorschrift gemacht, der Zwangszölibat (lat. caelebs = ehelos) eingeführt. Für den (auch: das) *Zölibat gab es aber nicht nur religiöse, sondern auch praktische Gründe: Ehelos lebende *Priester hatten keine legitimen Kinder und konnten ihren Besitz somit nicht vererben. Bei ihrem Tod fiel ihr Besitz an die Kirche. Allerdings zeigte

Koinobiten

Styliten

Augustin

Zölibat

sich durch die ganze Geschichte hindurch, dass eine große Zahl von *Priestern nicht zölibatär leben konnte oder wollte und den *Zölibat praktisch unterlief, was eine Vielzahl von Problemen und viel menschliches Leid zur Folge hatte. Die Aufhebung des Zölibatzwangs war dann auch eine zentrale Forderung der Reformation.

Benedikt

Augustin war von großer Bedeutung für die Geschichte des westlichen Mönchtums, die größte Bedeutung hatte jedoch ein Italiener namens Benedikt. Er stammte aus Nursia in Umbrien und war um 480 geboren worden. Zunächst erwarb er Bildung und hielt sich in Rom auf, wandte sich jedoch alsbald dem asketischen Leben zu und lebte sowohl als Einsiedler als auch als Klostermönch. Zwischen 520 und 530 gründete er ein eigenes Kloster auf dem Monte Cassino südöstlich von Rom und schrieb, in Anlehnung an eine ihm übermittelte Ordnung eines uns unbekannten Mönchs, eine eigene Klosterordnung, die bis heute seinen Namen trägt, die Benedikts- oder Benediktusregel. Im Mittelalter und in der Neuzeit, ja bis heute, leben viele Mönche der abendländischen Christenheit nach der Regel Benedikts, nicht nur Mönche, die sich wie der heutige Benediktinerorden direkt nach ihm benannt haben.

Literatur

Karl Suso Frank: Geschichte des christlichen Mönchtums. 6., bibliogr. aktual. Aufl. Darmstadt 2010. – **Martin H. Jung**: Die Bedeutung der Wüste in der Vita Antonii. In: Religiöse Erfahrung und wissenschaftliche Theologie. Festschrift für Ulrich Köpf zum 70. Geburtstag / Albrecht Beutel, Reinhold Rieger (Hg.). Tübingen 2011, S. 157–188. – **Bernhard Lohse**: Askese und Mönchtum in der Antike und in der alten Kirche. München 1969 (Religion und Kultur der alten Mittelmeerwelt in Parallelforschungen 1).

2.2.8 Gnosis und Manichäismus

Sondergestalten entwickelte das frühe Christentum nicht nur im Bereich der Lebensformen, sondern auch im Bereich der Heilslehre. Während die Mehrheit der Christen die Erlösung des Menschen von der Sünde im stellvertretenden, unschuldigen Leiden und Sterben Jesu verbürgt sah, vertraten Außenseiter die Auffassung, der Mensch komme durch Erkenntnis (griech.: γνῶσις/gnosis) zum Heil und Jesus sei ein von Gott gesandter Bote gewesen, der dem Menschen diese Heilserkenntnis vermittelt habe. Diese, nach ihrem religiösen Kerngedanken benannten „Gnostiker" bewerteten wie Markion (→ 2.2.4) die Welt und alles Körperliche ne-

durch Erkenntnis zum Heil

gativ und damit den Schöpfergott, seine Schöpfung und das diese Schöpfung und diesen Gott bezeugende Alte Testament.

Einige Gnostiker kennen wir mit Namen, wissen aber nur wenig über ihr Leben und ihre Lehre. Ansonsten ist die Gnosis durch die Polemik der *Kirchenväter bezeugt, die sich von ihr abgrenzten, sowie durch Texte, die sich erhalten haben. Spektakulär war ein Fund gnostischer Schriften aus dem 4. Jahrhundert im Jahre 1945 im ägyptischen Niltal, in Nag Hammadi, in einer Höhle in der Nähe alter pachomianischer Klöster. Dort fand sich eine ganze gnostische Bibliothek mit 52 Werken, die zuvor weitgehend unbekannt oder nur dem Namen nach bekannt gewesen waren. Ob Mönche diese Texte, darunter auch alternative Evangelien, besessen, gelesen und versteckt haben, ist unklar und wird vermutlich nie zu klären sein.

Nag Hammadi

Merksatz

MERKE: Für Gnostiker ist Jesus ein Lehrer der Erlösung, für nichtgnostische Christen ist er selbst der Erlöser. Für Gnostiker gelangt der Mensch durch Erkenntnis zum Heil, für nichtgnostische Christen durch den Kreuzestod Jesu. Gnostiker erlösen sich durch eine ihrer Erkenntnis entsprechende Lebensweise selbst, nichtgnostische Christen gelangen allein durch Jesus Christus zur Erlösung und antworten auf die ihnen geschenkte Erlösung durch Glauben und gute Werke.

Nur eine einzige gnostische Bewegung ist näher greif- und beschreibbar, der Manichäismus. Hier kennen wir den Gründer und die Texte, und wir wissen etwas über das Verbreitungsgebiet und die Geschichte dieser Gruppe. Der Manichäismus geht auf Mani zurück, eine historisch greifbare Gestalt, die von 216 bis 277 gelebt hatte. Aufgewachsen unter Elkesaiten (→ 2.2.1) empfing er schon als junger Mann Offenbarungen und stiftete eine eigene gnostische Religion, die jüdische, christliche, persische und buddhistische Motive verband. Mani selbst sah sich als Nachfolger Jesu und neuer Paulus sowie als der im Johannesevangelium (Joh 14,16) verheißene Paraklet (griech.), was heutige Bibeln mit „Tröster" oder „Beistand" übersetzen. *Missionsreisen führten ihn bis nach Indien. In Persien sympathisierte König Schapur I. mit der neuen Religion und nahm Mani an seine Seite. Doch unter Schapurs Nachfolger Bahram I. fiel Mani in Ungnade, wurde verhaftet und gefoltert und starb angeblich am Kreuz.

Manichäismus

Damit war Manis Religion aber nicht am Ende, sondern sie lebte erst richtig auf. Der Manichäismus erreichte über Syrien und Palästina rasch Ägypten und Nordafrika. Auch in Spanien, Italien und Dalmatien gab es manichäische Gemeinden. Zu einer solchen gehörte, in Karthago, der junge Augustin. Bestechend an der manichäischen Lehre war, dass sie erklären konnte, wie das Böse in die Welt gekommen und warum die Welt so schlecht war.

Mythos

Manichäer sahen die Welt – und Gott – dualistisch: Licht und Finsternis, Gut und Böse, Geist und Materie standen einander gegenüber. Ursprünglich waren beide Wirklichkeiten streng getrennt. Im Reich des Lichts herrschte der Vater des Lichts. Doch dann kam es durch unglückliche Umstände zu einer Vermischung der beiden Wirklichkeiten, wovon die heutige Welt und das Leben der Menschen geprägt ist. Ein komplizierter *Mythos erzählt und erläutert, wie es zur Vermischung kam. Göttliche Heilsbotschafter jedoch, darunter Jesus und Mani, bringen den Menschen die erlösende Botschaft: In ihnen schlummert ein Funke des Lichts und er will und kann wieder mit dem Lichtreich vereint werden. Diese Erkenntnis bedeutet Erlösung, denn jeder Mensch, der das weiß, wird alles tun, um das Licht in ihm zu befreien.

Lebenspraxis

Deshalb war die manichäische Lebenspraxis von einer strengen *Askese gekennzeichnet, zu der vegetarische Ernährung und Ehelosigkeit gehörten. So streng lebte aber nur eine kleine Gruppe im Kern der Gemeinden, die als „Erwählte" angesehen und bezeichnet wurden. Unter ihnen gab es Ämter wie in der Kirche: Bischöfe, *Presbyter und Lehrer. Um sie scharten sich größere Gruppen von Anhängern, die man „Hörer" nannte. Nur die Erwählten durften hoffen, mit ihrem Tod in das Lichtreich einzugehen. Auf die Hörer wartete zunächst noch der Kreislauf der Wiedergeburt, bis auch sie zu den Erwählten gehören würden. Doch in jedem neuen Leben gab es erneut die Chance, durch Erkenntnis und einer dieser Erkenntnis entsprechenden Praxis zur endgültigen Erlösung zu gelangen.

Trotz seines friedlichen Charakters wurde der Manichäismus im Römerreich bekämpft. Schon der Christenverfolger Diokletian unterdrückte den Manichäismus von 297 an. 372 wurden unter einem christlichen Kaiser, Valens, erneut alle manichäischen Zusammenkünfte verboten. Dennoch nahm die Resonanz der Religion erst im 8. Jahrhundert als Folge der Ausbreitung des Islam ab. In Zentralasien gab es den Manichäismus aber noch bis in das 11. und in China bis in das 16. Jahrhundert. Im Abendland lebten manichäische Gedanken und Prinzipien im Mittelalter in der Bewegung der Katharer (→ 3.1) wieder auf.

Das Christentum war eine in sich außerordentlich pluralistische Religion, von Anfang an und vor allem in der Anfangszeit, in den ersten Jahrhunderten. Im Laufe seiner Geschichte reduzierte sich jedoch diese Vielfalt. Alle Sonderformen wurden unterdrückt und bekämpft und schließlich überwiegend ausgerottet. Nach der *konstantinischen Wende gingen Staat und Kirche nicht nur gegen nichtchristliche Religionen gewaltsam vor, sondern auch gegen Abweichler in den eigenen Reihen. Erstmals im Jahre 385 in Trier wurden Christen von Mitchristen wegen abweichender Überzeugungen, fälschlich des Manichäismus beschuldigt, getötet: der spanische Asket Priscillian, die Witwe Euchrotia und drei weitere Personen. Das sollte jedoch schon bald Schule machen. Augustin rechtfertigte und begründete das gewaltsame Vorgehen gegen anders denkende Christen mit Lk 14,23 – „nötige sie hereinzukommen" – und schuf damit dem Mittelalter die Grundlage für die Inquisition (→ 3.2.2) und die gewaltsame Bekämpfung der *Ketzer.

Priscillian

Literatur

Ludwig Koenen (Hg.): Mani. Auf der Spur einer verschollenen Religion. Freiburg i.Br. 1993. –
Kurt Rudolph: Die Gnosis. Wesen und Geschichte einer spätantiken Religion. 4., durchges. Aufl. Göttingen 2005.

Aufgaben

1. Welche Apologeten und welche *Kirchenväter kennen Sie? Nennen Sie jeweils Namen und Wirkungsorte und charakterisieren Sie stichwortartig die Bedeutung des jeweiligen Mannes!

2. Wann und wie wurde Konstantin Kaiser, wann und wie wurde er zum Alleinherrscher und in welchen Schritten vollzog sich die so genannte *konstantinische Wende?

3. Welche unterschiedlichen Formen von Mönchtum gibt es? Nennen Sie die Fachbegriffe und charakterisieren Sie kurz die Eigenarten!

4. Wie feierten die frühen Christen Gottesdienst? Vergleichen Sie die Ausführungen der Didache mit denen Justins, arbeiten Sie Gemeinsamkeiten und Unterschiede heraus und

fassen Sie Ihre Ergebnisse in einem kleinen Essay zusammen! (Texte: Kirchen- und Theologiegeschichte in Quellen 1, ¹⁰2012, 11 u. 40 f.)

5. Irenäus ist ein wichtiger Zeuge für den Gedanken der apostolischen Sukzession sowie für die Herausbildung des *Kanons. Arbeiten Sie aus seinen Texten die Argumente für den Sukzessionsgedanken heraus sowie die Gründe, warum er ihn entwickelt, und listen Sie die Gesichtspunkte auf, wie er die Bibel sieht und wie er die heiligen Schriften von anderen abgrenzt! (Texte: Kirchen- und Theologiegeschichte in Quellen 1, ¹⁰2012, 61–64)

6. Vertiefen Sie sich in den arianischen Streit! Arbeiten Sie die Argumente heraus, die Arius für seine Position vorbrachte, bringen Sie sie in eine Tabelle und stellen Sie ihnen die Gegenargumente des Athanasius gegenüber! (Texte: Kirchen- und Theologiegeschichte in Quellen 1, ¹⁰2012, 146–150 u. 172 f.)

7. Erkundigen Sie sich nach jüdischen und *judenchristlichen Gemeinden in ihrer Umgebung!

8. Besuchen Sie Trier und seine Stätten der frühen Christenheit!

9. Nutzen Sie einen Italienurlaub für einen Tagesbesuch in Ravenna mit seinen spätantiken Kirchenbauten!

10. Besuchen Sie einen *orthodoxen Gottesdienst in einer griechisch- oder russisch-orthodoxen Gemeinde ihrer Gegend!

11. Suchen Sie in alten Kirchen nach Bildern und Standbildern von *Kirchenvätern!

12. Lesen Sie den autobiografischen Teil von Augustins *Bekenntnissen*, bis zur *Bekehrung (Confessiones 1–8). Der Text ist in zahlreichen und preiswerten Ausgaben leicht zugänglich.

13. Alte Kirche im Internet:
    ▶ Die wichtigste Sammlung altkirchlicher Quellen in deutscher Übersetzung ist die „Bibliothek der *Kirchenväter" (BKV). Die Universität Freiburg/Schweiz hat sie im Internet frei zugänglich gemacht. Schauen Sie hinein und lesen Sie den einen oder anderen Text, mit dem Sie nunmehr etwas verbinden!
    URL: http://www.unifr.ch/bkv/index.htm.

- Besuchen Sie die römischen Katakomben – virtuell!
  URL: http://www.domitilla.info/idx.htm?var1=docs/de01.htm
- Betrachten Sie ausgewählte Mosaiken Ravennas! Welche biblischen Motive finden Sie und welche kirchengeschichtlichen Motive?
  URL: http://12koerbe.de/mosaiken/ravenna.html#top

3 Mittelalter

Inhalt

3.1 Kirchengeschichte des Mittelalters im Überblick... 58
3.2 Hauptthemen der mittelalterlichen Kirchengeschichte.............................. 69
3.2.1 Mission.. 69
3.2.2 Mönchtum..................................... 71
3.2.3 Kreuzzüge..................................... 80
3.2.4 Papsttum...................................... 82
3.2.5 Scholastik..................................... 88
3.2.6 Humanismus.................................. 92
3.2.7 Christen und Juden............................ 94
3.2.8 Christen und Moslems......................... 98
Aufgaben.. 101

3.1 | Kirchengeschichte des Mittelalters im Überblick

Das Mittelalter ist die zweite Epoche der Christentumsgeschichte, und es ist mit rund 1000 Jahren die bei weitem längste. Sie folgt auf die Epoche der Alten Kirche, auf die Epoche des Christentums in der Antike. An das Mittelalter schließt sich die Epoche der Reformation an und damit die erste Epoche der Neuzeit.

mittleres Zeitalter Das Mittelalter ist ein „mittleres [Zeit]alter", eine Zwischenzeit, eine Epoche zwischen zwei Epochen. So kam das Mittelalter schon im 16. Jahrhundert zu seinem Namen. Der Begriff wurde erstmals 1538 von dem Schweizer Geschichtsschreiber Ägidius Tschudi benutzt. Doch zuvor schon, seit 1469, gab es in Italien Äquivalente in lateinischer Sprache. Es war eine Zwischenzeit, die diejenigen, die sie so benannten, kritisch, ja ablehnend beurteilten. Die Antike schätzten sie hoch und die Gegenwart schätzten sie hoch, die dazwischen liegende Zeit jedoch nicht. Diese Sicht findet sich, ebenfalls bei einem Italiener, Francesco Petrarca, schon 1373. Heute jedoch verwenden wir den an sich diffamierenden Begriff wertneutral.

> **Infobox**
>
> **Das „Mittelalter" als „Epoche" der Geschichte**
> Die Geschichte wird in Epochen unterteilt, auch die Kirchengeschichte. Als Epochen bezeichnet man Zeitabschnitte, die sich durch deutliche Gemeinsamkeiten von vorausgehenden und nachfolgenden Abschnitten unterscheiden. Das Mittelalter war die vom Abendland beherrschte Epoche und reichte von 500 bis 1500 nach Christus. Statt von der Kirchengeschichte des Mittelalters spricht man auch von der mittelalterlichen Kirchengeschichte oder von der Geschichte der mittelalterlichen Kirche. Das Mittelalter wird unterteilt in das Früh-, das Hoch- und das Spätmittelalter. Letzteres umfasst das 14. und 15. Jahrhundert, und die Grenze zwischen dem Früh- und dem Hochmittelalter wird häufig im 11. Jahrhundert gezogen.

Im Mittelalter lag der Schwerpunkt des Christentums im Westen, im Abendland. Das Christentum bediente sich vor allem der lateinischen Sprache. Vorrangig die Germanen waren nun Träger der christlichen Religion. Als politische Größe spielte das im Jahre 800 von Karl dem Großen neu gegründete Römische *Reich eine wesentliche Rolle. Das Mönchtum war ein beherrschender Faktor in Kirche und Gesellschaft. Im Mittelalter nahm außerdem die theologische Arbeit im Zusammenhang mit der Entstehung der Universitäten einen großen Aufschwung. Die Theologie interessierte sich vor allem für das Thema Kirche sowie für die Frage nach dem Heil. Dabei rezipierten die Theologen mit Vorliebe die Theologie Augustins. Ferner fanden die menschlichen Züge Jesu wieder mehr Beachtung, insbesondere sein Leiden und sein Tod. Im Mittelalter bildete sich das *Papsttum heraus: Aus dem *Bischof von Rom wurde der *Papst. Das Christentum präsentierte sich in großer Geschlossenheit und Einheitlichkeit. Weiter lebten aber Juden unter den Christen, und mit dem Islam stand dem Christentum eine neue Religion gegenüber.

Schwerpunkt Abendland

800

Das Mittelalter endete mit der Reformation, und die Reformation begann mit einem markanten Datum, mit Luthers Thesen im Jahre 1517. Der Beginn des Mittelalters ist jedoch nicht so eindeutig zu bestimmen. Die unterschiedlichsten Vorschläge wurden schon gemacht.

Ende Mittelalter

1517

Das Christentum der Antike war eine Religion des Römerreichs gewesen, zuletzt seine Staatsreligion. Das Römerreich kam in Bedrängnis durch die *Völkerwanderung, die um das Jahr 375 mit dem Hunnensturm ihren Anfang nahm und 568 mit dem Zug der Langobarden nach Italien endete. Im Zusammenhang mit der *Völkerwanderung nahmen Germanen das Christentum an und als Folge der *Völkerwanderung ging der westliche Teil des Römerreichs mit Rom als Hauptstadt im Jahre 476 unter, als Romulus, der letzte, ganz schwache römische Kaiser (Augustulus = Kaiserlein genannt) von dem germanischen Heerführer Odoaker abgesetzt wurde. Später verlor auch der östliche Teil des Römerreichs, das byzantinische Reich, bedrängt von dem sich im 7. Jahrhundert ausbreitenden Islam, an Bedeutung. Nach einer Erholung im 10. und 11. Jahrhundert wurden die Reste Ostroms 1453 von türkischen Eroberern beseitigt. Die berühmteste Kirche Konstantinopels, die Hagia Sophia (→ 2.1), wurde in eine Moschee umgewandelt. 1935 wurde sie Museum, aber die heutige türkische Regierung plant, sie wieder zur Moschee zu machen.

In dieser Perspektive gesehen bildete das Jahr 476 einen markanten, deutlichen Einschnitt und sollte als Beginn des Mittelalters angesehen werden. Mit ihm korrespondieren die Christianisierung der Franken (498), die Entstehung des benediktinischen Mönchtums (ca. 525), der Abschluss der Theologie Augustins (gest. 430) sowie die Beseitigung der religiösen Toleranz – demonstriert und symbolisiert durch die Ermordung der Hypatia im Jahre 415 und die Schließung der „Akademie" im Jahre 529 (→ 2.2.5) –, alles Faktoren, die für das Mittelalter bedeutend werden sollten.

Die *Völkerwanderung schuf die Rahmenbedingungen der mittelalterlichen Geschichte. Zuvor überwiegend in Nordosteuropa beheimatete germanische Völker, die teilweise schon in vorchristlicher Zeit nach Süden gewandert waren, setzten sich in Bewegung, als um 375 die Hunnen aus Zentralasien in die Steppen nördlich des Schwarzen Meers vordrangen und dort ihr Reich gründeten. Sie verdrängten die Goten, die ursprünglich einmal im südlichen Schweden und in Gotland zu Hause gewesen waren und nun über den Balkan nach Italien und zuletzt nach Spanien wanderten. Auch Alanen, Sueven, Langobarden, Vandalen und Franken waren unterwegs, fanden eine neue Heimat und gründeten neue Reiche. Die Vandalen zogen am weitesten und gelangten bis Nordafrika, wo sie im Jahre 439 Karthago eroberten (s. Abb. 3.1).

Merksatz

MERKE: Im Mittelalter ...
... verlagerten sich die Zentren des Christentums in den Westen.
... setzte sich im Westen endgültig Latein als Hauptsprache des Christentums durch.
... wurden germanische Völker zu den Hauptträgern der christlichen Religion.
... war für das Christ-Werden die Taufe wichtiger als der Glaube.
... wurde auch die einfache Landbevölkerung vom Christentum erfasst.
... war die westliche Kultur einheitlich und geschlossen christlich geprägt.
... präsentierte sich das Christentum als Staatsreligion in einem engen Bündnis von Thron und Altar.
... trat von außen der Islam als neue Religion dem Christentum gegenüber.
... wurde Theologie vor allem an Universitäten entfaltet und gelehrt.
... beschäftigte sich die Theologie vorrangig mit Heilsfragen und der Kirche als Heilsanstalt.
... wurde Jesus Christus wieder vermehrt als Mensch und dabei vor allem als Leidender gesehen.
... spielte das Mönchtum innerhalb des Christentums eine überragende Rolle.
... bekleideten die Bischöfe ein übergeordnetes kirchenleitendes Amt.
... besaßen die Bischöfe mit der kirchlichen zugleich politische Macht.
... wuchs die Bedeutung Roms und seines Bischofs, des *Papstes.

Die Germanen waren keine Christen, und über ihre Religiosität ist nur wenig bekannt. Aber bereits im 4. Jahrhundert wurde von Konstantinopel aus mit der Christianisierung der Goten begonnen. Allerdings waren die Missionare arianisch geprägt, und die Goten und mit ihnen weitere germanische Völker, auch die Vandalen, wurden *Arianer (→ 2.2.6). Die Franken schlossen sich dem Christentum – zunächst – nicht an. Die germanisch-arianischen Völker spielten für die spätere Christentumsgeschichte keine große Rolle mehr. Die Franken jedoch wurden zum wichtigsten religiösen Faktor und zur wichtigsten politischen Kraft.

Arianer

MITTELALTER

498
Chlodwig

Im Jahre 498 ließ sich der fränkische König Chlodwig aus dem Hause der Merowinger taufen, und mit ihm schlossen sich – folgt man der Überlieferung – 3000 weitere hoch stehende Stammesmitglieder der christlichen Religion an. Es war die erste Massentaufe in der Geschichte des Christentums und eine Taufhandlung, bei der nicht mehr wie früher eine eingehende Glaubensunterweisung der Taufe voranging.

Die politische Kraft der Franken erstarkte, und unter den Franken vertieften Missionare, die aus Irland, Schottland und England kamen und in Verbindung mit dem Bischof von Rom standen, die christliche Gesinnung. Im Jahre 754 kam es zu einer geschichtsträchtigen Begegnung. Bischof Stephan II. von Rom, bedrängt von den Langobarden, reiste nach Frankreich und traf in Ponthion, in Quierzy und zuletzt noch einmal in Paris mit dem Frankenkönig Pippin III. zusammen. Die beiden mächtigen Männer schlossen ein Bündnis. Der Bischof salbte Pippin und verlieh ihm den früher von Kaisern vergebenen Ehrentitel „Patricius Romanorum", und Pippin zog nach Italien, schlug 755 die Langobarden und schenkte Stephan große Teile der eroberten Gebiete. Diese „pippinsche Schenkung" stabilisierte nicht nur die Beziehung zwischen Rom und den Frankenkönigen, sondern hatte Folgen, die bis in die Gegenwart reichen.

pippinsche Schenkung

Mit der Übertragung politischer Herrschaftsgebiete an den Bischof von Rom war der *Kirchenstaat ins Leben gerufen, den es als *Vatikanstaat bis heute gibt. Der Bischof von Rom, der *Papst, ist nicht nur Oberhaupt einer Kirche, sondern regiert auch ein eigenes, heute allerdings nur noch kleines Staatswesen.

Kirchenstaat

Die Verbindung zwischen den Franken und dem Bischof von Rom sollte die abendländische Kirchengeschichte weiter prägen. Von 751 an, beginnend mit Pippin III., der den Merowinger Childerich III. abgesetzt hatte, wurde das Frankenreich von dem Geschlecht der Karolinger regiert, von 771 an von König Karl, dem man später den Beinamen „der Große" gab. Exakt im Jahre 800 besuchte Karl Rom und seinen Bischof und ließ sich von ihm zum Kaiser krönen. Damit trat Karl nicht nur symbolisch das Erbe des 476 untergegangenen westlichen Römerreichs an. Es entstand das „Heilige Römische Reich deutscher Nation", ein neu geschaffenes und neu strukturiertes Römerreich, in dem nicht mehr Römer, sondern Germanen, mithin Deutsche den Ton angaben und das auch nicht von Rom aus, sondern von – verschiedenen – überwiegend deutschen Stätten aus regiert wurde. Die Franken erneuerten das Römerreich, aber ihr eigenes großes und

Karl der Große

mächtiges Herrschaftsgebiet, das Frankenreich, zerfiel schon im 9. Jahrhundert. Heute sehen sich sowohl Deutschland als auch Frankreich als Erben des Frankenreichs und Karls des Großen.

Karl der Große förderte das Christentum in jeder Hinsicht. Dazu gehörten Bildungsbemühungen ebenso wie die Missionierung benachbarter, noch nicht christlicher Völker. Im Norden und Osten Deutschlands brachte Karl das Christentum zu den Sachsen, allerdings mit Gewalt. Wieder kam es zu Massentaufen. Aber die Sachsen blieben bei der neuen Religion, und bereits ein Jahrhundert nach ihrer gewaltsamen Missionierung stellten die Sachsen die Kaiser: Von 919 an regierten im *Reich die Ottonen, ein sächsisches Herrschergeschlecht.

Missionierung

Auch im Innern seines Reichs trieb Karl der Große die Christianisierung voran. Das Mönchtum wurde von ihm stark gefördert. Entscheidend trugen er und seine karolingischen Nachfolger im Kaiseramt dazu bei, dass das benediktinische Mönchtum zur vor-, ja alleinherrschenden Form mönchischen Lebens im Abendland wurde und andere Formen monastischer Existenz nach und nach verdrängte.

Mönchtum

Unter den Ottonen wurde es üblich, Bischöfe mit politischer Macht auszustatten. Die Kaiser setzten hohe Adlige als Bischöfe ein und gaben ihnen nicht nur kirchliche, sondern auch politische Regierungsgewalt. Dies trug erheblich zur Stabilisierung des *Reiches bei, da Bischöfe ehelos lebten und ihr Herrschaftsgebiet nicht an ihre Kinder vererben konnten. Politisch ein Erfolgsmodell hatte das später so genannte „ottonische Reichskirchensystem" kirchlich gesehen aber erhebliche schädliche Wirkungen, da die politisch aktiven Bischöfe ihre kirchlichen Aufgaben stark vernachlässigten. Dennoch hatte dieses System in Deutschland Bestand und beeinflusste in starkem Maße die deutsche Geschichte bis in das frühe 19. Jahrhundert, als Napoleon der politischen Bischofsmacht ein Ende bereitete.

ottonisches Reichskirchensystem

Beinahe gleichzeitig mit der systematischen Verflechtung kirchlicher und politischer Macht begann im Mönchtum eine Gegenbewegung, die sich gegen die politische Dominanz über das kirchliche Leben wandte. Hierfür steht Cluny (→ ♪), ein Kloster im Südosten Frankreichs. Die 909 oder 910 gegründete burgundische Benediktinerabtei wurde von ihrem Stifter mit dem Recht auf freie Wahl des *Abts ausgestattet. Dies war etwas Besonderes, denn längst war es – entgegen den Prinzipien der Benediktsregel – üblich geworden, dass adlige Klosterstifter und Klosterbesitzer nicht die Mönche ihren *Abt wählen ließen, sondern selbst

Cluny

den *Abt einsetzten und mit Vorliebe einen nachgeborenen Sohn aus ihrer oder einer befreundeten Adelsfamilie mit diesem Amt ausstatteten. Und die Stifter und Eigner waren natürlich auch Schutzherren ihres Klosters und Aufseher, die über nahezu alles bestimmten. Cluny aber war frei – exemt (lat. eximere = herausnehmen) – und nutze diese Freiheit und führte das mönchische Leben zu neuer Blüte. Bald schon verlangten andere Klöster nach der Exemtion, und unter freien Bedingungen kam es zu einem großen Aufschwung des Mönchtums.

Ruf nach Freiheit

Von den Klöstern griff der Ruf nach Freiheit auf die Kirche insgesamt über. Auch in der Kirche war es längst Sitte geworden, dass hohe Ämter wie das Bischofsamt nicht, wie früher einmal üblich, durch eine Wahl besetzt, sondern von hohen Adligen nach Gutdünken vergeben wurden. Die Kaiser selbst wählten die Bischöfe aus und setzten sie ein, zumindest dort, wo mit dem Bischofsamt Macht und Einfluss verbunden war. Weltliche Machthaber (*Laien) vollzogen also die Amtsübergabe (Investitur; lat., wörtl.: Einkleidung) an Männer der Kirche. Gegen die In-

Laieninvestitur

vestitur durch *Laien, kurz Laieninvestitur, zogen von 1059 an die römischen Bischöfe zu Felde und verboten sie. Ein Konflikt zwischen Kaiser und *Papst, den beiden mächtigsten Männern des *Reiches, die bislang hervorragend kooperiert hatten, war damit vorprogrammiert. Kaiser Heinrich IV. hielt sich nicht an das Verbot der Laieninvestitur, setzte 1075 in Mailand einen *Bischof ein und erklärte 1076 den amtierenden *Papst, Gregor VII., für abgesetzt. Sofort bannte Gregor den Kaiser, schloss ihn also aus der Kirchengemeinschaft aus, und erklärte die kaiserlichen Amtshandlungen für ungültig. Aus dieser prekären Situation konnte sich Heinrich nur befreien, indem er 1077 nach Canossa in Italien *pilgerte und Gregor um Vergebung bat. 1078 und 1080 verbot Gregor VII. die Laieninvestitur definitiv. Die Konflikte streckten sich aber zwischen wechselnden Päpsten und wech-

1122

selnden Kaisern noch hin, bis 1122 im Wormser *Konkordat ein Kompromiss gefunden wurde, der dem Kaiser eine Mitwirkung bei den Ämterbesetzungen ermöglichte.

Konfliktreich entwickelten sich in der gleichen Zeit, im 11. Jahrhundert auch die Beziehungen zwischen der östlichen

1054

Bruch Rom und Konstantinopel

und der westlichen Christenheit. 1054 kam es zum definitiven Bruch zwischen Rom und Konstantinopel, zwischen West und Ost. Die beiden Bischöfe und obersten Repräsentanten ihrer jeweiligen Kirchen schlossen sich gegenseitig aus der Kirche Jesu Christi aus. Der Streit zwischen den beiden christlichen Zentren hatte schon im 9. Jahrhundert begonnen, unter anderem weil Rom in das *Bekenntnis von Nicäa-Konstantinopel (381) klammheimlich ein zusätzliches Wort eingefügt hatte, das aber von großer theologischer Bedeutung war: das lateinische „filioque", also die Aussage, dass der Heilige Geist von Gottvater „und dem Sohn" ausgehe. Weitere Differenzen kamen hinzu und sind bis heute nicht ausgeräumt. In keiner Weise sind die Kirchen des Ostens – russisch-orthodoxe, griechisch-orthodoxe und orientalische – bereit, sich dem römischen Bischof, dem *Papst, zu unterstellen. Die 1054 ausgesprochenen gegenseitigen Verurteilungen wurden jedoch 1965 aufgehoben und die Kirchengemeinschaft nach mehr als 900 Jahren der Trennung wiederhergestellt.

Unabhängig von *Papst und Kaiser entstanden im 12. und 13. Jahrhundert die ersten Universitäten, die der höheren Bildung dienten und auch der Theologie eine neue Basis gaben. Bis heute ist die Theologie eine Universitätswissenschaft, und viele der heutigen Universitäten haben mittelalterliche Wurzeln. Bildung war im Mittelalter freilich eine Domäne der Männer, nur sie konnten Universitäten besuchen. Für Frauen gab es Bildungsmöglichkeiten allerdings in Klöstern. Die berühmteste hochgebildete Frau des Mittelalters war Hildegard von Bingen, eine Adlige aus Bermersheim bei Alzey, die von 1151 an bis zu ihrem Tod 1179 das Frauenkloster Rupertsberg bei Bingen leitete. Sie verfasste zahlreiche theologische Werke und erfuhr auch als Ratgeberin und Predigerin großen Zuspruch. 2012 wurde sie vom *Papst in den Rang einer *Kirchenlehrerin (→ 2.2.4) erhoben.

Während die Kaiser und die Päpste bei der Frage der Investitur gegeneinander kämpften, zogen sie gemeinsam in den Krieg gegen die moslemischen Seldschuken, eine türkische Fürstendynastie. Im Jahre 1095 begann die Epoche der *Kreuzzüge. Schon 1099 wurde Jerusalem erobert, aber nach mehreren weiteren Feldzügen endete die Kreuzzugsepoche 1291 kläglich mit der Zurückeroberung Akkos, einer wichtigen Hafenstadt im Norden Palästinas, durch die aus Ägypten kommenden Mamluken, einer weiteren islamischen Herrscherdynastie.

Gegen die Krieg führende und im Reichtum schwelgende Kirche regte sich vom 12. Jahrhundert an Widerstand. Um das Jahr 1175 gründete ein reicher Kaufmann namens Valdes (nicht: Petrus Valdes) in Lyon die später nach ihm benannte Armuts- und Predigtbewegung der *Waldenser. Obwohl sie von der Kirche sofort und hartnäckig bekämpft wurden, konnten die *Waldenser in abgelegenen Alpentälern überleben, und noch heute gibt es

Universitäten

1095
Kreuzzüge
1099
1291

Waldenser

in Italien eine Waldenserkirche. Radikaler als die *Waldenser war die ebenfalls kirchenkritische Bewegung der Katharer. Aus ihrem Namen entstand vermutlich der Begriff „*Ketzer". „Katharer" war ein griechischer Begriff mit der Bedeutung „die Reinen" (griech.: καθαροί/katharoi), der ihnen beigelegt wurde, weil sie eine konsequente, streng *asketische Lebensweise praktizierten. Die Anfänge lagen ebenfalls im 12. Jahrhundert, und zwar im Rheinland, in Flandern und in der Champagne. Die Katharer versteckten sich nicht, wie die *Waldenser, sondern bauten sich in Südfrankreich Burgen. Sie hatten dort Rückhalt im lokalen Adel und wurden nach ihrem südfranzösischen Zentrum Albi auch Albigenser genannt. Doch auch sie wurden bekämpft und in den so genannten Albigenser-*Kreuzzügen restlos ausgerottet.

<small>Katharer</small>

Wirklich dauerhaft bändigen konnte die Kirche die neuen kirchenkritischen religiösen Aufbrüche aber nur, indem sie für radikale Geister innerkirchliche Ventile öffnete. Es entstanden, Anliegen der radikalen Bewegungen aufgreifend, neue Formen des Mönchtums. Sie verboten den Mönchen nicht nur privaten Besitz, sondern lösten sich auch vom gemeinschaftlichen. Die Mönche konnten also nicht mehr vom Ertrag der Ländereien leben, die im Besitz ihrer Klöster waren, sondern sie waren auf regelmäßige Almosen angewiesen und wurden deshalb als Bettelmönche bezeichnet. Die wichtigsten Bettelorden sind die Franziskaner und die Dominikaner, gegründet von Franz von Assisi und Dominikus, sowie die weniger prominenten Augustiner-Eremiten, aus deren Reihen später aber ein prominenter Mann hervorging: der Reformator Martin Luther.

<small>Bettelorden</small>

Die Bettelmönche lebten in den Städten und wandten sich, anders als die älteren Mönchsorden, den Menschen zu. Sie öffneten ihre Gottesdienste und boten den Gläubigen Predigtgottesdienste an. Die Predigt war eines ihrer wichtigsten Anliegen. Der Dominikanerorden wurde deshalb sogar „Predigerorden" genannt und heißt so, mit seinem lateinischen Namen (Ordo Fratrum Praedicatorum = *Orden der Predigerbrüder, Abkürzung: OP), noch heute. Eigentlich hatte die Predigt immer zum christlichen Gottesdienst gehört, doch im Mittelalter wurde oftmals nur *Eucharistie gefeiert, nicht gepredigt. In den Städten gab es viele Kirchen mit vielen Altären und vielen *Priestern, aber hauptsächlich wurden so genannte stille Messen gelesen, *Abendmahlsgottesdienste ohne Gemeinde. Ein *Priester stand alleine an einem Altar in einer Seitenkapelle seiner Kirche und zelebrierte, leise vor sich hinmurmelnd, in lateinischer Sprache einen Gottesdienst und aß das

<small>Predigt</small>

<small>stille Messen</small>

Brot und trank den Wein. Er war überzeugt, damit etwas Gott Wohlgefälliges zu tun.

Wenn die Menschen an solchen Gottesdiensten teilnahmen, empfingen sie nur das Abendmahlsbrot, die *Hostie, nicht auch den Kelch mit dem Wein. Der „Kelchentzug" hatte sich im Laufe der Zeit eingebürgert, weil sich die Gläubigen vor dem Wein, in dem sie das Blut Christi sahen, scheuten und auch Angst hatten, etwas davon zu verschütten. In der Mahlfeier selbst wurde eine Opferhandlung gesehen, die unblutige Erneuerung oder sogar, zugespitzt, Wiederholung des Kreuzestodes Jesu, was sich auch in der Begrifflichkeit spiegelte: Eine „*Hostie" ist ein „Opfertier" (lat.: hostia). Neben der häufigen Feier der *Eucharistie in den Kirchen stand die Verehrung und Anrufung der *Heiligen im Zentrum der mittelalterlichen Frömmigkeit sowie die Vorstellung, durch gute Werke aller Art – seien es Almosen für Bedürftige, Spenden an die Kirche oder *Pilgerfahrten – etwas für das eigene Seelenheil tun zu können.

Unabhängig von den kirchenkritischen Bewegungen der *Waldenser und Katharer traten im späten Mittelalter noch zwei prominente, theologisch versierte Einzelgestalten als Kirchenkritiker auf: John Wyclif in England im 14. Jahrhundert und Johann Hus in Böhmen im 15. Jahrhundert. Beide nahmen Anliegen der Reformation vorweg und werden deshalb manchmal als Vorreformatoren bezeichnet. Luther hat sich auch tatsächlich auf Hus berufen, der 1415 wegen seiner Lehren in Konstanz verbrannt worden war. Wyclif hat erstmals Zweifel geäußert, dass der Wein beim *Abendmahl wirklich das Blut Christi sei, und Anhänger von Hus forderten nach seinem Tod den „Laienkelch", das heißt Abendmahlswein nicht nur für die *Priester, sondern für alle.

Im späten Mittelalter kam es nach dem Aufleben der Theologie im hohen Mittelalter im Zusammenhang mit den Universitäten zu einem weiteren Aufschwung der Theologie im Kontext der so genannten Renaissance (franz.; dt.: Wiedergeburt), einer umfassenden Erneuerungsbewegung, welche die Kultur der Antike wiederbeleben wollte. Teil der Renaissance war die Gelehrtenbewegung des *Humanismus, der sich neu der Sprache und den Schriften der Antike zuwandte. In ihm wurzelte die Reformation mit ihrer Hinwendung zur Bibel und zur frühen Kirche, aber auch die *katholische Reform, die parallel zur Reformation der *katholischen Kirche ein neues Gesicht geben sollte.

Problematisch entwickelten sich die Dinge im späten Mittelalter jedoch im kirchlich-institutionellen Bereich. Das *Papsttum hatte im Mittelalter seine Macht und sein Ansehen immer weiter ausgebaut, schlitterte aber im späten Mittelalter in mehrfache und große Krisen. Zum einen kam es zu Spaltungen, so genannten Schismen (→ 3.2.4), und es regierten zwei oder sogar drei Päpste gleichzeitig und bestritten sich gegenseitig ihre Legitimität. Zum anderen gerieten Päpste unter den Einfluss Frankreichs und residierten in Avignon, nicht mehr in Rom. Zur Behebung dieser Missstände fanden im 15. Jahrhundert zweimal große *Konzile (Pl. auch: Konzilien) statt, in Konstanz und in Basel. Die Schismen konnten beseitigt werden, aber eine wirkliche Reform des Papsttums gelang nicht. Im Umkreis der *Konzile wurden Forderungen nach einer „Reform der Kirche an Haupt und Gliedern laut", wie sie die Reformation dann einleiten sollte.

Während die Kirche im Westen mit sich selbst beschäftigt war, gerieten die Kirchen des Ostens im späten Mittelalter in immer größere äußere Bedrängnis. Die Türken und der Islam bauten ihre Macht weiter aus und drängten die Griechen und das Christentum zurück. Die Kirchen des Ostens suchten deshalb eine Verständigung mit Rom und den Schutz durch den Westen zu erlangen, aber die Verständigung kam nicht zustande. 1439 verlief ein Unionskonzil, das in Ferrara und Florenz getagt hatte, letztlich ergebnislos. Nachdem 1453 das Zentrum der östlichen Christenheit von den Türken erobert worden war, wurde aus Konstantinopel Istanbul. Im Zusammenhang mit der Bedrohung und der Eroberung setzte eine Gelehrtenflucht von Ost nach West ein. Die Gelehrten führten alte griechische Handschriften mit sich, Texte von *Kirchenvätern und Philosophen, und gaben der westlichen Wissenschaft neue Impulse. Indirekt haben die Türken so zur Reformation beigetragen. Auch die durch den Untergang Konstantinopels aufkommende apokalyptische Stimmung – die Erwartung eines baldigen Weltendes – sollte die Reformation beflügeln. Pointiert kann behauptet werden: Ohne Türken keine Reformation!

Das späte Mittelalter drängte zur Reformation. Sie musste kommen und sie kam, einzig dass sie eine Kirchenspaltung zur Folge hatte, war nicht zwangsläufig. Die Reformation hätte alternativ eine Reform der ganzen Kirche bewirken und so die mittelalterliche Kircheneinheit auch in der Neuzeit wahren können. Oder sie hätte scheitern können, und auch so wäre die Kircheneinheit gewahrt bzw. wiederhergestellt worden.

Literatur

Kirchen- und Theologiegeschichte in Quellen. Bd. 2: Mittelalter / Adolf Martin Ritter, Bernhard Lohse, Volker Leppin (Hg.). 7., neu bearb. Aufl. Neukirchen-Vluyn 2011. – **Volker Leppin**: Geschichte des mittelalterlichen Christentums. Tübingen 2012 (Neue Theologische Grundrisse). – **F. Donald Logan**: Geschichte der Kirche im Mittelalter / Karl H. Nicolai (Übers.). Darmstadt 2005.

Hauptthemen der mittelalterlichen Kirchengeschichte | 3.2
Mission | 3.2.1

Im Mittelalter wurden zunächst die Germanen zu den wichtigsten Trägern der christlichen Religion. Später kamen die Slawen hinzu. Zu beiden Völkergruppen gelangte das Christentum auf dem Wege der – teils friedlichen, teils gewaltsamen – *Mission.

Im Gebiet des heutigen Deutschlands gab es die ersten christlichen Gemeinden schon zur Römerzeit, zum Beispiel in Köln und in Trier, aber auch in Basel. Es waren aber, nach allem was wir wissen, Römer, die sich dort bereits im 3. Jahrhundert zum Christentum bekannten. Gleichwohl dürften auch Einheimische – Kelten – durch sie mit dem Christentum in Kontakt gekommen sein. Überwiegend gingen diese Gemeinden im Zuge der *Völkerwanderung wieder unter, einzig Trier kann ein kontinuierliches christliches Gemeindeleben von der Römerzeit bis in das Mittelalter vorweisen. Trier

Eine erste aktive Missionierung von Germanen setzte im 4. Jahrhundert von Konstantinopel aus ein. Sie galt den Westgoten. Unter ihnen wirkte als Missionar und *Bischof ein gotisierter Nachfahre kappadozischer Christen namens Ulfila (auch: Wulfila), der die Bibel ins Gotische übersetzte. Da Ulfila und seine Auftraggeber *Arianer waren, also einer von der Mehrheitskirche verketzerten Sonderströmung anhingen, wurden die Germanen *Arianer. Wie sie diesen ihren Glauben konkret praktizierten, ist nicht bekannt, da sowohl schriftliche als auch archäologische Zeugnisse fehlen. Ulfila

Infobox

Mission
*Mission kommt vom lateinischen „missio" und meint Sendung, konkret die Sendung durch Jesus zur Verbreitung des christlichen Glaubens in Anlehnung an das Sendewort Jesu Joh 17,18: „Wie du mich gesandt hast in die Welt, so sende ich sie auch in die Welt" und den Missionsbefehl Jesu in Mt 28,19f: „Gehet hin und

> machet zu Jüngern alle Völker: Taufet sie auf den Namen des Vaters und des Sohnes und des heiligen Geistes und lehret sie halten alles, was ich euch befohlen habe." Das Christentum ist von Natur her eine missionarische, eine auf Verbreitung angelegte Religion. Allerdings war das Christentum nicht zu allen Zeiten missionarisch aktiv, und sowohl die Art und Weise der Missionsarbeit als auch die Motive und Ziele der *Mission waren mitunter höchst unterschiedlich. Missioniert wurde anfänglich nur mit Worten und indem man vorbildlich als Christen lebte. Nachdem das Christentum Staatsreligion geworden war, versuchte man einzelne Menschen oder sogar ganze Völker auch durch mehr oder weniger sanften Druck, mitunter durch Gewalt. Mitunter hieß es: Du hast die Wahl zwischen der Taufe und dem Tod. So wurde das Christentum aber stark veräußerlicht. Die äußerliche Zugehörigkeit zur Religion war wichtig, nicht mehr die innere Haltung. Vielfach waren so missionierte Menschen nur äußerlich Christen, blieben aber in ihrem Herzen und in ihrer häuslichen Praxis anderen Kulten treu.

Von den Goten aus kam der christliche Glaube in arianischer Prägung auch zu den Langobarden, Vandalen, Burgundern und Sueben (Abb. 3.1). Andere Germanenvölker, darunter die wichtigen *Franken*, die sich in Zentraleuropa, im Gebiet des heutigen Frankreichs und Deutschlands, einrichteten, blieben dem Christentum noch fern. Die Wende kam 496/97, als sich der politisch und militärisch erfolgreiche Frankenherrscher Chlodwig aus dem Geschlecht der Merowinger dem Christentum zuwandte und sich *498* taufen ließ. Die Taufe wurde ihm in Reims (→ ♪) vom *katholischen Bischof Remigius gespendet. Gut hundert Jahre später, vom Beginn des 7. Jahrhunderts an, wirkten aus Irland kommende Mönche, darunter der bekannte Columba (auch: Columban), unter den Franken als Missionare und gründeten Klöster, darunter das berühmte Kloster Sankt Gallen in der Schweiz. Unter ihnen machte die Christianisierung der Bevölkerung weitere Fortschritte. Im 8. Jahrhundert kam aus England der Benediktinermönch Bonifatius und wirkte in Hessen und Thüringen für das Christentum. Das Frankengeschlecht der Karolinger, das die Merowinger inzwischen abgelöst hatte, missionierte in dieser Zeit in Norddeutschland die Sachsen, allerdings mit Gewalt (s. Abb. 3.1).

Slawen Noch lange nicht dem Christentum zugehörig waren die Slawen, die auf dem Balkan siedelten. Nach Anfängen im 8. Jahrhundert erfolgte die eigentliche Missionierung im 9. Jahrhundert durch die byzantinischen Missionare Kyrill und Method, die „Slawenapostel". Zum Zwecke der Christianisierung schufen sie eine slawische Schriftsprache und legten damit den Grund für eine eigenständige slawische Kultur. Die *katholische Kirche ehrt

Hauptthemen der mittelalterlichen Kirchengeschichte

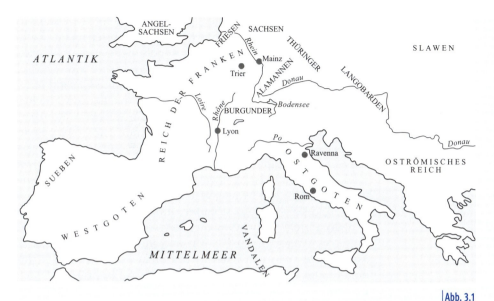

Abb. 3.1
Germanen im 5. Jahrhundert

sie heute als „Patrones Europae", als Ahnherren der modernen europäischen Kultur.

In Russland fasste das Christentum, ebenfalls von Konstantinopel aus, im 10. Jahrhundert Fuß. Im 15. Jahrhundert wurde die russische Kirche selbstständig.

Literatur

Arnold Angenendt: Das Frühmittelalter. Die abendländische Christenheit von 400 bis 900. 2., durchges. Aufl. Stuttgart 1995. – **Gert Haendler**: Geschichte des Frühmittelalters und der Germanenmission. 2., erg. Aufl. Göttingen 1976 (Die Kirche in ihrer Geschichte 2, E). – **Lutz von Padberg**: Christianisierung im Mittelalter. Darmstadt 2006 (Besondere Wissenschaftliche Reihe).

Mönchtum 3.2.2

Das Mönchtum war keine Erfindung des Mittelalters, aber im Mittelalter wurde es zur wichtigsten innerchristlichen Kraft. Sehr viele Menschen lebten als Mönche und Nonnen, und das Mönchtum hatte großen Einfluss nicht nur auf die Kirche und die Theologie, sondern auch auf das gesellschaftliche und wirtschaftliche Leben.

Die Anfänge des Mönchtums im Abendland waren bescheiden und inspiriert vom östlichen Vorbild. Als Ersatz für menschenleere Wüsten dienten den abendländischen Mönchen hohe Berge, tiefe Täler, dunkle Wälder und einsame Inseln. Doch dann entwickelte das abendländische Mönchtum eigene Prinzipien und Strukturen.

Anfänglich wirkten aus Irland, Schottland und England stammende Mönche im Herrschaftsgebiet der Franken. Doch das blieb eine Episode. Das um 525 in Italien begründete benediktinische Mönchtum wurde zur beherrschenden Kraft. Hierzu trug nicht nur bei, dass es flexible, an unterschiedliche Lebensverhältnisse anpassbare Prinzipien hatte und nicht so streng wie andere Formen des Mönchtums war, sondern auch, dass es von den Karolingern, vor allem von Ludwig dem Frommen, dem Sohn Karls des Großen, offiziell gefördert wurde. Im Laufe der Zeit wurde das benediktinische Mönchtum alleinherrschend.

<small>benediktinisches Mönchtum</small>

Ein benediktinisches Kloster war nicht nur ein religiöses, sondern auch ein wirtschaftliches Zentrum. Es besaß nicht nur eine Kirche, sondern auch eine Schule, ein Hospital und einen Gasthof. Lebensmittel und Kleidung mussten produziert werden für mitunter mehrere hundert Mönche. Ein Kloster war im Mittelalter eine Klostersiedlung, ein größerer Siedlungskomplex mit vielen, vielen Gebäuden. Im mittelalterlichen Stil erhalten geblieben ist eine solche Klostersiedlung in Maulbronn, unweit von Karlsruhe gelegen. Außerdem besitzen wir eine Architekturzeichnung aus dem 9. Jahrhundert, die den Grundriss einer idealen Klosteranlage zeigt (Abb. 3.2). Die Zeichnung befindet sich heute im Kloster Sankt Gallen in der Schweiz und wird deshalb als St. Galler Klosterplan bezeichnet.

Die Benediktinerklöster gerieten im frühen Mittelalter aber immer mehr unter die Verfügungsgewalt des Adels. Nicht mehr die Mönche wählten aus ihren Reihen ihren *Abt, sondern Adlige, denen das Kloster gehörte und die es schützten, setzten einen der Ihren eigenmächtig als *Abt ein.

Doch im Jahre 909/910 brach der südfranzösische Herzog Wilhelm III. von Aquitanien mit dieser Sitte und sicherte einem von ihm gegründeten Kloster die freie *Abtswahl zu und unterstellte es dem päpstlichen Schutz. Es war das Kloster Cluny in Burgund, und das Beispiel machte rasch Schule. Mehr und mehr Klöster gewannen ihre Freiheit wieder und unterstanden nur noch dem *Papst. In diesen Klöstern blühte das mönchische Leben auf, was sich insbesondere darin äußerte, dass die Mönche mit Inbrunst Gottesdienste feierten und beinahe ihre ganze Zeit dem Gebet widmeten, während Benedikts Grundsatz noch gelautet hatte:

<small>Cluny</small>

HAUPTTHEMEN DER MITTELALTERLICHEN KIRCHENGESCHICHTE

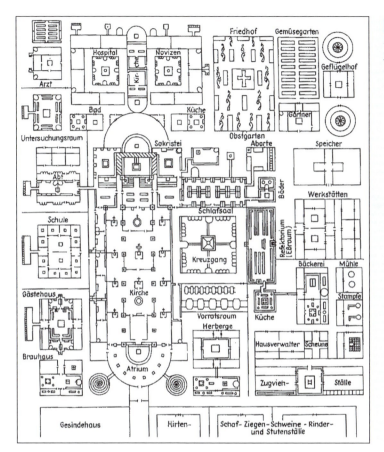

Abb. 3.2
Der St. Galler Klosterplan – Grundriss eines Idealklosters nach der Benediktsregel (Nachzeichnung)

Bete und arbeite (lat.: ora et labora)! Außerdem wurden diese blühenden Klöster, weil sie viel Nachwuchs hatten und ihnen mit ihm viele Schenkungen zuteil wurden, rasch reich. Sie bauten sich großartige Kirchen.

Gegen diese von Cluny ausgehende und viele andere Klöster erfassende Entwicklung regte sich Widerstand. Im Jahre 1098 gründete der *Abt Robert von Molesme mit 21 Mönchen in Cîteaux (→ ♪), in Burgund gelegen (Abb. 3.3), ein neues Kloster und begann mit Reformen. Es entstand der nach diesem Kloster benannte *Orden der Zisterzienser, der zwar auch nach der Benediktsregel lebte, aber wieder Wert legte auf Armut und ein einfaches Leben und auch die Arbeit wieder betonte. Charakteristisch und von hoher Symbolkraft war, dass die Klosterkirchen ohne

Zisterzienser

Türme gebaut wurden. Der berühmteste Zisterzienser war Bernhard von Clairvaux. Er wurde 1090/91 in Südfrankreich geboren und starb 1153 in seinem Kloster Clairvaux (Abb. 3.3), dem er von 1115 an als *Abt vorgestanden hatte. Er war ein großer Mystiker, das heißt er hatte *Visionen und Auditionen und erlebte Gott ganz unmittelbar. Später blühte die *Mystik in Frauenklöstern der Zisterzienser, allen voran in Helfta in der Grafschaft Mansfeld im 13. und 14. Jahrhundert. *Mystik ist eine zurückgezogene (griech. μυεῖν/myein = schließen, verschweigen) und elitäre Form der Religiosität. Sie begleitete das Christentum, in unterschiedlicher Intensität, durch seine ganze Geschichte.

Kartäuser — Noch strenger, noch asketischer als die Zisterzienser lebten die Kartäuser, die ihr Stammkloster in La Chartreuse (→ ♪) in den Westalpen hatten und nach ihm benannt wurden (Abb. 3.3). Beinahe wie Einsiedler lebte jeder Mönch im Kloster in einem kleinen Häuschen und versorgte sich selbst. Nur zum Gebet kamen die Mönche zusammen. Viele Stunden am Tag verbrachten sie schweigend.

Als Benediktiner, Zisterzienser und Kartäuser lebten *Laien und *Priester. Neu entstanden im Mittelalter auch reine Priesterorden, in denen nicht nur einige Mönche zu *Priestern geweiht wurden, sondern in denen alle Mönche *Priester waren. Hierzu

Prämonstratenser — gehörte der *Orden der Prämonstratenser, der nach der Regel Augustins lebte, die Augustin ja geschrieben hatte für *Priester, die mit *Priestern in einer mönchischen Gemeinschaft leben wollten (→ 2.2.7). Die Prämonstratenser, benannt nach ihrem Stammkloster Prémontré (→ ♪) in Nordfrankreich (Abb. 3.3, lebten wie die anderen Mönche in abgeschiedenen Klöstern. Doch auch in den Städten taten sich wieder vermehrt *Priester zusammen und lebten an ihren Kirchen nach dem Vorbild und der Regel Augustins in mönchischen Gemeinschaften. Sie werden wegen ihres von der Mönchsregel bestimmten Lebens als „regulierte Kanoniker" oder wegen ihres Gebetsdienstes im Chor der Kirche als „Chorherren" bezeichnet.

Franziskus — Zisterzienser und Kartäuser wollten zurück zu den Ursprüngen des Mönchtums. Noch radikaler war Franz von Assisi. Er wollte nicht nur einfach und arm, sondern ganz nach dem Vorbild Jesu leben, völlig ungesichert, sogar ohne Behausung, predigend von Ort zu Ort ziehend. Franz (auch: Franziskus) gründete den ersten Bettelorden, eine Mönchsgemeinschaft, die radikaler als alle anderen auf jeden Besitz, auch auf gemeinschaftlichen Besitz verzichtete und lediglich von milden Gaben lebte. Ein sol-

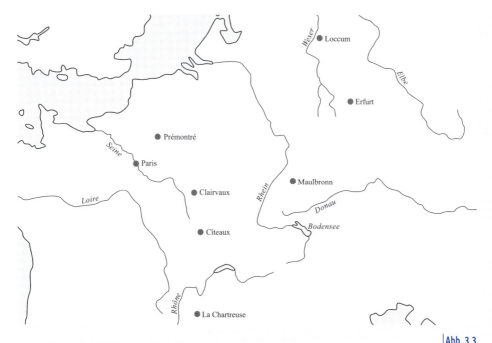

| Abb. 3.3
*Hauptklöster der neuen *Orden im 12. Jahrhundert*

ches „Leben der *Buße" zu führen war nur unter den Menschen, nur in den Städten möglich. Anders als Benediktiner und Zisterzienser suchten die Bettelorden nicht einsame Berge und einsame Täler auf, sondern bauten sich ihre Klöster in den Städten, mit Vorliebe am Rande der Stadt direkt an der Mauer. Die Franziskaner wollten allerdings nicht einmal ein Kloster ihr eigen nennen. Die Gebäude, die sie bewohnten, gehörten nicht ihnen selbst, sondern zum Beispiel dem örtlichen Bischof.

Franziskus war besessen vom Nachfolgegedanken und davon, selbst zu erleben, was Jesus erlebt – und erlitten – hatte. 1223 feierte er Weihnachten, indem er in einem Wald bei Greccio (→ ♪) einen Stall und eine Krippe aufbaute und damit den Anstoß gab zu der bis heute üblichen Form, die Geburt Jesu zu feiern. Seit 1224 besaß Franziskus die Wundmale (lat.: stigmata) Jesu, die periodisch bluteten. Wahrscheinlich hatte er sich diese Verletzungen auf dem Berg La Verna in einem Zustand religiöser Ekstase selbst beigefügt, um Jesu Kreuzesschmerzen nachzuempfinden. Seine Gefährten bemerkten diese „*Stigmatisation" aber erst

Stigmatisation

nach seinem Tod 1226 und interpretierten sie als ihm von Gott verliehene Auszeichnung. Für seine Anhänger war Franziskus zu einem zweiten Christus geworden. Zwei Jahre nach seinem Tod wurde Franziskus vom *Papst zu einem *Heiligen erklärt. In Assisi liegt er begraben, und sein Grab kann auch heute noch besucht werden. Neu an Bedeutung gewonnen hat Franziskus im Jahre 2013, als der neu gewählte *Papst seinen Namen annahm und ihn damit zu seinem Vorbild erklärte. Schon länger gibt es einen zunehmend populärer werdenden Franziskus-*Pilgerweg, der Assisi mit Rom verbindet. Franziskanerbrüder gibt es in Deutschland heute allerdings kaum mehr. Insgesamt sind es nicht einmal mehr fünfzig.

Infobox

Klöster, Mönche, Nonnen
Im Mittelalter wurden häufig schon Kinder in das Kloster gegeben; man bezeichnete sie als Oblaten (lat. oblatus = der Angebotene, Geopferte). Das eigentliche Mönchwerden vollzog sich aber in Stufen. Zunächst war man Novize (lat. novicius = neu, jung). Erst nach der Probezeit legte man die „Gelübde" ab und versprach Gott Armut, *Keuschheit und Gehorsam, Benediktiner außerdem Ortsbeständigkeit (lat.: stabilitas loci). Das Ablegen der Gelübde heißt auch „Profess" (lat. profiteri = öffentlich bekennen). Die Gelübde waren bindend, und zwar lebenslänglich. Ein Austritt aus dem Kloster war nicht vorgesehen und nicht möglich. Mönche trugen eine spezielle Kleidung, den Habit (lat. habitus = Haltung, Kleidung). Mönche hatten auch einen speziellen Haarschnitt, die Tonsur (lat. tonsura = das Scheren). Der Klosteralltag war durch das Stundengebet, die Horen (lat. hora = Stunde), strukturiert. Bis zu neunmal am Tag, rund um die Uhr, auch zu Mitternacht, wurde in den Klöstern gemeinsam gebetet, und dabei wurden vor allem Psalmen kunstvoll gesungen und rezitiert. Die Mahlzeiten wurden im Speisesaal eingenommen, dem Refektorium (lat. refectio = Wiederherstellung, Mahlzeit). Geschlafen wurde im Schlafsaal, dem Dormitorium (lat. dormire = schlafen), oder in Einzelzimmern, den Zellen (lat. cella = Kammer). Geleitet wurde ein Kloster von einem *Abt (hebr. אבא/abba = Vater) oder einem Prior (lat. prior = der Vordere). Einzelheiten des Lebens ordnete die Regel (lat. regula = Richtschnur). Die Versammlungen der Mönche, bei denen zum Beispiel die anstehenden Arbeiten verteilt wurden, nannte man Kapitel, weil bei ihnen ein Kapitel aus der Regel vorgelesen wurde. Der Bereich des Klosters, der von Nichtmönchen nicht betreten werden durfte, wird als Klausur (lat. claudere = abschließen) bezeichnet. Zur Klausur gehörte auch der Kreuzgang, ein in der Regel quadratisch angelegter überdachter Gang, in dem Prozessionen stattfanden, bei denen ein Kreuz mitgetragen wurde. Nonnen lebten in einer besonders strengen Klausur und verschleierten ihr Haar und ihr Gesicht. Für notwendige Kontakte zur nichtklösterlichen Welt gab es einen Gesprächsraum, bei Nonnen nur ein vergittertes Sprechfenster.

Franziskus hatte ein großes Charisma und faszinierte auch Frauen. 1212 schloss sich ihm Klara an, eine noch nicht 20-jährige adlige Tochter aus Assisi. Als Frau konnte sie freilich nicht mit Franziskus und seinen Gefährten umherziehen. Sie lebte in Assisi mit anderen, gleich gesinnten jungen Frauen in einem Kloster, das sie leitete und für das sie – als erste Frau der Kirchengeschichte – um 1247 eine eigene Lebensregel schrieb. Sie starb, lange nach Franziskus, im Jahre 1253 in Assisi und wurde 1255 heilig gesprochen. Ihre Ganzkörperreliquie (ihr mumifizierter Leichnam) befindet sich in Assisi in der Krypta eines nach ihr benannten Klosters.

<small>Klara</small>

Nach und neben den Franziskanern entstanden weitere Bettelorden. Die von Dominikus, einem aus dem spanischen Kastilien stammendem Adligen, im Jahre 1206 gegründeten Dominikaner waren anders als die Franziskaner *Priester und setzten sich von Anfang an das Ziel, innerhalb der Kirche kritische und destruktive Kräfte – *Ketzer – zu bekämpfen. Sie wurden deshalb zum wichtigsten Träger der 1231 vom *Papst eingerichteten Inquisition, einer speziellen päpstlichen Behörde zur Aufspürung, „Untersuchung" (lat.: inquisitio) und Verurteilung von *Ketzern. Aber das Leben der Dominikaner hatte auch eine spirituelle Dimension. Im späten Mittelalter blühte in Dominikanerklöstern, bei Mönchen wie Nonnen, die *Mystik.

<small>Dominikus</small>

Ein weiterer Bettelorden waren die Augustiner-Eremiten, die keine mit den Franziskanern und den Dominikanern vergleichbare Bedeutung erlangten. Augustiner heißen sie, weil sie nach der Augustinregel leben, und *Eremiten heißen sie, weil sie aus mittelitalienischen Einsiedlerkolonien heraus entstanden waren. Sie lebten dann aber in ganz normalen städtischen Klöstern.

<small>Augustiner-Eremiten</small>

In den Städten praktizierten vom späten 12. Jahrhundert an Beginen eine freiere monastische Lebensform. Es waren Frauen, die in kleineren Gemeinschaften lebten und sich von Handarbeiten ernährten, aber auch Mädchen unterrichteten und Kranke pflegten. Der Name kommt vermutlich vom Tragen ungefärbter, beiger Wollgewänder. Im späten Mittelalter existierten in größeren Städten häufig zehn oder sogar zwanzig verschiedene Beginenhäuser.

<small>Beginen</small>

Am Ende des Mittelalters gab es rund zwei Dutzend verschiedene *Orden und viele tausend Klöster. Sie bestimmten das Bild der Städte und prägten die Struktur der Landschaften. Jede Stadt zählte in ihren Mauern mehrere Klöster, und etwa zehn Prozent der Bevölkerung lebten mönchisch, wenn auch nicht immer

Missstände konsequent. Die Missstände in den spätmittelalterlichen Klöstern waren groß: Weder die Verpflichtung zum Gebet noch die zur Armut noch die zur *Keuschheit wurden eingehalten. Viele Mönche und Nonnen sahen ihre Lebensform lediglich als eine Möglichkeit an, auf unkomplizierte Weise versorgt zu sein. Doch immer wieder versuchten Reformbewegungen zurückzulenken zu den ursprünglichen Idealen.

Das Mönchtum hatte im Mittelalter für das Christentum nicht nur quantitativ, sondern auch qualitativ eine hohe Bedeutung: Es prägte die Glaubens- und Lebensideale auch derjenigen Christen, die nicht als Mönche und Nonnen lebten und leben konnten. Dazu trugen insbesondere die Bettelorden bei, die in den Städten predigten und so ihre christlichen Ideale propagierten. Sie schärften den Menschen *Buße, Nachfolge und *Askese ein und mahnten auch zu einem regelmäßigen Empfang der *Sakramente. Sie erinnerten die Gläubigen an den allen bevorstehenden Tod.

Tod Die mittelalterliche christliche Frömmigkeit, insbesondere im späten Mittelalter, war beherrscht von der Angst vor dem Tod. Der Tod war allgegenwärtig: Kinder starben kurz nach der Geburt, Mütter starben im Kindsbett, junge Männer wurden durch Seuchen dahingerafft. Die Menschen suchten sich auf den Tod vorzubereiten, denn in der Sterbestunde entschied sich das Schicksal im Jenseits. Den Sterbenden bot die Kirche das *Sakrament der Letzten Ölung, das es in der *katholischen Kirche in der Form der Krankensalbung noch heute gibt. Außerdem wurde in den Klöstern und in den Kirchen für Verstorbene gebetet.

Leben nach dem Tod Die Christen im Mittelalter glaubten an ein Leben nach dem Tod. Die Theologen und Prediger lehrten, dass nur wenige Menschen, die *Heiligen, nach dem Tod sofort zu Gott kämen; deshalb konnte man sie als Fürsprecher anrufen. Die Masse der Menschen käme ins *Fegfeuer, einen Reinigungsort, wo sie für ihre Sünden bestraft und auf das Jüngste Gericht und das ewige himmlische Leben vorbereitet würden. Vor dem *Fegfeuer hatten die Menschen Angst, und die Prediger schürten diese Angst, um so dem Sündigen zu wehren. Auf das *Fegfeuer aber folgte der Himmel, und das Los der Seelen im *Fegfeuer konnte durch Gebete – und durch *Ablass (→ 4.2.1) – gelindert werden.

Merksatz

MERKE: Das *Feg(e)feuer ist ein Reinigungsort (fegen = reinigen) und nicht die Hölle. An beiden Orten werden die Verstorbenen zwar schmerzhaft gestraft, im *Fegfeuer aber nur auf Zeit (zeitliche Strafen), in der Hölle jedoch auf Dauer (ewige Strafen). In der *katholischen Theologie gibt es die Fegfeuervorstellung noch heute, die Reformation jedoch hat damit gebrochen, am Gedanken der Hölle aber festgehalten. Als angebliche biblische Belege für die Existenz eines *Fegfeuers wurden Mt 5,25f, Mt 12,32 und 1 Kor 3,15 herangezogen.

| Abb. 3.4
Das Jüngste Gericht aus spätmittelalterlicher Sicht (Holzschnitt des Hans Schäufelein)

Aus Sicht der mittelalterlichen Kirche waren die allermeisten Menschen letztlich für den Himmel bestimmt. Nur wenigen Menschen – notorischen, hartnäckigen *Ketzern und notorischen groben Sündern – drohte die Hölle, ein ewiges Leiden in Gottesferne.

Eindrücklich wurden den Menschen des Mittelalters die unterschiedlichen Aussichten nach dem Tod auch in Bildern vor Augen gestellt, in Kirchenräumen und – nach dem Aufkommen des Buchdrucks – in Büchern (Abb. 3.4). Über dem Gerichtsgeschehen thront Jesus Christus auf einer Weltkugel als Weltenrichter, in dieser Rolle immer mit nacktem Oberkörper dargestellt. Er wird flankiert von Engeln, die die Werkzeuge mit sich tragen, mit denen Christus am Kreuz gemartert wurde, und von *Heiligen. Maria und Johannes der Täufer, zwei besonders wichtige und einflussreiche *Heilige, beten für die Verstorbenen und appellieren an Christus, setzen sich für die Menschen ein. Engel holen die Toten, die für den Himmel bestimmt sind, aus dem *Fegfeuer und geleiten sie in das Paradies, wo sie von König David empfangen werden. Eine unermessliche Schar macht sich auf den Weg in die himmlischen Freuden. Wenige andere werden vom Teufel in Empfang genommen und nackt und gefesselt in die Hölle verfrachtet, wo sie ewige Pein erleiden. Die Menschen des Mittelalters wussten, dass sie nach dem Tod ein göttliches Gericht erwartete und zu welcher Gruppe sie gehören wollten, deshalb taten sie alles, um zu dieser Gruppe zu gehören.

Literatur

Gudrun Gleba: Klöster und Orden im Mittelalter. 4., bibliogr. aktual. Aufl. Darmstadt 2011 (Geschichte kompakt). – **Norbert Ohler**: Mönche und Nonnen im Mittelalter. Düsseldorf 2008.

3.2.3 | Kreuzzüge

Das frühe Christentum war jeder Gewalt abgeneigt. Das änderte sich mit der *konstantinischen Wende. Innere und äußere Gegner wurden nun mit Gewalt bekämpft, und auch Nichtchristen wurden mehr oder minder gewaltsam dazu gebracht, sich dem Christentum anzuschließen. *Missionskampagnen gingen mit Kriegszügen einher, und Kriegsfahrten waren von Missionsbemühungen begleitet, nicht nur im 8. Jahrhundert bei den Sachsen. Aber alles spielte sich noch in oder an den eigenen Grenzen ab.

In die Ferne zogen die Christen erstmals im 11. Jahrhundert, und sie führten erstmals dezidiert Krieg „im Namen Gottes". Viele

Kämpfer trugen Kreuze auf ihren Gewändern, und so kamen allmählich die Bezeichnungen Kreuzfahrer, Kreuzritter und *Kreuzzüge auf. Die Kreuzfahrer führten Krieg und sahen ihre Kämpfe als gerecht (→ 5.2.3), ja heilig an, verwendeten den Terminus „heiliger Krieg" jedoch nicht. Er kam erst im 19. Jahrhundert auf, und Moslems übernahmen ihn schon damals von den Christen.

Den Startschuss zu den Kreuzzügen gab ein *Papst. Im Jahre 1095 rief *Papst Urban II. bei einer *Synode in Clermont (→ ♪) in Südfrankreich dazu auf, „gegen die Ungläubigen in den Krieg zu ziehen". Im Hintergrund standen Berichte über die angebliche Schändung heiliger christlicher Stätten im Osten, im Herrschaftsbereich der moslemischen Seldschuken, und die angebliche Belästigung und Bedrohung von *Pilgern. Und aus Konstantinopel, der Hauptstadt des östlichen Christentums, waren besorgte Stimmen über das immer weitere Voranschreiten der Seldschuken in Kleinasien zu hören. Man fühlte sich bedroht.

1095
Papst Urban II.

Schon im Jahre 1096 brachen die ersten Kämpfer Richtung Osten auf. 1099, genau am 15. Juli, nahmen sie Jerusalem, die Heilige Stadt, ein und richteten unter Juden und Moslems ein Blutbad an. In den eroberten Gebieten wurden Kreuzfahrerstaaten eingerichtet und zur Sicherheit der Besatzer zahlreiche imposante Burgen gebaut.

1099
Jerusalem

Weitere *Kreuzzüge folgten. Im 12. Jahrhundert warb der berühmte Zisterzienser-*Abt Bernhard von Clairvaux für die Idee. Nicht alle *Kreuzzüge waren erfolgreich. Und nicht immer waren die Zeiten kriegerisch. Es kam auch zu Begegnungen, Kooperationen und kulturellem Austausch zwischen Europäern und Orientalen, zwischen Christen und Moslems.

Infobox

*Kreuzzüge
Die Epoche der *Kreuzzüge reichte von 1095 bis 1291.
Traditionell zählt man vier (große) *Kreuzzüge, die sich mit vier markanten Herrschergestalten verbinden:

- 1096–1099 1. Kreuzzug mit Herzog Gottfried von Bouillon
- 1145–1149 2. Kreuzzug mit König Ludwig VII. von Frankreich
- 1187–1192 3. Kreuzzug mit Kaiser Friedrich I. Barbarossa
- 1198–1204 4. Kreuzzug mit Graf Balduin IX. von Flandern

In Wirklichkeit gab es aber noch weitere größere und kleinere *Kreuzzüge, und auch nach 1291 war die Kreuzzugsidee nicht erledigt. Einschneidende Ereignisse waren die Eroberung Jerusalems 1099 und die Eroberung Konstantinopels 1204.

Die *Kreuzzüge erreichten ihr Ziel letztlich nicht. Es gelang nicht, die heiligen Stätten in Palästina dauerhaft unter christlicher Kontrolle zu halten. Von Ägypten aus brachten die Mamluken Palästina unter ihre Oberhoheit und gaben es dem Islam zurück. 1291 eroberten sie die Hafenstadt Akko, die zur Festung ausgebaute letzte christliche Bastion in Palästina, und machten sie dem Erdboden gleich.

1291 Akko

Für das Abendland selbst war die Wirkung der *Kreuzzüge ambivalent. Sie brachten einen Aufschwung des Handels mit sich und neue Erkenntnisse durch die Begegnung mit fremden Ländern und Kulturen. Das Interesse an Jesus und seinem Lebensweg wuchs. Auf der anderen Seite wurden neue Krankheiten, darunter die Lepra, in das Abendland eingeschleppt. Und viele Kreuzfahrer kehrten als Krüppel oder überhaupt nicht in ihre Heimat zurück.

Wirkung

Literatur

Nikolas Jaspert: Die Kreuzzüge. 4., bibliogr. aktual. Aufl. Darmstadt 2008 (Geschichte kompakt). – **Hans Eberhard Mayer**: Geschichte der Kreuzzüge. 7., verb. Aufl. Stuttgart 1989 (Urban-Taschenbücher 86).

3.2.4 | Papsttum

Der heutige *Papst sieht sich als Nachfolger des Jüngers Petrus und als Stellvertreter Jesu Christi. Das ist jedoch historisch nicht richtig und theologisch nicht gerechtfertigt und hat seinen Ursprung erst in der mittelalterlichen Geschichte des Papsttums. Der *Papst ist eigentlich und ursprünglich nicht mehr – und nicht weniger – als der *Bischof von Rom, ein Bischof unter vielen Bischöfen, aber zugestandenermaßen der Bischof einer für das Christentum besonders wichtigen Stadt. Wenn Petrus die römische Gemeinde gegründet hat, was möglich, aber nicht bewiesen ist, so ist der *Papst Nachfolger des Petrus wie auch andere Bischöfe in anderen von Petrus gegründeten Gemeinden seine Nachfolger sind. Der Anspruch, Stellvertreter Jesu Christi zu sein, gründet sich auf Mt 16,18: „Du bist Petrus, und auf diesen Felsen will ich meine Gemeinde bauen." Doch diesen Anspruch erhob der Bischof von Rom nicht schon immer, und früher bezogen auch andere Bischöfe, nicht nur der Bischof von Rom, dieses Jesuswort auf sich und ihr Amt, denn sie glaubten, dass Jesus mit Petrus alle Jünger und folglich alle *Apostel und alle Bischöfe angesprochen habe.

Bischof von Rom

Merksatz

MERKE: Der *Papst ist eigentlich nur der Bischof von Rom, ein Bischof unter vielen Bischöfen. Sein Anspruch, als solcher die Gesamtkirche zu regieren, hat sich erst im Laufe der Geschichte herausgebildet und durchgesetzt. Die Papstfrage unterscheidet und trennt *katholische und evangelische Christen heute in besonderer Weise. Auch in der Kirchengeschichtsschreibung wirkt sich die unterschiedliche Sichtweise des Papsttums nachhaltig aus. Viele *katholische Kirchenhistoriker stellen die Geschichte der Kirche in erster Linie als eine Geschichte der Päpste dar.

Die Macht und das Selbstbewusstsein des Bischofs von Rom wuchsen, als die Macht des römischen Kaisers schwand. Der Untergang des weströmischen Reichs führte zum Aufschwung des Papsttums. Der Bischof von Rom war nun, über Rom hinaus, ein wichtiger Mann.

Folgenschwer waren die Begegnungen Stephans II. mit dem Frankenkönig Pippin III. im Jahre 754 und Leos III. mit dem Frankenkönig Karl im Jahre 800. Pippin schenkte dem *Papst weite Gebiete in Italien und ermöglichte so die Gründung des *Kirchenstaats. Im Mittelalter herrschte der *Papst nicht nur geistlich über das gesamte west-, mittel- und südeuropäische Christentum, sondern auch politisch über Mittelitalien. Bis heute gibt es den *Kirchenstaat, wenn auch extrem geschrumpft, als *Vatikanstaat mit eigenen Botschaftern, einer eigenen Post, eigenen Soldaten (der Schweizergarde) und einem eigenen Euro. [Kirchenstaat]

Während die pippinsche Schenkung wirklich geschehen ist, war eine andere Schenkung an den *Papst, die so genannte Konstantinische Schenkung, eine Legende, um nicht zu sagen eine Lüge. Vom 8. Jahrhundert an behaupteten die Päpste, durch vorgezeigte Dokumente abgesichert, *Papst Silvester I., der von 314 bis 315 regierte, habe noch zu Lebzeiten Konstantins des Großen von diesem kaiserliche Hoheitszeichen, den kaiserlichen Palast auf dem römischen *Lateranhügel, die Stadt Rom und sogar „alle Provinzen, Orte und Städte Italiens und des Abendlands" übertragen bekommen. Hiermit konnten die Päpste ihren weltlichen Herrschaftsanspruch untermauern. Bereits im 15. Jahrhundert gab es aber Kritiker, die die Sache für eine Fälschung hielten. [Konstantinische Schenkung]

Pippin schenkte dem *Papst den Kirchenstaat, Karl der Große bekam vom *Papst die Kaisermacht (→ 3.1). Seit Pippin und Karl waren die Päpste mit den Männern, die nördlich der Alpen das Königs- und später das Kaiseramt bekleideten, eng verbunden. Das im 4. Jahrhundert unter Konstantin und Theodosius begründete Bündnis von Thron und Altar setzte sich ungebrochen fort. Doch im 11. Jahrhundert paarte sich in der Kirche der wachsende päpstliche Machtanspruch mit neu aufkommenden Freiheitsgedanken. Letztere verdankten sich dem Mönchtum und den von Cluny ausgehenden Reformbewegungen, in denen sich Klöster mit Erfolg und zunehmend von weltlicher Fremdbestimmung befreit hatten. Es kam zu jener Machtprobe zwischen Kaiser und *Papst, die als Investiturstreit in die Geschichte eingegangen ist und erst nach Jahrzehnten, mit dem Wormser *Konkordat, beendet wurde.

Investiturstreit

Seit der Zeit der Karolinger pflegten die Kaiser freie Bischofsämter und wichtige *Abtsstellen mit Männern ihrer Wahl, und häufig Männern ihrer Umgebung, zu besetzen. Im 11. Jahrhundert beanspruchte die Kirche dieses Recht plötzlich wieder für sich selbst und kritisierte das eigenmächtige Handeln der Kaiser als Simonie, womit auf eine Geschichte in Apg 8 angespielt wurde, in der ein Zauberer namens Simon den *Aposteln Geld bot, um von ihnen die Fähigkeit zu erhalten, durch Handauflegung den *Heiligen Geist zu vermitteln. 1058 verfasste ein Mann aus der Umgebung des *Papstes, Kardinalbischof Humbert von Silva Candida, eine Schrift gegen die „Simonisten" und verurteilte jede Einsetzung eines Geistlichen durch einen *Laien. Im Jahr darauf schloss sich eine *Synode, die im *Lateran tagte, dieser Position an. Im *Reich herrschte damals Heinrich IV. aus dem Geschlecht der Salier. Er provozierte *Papst Gregor VII., indem er 1075 in Mailand einen ihm genehmen Erzbischof einsetzte und auch in Mittelitalien Bischöfe erhob. Im Dezember mahnte, ja drohte ihm deswegen der *Papst. Doch Heinrich kündigte im Januar 1076 dem *Papst den Gehorsam und forderte ihn zum Rücktritt auf. Vier Wochen später reagierte der *Papst und erklärte seinerseits Heinrich für abgesetzt, entband seine Untertanen vom Gehorsam und schloss ihn aus der Kirche aus. Die Bischöfe und Fürsten gerade Deutschlands folgten dem *Papst und lösten sich von Heinrich. In seinem Amt aufs höchste gefährdet, entschloss sich Heinrich zu einem Bußgang nach Italien und zu einer persönlichen Begegnung mit dem *Papst. Am 28. Januar 1077 traf Heinrich in Canossa, einer päpstlichen Burg am südlichen Rand der Poebene, mit Gregor zusammen und bat um Verzeihung. Der *Papst nahm ihn wieder in die kirchliche Gemeinschaft auf.

Simonie

Bußgang nach Canossa

Doch die Konflikte setzten sich fort. 1080 wurde Heinrich wieder aus der Kirchengemeinschaft ausgeschlossen. Er ernannte darauf einen Gegenpapst, Wibert von Ravenna, der sich aber nicht durchsetzen konnte. Heinrich ist mit seinem erneuten Versuch, dem *Papst die Stirn zu bieten, kläglich gescheitert. Am 31. Dezember 1105 musste er abdanken, und ein halbes Jahr später, am 7. August 1106, ist er gestorben.

Das Verbot der Laieninvestitur wurde nicht nur von Gregor VII. 1078 und 1080 noch einmal bestätigt, sondern auch Urban II., der von 1088 an regierte, bekräftigte dieses Verbot nachhaltig. Die Konflikte um die Stellenbesetzungen aber dauerten an und dehnten sich von Italien und Deutschland auf Frankreich und England aus. Im *Reich kam es schließlich unter *Papst Calixt II. zu Verhandlungen, die im Jahre 1122 in Worms in einen Vertragsabschluss mündeten, das Wormser *Konkordat. Das Verbot der Laieninvestitur setzte sich durch, und die weltliche Macht durfte bei der Amtseinsetzung von Bischöfen nur noch mitwirken, aber keinesfalls bestimmen.

1122
Wormser Konkordat

Infobox

Imperium und Sacerdotium, *Reich und Kirche
Mit der Krönung von Karl dem Großen durch *Papst Leo III. in Rom am Weihnachtsfest des Jahres 800 entstand ein neues Kaiserreich (lat.: imperium), das sich als Nachfolger des antiken Römerreichs verstand und bis 1806 Bestand hatte. Es besaß jedoch andere Grenzen und andere geografische Schwerpunkte als das Römerreich, weshalb sich im Laufe des Mittelalters die Bezeichnung „Heiliges Römisches Reich deutscher Nation" einbürgerte. Obwohl die Kaiser in der Regel deutsch sprachen und in der Regel in deutschen Landen residierten, war das „Alte Reich" (diese Bezeichnung ist heute auch üblich) kein „Deutsches Reich". Ein solches neues deutsches Kaiserreich wurde erst 1871 gegründet. Das *Reich hatte einen sakralen Anspruch und ein enges Verhältnis zur Kirche, insbesondere zum Bischof von Rom als Repräsentanten des *Priestertums (lat.: sacerdotium), was darin zum Ausdruck kam, dass der von führenden Adligen, den *Kurfürsten (Kur = Kür = Wahl), gewählte König erst mit der Krönung durch den *Papst wirklich zum Kaiser wurde. Wenn die Könige Streit hatten mit den Päpsten, verzögerte sich die Kaiserkrönung mitunter oder unterblieb ganz. Die letzte Kaiserkrönung fand 1520 statt. Anschließend führten die Herrscher den Kaisertitel ohne förmlich gekrönt worden zu sein.

Wichtige Themen besprachen und regelten die Päpste auf großen Kirchenversammlungen, den *Konzilen. Solche gab es im Mittelalter mehrfach, und sie tagten in der päpstlichen Kirche neben dem Palast des *Papstes auf dem römischen *Lateranhügel und werden deswegen als Laterankonzile bezeichnet. Insgesamt

Konzile

1215

Avignonensisches Exil

Papstwahlen

Basel

fanden fünf statt. Das wichtigste, das 4. Laterankonzil (lat.: Lateranense, Lateranum IV), tagte 1215 unter *Papst Innozenz III. und diskutierte über die *Kreuzzüge ebenso wie über Katharer und *Waldenser und ordnete an, dass jeder Christ mindestens einmal im Jahr beichten und einmal im Jahr am *Abendmahl teilnehmen müsse. Das *Abendmahl wurde auch theologisch näher bestimmt. Das *Konzil erklärte, Brot und Wein würden bei der Feier in Leib und Blut Christi verwandelt. Aber nur im Wesen (Substanz) vollzöge sich diese Verwandlung (Transsubstantiation = Wesensverwandlung), nicht in den Äußerlichkeiten (Akzidenzien) wie Aussehen und Geschmack. Rund 1200 Kirchenvertreter nahmen am *Konzil teil, das drei Wochen lang tagte.

Die Päpste residierten in Rom und somit in Italien, aber vorübergehend auch in Frankreich. Von 1305 bis 1376 waren sie im südfranzösischen Avignon und bauten sich dort neue Kirchen und Paläste, weil das Leben in Rom schwierig und unsicher geworden war. In Avignon fühlten sie sich aber nie wirklich zu Hause, weshalb sich die Rede vom Avignonensischen Exil eingebürgert hat. Noch pointierter wurde sogar von einer Gefangenschaft gesprochen, denn in Avignon nahm das französische Königshaus Einfluss auf die Päpste, und diese Gefangenschaft wurde mit der Exilszeit Israels in Babylon verglichen, wenn das Avignonensische Exil auch als Babylonische Gefangenschaft bezeichnet wurde.

Päpste wurden gewählt. Für die Wahl zuständig waren die Kardinäle, das waren erstrangige Geistliche aus Rom und seiner Umgebung. In der Regel verliefen die Wahlen problemlos. Gelegentlich kam es bei Wahlen aber auch zu Konflikten, und diese endeten mitunter so, dass es am Schluss nicht einen, sondern zwei, und – wenn auch selten – sogar drei Päpste gab, die sich gegenseitig die Macht streitig machten. Amtierten zwei oder drei Päpste gleichzeitig und hatte jeder, was immer der Fall war, eine gewisse Anhängerschaft, so war die Kirche gespalten. Man spricht deshalb von Schismen (griech. σχίσμα/s-chisma = Riss, Spaltung) oder Papstschismen.

Das spektakulärste Papstschisma dauerte von 1378 bis 1417. Zwei *Konzile – in Pisa 1409 und in Konstanz 1414–1418 – wurden veranstaltet, um das *Schisma zu beenden. Anschließend wurde lebhaft über die dringend notwendige Reform der Kirche diskutiert und ein Reformkonzil nach Basel einberufen, das im Juli 1431 begann. Seine Beratungen kamen aber rasch ins Stocken, und *Papst Eugen IV. löste es im Dezember auf und verlegte es nach Bologna. Diesem päpstlichen Vorgehen fügte sich jedoch die Mehrheit der Teilnehmer nicht, und das *Konzil beriet ohne *Papst weiter. 1437 griff Eugen erneut ein und verlegte es nun nach Ferrara. Ein Teil der Versammlung folgte ihm, aber die Mehrheit tagte weiter in Basel, setzte Eugen 1439 ab, wählte einen neuen *Papst, Felix V., und diskutierte über die Frage, ob die Kirche vom *Papst (Papalismus) oder von den Bischöfen (Konziliarismus) geleitet werde. 1448 wechselte man nach Lausanne, dann trat 1449 Felix zurück und das *Konzil löste sich auf. Parallel tagte in Ferrara und von 1439 an in Florenz der andere Teil des *Konzils mit Eugen und diskutierte mit Vertretern des griechischen Christentums über eine Wiedervereinigung (Union). Diese wurde auch beschlossen, aber nie umgesetzt. Das *Konzil von Ferrara-Florenz wurde zuletzt nach Rom verlegt und endete 1445.

Die gescheiterten Reformkonzile schadeten dem Ansehen der Kirche ebenso wie die Papstschismen. Und noch mehr beschädigten die Päpste selbst im 15. und beginnenden 16. Jahrhundert das Ansehen der Kirche, indem sie sich ganz weltlichen Aufgaben und Genüssen hingaben und die Kirche vernachlässigten. Die Päpste der Renaissance-Zeit waren Renaissance-Menschen durch und durch, und man spricht deshalb vom Renaissance-Papsttum. Zu ihren bis heute wertgeschätzten Leistungen gehören großartige Bauwerke in Rom und anderen Städten Italiens und prächtige Kunstwerke aller Art. Gleichzeitig aber führten sie Kriege ohne Ende und umgaben sich, obwohl eigentlich zu Ehelosigkeit und Enthaltsamkeit verpflichtet, mit Frauen und zeugten Söhne und Töchter. Die Zustände waren so schlimm, dass manche Spötter aus Kreisen der Kirche davon erzählten, wie Petrus höchst persönlich seinen selbst ernannten Nachfolgern den Zugang zum himmlischen Paradies verwehre.

Renaissance-Papsttum

Die Geschichte des mittelalterlichen Papsttums ist reich an Skandalen und reich an Absurditäten. Dass es aber im 9. Jahrhundert einmal eine – zunächst unerkannte – weibliche Päpstin, eine Päpstin Johanna gegeben habe, ist eine Legende. Die Geschichte ist im 13. Jahrhundert entstanden und wird bis heute in Büchern und Filmen immer wieder facettenreich nacherzählt. Ebenfalls falsch, wenn auch schon im Mittelalter vielfach geglaubt und heute im Internet verbreitet, ist die Behauptung, Päpste müssten sich deshalb im Kontext ihrer Wahl einer Geschlechtsprüfung unterziehen lassen.

Päpstin Johanna?

Literatur

Klaus Herbers: Geschichte des Papsttums im Mittelalter. Darmstadt 2012. – **Bernhard Schimmelpfennig**: Das Papsttum. Von der Antike bis zur Renaissance. 6., bibliogr. bearb. u. aktual. Aufl. / Elke Goez (Bearb.). Darmstadt 2009.

3.2.5 Scholastik

Im Mittelalter kam es zu einem neuen, so noch nie dagewesenen Aufschwung der Theologie. Im frühen Christentum hatte es große Theologen gegeben wie Origenes, Ambrosius und Augustin, aber sie hatten individuell als Privatgelehrte oder als Bischöfe gewirkt. Im hohen Mittelalter bekommt die Theologie eine Institution: die Universität.

Im frühen Mittelalter hatten, wie in der Alten Kirche, einzelne Bischöfe und einzelne Gelehrte auf dem Gebiet der Theologie gewirkt und theologische Werke geschrieben, die teilweise bis heute gelesen werden und bis heute nachwirken. Dem gelehrten Mönch Beda (Beiname: Venerabilis, „der Verehrenswerte") beispielsweise, der im 8. Jahrhundert in England lebte, verdanken wir unsere Zeitrechnung, die Zählung der Jahre seit Christi Geburt und erhellende Einblicke in die frühmittelalterliche Kirchengeschichte. Theologische Schulen gab es hier und dort im Umfeld von Bischofskirchen wie Canterbury in England oder Laon in Frankreich. In Canterbury wirkte der berühmte Anselm (11. Jh.), ein Benediktiner aus Aosta, und in Laon ein anderer Anselm (12. Jh.) sowie Radulph (12. Jh.) und Wilhelm (12. Jh.).

Beda

Im 12. und 13. Jahrhundert entstanden die Universitäten als Bildungsinstitutionen völlig neuen Typs. Als Vorläufer gelten Salerno, wo es schon im 12. Jahrhundert einen Lehrbetrieb gab, in dem Mediziner und Philosophen kooperierten, und Bologna, wo Juristen kurz vor Ende des 12. Jahrhunderts ihren Wissenschaftsbetrieb stärker institutionalisierten. In Paris schlossen sich um das Jahr 1200, vielleicht auch schon früher, Lehrende verschiedener zuvor schon bestehender kleinerer Schulen zusammen und bildeten eine „universitas" (lat., dt.: Gesamtheit), eine Gemeinschaft von Lehrenden und Lernenden zur Förderung der Wissenschaft. Paris gilt als die erste eigentliche und als die erste Volluniversität, in der alle damals existierenden Wissenschaften – Philosophie, Medizin, Jura, Theologie – gelehrt wurden. Weitere Universitäten entstanden bald schon in Oxford (nach 1200), Cambridge (1209), Salamanca (1218) und Padua (1222). In Deutschland wurden Universitäten erst 1386 in Heidelberg und

Salerno
Bologna
Paris

1388 in Köln errichtet. Während sich die ersten Universitäten mehr oder weniger spontan bildeten, bedurften und erhielten die späteren Gründungen päpstliche und kaiserliche Privilegien, wodurch sie vor dem Zugriff lokaler und regionaler Obrigkeiten geschützt waren.

An den Universitäten wurde ein allgemein bildendes Grundstudium betrieben, in dem im Anschluss an den antiken Bildungskanon die lateinische Sprache gelernt wurde, ferner Rhetorik, Logik, Mathematik und Musik sowie Naturwissenschaft. Die eigentlichen Wissenschaften und Zielpunkte der universitären Arbeit waren Medizin, Recht und Theologie, wobei die Theologie als die höchste aller Wissenschaften galt. *Grundstudium*

Der theologische Lehrbetrieb an den Universitäten entfaltete einen eigenen und eigenartigen Stil, für den sich später der Begriff *Scholastik einbürgerte. Der Begriff entstand im späten Mittelalter als abfällig gebrauchtes Schimpfwort, wird heute aber wertneutral verwendet. Die mittelalterliche Theologie war scholastisch, das heißt schulisch (lat. schola = Schule). Das war in der Tat so. Es gab keine oder zumindest kaum freie theologische Arbeit, sondern Theologie vermittelte und verdeutlichte zuvor schon festliegende, aus der kirchlichen Tradition kommende Wahrheiten. Das Auswendiglernen hatte einen hohen Stellenwert. In Vorlesungen wurde von den Professoren vorgelesen, diktiert, und die Studenten schrieben fleißig mit, Wort für Wort. Dazu muss man wissen: Bücher waren teuer, nahezu unerschwinglich, denn es gab noch keinen Buchdruck. *Scholastik*

Vorlesungen vermittelten Wissen. Die Studenten mussten aber auch lernen, die Wahrheit gegenüber Irrtümern zu verteidigen. Das wurde in *Disputationen geübt, Diskussionsveranstaltungen, die festen Regeln folgten und von den Professoren überwacht wurden. Vorlesungen gibt es an den Universitäten noch heute und im Zusammenhang mit Promotionen werden auch heute noch *Disputationen durchgeführt. Im allgemeinen Lehrbetrieb wurden die *Disputationen aber von den Seminaren abgelöst. Als grundlegendes theologisches Lehrbuch diente den mittelalterlichen Studenten die 1155–1157 geschaffene Sentenzensammlung des Petrus Lombardus, eines aus der Lombardei stammenden, in Paris lehrenden Theologen, der theologische Sätze (lat.: sententiae) von *Kirchenvätern gesammelt, systematisiert und zu einem Kompendium zusammengestellt hatte. *Disputationen*

Neben Petrus Lombardus gehörten zu den großen scholastischen Theologen Petrus Abaelard, Thomas von Aquin und Bo-

| **MITTELALTER**

Abaelard
naventura. Petrus Abaelard wurde 1079 in einer ritterlichen Familie in der Nähe von Nantes (→ ♪) geboren und studierte unter anderem bei Anselm von Laon (→ ♪). Bald schon hielt er selbst Vorlesungen in Paris, doch dann wurde ihm eine Liebesbeziehung zu einer Schülerin zum Verhängnis. Deren Onkel entmannte ihn und vereitelte damit, da ein Entmannter nicht zum *Priester geweiht werden konnte, eine weitere kirchliche und wissenschaftliche Laufbahn. Abaelard ging ins Kloster wie auch seine Geliebte Heloisa. Der unfreiwillige Mönch Abaelard arbeitete jedoch weiter als Theologe und legte bedeutende Werke vor, so das Buch *Sic et non*, 1121–1126 entstanden, in dem er einander widersprechende Aussagen von *Kirchenvätern sammelte und Verfahren aufzeigte, wie Widersprüche überwunden werden könnten. 1142 ist er gestorben.

Thomas von Aquin
Ein Jahrhundert nach Abaelard wirkte Thomas, ein Adelssohn aus Aquino in Italien, als Theologieprofessor u. a. an der Pariser Universität. Er lebte von 1224/25 bis 1274 und gehörte dem Dominikanerorden an. Sein bedeutendstes Werk ist seine unvollendete *Summa theologiae* (Zusammenfassung der theologischen Lehre, auch *Summa theologica* oder kurz *Summa*), in der er sich in einer äußerst differenzierten Argumentation mit nahezu allen Fragen der damaligen Theologie beschäftigte. Für seine Argumentation hatte die Philosophie des Aristoteles eine hohe autoritative Bedeutung, was ihm auch Kritik einbrachte. Gott ist nach Thomas dem Menschen erkennbar und beweisbar. Berühmt bis heute sind die von Thomas vorgelegten fünf Gottesbeweise. Zum Beispiel schloss er von der offenbar planvollen Ordnung der Welt auf ein Ziel (griech.: τέλος/telos) und einen absichtsvollen Urheber. Man nennt diesen Beweis den „teleologischen" Gottesbeweis. Während Thomas im Mittelalter als ein großer Theologe unter vielen angesehen wurde, stieg sein Renommee im 16. und noch einmal im 19. Jahrhundert. 1879 erklärte ihn der *Papst hinsichtlich seiner Weisheit zum Vorbild für die theologische Arbeit und stellte ihn als „Fürst und Meister aller" über sämtliche anderen scholastischen Theologen.

Bonaventura
Dem großen Thomas im Mittelalter noch ebenbürtig war Bonaventura, ein Zeitgenosse und Landsmann des Thomas. Bonaventura lebte von ca. 1217 bis 1274, gehörte aber den Franziskanern an und war sogar deren Ordensoberer. Auch er lehrte zeitweise in Paris. Eigentlich hieß er Johannes Fidanza, nannte sich aber 1253/54 in seinen ersten Veröffentlichungen klangvoll Bonaventura (wörtl. übers.: das Gute wird kommen).

Er schrieb theologische, aber auch zahlreiche erbauliche Werke und schöpfte weniger aus der aristotelischen als aus der platonischen Tradition. Christus ist für Bonaventura der Mittler zwischen Gott und Mensch. Um Mittler sein und die Menschen zurück zu Gott führen zu können, muss er selbst Mensch und Gott zugleich gewesen sein, wie schon die Alte Kirche gelehrt hatte. Der Weg des Menschen zurück zu Gott ist für Bonaventura ein dreistufiger und führt über die Läuterung zur Erleuchtung und Vervollkommnung.

Neben der scholastischen, an den Universitäten betriebenen Theologie gab es im Mittelalter auch eine monastische, in den Klöstern betriebene, in Stil und Inhalt erheblich andere Theologie. Ihr wichtigster Repräsentant war der Zisterzienser-*Abt und *Kreuzzugsprediger Bernhard von Clairvaux. Er verfasste hunderte von Predigten, hunderte von Briefen mit teilweise theologischem Gehalt und mehrere umfangreiche theologische Traktate. Seine Theologie basierte einerseits auf der Bibel, andererseits auf der religiösen Erfahrung des sündigen, aber Gott suchenden Menschen, dem Christus nicht nur im Wort, sondern auch in Niedrigkeit und im Leiden begegnet.

monastische Theologie

Infobox

Scholastische und monastische Theologie

	scholastische Theologie	monastische Theologie
Ort:	Universität	Kloster
Zweck:	Ausbildung von *Klerikern	*Erbauung von Mönchen
Ziel:	Diskussion, Streit	Meditation, Kontemplation
Methode:	logisch, dialektisch	rhetorisch, poetisch
Literatur:	Abhandlungen	Predigten

Die scholastische Theologie verlor sich im späten Mittelalter in Spitzfindigkeiten. Die Theologen erörterten Fragen wie, was mit einer Maus geschehe, die *Abendmahlsbrot auffresse. Andere versuchten die Transsubstantiationslehre durch Tafelzeichnungen zu erläutern.

Doch es gab auch weiterhin ernst zu nehmende Gelehrte. Zu den großen Theologen des späten Mittelalters gehörte Wilhelm von Ockham, ein Engländer, um 1285 in Ockham (Surrey) geboren, der als Franziskanermönch an der Universität Paris lehrte. Vom *Papst wurde er aus politischen und kirchenpolitischen Gründen exkommuniziert. Er selbst hielt den amtierenden *Papst, Johannes XXII., für einen *Häretiker. Unversöhnt mit

Wilhelm von Ockham

seiner Kirche starb er 1347 in München. Wilhelm unterschied zwischen der Theologie und dem Glauben. Er betonte Gottes Allmacht und Freiheit und beim Menschen die Notwendigkeit, selbst etwas für das eigene Heil zu tun. Wilhelm wirkte prägend auf viele andere Theologen, und so entstand die theologische und philosophische Richtung des Ockhamismus.

Literatur

Ulrich Köpf (Hg.): Theologen des Mittelalters. Eine Einführung. Darmstadt 2002. – **Volker Leppin**: Theologie im Mittelalter. Leipzig 2007 (Kirchengeschichte in Einzeldarstellungen I/11). – **Martin Anton Schmidt**: Scholastik. Göttingen 1969 (Die Kirche in ihrer Geschichte 2, G2).

3.2.6 Humanismus

Nach dem theologischen Aufbruch im hohen Mittelalter in Verbindung mit den Universitäten kam es im späten Mittelalter zu einem neuen Wissenschaftsaufschwung, dem sehr viel später die Bezeichnung *Humanismus beigelegt wurde und für den wiederum, wie in der Antike, einzelne, institutionell häufig nicht gebundene Gelehrtengestalten kennzeichnend waren.

Humanisten wollten das Menschliche (lat.: humanum), das dem Menschen Eigentümliche, ihn zum Menschen Machende, entfalten, indem sie unter Rückgriff auf Kulturgüter der griechischen und römischen Antike die Bildung und die Persönlichkeit förderten. Sie wandten sich erstmals nach Jahrhunderten nicht mehr nur der lateinischen, sondern auch der griechischen und der hebräischen Sprache zu. Sie interessierten sich für neue, zuvor vergessene oder nicht beachtete Texte wie die Originalschriften der *Kirchenväter der ersten christlichen Jahrhunderte, aber auch für übersehene Arbeiten von Aristoteles und für den beinahe gänzlich vergessenen Platon, den größten der antiken Philosophen.

Merksatz

MERKE: Der *Humanismus war eine Gelehrtenbewegung im Zeitalter der Renaissance. Sein Anliegen war die Wiederbelebung antiker Bildungstraditionen. „Zurück zu den Quellen!" (lat.: ad fontes) lautete sein Wahlspruch. Damit lenkte er den Blick zurück auf die Personen und Texte aus der Anfangszeit des Christentums, auch auf die Bibel, und hat so der Reformation den Weg bereitet: Ohne *Humanismus keine Reformation!

In der Theologie wollten sich die Humanisten neu der Bibel zuwenden, und auch die Kirche sollte sich neu an den Idealen ihrer Anfangszeit orientieren. Das Mittelalter wurde kritisch, mitunter sogar mit Verachtung betrachtet.

Theologie

Der größte und einflussreichste Humanist war der aus Rotterdam gebürtige Gelehrte Erasmus, der lange Jahre seines Lebens in Basel und in Freiburg im Breisgau zubrachte und in Basel starb. Erstmals interessierte er sich für Handschriften des Neuen Testaments und fertigte auf der Grundlage von ihm zur Verfügung stehenden griechischen Handschriften eine neue lateinische Übersetzung des Neuen Testaments an, die manchen Fehler in der in der Kirche gebräuchlichen, auf den *Kirchenvater Hieronymus zurückgehenden Übersetzung, der Vulgata (→ 2.2.4), korrigierte.

Erasmus

Wie bei vielen Gestalten auch noch des späten Mittelalters wissen wir auch von Erasmus nicht, wann er geboren wurde; es muss zwischen 1466 und 1469 gewesen sein. Geburten wurden noch nirgends in Büchern festgehalten, auch Taufen nicht. Hinzu kommt: Erasmus war ein uneheliches Kind, zudem der Sohn eines *Priesters, also ein Kind, das es eigentlich nicht hätte geben dürfen, da *Priester ja zur *Keuschheit verpflichtet waren. Er besuchte die Schule unter anderem in Deventer, wurde 1487 Mönch und 1492 zum *Priester geweiht. Von seinen *Ordensgelübden ließ er sich jedoch 1517 entbinden. Von 1500 an trat er schriftstellerisch an die Öffentlichkeit und produzierte Bestseller wie seine Sammlung und Erklärung lateinischer Sprichwörter, die *Adagia*. 1515 schrieb er unter dem Titel *Süß scheint der Krieg den Unerfahrenen* (Dulce bellum inexpertis) die erste europäische Antikriegsschrift. 1536 ist der große Gelehrte, der sich – schon 1496 – den an den Freund des *Kirchenvaters Hieronymus erinnernden gehaltvollen Beinamen Desiderius (lat., dt.: einer, der ein sehnsüchtiges Verlangen hat) beigelegt hatte, gestorben.

Ein weiterer bedeutender Humanist war Johannes Reuchlin, der aus Pforzheim stammte (geb. 1455) und 1522 in Stuttgart gestorben ist. Er war Jurist, aber auch Fachmann für die lateinische und für die griechische Sprache. Überdies lernte er bei Juden Hebräisch und veröffentlichte 1506 ein Lehrbuch der hebräischen Sprache (*De rudimentis hebraicis*), ein bahnbrechendes Werk. Im Jahre 1510 wandte er sich in einem Gutachten gegen die damals in Deutschland drohende Vernichtung des jüdischen Schrifttums, womit er sich viele Feinde schuf, insbesondere bei

Reuchlin

den Dominikanern. Unter den Gebildeten wurde er jedoch hoch geschätzt, insbesondere von jungen Humanisten.

Vieles, was von den Humanisten begonnen wurde, fand später in der *Aufklärung (→ 5.2.5) seine Fortsetzung. So gesehen wurde die europäische Kultur dauerhaft humanistisch geprägt. An den *Humanismus erinnern heute noch humanistische Gymnasien, in denen Latein und Griechisch gelehrt werden. Und dass sich Theologiestudierende noch heute mit den alten Sprachen beschäftigen, ist ebenfalls humanistisches Erbe.

Literatur

Cornelis Augustijn: Humanismus. Göttingen 2003 (Die Kirche in ihrer Geschichte 2, H2). – **Wilhelm Ribhegge:** Erasmus von Rotterdam. Darmstadt 2010 (Gestalten der Neuzeit).

3.2.7 | Christen und Juden

Das Christentum war aus dem Judentum heraus entstanden, hatte sich aber früh schon vom Judentum abgegrenzt und geschieden. Auch die Juden, die sich nicht dazu entschließen konnten, Jesus als ihren *Messias anzusehen, grenzten sich vom Christentum ab und sahen in ihm eine neue, vom Judentum geschiedene Religion. Man beleidigte und diffamierte sich bald schon gegenseitig, und als das Christentum nach der *konstantinischen Wende das Sagen hatte, gingen Bischöfe und Kaiser auch gesetzlich und gewaltsam gegen das Judentum vor, ebenso gab es seitens der christlichen Bevölkerung immer wieder Ausschreitungen und Übergriffe. Allerdings hatte keiner die Absicht, das Judentum als solches zu beseitigen. Die Juden sollten vielmehr als angeblich von Gott Verstoßene den Christen zur Warnung und Abschreckung dienen. So lebten Juden immer als Minderheit unter den Christen und als Stachel im Fleisch, denn die kritischen Anfragen, die die Juden an die Christen stellten, forderten die christlichen Theologen heraus.

Minderheit

Im Mittelalter verschlechterte sich das Verhältnis zwischen Juden und Christen zunehmend, woran einzig und allein die Christen Schuld trugen. Im Zusammenhang der *Kreuzzüge sagten sich viele: Bevor wir die „Mohammedaner" (Schimpfwort; Moslems bezeichnen sich anders als die Christen nicht nach ihrem Religionsstifter) bekriegen, bekämpfen wir gleich schon einmal die Juden im eigenen Land. 1096 wurden mehrere jüdische Gemeinden im Rheintal von Kreuzfahrern zerstört. Viele Juden kamen ums Leben. Einzelne Bischöfe stellten sich jedoch schüt-

Kreuzzüge

zend vor sie und konnten viele retten. Als die Kreuzfahrer 1099 Jerusalem erreichten, haben sie nicht nur die in der Heiligen Stadt lebenden Moslems, gegen die sie eigentlich in den Krieg gezogen waren, sondern auch die dort lebenden unbeteiligten, friedlichen Juden massakriert.

Während und nach der Kreuzfahrerzeit verschlechterten sich die Lebensumstände der Juden zunehmend. Sie wurden gezwungen eine Kleidung zu tragen, die sie als Juden kennzeichnete. Sie verloren mehr und mehr Rechte. Außerdem kamen absurde Gerüchte auf über angebliche Vergehen der Juden an Christen und an deren Religion. Unterstellt wurde, Juden würden christliche Knaben entführen und ermorden, um ihr Blut rituell zu verwenden. Unterstellt wurde, Juden würden in den Kirchen das Brot des *Abendmahls (*Hostien) – für die Christen der Leib Christi – stehlen und dieses dann anschließend zerbrechen und zerstechen, um so ihrem Christus- und Christenhass freien Lauf zu lassen. Unterstellt wurde, Juden würden Brunnen vergiften, um so Christen zu schädigen und zu töten.

Kam in irgendeinem Ort, in dem Juden lebten, ein Ritualmordvorwurf, ein Hostienschändungsvorwurf oder ein Brunnenvergiftungsvorwurf auf, so wurden Juden sofort gefangen, angeklagt, verurteilt und ermordet. Häufig wurden in Verfolgungswellen ganze Gemeinden zerstört. Die antijüdischen Anschuldigungen und die mit ihnen verbundenen Legenden wurden teilweise noch bis in die Gegenwart für bare Münze genommen. Der 1475 angeblich von Juden in Trient getötete zweijährige Simon wurde in der *katholischen Kirche noch bis 1965 als *Märtyrer verehrt. In Rinn in Tirol gab es einen Ritualmord-Kult bis 1994. Und im bayerischen Deggendorf gedachte man noch bis 1992 einer angeblichen Hostienschändung des 14. Jahrhunderts und veranstaltete deswegen *Wallfahrten.

Die negative Sicht des Judentums wurde den Menschen des Mittelalters auch bildlich vor Augen gestellt. An vielen Kirchen, häufig an Portalen, wurden in zwei Frauengestalten die gescheiterte Synagogengemeinde und die siegreiche Kirche einander gegenübergestellt (Abb. 3.5). Bis heute blieben diese Darstellungen an vielen Kirchengebäuden erhalten und stellen die Kirchen vor das Problem, dass sie in Städten mit lebendigen jüdischen Gemeinden in Gebäuden mit offenkundig judenfeindlicher Kunst ihre christlichen Gottesdienste feiern. Typisch sind Darstellungen einer Synagogen-Frau mit einer Augenbinde – Symbol der von Christen behaupteten jüdischen Blindheit in geistlichen

Ritualmord

Dingen –, die, gekrümmt ob ihrer Last, schwere Gebotstafeln in der Hand trägt, Symbole des jüdischen Religionsgesetzes. Die Lanze der *Synagoge ist gebrochen – Symbol ihres Scheiterns. Ihr Haupt ist gesenkt. Daneben steht die Kirchen-Frau, etwas größer, mit einer Krone als Symbol ihres Sieges und ihrer Herrschaft, aufrechten Hauptes. Sie steht auf einem Podest, Zeichen ihrer Ehrung, und in der Hand trägt sie die Symbole des *Abendmahls, den Kelch und die *Hostie. Über allem erhebt sich und triumphiert damit das Kreuz.

Abb. 3.5 | *Synagoge (links) und Kirche (rechts) als Frauengestalten (Miniatur aus einem liturgischen Handbuch, 14. Jahrhundert)

Noch schlimmer als die Darstellung der blinden, geschlagenen *Synagoge waren die ebenfalls an und in vielen Kirchen angebrachten „Judensäue", antijüdische Spottbilder, die auf Ekel erregende Weise zeigten, wie Juden am After einer Sau lecken, ihren Urin trinken und an ihren Zitzen saugen. Das Schwein war bekanntlich ein von Juden wegen Lev 11,7, Dtn 14,8 und Jes 65,4 als unrein betrachtetes und deshalb verschmähtes Tier. Kein gläubiger Jude isst Schweinefleisch. Mit nichts konnte man Juden mehr kränken und diffamieren, als dass man sie mit Schweinen zusammen brachte.

Im späten Mittelalter propagierten predigende Mönche aus den *Orden der Dominikaner, Franziskaner und Augustiner-Eremiten generell die Vertreibung der Juden aus den Städten,

Vertreibung

in denen es noch jüdische Gemeinden gab. Neben den schon genannten Vorwürfen wurde auch der des Wuchers erhoben, als Händler und Geldleiher würden die Juden die Christen ausbeuten und auf ihre Kosten leben. Hierzu muss man wissen, dass den Juden in der christlichen Gesellschaft normale Berufe versperrt und sie so indirekt gezwungen waren, von der Geldleihe und vom Handel zu leben.

Vielerorts kam es im 15. und im frühen 16. Jahrhundert zu Judenvertreibungen, so in Sachsen 1432, in Bayern 1442, in Württemberg 1498 und in Brandenburg 1510, um nur wenige Beispiele zu nennen. Die Reformation machte die Vertreibungen nicht rückgängig. Im Gegenteil: Sie wurden bekräftigt. Luther selbst trat in Schriften für die Vertreibung der Juden ein.

Infobox

Judenvertreibungen im späten Mittelalter und zu Beginn der Neuzeit

Straßburg 1388	Augsburg 1440	Schwarzburg 1496
Basel 1397	Bayern 1442/1450	Nürnberg 1498
Thüringen 1401	Würzburg 1453	Württemberg 1498
Trier 1418	Mainz 1470	Salzburg 1498
Österreich 1421	Schaffhausen 1472	Ulm 1499
Köln 1424	Bamberg 1475	Brandenburg 1510
Bern 1427	Passau 1478	Ansbach-Bayreuth 1515
Sachsen 1432	Esslingen 1490	Regensburg 1519
Zürich 1436	Mecklenburg 1492	Hessen 1524
Konstanz 1440	Magdeburg 1493	

Für das Judentum gravierender als alle Vertreibungen aus Städten Deutschlands war die Vertreibung aus Spanien im Jahre 1492. Jahrhundertelang hatten Juden in großer Zahl in Spanien gelebt, sich mit Christen und Moslems arrangiert und zur kulturellen und wirtschaftlichen Blüte des Landes beigetragen. 1492 beschlossen Königin Isabella und König Ferdinand II., denen der *Papst zwei Jahre später den stolzen Titel „Katholische Könige" verlieh, alle Juden müssten Christen werden oder Spanien verlassen. Es begann die bislang größte Judenverfolgung der Geschichte. 150.000 verließen ihre Heimat und zogen nach Süden (Nordafrika), Westen (Portugal), Norden (Frankreich, Niederlande) oder nach Osten (Italien, Türkei). 50.000 ließen sich taufen, blieben aber teilweise heimlich ihrem jüdischen Glauben treu. 20.000 Juden fanden auf der Flucht den Tod, manche töteten sich selbst.

Durch die Vertreibung aus Spanien verlor die europäische Judenheit ihr wichtigstes geistiges und religiöses Zentrum. Dies

Spanien

hatte Konsequenzen nicht nur für die Juden, sondern für die gesamte abendländische Kultur. An die Stelle Spaniens traten zunächst die Niederlande und später Osteuropa, wo sich zuerst, beginnend im 16. Jahrhundert, in Prag und später in Polen neue jüdische Zentren etablierten.

Auf die Vertreibung aus Spanien folgten innerhalb weniger Jahre die Vertreibungen aus den Königreichen Sizilien (1493), Portugal (1496/97), Navarra (1498) und Neapel (1510) sowie aus der Grafschaft Provence (1501).

Die Vertreibung aus Spanien empfanden die Juden als epochale Katastrophe, vergleichbar mit der Tempelzerstörung im Jahre 70. Zufällig, aber für gläubige Juden eben nicht zufällig war der Tag der Vertreibung der 3. August und damit der 9. Aw des jüdischen Kalenders und somit der Tag, an dem nach der jüdischen Überlieferung sowohl der erste als auch der zweite Tempel zerstört worden waren.

Literatur

Mark R. Cohen: Unter Kreuz und Halbmond. Die Juden im Mittelalter / Christian Wiese (Übers.). München 2005. – **Martin H. Jung**: Christen und Juden. Die Geschichte ihrer Beziehungen. Darmstadt 2008.

3.2.8 | Christen und Moslems

Christen und Moslems begegneten sich im Mittelalter feindselig in den Kriegen der *Kreuzzüge (→ 3.2.3) und ebenfalls feindselig im Kampf um Konstantinopel (→ 3.1), aber sie begegneten sich auch friedlich in Spanien.

Bereits hundert Jahre nach der Entstehung des Islam hatten moslemisch-arabische Stämme weite Gebiete des ehemaligen Römerreichs unter ihre Kontrolle gebracht (Abb. 3.6) und die christliche Religion überlagert oder verdrängt.

Auch die Iberische Halbinsel war schon im 8. Jahrhundert von moslemischen Arabern, die 732 sogar bis Tours (→ ♪) in Südfrankreich vorstießen (Abb. 3.6), erobert worden und blieb teilweise bis ins 15. Jahrhundert arabisch. Die Eroberer, unter denen auch viele Berber aus Nordafrika waren, wurden als Mauren (span.: moros) bezeichnet.

Mauren

Die Moslems in Spanien machten das Land nicht islamisch, sondern tolerierten Christen und Juden. Unter moslemischer Oberherrschaft kam es zu einem im Mittelalter einzigartigen kulturellen Austausch zwischen den drei Religionen, ja sogar

| Abb. 3.6
Ausbreitung des Islam im 8. Jahrhundert

zu einer fruchtbaren Zusammenarbeit, von der literarische Produkte und kunstvolle Bauwerke noch heute zeugen. Besonders intensiv befruchteten die Araber die europäische Geisteskultur, indem sie dieser die Philosophie des Aristoteles vermittelten. Von den Werken des großen vorchristlichen griechischen Philosophen war nämlich im Abendland zu Beginn des Mittelalters kaum noch etwas bekannt. Die Moslems aber besaßen seine Werke, von orientalischen Christen ins Arabische übersetzt, und moslemische – und jüdisch-arabische – Gelehrte beschäftigten sich mit diesen und kommentierten sie. In Spanien wurden Werke und Kommentare vom Arabischen ins Lateinische übersetzt, und so kam es im Abendland zu einer Neuentdeckung der aristotelischen Philosophie und zu einer breiten Rezeption an den Universitäten, in der Philosophie und in der Theologie (→ 3.2.5).

Merksatz

MERKE: Christentum und Islam hatten einen gleichermaßen absoluten Wahrheitsanspruch. Die Moslems sahen in Juden und Christen allerdings „Buchbesitzer", gemeint war die Heilige Schrift, und tolerierten sie deshalb als mit ihnen verwandte religiöse Minderheiten. Die Christen sahen in den Moslems dagegen Anhänger einer *Häresie und bekämpften sie als solche. Im Mittelalter war der Islam alles in allem toleranter als das Christentum.

Ein religiöses oder gar theologisches Interesse der einen an der anderen Religion gab es nicht. Die Moslems hielten die Christen für Menschen, die in ihrer religiösen Entwicklung auf dem halben Weg stehen geblieben waren, weil sie nicht über Jesus hinaus zur vollkommenen Gottesoffenbarung durch Mohammed gelangt seien. Die Christen wiederum hielten die Moslems für Menschen, die vom Christentum abgefallen und sich einer *arianischen Sekte angeschlossen hätten, weil sie in Jesus nur einen Propheten und nicht den wahrhaftigen Sohn Gottes sahen und überdies bestritten, dass er am Kreuz gestorben sei. Während die Moslems glaubten, die Christen könnten zur Erkenntnis der Wahrheit noch kommen, gaben die allermeisten Christen die Moslems verloren. Mit *Häretikern diskutierte man nicht. Nur ganz vereinzelt gab es missionarische Bemühungen, besonders seitens der Dominikaner.

Sukzessive wurde Spanien vom Norden her rechristianisiert. Die Moslems wurden militärisch bekämpft und geschlagen und, wenn nicht getötet, vertrieben. Die jüdischen Minderheiten wurden von den Christen zunächst noch toleriert, weil sie bei der Finanzierung der Kriege halfen.

Die Rechristianisierung Spaniens war eine römische, eine *katholische Rechristianisierung, das heißt auch das zuvor unter moslemischer Oberhoheit bestehende indigene spanische Christentum wurde bekämpft und vernichtet. Seine Anhänger wurden als Mozaraber – „Arabisierte" – beschimpft. Die Reconquista (span., dt.: Zurückeroberung) richtete sich gegen Moslems, Juden und – spanische – Christen zugleich.

Die römisch-katholischen Christen zogen in Spanien mit einem prominenten *Heiligen in das Feld, mit dem *Apostel Jakobus dem Älteren, dem Sohn des Zebedäus, von dem man seit dem 9. Jahrhundert behauptete, er sei in Nordwestspanien, in Santiago de Compostela (Abb. 3.6), begraben. Jakobus war ein Schlachtenheiliger, und die römisch-katholischen Krieger riefen ihn vor ihren Schlachten an und führten ihn in ihren Schlachten als Bild und Statue mit sich. Noch heute ist er in spanischen

Kirchen deshalb – ohne jeden Bezug zum historischen Jakobus – hoch zu Ross zu sehen, wie er Moslems die Köpfe abschlägt. Man nennt ihn auch den Maurentöter.

Seiner Verehrung und der Reconquista diente auch der Jakobus-*Pilgerweg, der aus allen Ländern Europas nach Spanien führte und unzählige *Pilger und mit ihnen viel Geld nach Spanien brachte. Der Jakobsweg gehörte zu den populärsten, aber auch problematischsten *Pilgerwegen des Mittelalters. Er ist beinahe so anrüchig wie die *Kreuzzüge. Gleichwohl sind nur die *Kreuzzüge heute allgemein verpönt, der Jakobsweg erfreut sich dagegen einer neuen, ungeahnten Wertschätzung, sogar unter evangelischen Christen.

Jakobsweg

Literatur

Miguel de Epalza: Jesus zwischen Juden, Christen und Muslimen. Interreligiöses Zusammenleben auf der Iberischen Halbinsel. 6.–17. Jahrhundert. Frankfurt a. M. 2002. – **Eugen Heinen**: Sephardische Spuren. Bd. 1–2. Kassel 2001–2002.

Aufgaben

1. Welche mittelalterlichen Mönchsorden kennen Sie? Wiederholen und erklären Sie die Namen, nennen Sie wichtige, zum jeweiligen *Orden gehörende Gestalten und charakterisieren Sie kurz die Bedeutung jedes *Ordens!

2. Wann, warum und wie entstand der *Kirchenstaat, und gibt es ihn noch heute?

3. Scholastische und monastische Theologie: Erklären Sie die Begriffe, nennen Sie wichtige Repräsentanten beider Theologien und stellen Sie wichtige Charakteristika beider Theologien einander gegenüber!

4. Rekonstruieren Sie aus den Quellen, wie es 1054 zur zweiten großen und dauerhaften Kirchenspaltung in der Geschichte des Christentums kam und welche Argumente beide Seiten vorbrachten! Achten Sie, neben den Sachargumenten, auf die sprachliche Polemik: Streichen Sie in beiden Texten alle Begriffe und Wendungen an, die als polemisch zu bezeichnen sind! (Texte: Kirchen- und Theologiegeschichte in Quellen II, ⁷2011, 86–89)

5. Vergleichen Sie einen scholastisch-theologischen Text Abaelards mit einem monastisch-theologischen Bernhards, indem

Sie in beiden Texten häufig vorkommende Schlüsselbegriffe markieren, auflisten und einander gegenüber stellen! Was fällt Ihnen auf? Versuchen Sie dann, den Kerngedanken jedes Textes in einem einzigen Satz zusammenzufassen! (Texte: Kirchen- und Theologiegeschichte in Quellen II, ⁷2011, 105 f. u. 107 f.)

6. Kernanliegen des Franz von Assisi lassen sich am besten aus seinem 1226 verfassten „Testament" entnehmen. Lesen Sie diesen Text und arbeiten Sie heraus, was Franziskus besonders am Herzen lag! Wo finden sich Punkte, die mehr oder weniger allen Mönchen gemeinsam waren? Wo setzt Franziskus offenbar eigene Akzente und wie begründet er sie? (Text: Kirchen- und Theologiegeschichte in Quellen II, ⁷2011, 154–156)

7. Verbringen Sie ein Wochenende oder mehr in einem kontemplativen Kloster und nehmen Sie teil am liturgischen Leben!

8. Nehmen Sie sich für den Urlaub einmal einen *Pilgerweg oder eine kleinere Etappe eines *Pilgerweges vor! Es lockt nicht nur der Jakobsweg, sondern auch der Franziskusweg und der Zisterzienser-*Pilgerweg von Loccum nach Volkenroda, der Hümmlinger *Pilgerweg und seit Kurzem sogar ein Lutherweg.

9. Betrachten Sie den Ort, in dem Sie leben, unter der Frage, welche (ehemals) kirchlichen Bauten aus dem Mittelalter heute noch zu sehen sind!

10. Erkundigen Sie sich nach Ruinen von Klöstern in Ihrer Umgebung! Wann und warum wurden sie zerstört?

11. Gibt es in Ihrer Heimat ehemalige Klöster, die einer neuen Nutzung zugeführt wurden? Woran sieht man noch, dass es Klöster waren?

12. Besuchen Sie ehemalige *Waldenser-Orte in Hessen oder in Württemberg!

13. Gibt es in Städten, die Sie kennen und besuchen, noch Relikte mittelalterlicher jüdischer Gemeinden, zum Beispiel „Judengassen" oder gar alte *Synagogen und *Ritualbäder?

14. Besuchen Sie ein Museum mit mittelalterlicher religiöser Kunst!

15. Lesen Sie einen der zahlreichen berühmten Romane über das Mittelalter von Umberto Eco!
16. Sehen Sie sich den Mittelalterfilm „Der Name der Rose" an! Auch er basiert auf einem Eco-Roman.
17. Vertiefen Sie sich in den St. Galler Klosterplan (Abb. 3.2), identifizieren Sie die einzelnen Gebäude und Räumlichkeiten und klären Sie ihre Funktionen anhand der Kapitel 2.2.7 und 3.2.2!
18. Mittelalter im Internet:
    ► Das ehemalige Zisterzienserkloster Maulbronn, heute UNESCO-Weltkulturerbe, lädt ein zu einem virtuellen Rundgang.
    URL: http://www.maulbronn.de
    ► Besuchen Sie die Franziskaner und die sehenswerte Franziskus-Stadt Assisi im Internet!
    URL: http://www.franziskaner.de

4 | Reformation

Inhalt

4.1 Kirchengeschichte der Reformation im Überblick . 104
4.2 Hauptthemen der Reformationsgeschichte....... 112
4.2.1 Biografie und Theologie Luthers................ 112
4.2.2 Von der Gemeinde- zur Fürstenreformation...... 123
4.2.3 Biografie und Theologie Zwinglis............... 126
4.2.4 Täufer, Spiritualisten und Antitrinitarier 129
4.2.5 Vom Augsburger Bekenntnis zum Augsburger Religionsfrieden 132
4.2.6 Biografie und Theologie Calvins................ 137
4.2.7 Von der Gegenreformation zur katholischen Reform 140
4.2.8 Luthertum und Calvinismus in Europa 140
Aufgaben... 145

4.1 | Kirchengeschichte der Reformation im Überblick

„Re-formation" meint „Zurück-Formung" (lat. reformare = eigentlich: zurückformen, wiederherstellen; auch: umgestalten, verbessern). Beeinflusst vom *Humanismus (→ 3.2.6), der sich im späten Mittelalter erneut an der hoch geschätzten Antike orientiert hatte, wollten viele theologische Gelehrte und Männer der Kirche, allen voran Martin Luther, in der ersten Hälfte des 16. Jahrhunderts eine Veränderung von Theologie und Kirche, die keine Neuerung, sondern eine Neuausrichtung am Eigentlichen, Alten und Bewährten darstellen sollte. Diese Reformation fand statt, hatte aber entgegen den Intentionen der Reformatoren eine

Kirchengeschichte der Reformation im Überblick

Veränderung im Sinne einer Neuerung und Modernisierung zur Folge und entgegen allen Intentionen eine dauerhafte Spaltung der abendländischen Christenheit in zwei große *Konfessionen und viele miteinander rivalisierende Kirchen.

> **Infobox**
>
> **Die „Reformation" als „Epoche" der Geschichte**
> Die Geschichte wird in Epochen unterteilt, auch die Kirchengeschichte. Als Epochen bezeichnet man Zeitabschnitte, die sich durch deutliche Gemeinsamkeiten von vorausgehenden und nachfolgenden Abschnitten unterscheiden. Die Reformation ist eine sehr kurze, nicht einmal vierzig Jahre (1517–1555) zählende Epoche, die auch nur in der evangelisch ausgerichteten Kirchengeschichtsschreibung so hervorgehoben wird. Der Epochenbegriff Reformation wurde schon während der Epoche selbst gebraucht. Luther selbst forderte angesichts eklatanter Missstände bereits im Januar 1517 in einer Predigt eine „sehr große Reformation der Kirche" (lat.: maxima reformatio ecclesiae). Dass er selbst zum Reformator werden würde, ahnte er zu Beginn des Jahres 1517 aber noch nicht. Die Reformation begann am 31. Oktober 1517, und bis heute wird deshalb der 31. Oktober in den evangelischen Kirchen als „Reformationstag" begangen.

Schon im späten Mittelalter war verschiedentlich eine „reformatio" (lat.) der Kirche, an „Haupt" (= *Papst) und „Gliedern" (= Gemeinden), gefordert worden – ohne Erfolg. Um das Jahr 1515 saß der Wittenberger Augustiner-Eremit Martin Luther in seiner Klosterzelle und grübelte darüber, wie der Mensch Gottes Willen vollkommen erfüllen und, in biblischer Sprache, ein „Gerechter" werden könnte. Luther hatte im Kloster an sich selbst erfahren, dass nicht einmal ein Mönch, der sein Mönchtum wirklich ernst nimmt, ganz nach Gottes Willen leben kann. Bei der Meditation über Röm 1,17 – „Der Gerechte wird aus Glauben leben" – erkannte Luther, dass Gott nicht eine perfekte Gebotserfüllung, sondern einfach nur wirklichen Glauben verlange. Dies war für ihn der Inbegriff des Evangeliums, der – wörtlich – „frohen Botschaft" oder „guten Nachricht", wie sie im Neuen Testament bezeugt ist. Für die Anhänger Luthers und der Reformation bürgerte sich deshalb die Bezeichnung als Evangelische ein, obwohl selbstverständlich auch die Anhänger der alten Kirche und heutige Katholiken sich selbst als dem Evangelium verbunden ansehen.

 Durch seine theologische Erkenntnis wurde Luther zum Reformator. Inhaltlich ging es um die Glaubensgerechtigkeit, formal um die konsequente Orientierung an der Bibel. Er begann die kirchliche Theologie und die kirchliche Praxis an dem zu

Randnotizen: gerecht aus Glauben — evangelisch — Glaubensgerechtigkeit messen, was er anhand der Bibel erkannt hatte. Letzteres wird als das reformatorische *Schriftprinzip bezeichnet. Besonders anstößig war Luther das damals florierende, jeder biblischen Grundlage entbehrende *Ablasswesen, wobei die Kirche den Menschen gegen Geld den Erlass göttlicher Sündenstrafen versprach. Die Kirche begründete dies damit, dass sie über einen „Schatz" (lat.: thesaurus ecclesiae) verfüge, nämlich über die durch gute Taten Jesu und der *Heiligen bei Gott erworbenen Verdienste, die sie den sündigen Menschen zuwenden könne.

Schriftprinzip

Ablass

Kirchenschatz

Ende Oktober 1517 brachte Luther 95 lateinische Thesen gegen den *Ablass zu Papier, gedacht für eine universitäre *Disputation, und ließ sie am 31. Oktober sowohl wichtigen Kirchenmännern als auch einigen Freunden zukommen. Ohne Luthers Zutun wurden sie gedruckt, verbreiteten sich in Windeseile und fanden große Resonanz. Luther hatte einen zentralen kirchlichen Missstand im Nerv getroffen.

1517
Thesen gegen Ablass

Die Kirche reagierte, aber nicht mit Verständnis, sondern mit Gegenmaßnahmen. In Rom wurde gegen Luther ein kirchlicher Prozess angestrengt, der 1520/21 damit endete, dass Luther zu einem *Ketzer erklärt und aus der Kirche ausgeschlossen wurde. Doch damit war weder Luther noch die Sache selbst erledigt. Luther hatte zwischenzeitlich zahlreiche Unterstützer gewonnen, Theologen ebenso wie Politiker. Obwohl auch der Kaiser – es regierte seit 1519 Karl V. – Luther 1521 verurteilte und ein Todesurteil sprach, konnte Luther überleben und weiter in seinem Sinne wirken. Auf der Grundlage seiner Gedanken fanden Reformen statt und baute sich eine neue Kirche auf, in der regelmäßig, nicht nur im Ausnahmefall gepredigt wurde (s. Abb. 4.1), in der Gottesdienste in deutscher und nicht in lateinischer Sprache stattfanden, in der beim *Abendmahl der Kelch und nicht nur das Brot gereicht wurde (s. Abb. 4.1), in der die Pfarrer verheiratet waren und in der keine *Heiligen mehr angerufen, sondern der Blick in die Bibel und auf den gekreuzigten Christus gerichtet wurde (s. Abb. 4.1). Weiterhin waren aber auch in evangelischen Kirchen unter der Prägung der Wittenberger Reformation Männer und Frauen getrennt, weiterhin wurde beim *Abendmahl gekniet, weiterhin ließen sich die Gläubigen Brot und Wein vom Pfarrer reichen und nahmen sie nicht selbst in die Hand (s. Abb. 4.1).

zum Ketzer erklärt

1521

Neben Luther und wesentlich beeinflusst von ihm wirkten weitere Reformatoren, die bekanntesten waren Ulrich Zwingli in Zürich und Johannes Calvin in Genf. Luther und Zwingli kann-

weitere Reformatoren

Abb. 4.1
Evangelischer Gottesdienst (zeitgenössischer Holzschnitt). Der Prediger trägt das Antlitz Luthers.

ten sich persönlich, hatten aber Streit miteinander. Luther und Calvin kannten sich nicht persönlich, doch Luther mochte auch Calvin nicht leiden. Die Reformationen in Zürich und in Genf gingen deshalb eigene Wege. Am wichtigsten waren und blieben jedoch weiterhin die Ereignisse in Deutschland und um Luther.

Im Jahre 1530 wurden die kirchlichen Entwicklungen in Augsburg auf einem *Reichstag verhandelt, zu dem der Kaiser eingeladen hatte. Die Evangelischen machten sich große Hoffnungen, denn der Kaiser hatte im Vorfeld angekündigt, er wolle die „Zwietracht" beenden, eines jeden Meinung „in Liebe" anhören und „Einigkeit und Frieden" aufrichten. Die Anhänger Luthers legten ein von ihnen verfasstes *Bekenntnis vor. Dieses *Augsburger Bekenntnis*, bis heute ein Zentraltext evangelischer Kirchen, wurde federführend von Philipp Melanchthon ausgearbeitet, einem Wittenberger Universitätsprofessor, der bereits seit 1518 an der Seite Luthers stand. Die Evangelischen bemühten sich ihrerseits, Einigungsbereitschaft zu signalisieren, indem sie die Gemeinsamkeiten zwischen der Reformation und ihren

1530
Augsburger Reichstag

Gegnern betonten und darzulegen versuchten, dass nicht über Kernfragen der christlichen Lehre gestritten würde, sondern nur über Missbräuche, die sich eingeschlichen hätten. Das besonders heikle Thema Papsttum wurde ganz ausgeklammert.

Das *Bekenntnis wurde jedoch von der alten Kirche und dem Kaiser zurückgewiesen und es drohte Krieg. Die Evangelischen gründeten deshalb 1531 ein mächtiges Verteidigungsbündnis, den Schmalkaldischen Bund. Er wurde nach der thüringischen Stadt Schmalkalden (s. Abb. 4.2) benannt, wo sich die Evangelischen hierzu getroffen hatten. Doch der Kaiser musste sich auswärtigen Angelegenheiten – Kriegen mit Franzosen, Türken und dem *Papst – widmen und die Reformation machte vielerorts weitere Fortschritte. Zentren der Reformation waren die Länder Sachsen und Hessen sowie die Pfalz, ferner große, selbstständige Städte wie Nürnberg und Straßburg, so genannte *Reichsstädte. 1534 kam Württemberg hinzu. Der Schmalkaldische Bund wurde immer stärker.

1540/41 wurde der Kaiser wieder aktiv und bemühte sich erneut um eine friedliche Einigung, indem er Religionsgespräche einberief, auf denen Theologen beider Seiten über die strittigen Fragen verhandelten. Doch sie scheiterten, obwohl partielle Einigungen gefunden wurden.

1545 bewegte sich die *katholische Seite und eröffnete eine große internationale Kirchenversammlung, die wegen des Tagungsortes Trient als das Trienter *Konzil oder, lateinisch, Tridentinum bezeichnet wird. Sie dauerte bis 1563. Evangelische beteiligten sich 1545 nicht, da das *Konzil unter der Autorität des *Papstes stand, die sie ablehnten. Das *Konzil wehrte die Reformation ab, definierte *katholischen Glauben und *katholische Lehre neu und leitete Kirchenreformen ein.

Im Jahre 1546 starb Luther, und im gleichen Jahr erklärte der Kaiser den Evangelischen den Krieg. Er galt dem Schmalkaldischen Bund und wird deshalb als Schmalkaldischer Krieg bezeichnet. Nach einem Jahr waren die Evangelischen geschlagen und die Reformation schien am Ende zu sein. Vielerorts, vor allem in Württemberg, wurden die Reformationsmaßnahmen wieder rückgängig gemacht. Doch 1552 wendete sich das Blatt, als ein evangelischer Fürst, Moritz von Sachsen, erfolgreich gegen den Kaiser vorging (→ 4.2.5).

Im Jahre 1555 tagte in Augsburg erneut ein *Reichstag. Nach langen Verhandlungen, in denen klar wurde, dass die religiöse Spaltung Deutschlands zumindest vorläufig andauern würde, entschloss sich die Versammlung, trotz der religiösen Gegensätze einen dauerhaften Frieden zu vereinbaren. Anhänger der Reformation und Anhänger der alten Kirche sollten sich nicht mehr bekriegen. Den Regierenden wurde das Recht eingeräumt, sich für oder gegen die Reformation zu entscheiden und die jeweiligen Untertanen hatten ihnen zu folgen. Wer regierte, bestimmte auch die Religion seines Landes und Volkes.

Merksatz

MERKE: In der Reformationsepoche ...
… waren Deutschland und die Schweiz die Hauptschauplätze der Kirchengeschichte.
… traten Griechisch und Hebräisch als für das Christentum relevante Sprachen neben Latein.
… wurden die Völker der eben entdeckten Neuen Welt – mit Gewalt – christianisiert.
… blieb durch die Beibehaltung der Kindertaufe für das Christ-Werden die Taufe wichtiger als der Glaube.
… wurde für das Christ-Sein und -Bleiben der Glaube – nicht Werke, nicht Kirchenzugehörigkeit – zentral.
… betätigten sich auch einfache Menschen, Handwerker und Frauen, als Theologen (*Laientheologen).
… wurde die religiöse Einheit der westlichen Kultur durch eine dauerhafte Kirchenspaltung aufgebrochen.
… schufen die Reformatoren erneut *Staatskirchen und enge Bündnisse von Thron und Altar.
… wurden Judentum und Islam als alternative Religionen kaum wahr- und ernst genommen.
… erlebte die Theologie an den Universitäten einen neuen großen Aufschwung.
… beschäftigte sich die Theologie weiter mit Heilsfragen und begriff den Glauben als den Weg zum Heil.
… wurde Jesus Christus weiter vor allem als Leidender gesehen (Kreuzestheologie).
… erlosch nach 1200 Jahren das Mönchtum im Bereich der evangelischen Kirchen.
… verloren die Bischöfe im evangelischen Bereich ihre Macht und es wurden auch keine neuen eingesetzt.
… wurde seitens der Evangelischen den Landesherren bischöfliche Gewalt zugesprochen (Notbischöfe).
… verlor der *Bischof von Rom an Bedeutung und an Macht.

1555 Mit dem Jahr 1555 endete die Reformation in Deutschland. Die Reformationen in Zürich und in Genf hatten jeweils ihre eigene, teilweise andere Geschichte. Zwingli starb schon 1531, lange vor Luther, Calvin erst 1564, lange nach Luther. Die verschiedenen Reformationen in Wittenberg, Zürich und Genf hatten in Europa unterschiedliche Resonanz. In einigen Ländern, so in Skandinavien, setzten sich Wittenberger Ideen durch und es entstanden lutherische Kirchen. In anderen Ländern, so in England und in den Niederlanden, hatte Calvin mehr Resonanz und es entstanden *calvinistische Kirchen. Allein Zwinglis Widerhall blieb auf Zürich und die Schweiz beschränkt.

Wo die Reformation gesiegt hatte, mussten evangelische Prinzipien durchgesetzt werden, auch bei den einfachen Menschen, auch auf dem Lande. Dieser Prozess wird in der jüngeren Historiografie als Konfessionalisierung bezeichnet. Die ganze Gesellschaft, die ganze Kultur, jede Familie, jeder Mensch sollte von den Idealen der jeweiligen *Konfession durchdrungen und geprägt sein. Dies war ein langer Prozess, der in verschiedenen Ländern mit unterschiedlicher Konsequenz und mit unterschiedlichem Erfolg durchgeführt wurde. Die evangelischen Obrigkeiten, die die Konfessionalisierung vorantrieben, bedienten sich dabei der Predigt und der Bildung, aber auch der Gewalt der Gesetze und der Polizeigewalt.

Konfessionalisierung

Die Reformation förderte die Bildung, die Allgemeinbildung, auch für Mädchen, ebenso wie die höhere und die Universitätsbildung. Ein evangelischer Pfarrer sollte studiert haben. Während in manchen evangelischen Territorien, z. B. Württemberg, dieses Ziel schon gegen Ende des 16. Jahrhunderts erreicht war, brauchten andere evangelische Gebiete dafür 100 oder sogar 200 Jahre länger, aber überall etablierten sich gebildete Pfarrhäuser, Pfarrhäuser als Keimzellen der Bildung, ja intellektuelle Keimzellen der Gesellschaft. Dem evangelischen Pfarrhaus hat es Deutschland zu verdanken, dass es zu einem „Volk der Dichter und Denker" (Saul Ascher) wurde. Die berühmtesten deutschen Schriftsteller und Gelehrten entstammten evangelischen Pfarrhäusern. Die Nachwirkungen halten bis in die Gegenwart an, wo Deutschland von einer Bundeskanzlerin regiert wird, die aus einem evangelischen Pfarrhaus stammt, und von einem Bundespräsidenten repräsentiert wird, der in einem evangelischen Pfarrhaus gelebt hat. Die Katholiken hatten dem, trotz aller eigenen Bildungsanstrengungen, nichts entgegenzusetzen. Zwar erforderte als Folge des Trienter *Konzils auch der *katholische *Priesterberuf Bildung, aber durch das Festhalten am *Zölibat

Bildung

konnte das *katholische Pfarrhaus nicht zu einer Brutstätte der deutschen Geisteselite werden. Doch auch im Bereich der Allgemeinbildung waren die protestantischen Gebiete Deutschlands führend, wie Untersuchungen in preußischen Gebieten im ausgehenden 19. Jahrhundert zeigen.

Als Folge der Reformation waren Deutschland und Europa dauerhaft konfessionell gespalten. Es war nicht die erste große Kirchenspaltung in der Geschichte, die *Schismen mit den orientalischen (→ 2.2.6) und den *orthodoxen Kirchen (→ 3.1) waren dem *Schisma der Reformation vorausgegangen und bestehen ebenfalls bis heute fort, aber die Kirchenspaltung der Reformation hatte eine andere Qualität, weil der Riss durch Länder und Städte, mitunter durch Familien ging und deshalb besonders schmerzhaft empfunden wurde und das Leben der Menschen stark beeinträchtigte. *Protestanten sehen heute die Spaltung als notwendige und sinnvolle und letztlich fruchtbare Pluralisierung, die zu Freiheit und Fortschritt im Bereich der Religion beigetragen hat. Katholiken dagegen bedauern noch heute den Verlust der Einheit und beklagen die Spaltung der europäischen Christenheit. Sie können und wollen das Jubiläum der Reformation 2017 deswegen auch nicht feiern.

Spaltung

Die rund vierzig Jahre Reformationsgeschichte stellen die kürzeste Epoche der Kirchengeschichte dar. Gleichwohl war es eine Epoche mit großer Ereignisdichte und höchster theologischer und kirchlicher Relevanz. In der evangelischen Theologie werden deshalb diese vierzig Jahre als eigenständige Epoche behandelt und es wird ihnen deshalb genauso viel, ja mehr Beachtung geschenkt als den 1000 Jahren Mittelalter. Andere jedoch integrieren die 40 Reformationsjahre in die 500 Jahre, bis heute währende Epoche der Neuzeit oder in die 300 Jahre, bis 1789 (Französische Revolution) währende Epoche der Frühen Neuzeit.

1789

Literatur

Deutsche Geschichte in Quellen und Darstellung. Bd. 3: Reformationszeit 1495–1555 / Ulrich Köpf (Hg.). Stuttgart 2001 (Universal-Bibliothek 17003). – **Martin H. Jung:** Die Reformation. Theologen, Politiker, Künstler. Göttingen 2008. – **Martin H. Jung:** Philipp Melanchthon und seine Zeit. 2., verb. Aufl. Göttingen 2010. – **Martin H. Jung,** Peter Walter (Hg.): Theologen des 16. Jahrhunderts. Humanismus, Reformation, Katholische Erneuerung. Eine Einführung. Darmstadt, 2002. – **Thomas Kaufmann:** Geschichte der Reformation. Frankfurt a. M. 2009. – **Kirchen- und Theologiegeschichte in Quellen.** Ein Arbeitsbuch. Bd. 3: Reformation / Volker Leppin (Hg.). 2. Aufl. Neukirchen-Vluyn 2012. – **Volker Leppin:** Das Zeitalter der Reformation. Eine Welt im Übergang. Darmstadt 2009. – **Volker Leppin:** Die Reformation. Darmstadt 2013 (Geschichte kompakt). – **Heiko A. Oberman:** Die Reformation. Von Wittenberg nach Genf. Göttingen 1986.

4.2 | Hauptthemen der Reformationsgeschichte

4.2.2 | Biografie und Theologie Luthers

1483
Eisleben

Mansfeld

Erfurt

1546

Turmerlebnis

Martin Luther wurde am wahrscheinlich im Jahre 1483 und wahrscheinlich in Eisleben (s. Abb. 4.2) geboren, als Sohn eines kleinen Bergbauunternehmers. Auch 1482 und 1484 kommen als Geburtsjahre in Frage und als Geburtsort auch Mansfeld (s. Abb. 4.2), wo er seine Kindheit verbrachte. Sicher ist der Tag der Geburt, der 10. November, denn Luther wurde, wie es üblich war, sofort nach der Geburt getauft und bekam den Namen des Tagesheiligen, Martin, der als Bischof von Tours (→ ♫) im 4. Jahrhundert gewirkt hatte. In Magdeburg (s. Abb. 4.2) und in Eisenach (s. Abb. 4.2) besuchte er anschließend Lateinschulen. Sein Vater bestimmte ihn, als er 21 geworden war und das universitäre Grundstudium erfolgreich abgeschlossen hatte, zum Jurastudium in Erfurt (s. Abb. 4.2). Doch schon im ersten Semester erlebte Luther die erste von zwei großen Lebenswenden. In einem Gewitter, das ihn auf freiem Felde bei Stotternheim (s. Abb. 4.2) überraschte, versprach er der heiligen Anna, der Großmutter Jesu, falls er überlebte, Mönch zu werden. Luther überlebte, hielt sich an sein Versprechen und trat 1505 in Erfurt in das Kloster der Augustiner-Eremiten (→ 3.2.2) ein. Der Klosterobere erkannte Luthers Begabung, bestimmte ihn zum Theologiestudium und ließ ihn zum *Priester weihen. Im Jahre 1512 schloss Luther sein Studium mit dem Erwerb des Doktortitels ab und wurde Theologieprofessor, aber nicht in Erfurt, sondern an der neu gegründeten Universität Wittenberg (s. Abb. 4.2). Hier sollte er bis zu seinem Tod im Jahre 1546 lehren.

In Erfurt hatte Luther Berührung mit dem *Humanismus (→ 3.2.6), wurde aber nicht wirklich humanistisch geprägt. Ferner unternahm er 1510/11 im Auftrag seines Klosters eine Reise nach Rom, die ihm Missstände in der Kirche deutlich vor Augen stellte. Entscheidend für seine Entwicklung war jedoch eine theologische Erkenntnis, um das Jahr 1515 gewonnen in seiner Studierstube im Turm des Wittenberger Klosters und deshalb Turmerlebnis genannt. Luther begriff, dass die Bibel, wenn sie von Gottes „Gerechtigkeit" sprach, nicht an einen richtenden, den Menschen für seine Verfehlungen strafenden Gott dachte, sondern an einen verzeihenden, dem Menschen seine Verfehlungen vergebenden. Gott erwarte vom Menschen nichts anderes als Glaube, nur Glaube — wobei für Luther Glauben nicht ein Für-wahr-Halten meinte, sondern ein tiefes Vertrauen, ein Sich-an-Gott-Ausliefern.

Hauptthemen der Reformationsgeschichte

| Abb. 4.2
Luther-Stätten und andere Orte der Reformation

Luther sprach nur einmal ausführlich und im Zusammenhang über diesen Wendepunkt seines Lebens und seiner Theologie, und zwar im Jahre 1545 in seiner Vorrede zum ersten Band seiner gesammelten lateinischen Schriften:

> Ich hasste den gerechten Gott, bis ich endlich unter Gottes Erbarmen, Tage und Nächte lang nachdenkend, meine Aufmerksamkeit auf den Zusammenhang der Worte richtete, nämlich: „Die Gerechtigkeit Gottes wird darin offenbart, wie geschrieben steht: Der Gerechte lebt aus dem Glauben." Da begann ich die Gerechtigkeit Gottes verstehen zu lernen als die Gerechtigkeit, in welcher der Gerechte durch Gottes Geschenk lebt, und zwar aus dem Glauben, und ich fing an zu verstehen, dass dies meint, es werde durch das Evangelium die Gerechtigkeit Gottes offenbart, nämlich die passive, durch welche uns der barmherzige Gott gerecht macht durch den Glauben, wie geschrieben steht: „Der Gerechte lebt aus dem Glauben."
>
> Da fühlte ich mich völlig neu geboren und als wäre ich durch die geöffneten Pforten ins Paradies selbst eingetreten.
>
> (Deutsche Geschichte in Quellen und Darstellung 3, 2001, 90–92)

1517

Luther ahnte 1515 noch nicht die Konsequenzen dieser Erkenntnis. Er ahnte auch 1517 nicht die Konsequenzen seiner Ende Oktober öffentlich, in der Form von 95 Thesen geäußerten Kritik am *Ablass.

1517 hatte Luther mit zunehmender Sorge eine *Ablasskampagne seiner Kirche beobachtet. *Ablass meint soviel wie Nachlass, und nachgelassen werden seitens der Kirche göttliche Strafen, die ein sündiger Mensch ansonsten büßen müsste. In der Kirche galt der Grundsatz, dass jede Sünde eine Strafe nach sich ziehe, die — spätestens — nach dem Tod beim Eintritt in das Jenseits im so genannten *Fegfeuer abzuleisten sei. Das *Fegfeuer wurde als Reinigungsort begriffen, in dem die Sündenstrafen vollstreckt wurden (→ 3.2.2). Luther zweifelte an der Existenz dieses *Fegfeuers und bestritt der Kirche überhaupt das Recht, im Namen Gottes göttliche Strafen zu vergeben. Außerdem kritisierte er heftig, dass die Kirche diesen *Ablass gegen Geldzahlungen gewährte und mit diesen Geldeinnahmen den Neubau der *Papstkirche in Rom, des *Petersdoms, finanzierte.

Merksatz

MERKE: *Ablass meint nicht Sündenvergebung, sondern Erlass von Fegfeuerstrafen, und das *Fegfeuer ist nicht die Hölle, in der notorische Sünder und *Ketzer ewige Strafen erleiden müssen, sondern ein Reinigungsort, der, wenn auch schmerzhaft, auf den Himmel vorbereitet. Im *Fegfeuer werden Strafen für begangene Sünden vollstreckt. Jede Sünde hat, auch nach erfolgter Vergebung, eine – zeitlich befristete – Strafe zur Folge. Die Vergebung stellt das durch die Sünde zerbrochene Gottesverhältnis wieder her, entbindet aber nicht von Strafen. Ein Vergleich mit der Kindererziehung bietet sich an: Wenn ein Kind etwas Böses getan hat, vergeben ihm die Eltern, sofern es bereut, und haben ihr Kind wieder lieb, verhängen aber trotzdem eine zeitlich befristete Strafe.

31.10.1517

Luthers Thesen datieren auf den 31. Oktober 1517, den Tag vor dem Allerheiligenfest, einem in Wittenberg wichtigen Feiertag. Bis heute begehen evangelische Kirchen den 31. Oktober als „Reformationstag" und den darauf folgenden Sonntag als „Reformationsfest". Ob Luther die Thesen damals öffentlich ausgehängt, an der Tür der Wittenberger Schlosskirche, die als Schwarzes Brett der Universität diente, angeschlagen hat

("Thesenanschlag"), ist strittig. Möglicherweise hat er sie nur in Briefen verbreitet.

Mit seinen 95 in lateinischer Sprache abgefassten Thesen wollte Luther eine *Disputation anstoßen. Er hat sie geschrieben und weitergereicht, auch in Briefen verschickt. Ob er sie an der Tür der Schlosskirche zu Wittenberg angeschlagen hat, wird wahrscheinlich nie zu klären sein. An den Thesen selbst, ihrer raschen Verbreitung und großen Resonanz besteht jedoch kein Zweifel. Vor allem unter Humanisten stieß Luther auf Zustimmung. Der erst wenige Jahrzehnte zuvor erfundene Buchdruck ermöglichte die schnelle Weitergabe in Deutschland und über Deutschland hinaus. Ohne diese neue Kommunikationsmöglichkeit hätte die Reformation kaum erfolgreich sein können: Ohne Buchdruck keine Reformation! Die Reformation verdankte sich nicht nur einleuchtenden theologischen Erkenntnissen und günstigen politischen Rahmenbedingungen, sondern sie war auch ein Kommunikationsereignis. Von besonderer Bedeutung waren so genannte Flugschriften, das waren kleine und damit preiswerte Druckwerke von einem Umfang von manchmal nur wenigen Seiten, die sich schnell in hohen Auflagen verbreiten ließen. Da die meisten Menschen nicht lesen konnten, wurden ferner Bilder zur Verbreitung der reformatorischen Botschaften, Ideen und Forderungen eingesetzt (vgl. z. B. Abb. 4.3 f.). Luthers Schriften waren Bestseller. Ende 1519 waren bereits 45 verschiedene Schriften Luthers in insgesamt 259 Auflagen verbreitet, was einer Gesamtzahl von rund 260.000 Drucken entspricht. Im Jahre 1521 überschritt Luthers Gesamtauflage bereits die Zahl von 500.000 Drucken. Bei einer Auflage konnten damals etwa 1000 Exemplare hergestellt werden. Erfolgreiche Luther-Schriften hatten zweistellige Auflagenzahlen und wurden auch in mehrere Sprachen übersetzt. Die Schriften wurden von Buchhändlern, die mit ihren Karren von Ort zu Ort zogen, wie Nahrungsmittel und andere Waren auf Märkten verkauft.

Im April 1518 stellte sich Luther in Heidelberg (s. Abb. 4.2) einer Diskussion innerhalb seines *Ordens und fügte seinen 95 Wittenberger Thesen gleich weitere hinzu. So übte er Kritik an der allgemein hoch geschätzten Philosophie des Aristoteles und bezweifelte, dass der Mensch in seinem Verhältnis zu Gott einen freien Willen habe und sich für oder gegen Gott und den Glauben entscheiden könne. Er sah den Menschen ganz abhängig, ganz passiv, ganz auf Gottes Zuwendung angewiesen.

Im Oktober 1518, nachdem Rom das Verfahren gegen Luther bereits eröffnet hatte, traf Luther in Augsburg am Rande eines *Reichstages mit dem päpstlichen *Legaten Kardinal Thomas Cajetan zusammen und wurde von ihm verhört und zum Widerruf aufgefordert. Luther diskutierte mit ihm über die Heilsbedeutung des Glaubens und den „Schatz der Kirche" (→ 4.1).

Verhör durch Cajetan

Leipzig

Im Juni 1519 stellte sich Luther in Leipzig (s. Abb. 12) einer weiteren Diskussion. Hier traf er auf einen theologischen Gegner aus Ingolstadt, den humanistisch gesinnten, aber treu zu seiner Kirche und zum *Papst stehenden Johann Eck. Auch hier stieß Luther mit weiteren, neuen Thesen auf Beachtung und Widerspruch zugleich. Er bestritt den Herrschaftsanspruch des *Papstes und erklärte, *Konzile könnten irren. Damit brachte Luther die Fundamente der römischen Kirche ins Wanken.

Konzilsforderung

Nachdrücklich forderten Luther und seine Anhänger dennoch nach spätmittelalterlichem Vorbild (→ 3.1) ein *Konzil, eine große Kirchenversammlung, möglichst auf nationaler Basis („Nationalkonzil"), zur Diskussion und Behebung der Missstände.

Schriften

Vom Jahr 1519 an wandte sich Luther verstärkt an die Öffentlichkeit und schrieb zahlreiche kleinere Schriften in deutscher Sprache (Sermone), die im Stil von Predigten Grundfragen des christlichen Lebens wie die Taufe, die Ehe, das *Abendmahl und das Sterben behandelten. 1520 folgten die so genannten reformatorischen Hauptschriften, drei an der Zahl. In *An den christlichen Adel deutscher Nation*, kurz *Adelsschrift*, forderte Luther die Obrigkeiten dazu auf, die Kirchenreform in die Hand zu nehmen und legte ein konkretes Reformprogramm vor. Dazu gehörte auch eine Bildungsinitiative, die selbst den Dörfern und sogar den Mädchen gelten sollte. In *Von der Freiheit eines Christenmenschen*, kurz *Freiheitsschrift*, legte er dar, dass der Glaubende als von Gott angenommener Mensch ein „Herr aller Dinge" sei, aber doch zugleich ein seinen Mitmenschen dienender „Knecht". In seiner lateinischen Abhandlung über *Die babylonische Gefangenschaft der Kirche* (De captivitate Babylonica ecclesiae) entfaltete Luther seine *Sakramentenlehre. Der Titel spielte auf das einstige Exil der Kinder Israels in Babylon an. Luther empfand die aktuelle Situation der Kirche als elendes Exil und als schmachvolle Gefangenschaft unter dem *Papst. Diesen sah er von Jahr zu Jahr kritischer und hielt ihn schon 1520 für den Antichrist nach 1 Joh 2,18, den großen endzeitlichen Widersacher Christi, der die Kirche von Innen zerstört. Melanchthon konnte sich dagegen noch 1537 vorstellen, einen *Papst zu akzeptieren, der evangelische Lehre und Predigt zulasse und nicht behaupte, seine Macht beruhe auf göttlichem Recht.

In Rom ging man unterdessen gegen Luther vor, wie es gegen einen *Ketzer vorzugehen üblich war. Im Juni 1520 wurde Luther verurteilt und in einem offiziellen päpstlichen Schriftstück, einer so genannten „Bulle", unter Androhung des „Banns" (Ausschluss aus der Kirche) zum Widerruf aufgefordert, doch Luther widerrief nicht. Im Januar 1521 hat ihn Rom deshalb erneut verurteilt und förmlich exkommuniziert, aus der Kirche ausgeschlossen. Damit stand Luther als *Ketzer da und hatte mit dem Schicksal aller *Ketzer zu rechnen, mit dem Tod auf dem Scheiterhaufen. Doch zum ersten Mal seit Jahrhunderten kam es anders. Luthers Landesherr, Friedrich von Sachsen, auch Friedrich der Weise genannt, hielt, ohne selbst Anhänger Luthers zu sein, seine Hand schützend über den Wittenberger Mönch und Professor. Als *Kurfürst (→ 3.2.4) selbst an Kaiserwahlen beteiligt und somit einer der mächtigsten Männer des *Reichs erwirkte er beim Kaiser, dass Luther vorgeladen und angehört würde.

Bannandrohungsbulle

Im April 1521 reiste Luther nach Worms (s. Abb. 4.2), wo der Kaiser einen *Reichstag einberufen und um sich versammelt hatte. Kaiser war damals Karl V. aus dem Hause der Habsburger, von Geburt ein Spanier, der auch Spanien als König regierte. Zwei Jahre zuvor war er in Deutschland gewählt worden und hielt nun seinen ersten *Reichstag. Luther wurde vor den Kaiser geladen, wurde nach seinen Büchern gefragt und wurde aufgefordert, zu widerrufen, was er geschrieben habe. Doch Luther widersetzte sich und erklärte, sein Gewissen sei an die Heilige Schrift gebunden. Nur wenn man ihn aus der Bibel oder mit Vernunftgründen überzeuge, sei er bereit zu widerrufen. Damit war der Kaiser jedoch nicht einverstanden und verhängte im „Wormser Edikt" die „Acht" (Ausschluss aus der Lebensgemeinschaft) über Luther, das heißt er ordnete seine Gefangennahme und Hinrichtung an. Gleichwohl durfte Luther Worms unversehrt verlassen und wurde nicht wie 100 Jahre zuvor Johann Hus in Konstanz (→ 3.1) gleich an Ort und Stelle hingerichtet.

1521
Wormser Reichstag

Wormser Edikt

Die Kunde von Luthers standhaftem Auftreten machte schnell die Runde. In Flugschriften wurde von dem Ereignis berichtet, in Wort und Bild. Es wurde interpretiert und legendarisch ausgeschmückt. Aus Luthers tatsächlichem nüchternen Schlusswort „Gott helfe mir! Amen" wurde das auch heute noch viel zitierte, theatralische „Hier stehe ich, ich kann nicht anders ...". Ein Holzschnitt des Jahres 1521 (s. Abb. 4.3) zeigt Luther – betont –

als Mönch, wie er mit der Bibel in der Hand einer Gruppe von Würdenträgern der alten Kirche gegenübertritt, darunter dem *Papst, erkennbar an seiner Krone, der Tiara, einem Kardinal, erkennbar an seinem flachen Hut, und einem Bischof, erkennbar an seiner hohen Mütze. Bischöfe und Kardinäle waren in Worms, nicht aber der *Papst. Aber Luther hat in Worms nicht mit Repräsentanten der Kirche gesprochen, sondern mit dem Kaiser. Das Bild stellt also alles falsch dar, interpretiert das Geschehen aber dennoch richtig. Nicht der Kaiser, sondern die Kirche war in Wahrheit Luthers Gegenüber. Nicht mit dem Kaiser wollte er sich auseinandersetzen, sondern mit der Kirche.

Abb. 4.3
Luther in Worms (zeitgenössischer Holzschnitt)

Wartburg

Als Folge des kaiserlichen Urteils war Luther hochgradig gefährdet. Doch sein Landesherr sann wieder auf Abhilfe. Bevor Luther seine Heimat Wittenberg erreichen konnte, ließ ihn Friedrich, nach einem vorgetäuschten Überfall durch Räuber, auf der Wartburg (s. Abb. 4.2) bei Eisenach im Thüringer Wald unterbringen. Hier verblieb Luther beinahe ein Jahr lang, und nicht einmal beste Freunde, geschweige denn die Öffentlichkeit wussten, was geschehen war. Luther selbst jedoch war guter Dinge und nahm in aller Ruhe sein größtes Werk in Angriff, die Übersetzung der Bibel auf der Basis hebräischer und griechischer Texte ins Deutsche. Auf der Wartburg begann er mit dem Neuen Testament, das bereits im September 1522 gedruckt vorlag und deshalb als das *Septembertestament* bezeichnet wird. Deutsche Bibeln gab es zwar schon vor Luther, aber noch nie hatte jemand direkt, ohne Umwege über das Lateinische, das Alte Testament aus dem Hebräischen und das Neue aus dem Griechischen ins Deutsche übertragen. Luther wollte durch sein Vorgehen Übersetzungsfehler vermeiden und die eigentliche Botschaft der Bibel möglichst getreu vermitteln. Die Übersetzung des Alten Testaments hat Luther, unterstützt von Melanchthon und anderen, erst 1534 abgeschlossen. Melanchthon hat so viel zur Wittenberger Bibelübersetzung beigetragen, dass die Luther-Bibel eigentlich Luther-Melanchthon-Bibel heißen müsste.

In Wittenberg machte die Reformation auch ohne Luther weitere Fortschritte. Studenten feierten das *Abendmahl mit Brot und Wein, *Priester brachen ihr *Zölibatsgelübde und heirateten, Gottesdienste wurden in deutscher Sprache und mit einer veränderten *Liturgie gehalten, aus Kirchen wurden Bilder und Altäre entfernt. Ein Kollege Luthers an der Universität, Andreas Bodenstein, genannt Karlstadt, schuf Anfang 1522 die erste evangelische Kirchen- und Gottesdienstordnung. Mit den Veränderungen einer gingen jedoch zunehmende Unruhen. Kam es bei der Bilderentfernung zu Gewaltorgien, was nicht selten der Fall war, spricht man von „Bilderstürmen". Einige wollten die Kindertaufe abschaffen und künftig nur noch Erwachsene und alle jetzt lebenden Erwachsenen erneut taufen, andere wollten von der Bibel nichts mehr wissen und beriefen sich auf unmittelbare göttliche Eingebungen.

Luther selbst hatte diese nunmehr ausufernde Bewegung angestoßen, als er 1520 das „*allgemeine Priestertum" (auch: geistliches Priestertum, Priestertum aller Gläubigen) propagiert hatte. Diese Lehre besagte, dass alle Christen – Taufe und Glaube vorausgesetzt – gewissermaßen „*Priester" seien, also in einer unmittelbaren Gottesbeziehung stünden, nicht auf kirchliche Amtsträger als Mittler angewiesen seien, außerdem fähig seien die Heilige Schrift zu lesen, zu verstehen und auszulegen und befugt die Reform der Kirche in die Hand zu nehmen. Dies galt, so formulierte es Luther 1520/21, prinzipiell auch für Frauen.

Wittenberg

allgemeines Priestertum

Später jedoch wollte er von einer Aufwertung der Frau in der Kirche nichts mehr wissen. Kirchliche Ämter an Frauen zu vergeben, hielt er für nicht denkbar, weil er – mit Aristoteles – die Frau als, biologisch bedingt, höherer Bildung nicht fähig ansah.

Auch in den Kirchen der Reformation gab es weiter Amtsträger, aber man bezeichnete sie nicht mehr als *Priester und sie verstanden sich nicht mehr als Gott besonders nahe stehend, sondern als – auf Zeit – zum Predigen und zur Sakramentsverwaltung Beauftragte. Auch heute spricht man nur in der *katholischen und in *orthodoxen, nicht aber in evangelischen Kirchen von *Priestern. Die Bezeichnung der Geistlichen als Pfarrer (= Leiter einer Pfarrei oder, altertümlich, „Pfarre" [von „Pferch" = eingehegter Platz]) und Pastor (lat., dt.: Hirte) ist dagegen, regional unterschiedlich, in der *katholischen und in den evangelischen Kirchen gleichermaßen gebräuchlich.

Infobox

Reformatorische Theologie
Luthers Theologie wird gerne in markanten Kurzformeln zusammengefasst, die mit dem lateinischen Wort für „allein" eingeleitet werden:

- sola scriptura: „allein die Schrift" – nicht die Kirchenlehre und nicht das Brauchtum, die Tradition – ist Maßstab dafür, was in Kirche und Theologie richtig und falsch ist
- solus Christus: „Christus allein" – nicht auch noch *Heilige oder gar *Priester – ist Mittler zwischen Gott und Mensch und vermittelt uns das Heil
- sola gratia: „allein die Gnade Gottes" – nicht auch unser eigener Verdienst – ist der Grund dafür, dass wir zum Heil gelangen
- sola fide: „allein durch den Glauben" – nicht durch gute und fromme Taten, nicht durch das Halten aller oder möglichst vieler göttlicher Gebote – gelangen wir zu Gott und zum Heil

Rücksicht auf Schwache

Als sich im Februar und März 1522 die Situation in Wittenberg zuspitzte, verließ Luther die Wartburg, kehrte nach Wittenberg zurück und gebot allen Neuerungen Einhalt. In einer eindrucksvollen Predigtreihe erklärte er, bevor man praktische Veränderungen vornehme, müsse man die innere Einstellung der Menschen ändern und man müsse auch Rücksicht auf diejenigen nehmen, die noch nicht so weit seien. Luther nahm die Zügel wieder in die Hand und wirkte weiter predigend, lehrend und schreibend für die Reformation, blieb bei praktischen Umgestaltungen aber behutsam. Zum Beispiel sah er Bilder in Kirchen weiterhin für erlaubt an, sofern sie biblische Gestalten und keine mittelalterlichen *Heiligen porträtierten und sofern sie nicht angebetet würden.

Andernorts war vieles anders. Luther hatte in vielen Städten Deutschlands, ja sogar bei Bauern auf den Dörfern Resonanz gefunden. Seine Auftritte in Heidelberg und Leipzig, aber noch mehr sein keckes Verhalten vor dem Kaiser in Worms hatten ihn populär gemacht. Vielerorts versuchten andere Männer Luthers Gedanken und Vorhaben so, wie sie diese verstanden, und auf ihre eigene Weise in die Tat umzusetzen. In Orten wie Nürnberg und Straßburg, aber auch in Hessen, unter dem tatkräftigen, theologisch versierten Landgrafen Philipp, schritt die Reformation nun schneller voran als in Wittenberg.

Vielerorts heirateten die *Priester und vielerorts verließen Mönche und Nonnen ihre Klöster. Luthers theologische Argumente gegen das *Zölibat und gegen das Klosterleben, allen voran der Verweis auf die fehlende biblische Grundlage, stießen auf große Zustimmung und veranlassten viele zu praktischen Konsequenzen. Auch Luther vollzog im Privatleben eine radikale Wende, als er 1525 nach zwanzig Jahren streng zölibatären Lebens heiratete. Katharina von Bora, eine aus ihrem Kloster geflohene Zisterzienserin, wurde seine Ehefrau.

gegen das Klosterleben

Die Klöster leerten sich oder wurden, mitunter gewaltsam, geleert. Auch in Wort und Bild wurde gegen das Klosterleben polemisiert. Ein Holzschnitt des Jahres 1524 (s. Abb. 4.4) stellt eine nach Gottes Willen lebende und deshalb mit einer Taube als Symbol des *Heiligen Geistes geschmückte Haus- und Ehefrau einer mit dem Teufel im Bund stehenden und deshalb mit einem kleinen Drachen auf dem Kopf verunzierten Klosterfrau gegenüber. Ein Bote überbringt der Nonne einen Brief der Hausfrau, der sie zum Austritt aus ihrem Kloster auffordert. Als Folge der von einem Mönch, Martin Luther, angestoßenen Reformation endete in Deutschland nach vielen Jahrhunderten in vielen Regionen das klösterliche Leben dauerhaft. Luther hatte zwar eine neue oder vielmehr ursprüngliche, evangelische Form des Mönchslebens immer für möglich gehalten, doch fand diese Idee in seiner Zeit keine Resonanz. Erst heute gibt es wieder evangelische Ordensgemeinschaften, zum Beispiel evangelische Benediktinerinnen.

Das Bild demonstriert auch die nicht unerhebliche Rolle von Frauen bei der Durchsetzung der Reformation. Neben Katharina von Bora gab es weitere prominente Reformatoren-Frauen. Einzelne Frauen (Argula von Grumbach, Katharina Zell, Ursula

Weida) betätigten sich sogar als Flugschriftenautorinnen. Ferner wirkten viele einfache Frauen mit Erziehungs- und Überzeugungsarbeit in ihren Familien für reformatorische Ziele und Ideale. Ohne Frauen keine Reformation!

Abb. 4.4 | Evangelische Polemik gegen das Mönchtum: teuflisches Klosterleben versus göttlichem Hausfrauen-Dasein (zeitgenössischer Holzschnitt)

Merksatz

MERKE: Luther war mit seinen zündenden Ideen und seinem überwältigenden Charisma entscheidend für das Zustandekommen und den Erfolg der Reformation. Ohne Luther keine Reformation! Dennoch konnte die Reformation nur erfolgreich sein, weil auch die Rahmenbedingungen günstig waren. Schon lange haben Reformationsforscher betont: Ohne Humanismus (→ 3.2.6) keine Reformation! Ohne Buchdruck (s. o.) keine Reformation! Jüngst wurden weitere pointiert formulierte Exklusivsätze hinzugefügt, die ebenfalls ihre Berechtigung haben: Ohne Frauen (s. o.) keine Reformation! Und: Ohne Türken (→ 3.1, 4.2.5) keine Reformation!

Mit den zunehmenden Erfolgen der Reformation stieg der Widerstand gegen sie. 1524 griff der Humanist Erasmus (→ 3.2.6) zur Feder und stellte in einer Schrift *Über den freien Willen* (De libero arbitrio) Luthers Gottes- und Menschenbild in Frage. Erasmus sprach dem Menschen einen, wenn auch begrenzten freien Willen zu. Luther konterte 1525 (*De servo arbitrio*) in scharfem Ton und beharrte darauf, dass der Mensch nicht frei sei, sondern abhängig, abhängig von Gott – oder vom Teufel. Er warnte aber auch davor, darüber zu spekulieren, warum Gott die einen Menschen zum Glauben führe, andere jedoch nicht. Der „verborgene Gott" (lat.: deus absconditus) und „die Dinge, die über uns sind, gehen uns nichts an" (quae supra nos nihil ad nos), erklärte Luther, sondern nur Gott, wie er sich in Jesus Christus als liebevoll und barmherzig offenbart habe (lat.: deus revelatus).

Erasmus

Literatur

Kurt Aland: Hilfsbuch zum Lutherstudium. 4., durchges. u. erw. Aufl. Bielefeld 1996. – **Albrecht Beutel** (Hg.): Luther Handbuch. 2. Aufl. Tübingen 2005 (Theologen Handbücher) (UTB Theologie 3416). – **Martin Brecht**: Martin Luther. Bd. 1–3. 2. Aufl. (Bd. 1 3. Aufl.), Studienausg. Stuttgart 1994. – **Karl Holl**: Gesammelte Aufsätze zur Kirchengeschichte. Bd. 1: Luther. 7. Aufl. Tübingen 1948. – **Volker Leppin**: Martin Luther. 2., durchges., bibliogr. aktual. u. mit einem neuen Vorw. vers. Aufl. Darmstadt 2010 (Gestalten des Mittelalters und der Renaissance). – **Reinhard Schwarz**: Luther. 3., durchges. u. korr. Aufl. Göttingen 2004 (UTB Theologie, Kirchengeschichte 1926).

Von der Gemeinde- zur Fürstenreformation | 4.2.2

Die frühe Reformationsbewegung war eine Bewegung von unten. Nicht die Kirchenleitungen und nicht die Obrigkeiten trieben anfangs die Reformation voran, sondern Pfarrer in den Gemeinden, Theologen auf den Universitäten und auch viele einfache Menschen, darunter Handwerker und sogar Frauen. Die erste Phase der Reformation wurde aus den christlichen Gemeinden heraus gestaltet, sie war eine Gemeindereformation.

Gemeindereformation

Ihren Höhepunkt erreichte die Gemeindereformation im Jahr 1525, als beinahe deutschlandweit die Bauern aufbegehrten und nicht nur die Predigt des Evangeliums und eine freie Pfarrerwahl durch die Gemeinden forderten, sondern auch die Abschaffung der auf dem Lande weit verbreiteten Leibeigenschaft, die Menschen zum Besitz anderer Menschen machte und damit regelrecht zu einer Sache. Sie beriefen sich dabei auf die Bibel und auf Luthers Botschaft vom Seligwerden allein durch den Glauben (lat.: sola fide). In einem aus zwölf Punkten bestehenden

Bauernkrieg

Forderungskatalog der Bauern, kurz die *Zwölf Artikel* genannt, heißt es:

> Erstens ist es unsere demütige Bitte und Begehren, auch unser aller Wille und Meinung, dass wir zukünftig das Recht haben wollen, als Gemeinde unseren Pfarrer selbst auszusuchen und zu wählen. Auch soll die Gemeinde das Recht haben, denselbigen wieder abzusetzen, wenn er sich ungebührlich verhält. Derselbige gewählte Pfarrer soll uns das heilige Evangelium lauter und klar predigen, ohne alle menschlichen Zusätze, Lehren und Gebote. Denn nur, wenn er uns den wahren Glauben stets verkündigt, gibt er uns Anlass, Gott um seine Gnade zu bitten, in uns denselbigen wahren Glauben auszubilden und in uns wohnen zu lassen. Denn wenn seine Gnade in uns nicht Wohnung nimmt, bleiben wir stets Fleisch und Blut, das zu nichts weiter nütze ist, wie denn klar in der Schrift steht, dass wir allein durch den wahren Glauben zu Gott kommen und allein durch seine Barmherzigkeit selig werden. Darum brauchen wir ein solches Vorbild und einen solchen Pfarrer, und das hat seinen Grund in der Heiligen Schrift. (Art.1 der *Zwölf Artikel*; Deutsche Geschichte in Quellen und Darstellung 3, 2001, 254f.)

Luther Doch Luther sah sich missverstanden. Gesellschaftliche und wirtschaftliche Forderungen wollte er nicht billigen und bestritt, dass sie biblisch begründbar seien. Und die freie Pfarrerwahl durch die Gemeinden ging ihm auch zu weit. Lieber war es ihm, aus Gründen der Ordnung, wenn die jeweiligen Obrigkeiten die Pfarrer einsetzten.

Die von verschiedenen reformatorischen Predigern, darunter als berühmtester der frühere Zwickauer und Allstedter Pfarrer **Müntzer** Thomas Müntzer, sowie einzelnen Adligen, darunter als berühmtester der von Goethe verewigte Götz von Berlichingen, unterstützten Bauernaufstände wurden von *katholischen wie evangelischen Machthabern gleichermaßen niedergeschlagen. Tausende von Bauern starben. Luther billigte das und schärfte den Menschen fortan mehr denn je den Obrigkeitsgehorsam ein und den Verzicht auf jeden Versuch, der Sache der Reformation mit Gewalt zu dienen.

Luther hatte die Reformation von unten, die Gemeindereformation, angestoßen, aber nun bereitete er ihr ein Ende. Nur noch im Bündnis mit der Obrigkeit, ja initiiert von der Obrigkeit, den Fürsten, wollte er die Reformation umgesetzt und durchgesetzt **Fürstenreformation** sehen. Aus der Gemeindereformation wurde die Fürstenreformation. Zehn Jahre nach dem Beginn der Reformation lag nun, in der zweiten Hälfte des zweiten Jahrzehnts des 16. Jahrhunderts, die Reformation in den Händen der Fürsten sowie der städtischen Obrigkeiten.

Obrigkeiten aller Art hatten durchaus Interesse an der Reformation, da für sie eine Loslösung von der alten Kirche mehr Macht und mehr Besitz bedeutete. Es ging bei der Einführung der Reformation nicht nur um theologische Überzeugungen und religiöse Haltungen, sondern auch um weltliche, politische, wirtschaftliche, materielle Gesichtspunkte. Ein Landesfürst, der sich der Reformation anschloss, entriss die Kirche seines Herrschaftsgebiets der Gewalt des zuständigen *Bischofs und brachte sie unter seinen Einfluss. Er selbst wurde sozusagen zum Bischof und hielt nun politische wie kirchliche Macht in seinen Händen. Ein Landesfürst, der sich der Reformation anschloss, bemächtigte sich auch des kirchlichen Vermögens, der Gebäude ebenso wie des häufig kostbaren, silber- und goldhaltigen Inventars. Die Reformation machte ihn reich, reicher als zuvor.

Freilich ging jeder Landesherr mit der Entscheidung für die Reformation auch ein Risiko ein. Er schloss sich ja einem offiziell zum *Ketzer erklärten Mann an und brachte sich selbst damit in die Nähe der Ketzerei. Er verdarb es sich mit dem Kaiser, seinem Oberherrn. Niemand wusste, wie der Kaiser langfristig reagieren würde.

Mitte der 20er Jahre hielt sich der Kaiser zurück. Er war anderweitig beschäftigt, denn er führte Kriege mit den Türken, mit Frankreich und mit dem *Papst und hatte hin und wieder auch in Spanien zu tun (→ 4.2.1). Im Jahre 1526 tagte in Speyer eine Reichsversammlung, ohne den Kaiser, die nach vergeblichen Verhandlungen über die religiöse Frage beschloss, jede Obrigkeit solle sich in Sachen der Religion so verhalten, wie sie es „gegen Gott und die kaiserliche Majestät hofft und meint verantworten zu können". Die zur Reformation neigenden Obrigkeiten interpretierten diesen Beschluss als einen Freibrief, und die Reformation machte munter Fortschritte.

Speyer 1526

Infobox

Reformatorisch, evangelisch, protestantisch ...
... meint im Grunde dasselbe und wird übergreifend für die verschiedenen, auf die Reformation zurückgehenden Kirchen und Theologien gebraucht. In der Reformationszeit sprach man auch von den Protagonisten eines neuen Glaubens, kurz von den „Neugläubigen"."Lutheraner" sind dagegen nur die Anhänger der Reformation, die sich mit Luther identifizieren. Anhänger Calvins werden als „*Calvinisten" oder „*Reformierte" bezeichnet.

1529 Doch dann tagte 1529 erneut ein *Reichstag erneut in Speyer. Der
Speyer Kaiser war zwar wieder verhindert, aber sein Bruder und Stellvertreter Ferdinand setzte einen antievangelischen Kurs durch. Der Beschluss von 1526 wurde zurückgenommen und die Verurteilung Luthers bekräftigt. Hiergegen protestierten förmlich und mehrfach die evangelischen Obrigkeiten, die in Speyer anwesend
Protest waren. Wegen dieses Protests wurden die Evangelischen fortan, zunächst von ihren Gegnern, als *Protestanten bezeichnet und verunglimpft. Später übernahmen sie diese Bezeichnung und gebrauchten sie stolz und selbstbewusst.

Literatur

Peter Blickle: Gemeindereformation. Die Menschen des 16. Jahrhunderts auf dem Weg zum Heil. 2. Aufl. (Studienausg.). München 1987. – **Rudolf Mau**: Evangelische Bewegung und frühe Reformation 1521 bis 1532. Leipzig 2000 (Kirchengeschichte in Einzeldarstellungen II/5).

4.2.3 | Biografie und Theologie Zwinglis

Ulrich (auch: Huldrych) Zwingli war der zweite große Reformator neben und nach Luther, und er machte Zürich zum zweiten großen Zentrum der Reformation neben und nach Wittenberg. Anders als Luther konnte er jedoch nur ein Jahrzehnt lang für die Reformation wirken, denn er starb bereits vor Erreichen des 50. Lebensjahrs.

Zwingli stammte aus einer Bergbauernfamilie, wuchs aber bei seinem Onkel auf, der *Priester war und als *Dekan ein kirchliches Leitungsamt bekleidete. Ganz anders als bei Luther war ihm also die kirchliche Laufbahn schon in die Wiege gelegt. Zwingli studierte in Basel und in Wien und wurde, anders als Luther,
humanistisch geprägt stark humanistisch geprägt. Ebenfalls anders als Luther führte er sein Theologiestudium nicht zu Ende, sondern ging kurz nach Abschluss des Grundstudiums und Beginn des Theologiestudiums mit dem Magistertitel (Magister Artium) in die Praxis. 1506 wurde er Gemeindepfarrer („Leutpriester") in Glarus. 1516 wechselte er in den *Wallfahrtsort Einsiedeln und betreute dort *Pilger.

Zwingli war kein Mönch, und er hielt sich auch nicht an den *Priestern vorgeschriebenen *Zölibat. Er hatte eine Partnerin, aber keine Kinder. Wie Luther kamen auch ihm, in Einsiedeln,
Ablass Zweifel am *Ablass. Aber es war noch keine theologisch begründete Kritik.

Zürich Dies wurde anders, nachdem Zwingli 1519 nach Zürich gewechselt und Pfarrer an der Hauptkirche der Stadt, dem Großmünster, geworden war. Durch Bibel- und *Kirchenväter-Lektüre, aber auch inspiriert von Schriften Luthers sowie angestoßen durch eine schwere Krankheit wurde Zwingli zum Reformator. 1521/22 begann er kirchenkritisch zu predigen.

Anders als Luther setzte sich Zwingli rasch für praktische Veränderungen ein und wollte auch, ebenfalls anders als Luther, das sittliche Leben in seiner Gemeinde streng regeln und kontrollieren. Der Fachbegriff dafür lautet „Kirchenzucht". Durch zwei große kirchliche Diskussionsversammlungen („*Disputationen"), die 1523 in Zürich stattfanden, verhalf Zwingli der Reformation zum Durchbruch. Auch er wurde verketzert, aber erst 1527.

Zwingli war, obwohl er nie richtig Theologie studiert, geschweige denn wie Luther den theologischen Doktorgrad erworben hatte, ein hochgebildeter und hochreflektierter theologischer Denker. Sein Hauptwerk ist der lateinisch geschriebene *Kommentar über die wahre und falsche Religion* (De vera et falsa religione commentarius), 1525 erschienen. Hier legt Zwingli evangelische Grundpositionen aus seiner Sicht dar und entfaltet sein Gottesbild. Der Züricher Reformator betont mehr als Luther die Größe und Allmacht Gottes und anders als Luther die göttliche „Vorsehung", die Lenkung der ganzen Schöpfung durch Gott. Zwingli kennt und lehrt wie Luther das *Schriftprinzip, unterscheidet aber anders als Luther deutlich zwischen dem äußeren Wort – dem Text der Bibel – und dem inneren Wort, dem verborgenen Wirken des göttlichen Geistes im Herzen des Menschen, das den Glauben hervorbringt. Das Wirken des Geistes (lat.: spiritus) hervorhebende Theologen werden als *Spiritualisten bezeichnet; Luther sprach verächtlich von „Schwärmern". Zwinglis Theologie hatte spiritualistische Züge, aber er war kein wirklicher *Spiritualist. Weil ihm viel am äußeren Wort lag, hat er wie Luther eine Bibelübersetzung, zusammen mit Mitarbeitern, geschaffen und sogar früher als Luther vollendet: Schon 1529 erschien die *Zürcher Bibel*, die bis heute als Alternative zur Wittenberger Luther-Bibel im deutschsprachigen *Protestantismus Verwendung findet.

Zwischen Luther und Zwingli entbrannte 1524 ein heftiger, zunächst literarisch ausgetragener Streit. Es ging um das Verständnis des *Abendmahls. Zwingli wollte anders als Luther abrücken von der traditionellen Vorstellung, beim Abendmahlsbrot handle es sich um den Leib Christi und beim Wein um sein Blut. Zwingli wollte Brot und Wein als Symbole auffassen und sah Christus beim *Abendmahl nicht leiblich, sondern im

Disputationen
1523

Theologie

Abendmahlsstreit

Glauben der Gemeinde gegenwärtig. Luther widersprach. Die Kontrahenten trafen sich schließlich 1529, auf Einladung Philipps von Hessen, zu einem Meinungsaustausch in Marburg (s. Abb. 4.2), doch das „Marburger Religionsgespräch" blieb in der entscheidenden Frage ohne Ergebnis. Auch persönlich kamen sich die Kontrahenten nicht näher. Luther und Zwingli gerieten so hart aneinander, dass Zwingli sogar die Tränen kamen. Die unterschiedliche *Abendmahlsauffassung trennte die verschiedenen evangelischen Kirchen bis weit in das 20. Jahrhundert hinein.

Infobox

Abendmahl

Die Feier des Abendmahls gehörte von Anfang an zur christlichen Glaubenspraxis, aber die Art und Weise, wie es gefeiert wurde, und die theologische Deutung sind bis heute umstritten. Auch die Bezeichnungen variieren: Lutheraner sprechen vom Abendmahl, *Reformierte vom Nachtmahl und Katholiken von der *Eucharistie oder – mit Blick auf den Gesamtgottesdienst – von der Messe. Die Feier erinnert an die Mahlfeiern Jesu mit seinen Anhängern und Jüngern, vor allem an die letzte Mahlfeier abends vor seiner Gefangennahme und vor seinem gewaltsamen Tod. Das *Abendmahl erinnert aber auch an die jüdische Mahlfeier beim Passahfest, wo des Auszugs aus Ägypten gedacht wird. Die Christen sahen in der *Abendmahlsfeier schon früh eine Opferhandlung, die unblutige Wiederholung, Erneuerung oder Aktualisierung des Opfertods Christi am Kreuz. Damit verbunden war die Vorstellung, Brot und Wein wären wirklich („wahrhaft") der Leib und das Blut Jesu Christi, er selbst real gegenwärtig (Realpräsenz). Luther hielt an der Realpräsenz fest, nicht aber an der Erklärung derselben durch die Lehre von der Substanzverwandlung (Transsubstantiation). Zwingli sah Brot und Wein als Symbole und Christus nur im Glauben der Gemeinde gegenwärtig (symbolische *Abendmahlslehre). Calvin stellte sich die reale Gegenwart Christi durch den Geist gewirkt vor (Spiritualpräsenz).

Ausstrahlung

Wie die Wittenberger hatte auch die Züricher Reformation eine kräftige, allerdings nur regionale Ausstrahlung. Zürich war einer der Hauptorte der Schweizer Eidgenossenschaft, eines 1291 gegründeten Bundes von Kleinstaaten, die formell zum *Reich gehörten, sich aber seit 1499 nicht mehr an der Reichspolitik beteiligten. Unter der Führung und dem Einfluss Zürichs schlossen sich weitere Gebiete der Eidgenossenschaft der Reformation an, darunter Bern und Basel. Zwingli trat, anders als Luther, sogar dafür ein, der Reformation mit militärischer Gewalt Nachdruck zu verleihen. Viel früher als in Deutschland kam es in

Religionskriege 1531

der Schweiz zu Religionskriegen, 1529 und 1531. Im zweiten dieser Kriege starb Zwingli, der als Feldprediger, aber mit einem

Schwert in der Hand in den Kampf gezogen war. Sein Leichnam wurde von den Gegnern geschändet und verbrannt. So gibt es am Ort des Geschehens, in Kappel am Albispass, kein Grab, sondern nur eine schlichte Gedenkstätte. Die Waffen, mit denen Zwingli angeblich gekämpft hatte, wurden später in Zürich im Museum gezeigt. Heute gilt nur noch ein durchlöcherter Helm als möglicherweise echt.

Literatur

Ulrich Gäbler: Huldrych Zwingli. Eine Einführung in sein Leben und sein Werk. 3., mit einem Nachw. u. Lit.nachtr. vers. Aufl. Zürich 2004. – **Gottfried Wilhelm Locher**: Zwingli und die schweizerische Reformation. Göttingen 1982 (Die Kirche in ihrer Geschichte (3, J1). – **Peter Stephens**: Zwingli. Einführung in sein Denken / Karin Bredull Gerschwiler (Übers.). Zürich 1997.

Täufer, Spiritualisten und Antitrinitarier | 4.2.4

Die Reformation hatte zwar einen Ausgangspunkt, Wittenberg mit Luther, aber bald schon verschiedene Zentren. Mit ihren Grundsätzen, dem *Schriftprinzip sowie der Lehre vom *allgemeinen Priestertum, trug die Reformation selbst zu ihrer Pluralisierung bei. Aus der Reformation wurden viele, sich zum Teil erheblich unterscheidende und sich mitunter sogar bekämpfende Reformationen. Zahlreiche Neben- und Sonderbewegungen entstanden. Die wichtigste und wirkungsvollste, bis heute nachwirkende war die Bewegung der *Täufer, welche die Kindertaufe nicht länger akzeptieren wollte.

Kritik an der Kindertaufe war in Wittenberg schon 1521, als Luther auf der Wartburg weilte, geübt worden. Von der Bibel her argumentiert, gab es für die Beibehaltung der Kindertaufe eigentlich keine vernünftigen Gründe mehr. Dennoch hielt Luther, den Sprengstoff witternd, der mit einer Freigabe verbunden war, hartnäckig an der Kindertaufe fest und sah sie nicht nur als möglich, sondern sogar als geboten an. Andere Reformatoren, darunter Karlstadt (→ 4.2.1), sagten sich deshalb von ihm los.

Kritik an Kindertaufe

Auch Zwingli hielt, obwohl er zunächst selbst daran gezweifelt hatte, an der Kindertaufe fest. In seinem Umfeld sammelten sich von 1524/25 an Kritiker der Kindertaufe in kleinen Gruppen, bildeten eigenständige evangelische Gemeinden, verweigerten die Taufe ihrer Kinder und begannen damit, Erwachsene zu taufen. Diese Erwachsenen waren allerdings bereits als Säuglinge getauft worden und ließen sich jetzt, die Gültigkeit

Wiedertaufen der Säuglingstaufe bestreitend, erneut taufen. Es erfolgten also Taufwiederholungen, Wiedertaufen. Die Anhänger der Taufbewegung wurden als Wiedertäufer und, mit dem Fremdwort aus dem Griechischen, Anabaptisten (griech. ἀναβαπτίζειν/anabaptizein = wiederholt untertauchen) beschimpft – und verketzert. In aller Schärfe ging man gegen die *Täufer vor, in Zürich ebenso wie in Wittenberg. 1529 ordnete der *Reichstag von Speyer, bei dem die Evangelischen wegen der Beschneidung ihrer religiösen Freiheit protestiert hatten, für alle Wiedertäufer die Todesstrafe an. Auch die Evangelischen stimmten diesem harten Vorgehen zu. Vielerorts wurden Todesurteile vollstreckt. Das Vorgehen gegen die *Täufer entsprach dem mittelalterlichen Vorgehen gegen die *Ketzer. Dem Vorwurf, Gewissenszwang auszuüben und zu handeln wie die alte Kirche, wichen Luther und die anderen antitäuferischen Reformatoren aus, indem sie behaupteten, die *Täufer würden nicht als *Ketzer, sondern als Gotteslästerer und Aufrührer bestraft.

Münster 1534/35 Dieses Verdikt bestätigte ein Teil der Täuferbewegung selbst, als aus Holland stammende *Täufer 1534 in Münster in Westfalen die kirchliche und politische Herrschaft übernahmen und ein grausames Gewaltregiment errichteten. Wie im Bauernkrieg 1525 so schlugen auch jetzt, 1535, evangelische und *katholische Obrigkeiten gemeinsam das Münsteraner „Wiedertäuferreich" zu Boden. Und die *Täufer und ihre an sich friedlichen Anliegen waren nachhaltig diskreditiert.

Menno Simons Dennoch konnte sich die Täuferbewegung halten. Zu einem Sammelbecken wurde zuletzt in Nordwestdeutschland die von Menno Simons, einem ehemaligen *katholischen *Priester, gegründete Bewegung der „Taufgesinnten" (niederl.: Doopsgezinde) oder Mennoniten. Später wurden sie zu einer Kirche, die es bis heute gibt.

Infobox

Taufe

Die Taufe ist ein *Sakrament, auch für die Kirchen der Reformation. Die Reformation rüttelte an der Zahl der *Sakramente und reduzierte sie von sieben (Taufe, *Abendmahl, *Buße, Firmung, Ehe, Letzte Ölung, Weihe) auf zwei (Taufe, *Abendmahl). Als *Sakramente waren nur noch Rituale anerkannt, die auf einer klaren Weisung Jesu beruhten und zu denen es ein klares biblisches Verheißungswort sowie eine klare äußerliche Zeichenhandlung gab. Somit konnten nur noch die Taufe und das *Abendmahl als *Sakramente beibehalten bleiben. Aber auch in evangelischen Kirchen blieb der nicht mehr sakramental verstandene Eheschluss eine kirchliche Handlung, bis zur Einführung der *Zivilehe, welche in Deutschland erst im späten 19. Jahrhundert erfolgte. Ebenfalls bis ins 19. Jahrhundert gab es im *Luthertum die Beichte des Einzelnen beim Pfarrer, inklusive dafür bereitstehender Beichtstühle. In einigen alten evangelischen Kirchen stehen sie, ungenutzt, noch heute.

Die Taufe stand bei den großen Repräsentanten der Reformation nie zur Disposition. Sie wurde im Anschluss an Augustin als sichtbares Wort (lat.: verbum visibile) verstanden und als grundlegend für die Gottesbeziehung angesehen. Auch an der Kindertaufe hielten die großen Reformatoren fest. Sie war aus ihrer Sicht notwendig, weil die Kinder unter der Last der *Erbsünde, einer quasi angeborenen Sündenverfallenheit, litten. Durch die Taufe würden sie von dieser Sünde frei und als Gottes Kinder angenommen, ohne selbst etwas dazu beitragen zu müssen oder zu können. Der zur Taufe gehörende Glaube könne, von Gott selbst gewirkt, auch in Neugeborenen schon mächtig sein. Außerdem werde der Zusammenhang von Glaube und Taufe auch gewahrt, wenn der Glaube erst später, im Jugendalter, hinzukomme. Und schließlich sei der Glaube bei der Säuglingstaufe auch – sozusagen stellvertretend – im Glauben der Eltern, der Paten und der Gemeinde beteiligt.

Unter den Anhängern der Reformation gab es aber auch Männer und Frauen, die nicht nur die Berechtigung der Kindertaufe, sondern überhaupt den Sinn der Taufe, wie sie äußerlich mit Wasser vollzogen wird, bestritten und behaupteten, die innere Taufe, die Geisttaufe, sei entscheidend. So gesehen konnte man auf alle äußerlichen Handlungen, auf alle *Sakramente, verzichten, im Extremfall sogar auf das äußerliche Hören des göttlichen Worts in der Predigt, denn Gott konnte ja auch direkt, durch seinen Geist, zu den Menschen sprechen. Es gab unter den Anhängern der Reformation auch – anders als Zwingli – wirkliche, konsequente *Spiritualisten.

Zu den *Spiritualisten der Reformation gehörte der schlesische Adlige Kaspar von Schwenckfeld. 1525/26 brach er mit Luther und vertrat fortan die Auffassung, beim *Abendmahl seien nicht das Essen und Trinken von Brot und Wein wichtig, sondern allein das göttliche Wort und der menschliche Glaube. Die Kirche war für ihn keine sichtbare Institution, sondern die unsichtbare Verbindung der wahren Christen im Glauben. Zuletzt bestritt er, dass Jesus ein Mensch gewesen sei, und sah in ihm ein rein göttliches Wesen. Von 1529 an lebte Schwenckfeld in Süddeutschland, u. a. in Straßburg, Esslingen und Ulm, wo er 1561 starb. Obwohl der *Spiritualist keine Kirche gründen wollte, sammelten sich nach seinem Tod seine Anhänger in Schlesien und Süddeutschland weiter in kleinen, immer wieder verfolgten

Schwenckfeld

und unterdrückten Gemeinden und nannten sich die „Bekenner der Glorien Christi". Im 18. Jahrhundert wanderte ein Teil von ihnen nach Pennsylvanien aus, wo sie anders als in Europa Religionsfreiheit genossen, und bildete die „Schwenkfelder Church", die es in den USA mit fünf Gemeinden und 2500 Mitgliedern noch heute gibt.

*Täufer und *Spiritualisten stellten wesentliche Elemente des traditionellen Christentums in Frage. Noch weiter aber gingen einzelne Denker, die sogar die Dreieinigkeit Gottes anzweifelten.

Antitrinitarier Diese Antitrinitarier widersprachen dem *Bekenntnis von Nicäa (→ 2.2.6) und sahen in Jesus nicht den Mensch gewordenen Gottessohn, sondern einen Propheten, einen Lehrer, ein Vorbild. Ein prominenter Vertreter war Fausto Sozzini, ein Italiener, der in Basel studiert hatte und anschließend in Siebenbürgen und Polen wirkte, wo er 1604 gestorben ist.

Der Antitrinitarismus wurde von evangelischen wie *katholischen Theologen und Obrigkeiten energisch bekämpft. Dennoch konnte auch diese Strömung sich halten und eine eigene Kirche bilden. Nach Sozzini (sic!) werden sie seit dem 17. Jahrhundert **Sozinianer** als Sozinianer (sic!) bezeichnet. In Siebenbürgen und Ungarn gibt es sie unter dem neuen Namen „Unitarische Kirche" mit über 100 Gemeinden bis heute. Auch in England und Amerika entfalteten sich vom 18. Jahrhundert an antitrinitarische Gedanken. In den USA zählen die unitarischen Kirchen heute etwa 200.000 Mitglieder. Von den Positionen der übrigen und eigentlichen christlichen Kirchen haben sie sich so weit entfernt, dass es fraglich ist, sie überhaupt noch als Christen anzusehen.

Literatur

Hans-Jürgen Goertz: Die Täufer. Geschichte und Deutung. 2., verb. u. erw. Aufl. München 1988.
– **Horst Weigelt**: Von Schlesien nach Amerika. Die Geschichte des Schwenckfeldertums. Köln 2007 (Neue Forschungen zur schlesischen Geschichte 14).

4.2.5 Vom Augsburger Bekenntnis zum Augsburger Religionsfrieden

Seit dem 4. Jahrhundert fixierten die Christen wichtige theologische Positionen durch *Bekenntnisse. Von grundlegender und bleibender Bedeutung waren die *Bekenntnisse von 325, 381 und 451 (→ 2.2.6). In der Reformationszeit schufen sich die neu entstandenen Kirchen neue *Bekenntnisse, welche die genannten frühen *Bekenntnisse aber nicht außer Kraft setzten, sondern ergänzten.

Den Anfang machten die *Täufer. Von ihnen wurde 1527 mit den *Schleitheimer Artikeln* ein erstes evangelisches *Bekenntnis geschaffen, benannt nach dem Entstehungsort Schleitheim, in der Nähe von Schaffhausen gelegen. Das wichtigste *Bekenntnis der Reformationszeit entstand aber 1530 und wird, da es in Augsburg geschrieben und veröffentlicht wurde, als *Augsburger Bekenntnis* bezeichnet oder als, lateinisch, *Confessio Augustana*, kurz: CA.

Schleitheimer Artikel

1530

Die Evangelischen kamen damals nicht von sich aus auf die Idee, ein *Bekenntnis zu verfassen, sondern sie wurden anlässlich eines *Reichstags in Augsburg (s. Abb. 4.2) vom Kaiser dazu aufgefordert. Die Federführung bei der Ausarbeitung übernahm Philipp Melanchthon, da Luther als Verketzerter und Geächteter nicht ohne Gefahr nach Augsburg hätte reisen können. Luther quartierte sich auf der Coburg (s. Abb. 4.2) im nördlichen Bayern ein, um dem Geschehen so nahe wie möglich zu sein. Die CA suchte den Ausgleich, nicht die Konfrontation. Sie betonte die Gemeinsamkeiten und legte Rechenschaft ab über evangelische Grundüberzeugungen wie die *Rechtfertigungslehre und das Kirchenverständnis. Die CA betonte im Gegensatz zu den *Spiritualisten die Sichtbarkeit der Kirche, verband sie aber nicht mit den Ämtern, sondern mit der Verkündigung des Evangeliums und dem Spenden der *Sakramente. Ferner finden sich klare evangelische Forderungen wie die Erlaubnis für *Priester zu heiraten (kurz: Priesterehe) und die Gabe des Weins beim *Abendmahl an alle Gottesdienstbesucher (kurz: *Laienkelch). Das besonders heikle Thema *Papsttum wurde jedoch ausgeklammert.

Augsburger Bekenntnis

Die Evangelischen hatten in Augsburg keinen Erfolg. Der Kaiser lehnte ihr *Bekenntnis ab und bekräftigte das Wormser Edikt von 1521, die über Luther und seine Anhänger verhängte Acht. Dennoch war das Jahr 1530 ein Höhepunkt, ja ein Wendepunkt der Reformationsgeschichte. Von nun an hatten die *Protestanten ein sie einigendes *Bekenntnis, das den deutschen Protestantismus und das weltweit verbreitete *Luthertum bis heute prägt.

Nach dem Augsburger *Reichstag sahen die Dinge jedoch zunächst gar nicht gut aus: Es drohte Krieg. Doch der Krieg kam nicht, weil der Kaiser mit den Türken beschäftigt war, die vom Balkan her das *Reich bedrängten. Die „Türkengefahr" begünstigte die Reformation, weil sie politische und militärische Kräfte band, aber auch eine apokalyptische Stimmung schürte, die viele Menschen empfänglich machte für den reformatorischen Ruf nach Umkehr und Erneuerung. So machte die Reformation in den 30er Jahren wieder Fortschritte. 1536 widerfuhr den *Protestanten eine weitere Stärkung, weil es gelang, theologische Kontroversen zwischen Wittenberg und Straßburg, einem wichtigen süddeutschen Reformationszentrum, durch die „Wittenberger Konkordie" auszuräumen. Der Schmalkaldische Bund, das 1531 gegründete evangelische Militärbündnis, wurde immer stärker.

Wittenberger Konkordie

Angesichts dieser Sachlage suchte der Kaiser 1540/41 erneut eine friedliche Lösung des Religionskonflikts zu erreichen. Er versuchte spät, aber ernsthaft eine theologische Einigung zwischen den verfeindeten kirchlichen Lagern zustande zu bringen. In Hagenau, Worms und Regensburg wurden Religionsgespräche veranstaltet, bei denen repräsentative Theologen beider Seiten Punkt für Punkt die strittigen theologischen Fragen diskutierten und Konsenspapiere zu formulieren versuchten. Führend seitens der Reformatoren war Melanchthon, und für die andere Seite engagierte sich Johann Eck (→ 4.2.1). Im Zentralpunkt der reformatorischen Theologie, der *Rechtfertigungslehre, gelang es 1541 in Regensburg eine Einigung zu erzielen, doch sie scheiterte, weil weder die evangelischen Fürsten noch der *Papst eine Einigung wollten. Die Einheit der Kirche war wichtigen Männern beider Seiten längst sekundär geworden.

Religionsgespräche

Merksatz

MERKE: In der Reformationsgeschichte wurde nur einmal ernsthaft und Erfolg versprechend über eine Lösung der aufgeworfenen theologischen Fragen verhandelt, auf den Religionsgesprächen 1540/41. Die Verhandlungen der Theologen beider Seiten führten zu konstruktiven Ergebnissen. Doch die Chance auf Einigung wurde verspielt, weil starke kirchliche und politische Kräfte diese nicht mehr wollten.

Konzil

Der nachlassende Wille zur Einigung zeigte sich auch, als 1545 in Trient endlich das *Konzil begann, das nicht nur der Kaiser, sondern auch die *Protestanten lange und vehement gefordert hatten. Die *Protestanten verweigerten sich geschlossen einer Teilnahme, da dieses vom *Papst einberufene und vom *Papst geleitete *Konzil nicht frei sei, wie sie verlangten, und nicht willens, sich bei seinen Entscheidungen an der Heiligen Schrift und nur an der Heiligen Schrift zu orientieren.

1546
Tod Luthers

Am 18. Februar 1546 starb Martin Luther nach kurzer Krankheit auf einer Dienstreise in seinem (vermutlichen) Geburtsort

Eisleben und wurde anschließend mit allen Ehren in der Wittenberger Schlosskirche bestattet, wo sein Grab noch heute besucht werden kann. Die *Protestanten waren ihrer charismatischen Führungspersönlichkeit beraubt und bald schon sollte Streit ausbrechen um das theologische Erbe Luthers, das seine Anhänger unterschiedlich interpretierten und unterschiedlich weiterführen wollten.

Doch zunächst kam der lange erwartete, aber immer wieder unterbliebene Religionskrieg. Im Frühsommer 1546 begann der Kaiser seinen Feldzug gegen die *Protestanten. Außenpolitisch hatte er freie Hand und innenpolitisch Unterstützung ausgerechnet von einem der mächtigsten evangelischen Fürsten, von Moritz von Sachsen. Der evangelische Sachse, der in Meißen residierte, unterstützte den *katholischen Kaiser, weil ihm dieser als Belohnung u. a. die *Kurfürstenwürde versprochen hatte. Die Anhänger der Reformation riefen „Verrat" und identifizierten Moritz mit dem Jesus-Verräter Judas („Judas von Meißen"), konnten aber nichts dagegen ausrichten. Nach einem Jahr war die evangelische Seite geschlagen, und der Kaiser begann die reformatorischen Neuerungen wieder rückgängig zu machen. Evangelische Pfarrer mussten wieder *katholische Messen feiern. 1547/48 tagte in Augsburg ein *Reichstag und verabschiedete im Sommer 1548 ein Gesetz, das die kirchlichen Angelegenheiten in den evangelischen Ländern neu regelte. Von den Errungenschaften der Reformation sollten nur die bereits bestehenden Priesterehen und der *Laienkelch weiter Bestand haben. Ansonsten wurden *katholische Lehre und *katholisches Brauchtum vorgeschrieben. Das Gesetz sollte interimistische Geltung haben, bis zu definitiven Regelungen durch das *Konzil, und wurde deshalb als „Augsburger Interim" bezeichnet. Viele evangelische Theologen fügten sich, andere tauchten unter oder gingen ins Exil, nur wenige, zum Beispiel die Geistlichen in Magdeburg, leisteten Widerstand. Die Reformation schien am Ende zu sein.

Doch 1552 wendete sich das Blatt erneut – zugunsten der *Protestanten. Moritz von Sachsen wechselte noch einmal die Seite und fiel nun, unterstützt vom *katholischen Frankreich, das zu Hause die Evangelischen unterdrückte (→ 4.2.6), dem *katholischen Kaiser in den Rücken, weil dieser nicht alle 1546 gegebenen Versprechen erfüllt hatte. Der Kaiser konnte sich mit Mühe in Sicherheit bringen, gab klein bei und zog sich anschließend nach Spanien, in die Heimat seiner Vorfahren, zurück, wo er bereits

Religionskrieg

1548

Interim

1556 starb. Moritz, der zweifache Verräter, fiel 1553 in einer Schlacht.

Noch im Jahre 1552 tagte ein weiterer *Reichstag, nunmehr in Passau und geleitet vom Kaiser-Stellvertreter Ferdinand. Das Religionsgesetz von 1548 wurde aufgehoben, und die Evangelischen konnten ihren Glauben wieder frei praktizieren. Alles Weitere wurde vertagt.

1555
Augsburger Reichstag

1555 trat der *Reichstag wieder zusammen, diesmal erneut in Augsburg. Nach langen Verhandlungen über die Religionsfrage wurde Friede geschlossen. *Protestanten und Katholiken sollten sich fortan aus Gründen der Religion nicht mehr bekriegen. Festgelegt wurde auch, dass die jeweiligen Obrigkeiten in Deutschland das Recht haben, über die Religionszugehörigkeit ihres Landes und auch ihrer Untertanen zu bestimmen (Reformationsrecht, lat.: ius reformandi). Wer regierte, bestimmte die

cuius regio, eius religio

Religion (lat.: cuius regio, eius religio). Anders gläubige Untertanen bekamen aber die Erlaubnis auszuwandern. Das Auswanderungsrecht aus religiösen Gründen war das erste den Menschen gewährte Grundrecht in der deutschen Geschichte. Vom Reformationsrecht ausgenommen wurden die geistlichen Fürstentümer, also die nicht wenigen Territorien Deutschlands, die von Bischöfen und Äbten regiert wurden. Sie mussten *katholisch bleiben, auch wenn der geistliche Fürst evangelisch werden wollte. In ihnen hatte die *katholische Kirche fortan eine stabile und dauerhafte Basis, bis zu Beginn des 19. Jahrhunderts.

Der „Augsburger Religionsfriede" bescherte Deutschland Jahrzehnte des Friedens und hatte in seinen Grundbestimmungen zweieinhalb Jahrhunderte lang Geltung. Ausgenommen von diesem Frieden waren jedoch alle, die nicht die *Confessio Augustana* als Bekenntnisgrundlage hatten, also alle nichtlutherischen Evangelischen, die *Täufer ebenso wie die Zwinglianer und die *Calvinisten. Das sollte sich erst 1648 ändern, als Folge eines neuen Krieges (→ 5.2.3).

Literatur

Axel Gotthard: Der Augsburger Religionsfrieden. 2., unver. Aufl. Münster/Westf. 2006 (Reformationsgeschichtliche Studien und Texte 148). – **Leif Grane**: Die Confessio Augustana. Einführung in die Hauptgedanken der lutherischen Reformation. 6. Aufl. Göttingen 2006 (UTB 1400, Theologie).

Biografie und Theologie Calvins

| 4.2.6

Als in Deutschland 1555 Frieden geschlossen wurde, hatte sich in Genf bereits ein drittes Zentrum der Reformation etabliert, das mittel- und langfristig nicht nur Zürich, sondern auch Wittenberg an Bedeutung weit übertreffen sollte.

Genf war eine nicht zur Schweizer Eidgenossenschaft gehörende Bischofsstadt. Um das Jahr 1530 hatte dort reformatorisches Gedankengut bei Bürgern und Geistlichen Fuß gefasst. Als erster großer Reformator wirkte 1535–1538 Wilhelm Farel in der Stadt, ein aus Gap in der Dauphiné stammender humanistischer Gelehrter. Von 1536 an prägte Johannes Calvin das Genfer Reformationsgeschehen und führte die Genfer Reformation, wenn auch nicht geradlinig, zur Blüte und verhalf ihr zu weltweitem Erfolg.

Calvin stammte aus Noyon (→ ♪) in Frankreich. Wie Luther war er von seinem Vater, einem Juristen und bischöflichen Sekretär, dazu bestimmt worden, ebenfalls Jurist zu werden, und anders als Luther wurde er auch tatsächlich Jurist. Theologie hat Calvin nie studiert und er empfing auch keine *Priesterweihe. Doch auch Calvin ließ sich um 1532 von den Gedanken Luthers ergreifen und half in Paris bei deren Verbreitung. In den Jahren 1533 und 1534 kam es dort und in anderen Orten Frankreichs zu heftigen Strafaktionen gegen die Anhänger der neuen Lehre, und Calvin verließ seine Heimat und gelangte über Straßburg zunächst nach Basel, wo er eine Zeitlang blieb und ein theologisches Lehrbuch verfasste, die Urform seiner später weltberühmt werdenden *Institutio*, eine evangelisch gestimmte Einführung in den christlichen Glauben, gewidmet dem französischen König, der die Evangelischen in seinem Land weiter verfolgte.

1536 kam Calvin zufällig nach Genf und wurde von Farel überredet zu bleiben und in Genf der Reformation zu dienen. Farel und Calvin wollten rasch mehr, als die städtische Obrigkeit ihren Bürgern zumuten konnte. Es kam zu Konflikten und die beiden Reformatoren mussten Genf verlassen. Calvin ging nach Straßburg und baute dort eine evangelische französische Flüchtlingsgemeinde auf, in der er vieles erproben konnte, was ihm als neue Form kirchlichen Lebens vorschwebte. Aus dem Juristen war ein Gemeindepfarrer geworden.

Farel

1536

Noyon

Paris

Basel

1536
Genf

Straßburg

Infobox

Luther, Zwingli, Calvin: Reformatoren im Vergleich

Luther	Zwingli	Calvin
Mönch		
*Priester	*Priester	
Theologiestudium	kurzes Theologiestudium	
Dr. theol.	Magister Artium	Jurist
	Humanist	Humanist
Bergbauunternehmersohn	Bauernsohn	Juristensohn
Professor	Pfarrer/Kirchenleitung	Pfarrer/Kirchenleitung
erlebte Anfang der Reformation	erlebte Anfang der Reformation	erlebte Ende der Reformation
Reformator der 1. Generation	1. Generation	2. Generation
langes Leben	kurzes Leben	langes Leben
verheiratet	verheiratet	verheiratet
Kinder	Kinder	ein Kind (früh verstorben)
Deutscher	Schweizer	Franzose
internationale Wirkung	regionale Wirkung	internationale Wirkung
Gelegenheitsschriften	systematische Schriften	*dogmatische Schriften
engagierter Prediger	engagierter Prediger	engagierter Prediger
Bibelübersetzung	Bibelübersetzung	
Verehrung nach 1546	Verehrung vom 19. Jh. an	keine Verehrung
Grab bekannt	kein Grab	Grab unbekannt
christozentrische Theologie	theozentrische Theologie	pneumatozentrische Theologie
	ethisches Interesse	ethisches Interesse
Kooperation mit Obrigkeit	Kooperation mit Obrigkeit	Kooperation mit Obrigkeit
Befreiung der Gewissen	schnelle, sichtbare Reformation	schnelle, sichtbare Reformation
*Abendmahl: Realpräsenz	symbolisches Verständnis	Spiritualpräsenz
quae supra nos nihil ad nos	Prädestination	Prädestination
*Rechtfertigung sola gratia	sola gratia	sola gratia
*Schriftprinzip	*Schriftprinzip	*Schriftprinzip
*allgemeines Priestertum	*allgemeines Priestertum	*allgemeines Priestertum
keine Frauenämter	keine Frauenämter	keine Frauenämter
Bilder in Kirchen erlaubt	keine Bilder	keine Bilder
reiche *Liturgie	schlichte *Liturgie	schlichte *Liturgie
keine Kirchenzucht	Kirchenzucht	Kirchenzucht
zwei *Sakramente	zwei *Sakramente	zwei *Sakramente
*Nottaufe	keine *Nottaufe	keine *Nottaufe

1541 wurde Calvin nach Genf zurückgerufen. Er folgte dem Ruf und verwandelte Genf binnen weniger Jahre in eine vorbildliche evangelische Gottesstadt. Calvin wirkte mit dem Wort und predigte unermüdlich, aber er schreckte auch vor Zwang und Gewalt nicht zurück. Im Jahre 1553 wurde in Genf sogar, mit Calvins Zustimmung, ein Theologe mit abweichenden Meinungen zur *Trinitätslehre öffentlich verbrannt: Michael Servet.

1541 Genf

Calvin gab der Reformation in Genf ein eigenes Gepräge. Dazu gehörte, dass es in den Gemeinden nicht nur das Amt des Pfarrers oder Pastors gab, sondern auch das Amt des *Diakons, der für die Finanzverwaltung und die Armenfürsorge zuständig war, sowie das Amt der Ältesten, die die Lebensführung der Gemeindemitglieder beaufsichtigten. Sie waren *Laien und verkörperten somit das von Luther propagierte, aber von ihm auf der Ebene der Einzelgemeinde nie praktisch umgesetzte *allgemeine Priestertum (→ 4.2.1). Calvin dagegen lehrte es nicht so explizit wie Luther, praktizierte es aber.

Ämter

Der zweite Punkt, in dem sich Calvin von Luther unterschied und womit er seiner Reformation ein ganz besonderes Gepräge gab, war seine Lehre von der göttlichen Prädestination. Calvin behauptete, Gott habe schon vor der Schöpfung, alles Spätere voraussehend, einen Teil der späteren Menschheit zum Heil vorherbestimmt (lat. praedestinare = vorherbestimmen). Damit beantwortete Calvin die Frage, warum einige Menschen zum Glauben kämen, andere jedoch nicht, und er stärkte und tröstete damit seine Gemeinde, die vielfach aus Verfolgten, aus Frankreich Geflohenen bestand. Sie sollten ihrer Auserwähltheit und damit ihres Heils sicher sein und darüber ihre äußere Not vergessen. Indirekt wurde damit aber auch behauptet, Gott habe den anderen Teil der Menschheit seinem Schicksal überlassen und wolle somit gar nicht das Heil aller Menschen.

Prädestination

Obwohl Calvin, anders als Luther und Zwingli, nie Theologie studiert hatte, verfasste er ein umfangreiches theologisches Werk, das gleichermaßen die Bibelauslegung und die *Dogmatik abdeckte. Neben vielen Gemeinsamkeiten mit Luther und Zwingli weist sein theologisches Denken auch Besonderheiten auf. Anders als bei den anderen großen Reformatoren spielte in Calvins Denken der Heilige Geist eine betonte Rolle. Zum Beispiel stelle er sich die Gegenwart Christi beim *Abendmahl als eine vom Geist gewirkte Gegenwart (Spiritualpräsenz) vor.

Heiliger Geist

Calvin starb im Jahre 1564 in Genf und wurde anonym bestattet. Anders als bei Luther gibt es kein Grab, das besucht werden kann, nur ein, allerdings erst vor hundert Jahren errichtetes Denkmal. Anders als von Luther gibt es von Calvin auch kaum Bilder. Er wollte keinen Kult um seine Person. Calvins Nachfolger wurde Theodor Beza, ein ebenfalls aus Frankreich stammender Adliger.

Beza

Literatur

Peter Opitz: Leben und Werk Johannes Calvins. Göttingen 2009. – **Christoph Strohm**: Johannes Calvin. Leben und Werk des Reformators. München 2009 (Beck'sche Reihe 2469, Beck Wissen).

4.2.7 | Von der Gegenreformation zur katholischen Reform

Die römische Kirche reagierte auf die Reformation zunächst und vor allem mit Maßnahmen gegen die Reformation. Dazu gehörten die Bekämpfung der reformatorischen Lehren durch Schriften, die Verketzerung Luthers und Zwinglis und Hinrichtungen einzelner Anhänger der Reformation. Mit Worten und Taten, mit dem Mittel der Predigt und mit Gewalt wurde versucht, die Reformation dort, wo sie Fuß gefasst hatte, wieder zurückzudrängen, zu unterdrücken und auszutilgen. Diese von der evangelischen Kirchengeschichtsschreibung als *Gegenreformation bezeichneten Maßnahmen begannen unmittelbar nach dem Auftreten Luthers und reichten bis in das 17., mancherorts sogar in das 18. Jahrhundert. In einigen Regionen, zum Beispiel in den Bistümern Basel und Münster, hatte die römische Kirche damit Erfolg, in anderen jedoch nicht.

Gegenreformation

Doch auch mit eigenen Reformanstrengungen reagierte die römische Kirche auf die Reformation. Nicht Reformation, aber Reform, lautete hier die Devise. Mittel- und langfristig sollte dieser Weg der erfolgreichere sein. In der neueren *katholischen Kirchengeschichtsschreibung hat sich hierfür der Begriff *katholische Reform (oder: *katholische Erneuerung) eingebürgert und fand breite Resonanz.

katholische Reform

Die *katholische Reform knüpfte an spätmittelalterliche Reformbestrebungen an und gipfelte 1545–1563 in den Verhandlungen und Beschlüssen des *Konzils von Trient, das in zahlreichen Punkten auf die reformatorische Kritik mit konsequenten Erneuerungsmaßnahmen reagierte. Der Bildungsstand der *Priester wurde gehoben und den Bischöfen ihre Amtspflichten eingeschärft. *Ablass sollte es fortan nicht mehr für Geld geben.

1545–1563

> **Infobox**
>
> **Das *Konzil von Trient (lat.: Tridentinum)**
> Das *Konzil tagte in drei Phasen unter drei verschiedenen Päpsten:
> 1. Phase 1545–1546 unter Paul III. – Hauptthemen: *dogmatische Fragen, Abgrenzung von der Reformation.
> 2. Phase 1550–1552 unter Julius III. – Teilnahme (weniger) Evangelischer. – Hauptthema: *Sakramentenlehre.
> 3. Phase 1562–1563 unter Pius IV. – Hauptthema: Kirchenreform.
>
> Die Konzilsbeschlüsse wurden 1564 von Pius IV. in Kraft gesetzt.

Für *Gegenreformation und *katholische Reform, die in ihrem Zusammenwirken und ihrer Zielrichtung analog zur lutherischen und *reformierten Konfessionalisierung (→ 4.1) auch als *katholische Konfessionalisierung bezeichnet werden, spielte ein neu gegründeter *Orden eine große Rolle, der *Orden der *Jesuiten, der eigentlich „Gesellschaft Jesu" (lat.: Societas Jesu, kurz: SJ) hieß. Gegründet hatte ihn, schon 1534 und ohne Bezug auf das Reformationsgeschehen, der baskische Adlige Ignatius, geboren 1491 auf Schloss Loyola bei Azpeitia. Ignatius von Loyola war Soldat und Offizier, bis er nach einer Verwundung 1521 eine religiöse Lebenswende vollzog. Er las mystische Literatur, *pilgerte ins Heilige Land, studierte Theologie in Paris und scharte gleich gesinnte Freunde um sich. Die Ordensgründung vollzog sich von 1534 (Gelübde) bis 1540 (päpstliche Anerkennung in Rom). Die *Jesuiten individualisierten und intensivierten – wie die Reformation! – die christliche Frömmigkeit, sie waren dem *Papst treu ergeben und sie förderten nachhaltig die Bildung. Durch gute und – im wörtlichen Sinne – überzeugende Bildungsarbeit gelang es ihnen, ein beinahe geschlossen evangelisches Land wie Polen im Laufe des 17. Jahrhunderts zu rekatholisieren. Die *Jesuiten waren die erfolgreichste Waffe der *katholischen Kirche im Kampf gegen die Reformation, und sie waren deshalb in protestantischen Kreisen bis ins 20. Jahrhundert hinein der allermeisten verhasste *katholische *Orden (→ 6.2.5). Heute zählt er in Deutschland nur noch 380 Mitglieder.

[Randnotiz: Jesuiten]

Als Folge der *katholischen Reform entstand eine beinahe rundum erneuerte römisch-katholische Kirche, die sich deutlich vom spätmittelalterlichen Kirchenwesen unterschied, an dem sich die Reformation entzündet hatte. Die Reformation war so gesehen doppelt erfolgreich: Sie hat eigene, evangelische Kirchen hervorgebracht, aber sie hat auch indirekt zur Erneuerung der

[Randnotiz: Reformation: doppelt erfolgreich]

Kirche beigetragen, von der sie sich losgelöst hatte. Die erneuerte römisch-katholische Kirche war gleichwohl in wesentlichen Fragen so deutlich von evangelischen Positionen unterschieden, dass an eine kirchliche Wiedervereinigung nicht zu denken war. Insbesondere hielt die römische Kirche ja an ihrem *Ketzerurteil über Luther fest – und hat es bis heute nicht revidiert.

Katholizismus Mit und als Folge von Trient wurden „*katholisch" und „Katholizismus" zu *Konfessionsbezeichnungen. Ursprünglich und eigentlich beanspruchten alle Kirchen, auch die evangelischen, *katholisch im Sinne von allgemein, universal zu sein (griech. καθολικός/katholikos = allgemein). Differenzierend spricht man deshalb heute mit Blick auf die *katholische Kirche von der „römisch-katholischen" Kirche. In der Reformationszeit selbst bezeichnete man die Katholiken auch als die Anhänger des alten Glaubens, kurz als „Altgläubige". Der Begriff wird in der Historiographie noch heute gebraucht und ist nicht negativ konnotiert.

Literatur

Remigius Bäumer (Hg.): Concilium Tridentinum. Darmstadt 1979 (Wege der Forschung 313). – **Kurt Dietrich Schmidt**: Die katholische Reform und die Gegenreformation. Göttingen 1975 (Die Kirche in ihrer Geschichte 3, L1). – **Dieter J. Weiß**: Katholische Reform und Gegenreformation. Ein Überblick. Darmstadt 2005.

4.2.8 Luthertum und Calvinismus in Europa

Am Ausgang der Reformation hatten sich mit *Luthertum und *Calvinismus zwei große Formen evangelischen Christentums etabliert. Das *Luthertum war zeitlich die erste, der Calvinismus die zweite, doch der Calvinismus wurde zur weltweit vorherrschenden.

*Luthertum und Calvinismus strahlten aus, das *Luthertum vor allem nach Skandinavien, wo lutherische *Staatskirchen entstanden, die es teilweise noch heute gibt. Der Calvinismus hatte Resonanz in Frankreich, den Niederlanden und England und gelangte von England nach Nordamerika. Insbesondere Letzteres führte dazu, dass der Calvinismus in seinen verschiedenen Ausprägungen heute betrachtet und weltweit gesehen bedeutender ist als das *Luthertum.

Dänemark Entscheidend für das *Luthertum in Nordeuropa war Dänemark, denn Dänemark beherrschte auch Norwegen und zunächst, aber nicht mehr lange, auch Schweden und Finnland. Schon in den frühen 20er Jahren fand die Reformation in Dänemark Resonanz. Luthers Schriften wurden gelesen. Konkret wurde der reformatorische Umbruch erstmals 1525 in Haderslev. Rasch entstanden aber weitere evangelische Gemeinden, und 1526/27 brach König Frederik I., der seit 1523 regierte, förmlich mit dem *Papst. Die Bischöfe wurden fortan von König und Adel eingesetzt, aber noch gab es Anhänger der alten Kirche. 1536 begann unter König Christian III. jedoch die endgültige und definitive Durchführung der Reformation. Eine Besonderheit war dabei, dass die Klöster, evangelisch umgestaltet, weiter Bestand hatten. Christian III. führte 1537 auch in Norwegen die Reformation ein. In beiden Ländern etablierten sich strenge *Staatskirchen mit einem strengen *Luthertum.

Komplizierter, aber mit ähnlichen Ergebnissen vollzog sich die Entwicklung in Schweden. Dort stand die alte Kirche im Bündnis mit der antidänischen Bewegung, die 1523 Erfolg hatte und ein nationales Königtum mit einer *Nationalkirche errichtete. Wenige Jahre später brach König Gustav I. Wasa mit Rom und führte 1527 die Reformation durch, zunächst im eigenen Land und wenige Jahre später auch in Finnland. Anders als in Dänemark und Norwegen behielt die lutherische Kirche Schwedens aber eine gewisse Eigenständigkeit gegenüber dem Staat. Schweden

Für den Calvinismus waren neben Frankreich, wo er bis 1598 unterdrückt wurde, und neben England, wo er in einem beinahe *katholischen Gewand auftrat, zunächst die Niederlande ein wichtiger Stützpunkt. Sie wurden zwar offiziell spanisch und damit *katholisch beherrscht, aber unter dem Schutz regionaler Obrigkeiten konnte sich in Teilstaaten der föderativ aufgebauten Niederlande der Calvinismus nahezu ungehindert entfalten und Reste des hier ebenfalls noch lebendigen *Humanismus in sich aufnehmen. Im ausgehenden 16. und im frühen 17. Jahrhundert profilierten sich die Niederlande als ein einsamer Hort der Toleranz in Europa, weswegen hier früher als andernorts die *Aufklärung Gestalt gewinnen konnte und auch verfolgte Juden Schutz fanden. Frankreich
Niederlande

Infobox

Calvinismus
Als calvinistisch werden Kirchen bezeichnet, die aus der Reformation Calvins, aber auch aus der Reformation Zwinglis in Zürich und der Reformation Oekolampads in Basel hervorgegangen sind. Die theologischen Unterschiede zu lutherischen Kirchen, die auf die Reformation Luthers in Wittenberg zurückgingen, betrafen die Themen *Abendmahl und Prädestination. Statt von calvinistischen spricht man

> auch verbreitet von „*reformierten" Kirchen. Reformatorisch, evangelisch und *protestantisch sind sie jedoch auch, wie die lutherischen Kirchen. Einen calvinistischen Hintergrund haben neben den evangelischen Kirchen der Schweiz die evangelischen Kirchen Frankreichs, der Niederlande, der USA und auch die Kirche Englands. In Deutschland ist die *reformierte Kirche in Nordwestdeutschland stark vertreten, aber auch die methodistische Kirche sowie *baptistische und *pfingstlerische Gemeinden haben geschichtlich betrachtet einen calvinistischen Hintergrund.

Niederlande — In den Niederlanden hatte die Reformation ebenfalls bereits in den 20er Jahren Fuß gefasst. Spektakulär war die Verbrennung von zwei Reformationsanhängern auf dem Scheiterhaufen im Jahre 1523; die Reformation hatte ihre ersten *Märtyrer. Von der Jahrhundertmitte an bauten die Reformationsanhänger in den Niederlanden eine Kirche im Untergrund auf. 1568 begann ein Unabhängigkeitskrieg gegen Spanien, der alles in allem achtzig Jahre dauern sollte. Die nördlichen Landesteile, auch als die „Sieben Vereinigten Niederlande" oder als die „Generalstaaten" bezeichnet, darunter der Teilstaat Holland, waren fest in protestantischer Hand, die südlichen dagegen waren und blieben *katholisch und spanisch und wurden 1830 zu Belgien.

Frankreich

1598 — Frankreich blieb ein *katholisches Land, in dem allerdings, vor allem im Süden, calvinistische Minderheiten lebten. Sie wurden als *Hugenotten bezeichnet und, zeitweise blutig, verfolgt. 1598 gewährte ihnen der König jedoch im Edikt von Nantes (→ ♩) Toleranz. Knapp hundert Jahre später aber, konkret im Jahre 1685, wurde das Edikt widerrufen und viele *Protestanten flohen aus Frankreich. Teilweise fanden Sie in Deutschland, vor allem in Brandenburg Zuflucht. Mit ihnen verbreitete sich der *reformierte Zweig des evangelischen Christentums in Deutschland und zwang die lutherischen Christen, die in *Reformierten und *Calvinisten schlicht „Falschgläubige" sahen, zu größerer Toleranz.

Literatur

Joris van Eijnatten, Fred van Lieburg: Niederländische Religionsgeschichte / Kerstin Hedemann (Übers.). Göttingen 2011. – **Heinrich Holze**: Die Kirchen des Nordens in der Neuzeit (16. bis 20. Jahrhundert). Leipzig 2011 (Kirchengeschichte in Einzeldarstellungen III/11). – **Poul Georg Lindhardt**: Skandinavische Kirchengeschichte seit dem 16. Jahrhundert. Göttingen 1982 (Die Kirche in ihrer Geschichte 3, M3).

Aufgaben

1. Erstellen Sie aus dem Gelesenen eine den Jahren entlang gehende Biografie Luthers in Tabellenform!
2. Welche Kriege gab es in der Reformationszeit, wo und warum und mit welchem Ausgang?
3. Wiederholen Sie die wichtigsten Bestimmungen des Augsburger Religionsfriedens!
4. Lesen Sie Luthers Ablassthesen, markieren Sie in jeder These den zentralen Begriff und beantworten Sie auf dieser Grundlage die Frage, welche Hauptthemen in dem Text angesprochen werden! Versuchen Sie anschließend, Luthers Ansichten zu den verschiedenen Hauptthemen in eigenen Worten zusammenzufassen! (Text: Kirchen- und Theologiegeschichte in Quellen III, ²2012, 37–39)
5. Lesen Sie Calvins Genfer Kirchenordnung von 1561 und arbeiten Sie heraus, welche Aufgaben Pastoren, Doktoren, Älteste und Diakone im Einzelnen haben! (Text: Kirchen- und Theologiegeschichte in Quellen III, ²2012, 220–222)
6. Vergleichen Sie die reformatorische *Rechtfertigungslehre nach CA 4–6 mit der *katholischen, wie sie in Trient beschlossen wurde! Achten Sie präzise auf Gemeinsamkeiten und Unterschiede sprachlicher und sachlicher Art sowie auf die jeweils herangezogenen Bibelstellen und ihre ausgesprochene oder unterschwellige Auslegung! (Texte: Kirchen- und Theologiegeschichte in Quellen III, ²2012, 170 f. u. 254–259)
7. Besuchen Sie die Stätten der Reformation, insbesondere die Wartburg und Wittenberg!
8. Lesen Sie eine Biografie Luthers!
9. Besuchen Sie eine Vortragsveranstaltung oder ein Seminar im Zusammenhang der Luther-Dekade und des Reformationsjubiläums!
10. Besuchen Sie eine Tagung der Luther-Gesellschaft! Ihre zweimal jährlich, in der Regel an Luther-Stätten wie Wittenberg und der Wartburg stattfindenden Tagungen sind für Studierende interessant, verständlich und erschwinglich.

11. Beteiligen Sie sich aktiv an der Vorbereitung des Reformationsjubiläums in Ihrer Universität, an Ihrer Schule, in Ihrer Kirchengemeinde!
12. Lesen Sie Luthers reformatorische Hauptschriften! (Z. B. in Reclams Universal-Bibliothek 18947)
13. Schauen Sie sich den Spielfilm „Luther" (2003) an!
14. In einer Flugschrift des Jahres 1521 wird das Reformationsgeschehen in einem Bild allegorisch als Mühlenbetrieb dargestellt:

Abb. 4.5
Reformationsgeschehen als Mühlenbetrieb

Betrachten Sie dieses Bild genau, versuchen Sie das Geschriebene zu entziffern und deuten Sie dann das Bild auf dem Hintergrund des in Kapitel 4 Gelesenen! Die Lösung finden Sie im Anhang.

15. Gehen Sie der Frage nach, ob, wann und wie die Reformation in Ihrem Heimatort Fuß fasste!
16. Was erinnert in Ihrem Heimatort heute an die Reformation? Namen von Kirchen, Gemeindehäusern, Straßen?
17. Besuchen Sie einen *katholischen Gottesdienst und überlegen Sie sich, was diesen Gottesdienst von einem evangelischen unterscheidet!
18. Besuchen Sie einen lutherischen und besuchen Sie einen *reformierten Gottesdienst und vergegenwärtigen Sie sich Gemeinsamkeiten und Unterschiede!
19. Vergleichen Sie an einigen von Ihnen ausgewählten Textstellen eine heutige Luther-Bibel mit einer Zürcher Bibel! Was fällt Ihnen auf?
20. Reformation im Internet:
    - Luther
      URL: http://www.martinluther.de
    - Wartburg (virtueller Rundgang)
      URL: http://www.wartburg-eisenach.de/deutsch/rundgang/rundgang.htm
    - Calvin
      URL: http://www.ekd.de/calvin
      URL: http://www.john-calvin.org
    - Frauen und Reformation
      URL: http://www.frauen-und-reformation.de/
    - Reformationsjubiläum
      URL: http://www.refo500.nl/de
    - Luther Dekade
      URL: http://www.luther2017.de

5 | Frühneuzeit

Inhalt

5.1 Kirchengeschichte der Frühneuzeit im Überblick . 148

5.2 Hauptthemen der frühneuzeitlichen
Kirchengeschichte........................ 153

5.2.1 Orthodoxie................................ 153

5.2.2 Barockscholastik........................... 156

5.2.3 Der Dreißigjährige Krieg 158

5.2.4 Pietismus 161

5.2.5 Aufklärung 167

5.2.6 Kirchen in England........................ 172

Aufgaben...................................... 174

5.1 | Kirchengeschichte der Frühneuzeit im Überblick

Die Frühe Neuzeit, die erste Hälfte der Neuzeit, beginnt mit der deutschen Reformation 1517 und endet mit der Französischen Revolution 1789. In der evangelischen Theologie- und Kirchengeschichtsschreibung wird die Reformation, wegen ihrer erstrangigen Bedeutung, einschließlich der *Gegenreformation als eigenständige Epoche behandelt. Die selbstständige Darstellung der Frühen Neuzeit beginnt somit mit dem Jahre 1555, dem Augsburger Religionsfrieden.

1517
1789
1555

Infobox

Die „Frühe Neuzeit" als „Epoche" der Geschichte

Die Geschichte wird in Epochen unterteilt, auch die Kirchengeschichte. Als Epochen bezeichnet man Zeitabschnitte, die sich durch deutliche Gemeinsamkeiten von vorausgehenden und nachfolgenden Abschnitten unterscheiden. Die Frühe

> Neuzeit war eine weiter vom Abendland, besser Westeuropa beherrschte Epoche und reichte von 1517 bis 1789, allgemeiner, den Prozesscharakter der Übergänge betonend, von 1500 bis 1800. Politisch, kirchlich, theologisch und geistesgeschichtlich war sie eine besonders bunte und aufregende Epoche.

Auf den Augsburger Religionsfrieden folgte in Deutschland eine politisch ruhige Periode, turbulent ging es aber in der Theologie selbst zu, vor allem in der lutherischen. Die Theologen stritten nach Luthers Tod über zahlreiche Fragen der Lehre, darunter die Themen *Erbsünde, Willensfreiheit, Glaubensgerechtigkeit, gute Werke, göttliche Gebote, *Abendmahl, *Christologie, und bekämpften sich teilweise bis aufs Messer. Erst 1577 wurden die Konflikte nach langwierigen, mühevollen Verhandlungen durch die *Konkordienformel* (lat.: Formula Concordiae), dem abschließenden *Bekenntnis der lutherischen Reformation, beigelegt. Doch nicht alle lutherischen Territorien, geschweige denn alle lutherischen Theologen unterschrieben sie, und die Konflikte setzten sich teilweise fort. Die auf die Reformation folgende Epoche der *protestantischen Theologie wird als die Epoche der *Orthodoxie bezeichnet. Orthodoxie meint Rechtgläubigkeit (→ 2.1). Den Theologen ging es vor allem um die Verteidigung der rechten Lehre, wie sie nach allgemeiner Ansicht durch die Reformation wieder hervorgebracht und durch die *Bekenntnisse abgesichert worden war. Die *dogmatische Reflexion bestimmte und beherrschte die theologische Arbeit, und sie war angereichert mit Polemik gegen alle anders Denkenden und Glaubenden. Dies gilt gleichermaßen für Lutheraner, *Reformierte und Katholiken. Wegen der Vorherrschaft des konfessionellen Denkens in dieser Epoche bezeichnet die Kirchengeschichtsschreibung die Zeit zwischen 1555 und 1648 auch häufig als das Konfessionelle Zeitalter.

Der Augsburger Religionsfriede bescherte Deutschland eine außergewöhnlich lange Friedensperiode. Doch 1618 brach ein neuer Religionskrieg aus, der dreißig Jahre dauern sollte, deshalb später als der Dreißigjährige Krieg bezeichnet wurde und als ein politisches Großereignis der Frühen Neuzeit in die Geschichte eingegangen ist.

Die Konflikte begannen in Böhmen, dem heutigen Tschechien, wo der evangelische Adel gegen den *katholischen König opponierte. Nach und nach mischten sich Dänemark, Frankreich und Schweden in die Kämpfe ein, und der Krieg gewann europäische Dimensionen. Dabei ging es neben religiösen auch um pure

1577
theologische Konflikte

Konfessionelles Zeitalter

1618

Dreißigjähriger Krieg

politische Machtinteressen. Zunächst gerieten die *Protestanten ins Hintertreffen, gipfelnd in einem antiprotestantischen Edikt des Kaisers im Jahre 1629, das die Rückgabe zahlreicher evangelischer Besitztümer an die *katholische Kirche anordnete. Doch mit dem Eingreifen des lutherischen Schweden im Jahre 1630 besserte sich die Situation der protestantischen Kräfte wieder. Gleichwohl rückte die Möglichkeit eines definitiven Sieges der einen Seite über die andere in immer weitere Ferne, und so entschloss man sich schließlich, nach langen Jahren des Kämpfens, eine politische Lösung zu suchen.

Eingreifen Schwedens

Das Kriegsgeschehen war begleitet von Seuchen und Hungersnöten. Unzählige Menschen starben. Ganze Landstriche wurden entvölkert. Unter den Menschen, aber auch bei den Kriegern selbst wuchs die Sehnsucht nach Frieden. Von 1641 an wurde verhandelt. Als Verhandlungsorte wurden Osnabrück und Münster gewählt. 1648 wurden in diesen beiden westfälischen Städten Friedensverträge (kurz: Westfälischer Friede, besser: Friede von Münster und Osnabrück) unterzeichnet, die Deutschland nicht nur Frieden, sondern auch ein Mehr an religiöser Toleranz brachten. Die *Calvinisten wurden nun, und das war der größte Fortschritt, in den Religionsfrieden von 1555 einbezogen.

1648 Friede

Der Dreißigjährige Krieg hatte gezeigt, dass es nicht ausreichte, in den Kirchen nach der rechten Lehre zu fragen. Das rechte Tun war ebenso wichtig. Um das Jahr 1670 nahm in Frankfurt am Main ein religiöser Neuaufbruch seinen Anfang, der als Pietismus bezeichnet wurde und wird, weil seine Anhänger die Pietas (lat.) betonten: die Frömmigkeit, das praktische Christentum. Hauptanliegen waren die Beschäftigung mit der Bibel und die Aktivierung der Gemeindemitglieder, der so genannten *Laien. In Frankfurt trafen sich im Umfeld des führenden lutherischen Geistlichen, Philipp Jakob Spener, Mitglieder seiner Gemeinde zu Hauskreisen, um einen modernen Begriff zu gebrauchen. Sie selbst sprachen von Privaterbauungsstunden oder Zusammenkünften zur Frömmigkeitspflege (lat.: collegia pietatis). 1675 verbreitete Spener diese und andere reformerische Ideen in einer Programmschrift mit dem lateinischen Haupttitel *Pia desideria* und einem deutschen Untertitel, der das Anliegen präzisierte: „Herzliches Verlangen nach gottgefälliger Besserung der wahren evangelischen Kirche". Die Frankfurter Ideen und Aktivitäten fanden rasch große Resonanz. In Erfurt, Leipzig und Halle an der Saale fasste der Pietismus ebenso Fuß wie in Bremen und in Württemberg. August Hermann Francke baute in Halle eine

Pietismus

1675 Pia desideria

große Schulstadt auf und Nikolaus Ludwig Graf von Zinzendorf gründete an verschiedenen Orten Deutschlands, ausgehend von Herrnhut in der Oberlausitz, südöstlich von Dresden, pietistische Gemeinschaftssiedlungen. Zunächst wurde der Pietismus vielerorts von den Obrigkeiten und den *orthodoxen Theologen bekämpft, doch er konnte sich behaupten und etablieren und prägte die kirchliche Landschaft dauerhaft. Auch in den evangelischen Kirchen der Schweiz gab es einen starken Pietismus. Der prominenteste *reformierte Pietist lebte jedoch in Mülheim/Ruhr: Gerhard Tersteegen. Er schrieb religiöse Lieder, die bis heute gesungen werden (z. B.: EG 165), und gründete spirituelle Lebensgemeinschaften in klösterlichem Stil.

Im 17. und 18. Jahrhundert entfaltete sich jedoch auch die *Aufklärung als eine internationale, überkonfessionelle Geistesbewegung mit großen Auswirkungen auf Theologie und Kirche. Sie knüpfte an den *Humanismus an, aber auch an Errungenschaften der Reformation. Sogar mit dem Pietismus gab es nicht wenige Gemeinsamkeiten: Autoritäten wurden hinterfragt, religiöse *Bekenntnisse wurden relativiert, die Praxis wurde betont. Vor allem aber wollten die Aufklärer, und darin unterschieden sie sich von den Pietisten, mit Hilfe der Vernunft Licht in alle Bereiche des menschlichen Lebens, ja auch in den Bereich der Religion bringen. Die modernen Natur- und Geisteswissenschaften, auch die moderne Theologie, basieren auf Prinzipien und Erkenntnissen der *Aufklärung. Nicht bewahrheitet hat sich allerdings der Optimismus der *Aufklärung: die Hoffnung, durch Rationalität und Bildung bessere Menschen und eine bessere Welt schaffen zu können. Überholt ist heute ebenso das mechanistische, mit strengen Kausalzusammenhängen rechnende Weltbild der *Aufklärung. Zufall und Kontingenz – und damit auch Gott – haben heute wieder ihren Platz auch in den Naturwissenschaften.

Aufklärung

Das zweite politische Großereignis der Frühen Neuzeit neben dem Dreißigjährigen Krieg war die Französische Revolution von 1789. Geistesgeschichtlich wurzelte sie in der *Aufklärung, die in Frankreich besonders radikal war und dort einem gleichermaßen radikalen autoritären Staatswesen und einer gleichermaßen radikalen konservativen Kirche opponierte. Unter dem Ruf nach Freiheit, Gleichheit und Brüderlichkeit brachen in Frankreich die alten Machtgefüge zusammen. Das autoritäre Königreich wurde zur demokratischen Republik. Doch die Herrschaft der Vernunft verwandelte sich im Laufe weniger Jahre zu einer Herrschaft der

Französische Revolution 1789

Gewalt. Die neuen, aufgeklärten Machthaber überzogen ihr Land mit Terror und Europa mit Krieg, was den ursprünglichen revolutionären Idealen sehr geschadet und die Durchsetzung dieser Ideale um mehr als ein Jahrhundert zurückgeworfen hat.

Merksatz

MERKE: In der Frühen Neuzeit ...
... entstanden in Amerika neue Zentren des Christentums.
... setzte sich neben Latein allmählich auch Deutsch als Sprache der Theologie durch.
... wurden die Menschen enger denn je an ihre jeweilige *Konfession gebunden und gestalteten ihr Leben mehr denn je nach religiösen Vorgaben.
... pluralisierte sich das dauerhaft von Spaltung geprägte Christentum weiter.
... hielten sich *staatskirchliche Strukturen in Europa, während sie sich in Nordamerika erstmals dauerhaft auflösten.
... standen sich Christentum und Islam, Abendland und Orient im Balkan gegenüber.
... beschäftigte sich die Theologie vor allem damit, alternative Theologien zu widerlegen.
... griff die Theologie wieder auf mittelalterliche Arbeitsmethoden zurück.
... blieb der leidende, gekreuzigte Jesus Zentrum evangelischer wie *katholischer Frömmigkeit.
... erlebte das Mönchtum innerhalb des *katholischen Christentums einen neuen Aufschwung.
... lösten sich bischöfliche Strukturen in den meisten evangelischen Kirchen auf.
... bildeten die Bischöfe mit ihrer politischen Macht eine feste, stabile Basis des Katholizismus in Deutschland.
... verlor der *Bischof von Rom seinen Einfluss auf weite kirchliche Bereiche Europas.

Literatur

Martin H. Jung: Reformation und Konfessionelles Zeitalter (1517–1648). Göttingen 2012. – **Harm Klueting**: Das konfessionelle Zeitalter. Europa zwischen Mittelalter und Moderne. Kirchengeschichte und Allgemeine Geschichte. Lizenzausg. Darmstadt 2007.

Hauptthemen der frühneuzeitlichen Kirchengeschichte | 5.2

Orthodoxie | 5.2.1

In den *protestantischen Kirchen folgte auf die Epoche der Reformation die Epoche der Orthodoxie. Differenzierend spricht man auch von der altprotestantischen Orthodoxie, denn es gibt auch später, im 19. und 20. Jahrhundert, in der Epoche des Neuprotestantismus (→ 6.1), Orthodoxie. Außerdem spricht man mit Blick auf die Kirchen Griechenlands, des Balkans und Osteuropas von den *orthodoxen Kirchen (→ 2.1). Jeweils ist Unterschiedliches gemeint, aber immer geht es um Kirchen und Theologen, die an der rechten, und das heißt ursprünglichen Lehre festhalten wollen gegen alle Neuerungen (griech. ὀρθός/orthos = gerade, richtig; griech. δοκεῖν/dokein = glauben).

rechte Lehre

Merksatz

MERKE: Als Orthodoxie bezeichnet man in der evangelischen Kirchengeschichtsschreibung ein Kapitel der Theologie- und Kirchengeschichte, in dem es den maßgeblichen Theologen vor allem um die Formulierung, Bewahrung und Verteidigung der wahren Lehre und des rechten Glaubens und damit des Erbes der Reformation ging.

Die evangelischen Theologen der zweiten Hälfte des 16. Jahrhunderts hatten das Anliegen, die Errungenschaften der Reformation zu bewahren und zu verteidigen. Kriterium waren ihnen die in der Reformation geschaffenen *Bekenntnisse, den Lutheranern allen voran das *Augsburger Bekenntnis* von 1530, aber von 1577 an auch die damals geschaffene *Konkordienformel*. Neue *Bekenntnisse entstanden im *Luthertum allerdings, anders als im *reformierten *Protestantismus, später nicht mehr.

Die *orthodoxen Theologen entfalteten die theologische Lehre in umfangreichen theologischen Kompendien, die selbstverständlich in lateinischer Sprache abgefasst waren. Der theologische Arbeitsstil hatte wieder Gemeinsamkeiten mit dem des Mittelalters. Das *Schriftprinzip der Reformation versuchten die Theologen dadurch abzusichern, dass sie eine Verbalinspirationslehre entwickelten und behaupteten, Gott habe durch den *Heiligen Geist den biblischen Autoren ihren Text förmlich diktiert, Wort für Wort eingegeben (lat. inspirare = einhauchen). Besonders weit gingen hierbei *reformierte Theologen, vor allem

Inspirationslehre

Johann Buxtorf senior und Johann Buxtorf junior in Basel, die sogar behaupteten, die Vokalzeichen der hebräischen Bibel seien göttlichen Ursprungs. Dabei wusste man damals eigentlich schon, dass die Vokalzeichen der Bibel erst im 7. Jahrhundert n. Chr. nachträglich eingefügt worden waren, um nicht mehr des Hebräischen Kundigen das Lesen zu erleichtern. Das Hebräische ist eigentlich eine reine Konsonantenschrift, also ohne Vokale, und auch das Alte Testament war, wie alte Textfunde bezeugen, ursprünglich in reiner Konsonantenschrift geschrieben worden. Aber trotz ihres Fehlurteils in dieser Frage leisteten die beiden Baseler Professoren bedeutende Beiträge zur Entwicklung einer christlichen Hebraistik. Einige ihrer wissenschaftlichen Werke wurden noch bis in die jüngste Zeit hinein benutzt.

Gerhard

Im *Luthertum war Johann Gerhard der prominenteste unter den *orthodoxen Theologen. Er lehrte von 1616 bis zu seinem Tod 1637 in Jena und wird gerne als der *Kirchenvater der lutherischen Orthodoxie bezeichnet, weil er mit seinen *Loci theologici* (Hauptpunkte der Theologie) eine umfassende, neun dicke Bände zählende Gesamtdarstellung der Theologie vorgelegt hat, die noch im 19. Jahrhundert eifrig studiert wurde. Gerhard schrieb aber auch erbauliche Werke, die den Christen bei der religiösen Lebensgestaltung helfen sollten. Nicht zu verwechseln ist er mit dem Liederdichter Paul Gerhardt, einem ebenfalls *orthodoxen Theologen.

Wenn in Kirche und Theologie Lehrfragen im Zentrum stehen, entsteht immer Streit. Das *orthodoxe Zeitalter war ein streitbares Zeitalter. Die lutherischen Gelehrten stritten immer wieder neu um Fragen der *Rechtfertigungs- sowie *Abendmahlslehre. Bei Ersterer ging es um Abgrenzungen gegen *katholische Positionen, bei Letzterer um Abgrenzungen gegenüber *reformierten Sichtweisen. Als im späten 16. Jahrhundert kursächsische Theologen und Politiker unter Beteiligung von Melanchthonschülern eine vorsichtige Annäherung an den *Calvinismus einleiteten,

Kryptocalvinismus

kam es unter dem Vorwurf des „Kryptocalvinismus" (griech. κρυπτός/kryptos = geheim) zu einer heftigen *orthodoxen Gegenreaktion. Des Umsturzversuchs beschuldigt wanderten mehrere angeblich heimliche *Calvinisten ins Gefängnis oder ins Exil, und einer, der kursächsische Kanzler Nikolaus Krell, bezahlte dafür 1601 sogar mit dem Leben. Zum dritten Mal, nach dem gewaltsamen Vorgehen gegen die *Täufer (→ 4.2.4) und gegen die Antitrinitarier (→ 4.2.6), fraß die Reformation ihre Kinder. Als im 17. Jahrhundert der Helmstedter Lutheraner Georg Calixt den Ausgleich mit *Reformierten und Katholiken anstrebte und betonte, alle drei *Konfessionen hätten doch als gemeinsame Grundlage die *Bekenntnisse der ersten fünf Jahrhunderte, wurde er von anderen Lutheranern heftig angegriffen und als Synkretist, als Religionsvermischer (→ 1), verurteilt. An Leib und Leben war er aber nicht mehr gefährdet. Die Zeiten hatten sich gewandelt.

Die *Reformierten stritten immer wieder um die Prädestinationslehre (→ 4.2.6), die nach Calvins Tod von seinem Schüler und Nachfolger Theodor Beza theologisch ausformuliert worden war. Manchen *Reformierten war der Gedanke unerträglich, dass Gott wirklich einen Teil der Menschen ohne Wenn und Aber verworfen haben könnte. In den Niederlanden versuchte der Leidener Theologieprofessor Jakob Arminius diese Lehre zu revidieren und abzuschwächen. Es entstand ein heftiger Streit über die Niederlande hinaus. 1618/19 kamen deshalb führende *reformierte Theologen Europas in Dordrecht zu einer *Synode zusammen und diskutierten die Prädestinationsfrage. Eine strenge Fassung dieser Lehre setzte sich dabei durch. Die *Synode erklärte, Jesus sei nicht für alle Menschen gestorben, sondern nur für die Erwählten. Von Ewigkeit her habe Gott aus freien Stücken einen Teil der Menschen zum Heil bestimmt und führe sie auch zum Heil, während der andere Teil der Menschheit verloren gehe.

<small>Dordrechter Synode</small>

Für die Lutheraner waren diese Positionen unerträglich. Sie hielten weiter den biblischen Grundsatz hoch: Gott will, dass allen Menschen geholfen werde und sie zur Erkenntnis der Wahrheit kommen (1 Tim 2,4). Freilich glaubten auch die Lutheraner nicht, dass wirklich alle Menschen gerettet würden. Diese mit Kol 1,20 als „Allversöhnung" bezeichnete, heute populäre Ansicht findet sich in der Reformation nur bei wenigen Außenseitern. Lutheraner lehrten wie die *Calvinisten, wenn auch verhaltener, dass nur ein Teil der Menschen gerettet werde und der andere Teil auf ewig verloren gehe. Wie die Theologen des Mittelalters waren sie vom „doppelten Ausgang" – so die Fachterminologie – des Jüngsten Gerichts zutiefst überzeugt.

Die Lehrsätze von Dordrecht (lat.: *Canones Dordraceni*) waren faktisch ein neues *Bekenntnis. Viele, aber nicht alle *reformierten Kirchen akzeptierten es. Es sollte nicht das letzte *Bekenntnis bleiben in der Geschichte des *reformierten *Protestantismus. 1675 entstand in der Schweiz noch einmal ein *reformiertes *Bekenntnis, die *Formula Consensus helvetica* (lat., dt.: Schweizerische Konsensformel). Sie reagierte auf Positionen des französischen

*reformierten Theologen Mose Amyraut (→ ♪), der erneut die Prädestinationslehre zu entschärfen gesucht hatte.
Orthodoxe Denksysteme und Arbeitsmethoden hielten sich bis in das 18. Jahrhundert. Bereits im 17. Jahrhundert kamen jedoch Alternativen auf, die deutlicher die christliche Praxis betonten.

Literatur

Kirchen- und Theologiegeschichte in Quellen. Ein Arbeitsbuch. Bd. 4: Vom Konfessionalismus zur Moderne / Martin Greschat (Hg.). 4. Aufl. Neukirchen-Vluyn 2012. – **Ernst Koch**: Das konfessionelle Zeitalter. Katholizismus, Luthertum, Calvinismus (1563–1675). Leipzig 2000 (Kirchengeschichte in Einzeldarstellungen II/8). – **Hans Emil Weber**: Reformation, Orthodoxie und Rationalismus. T. 1–2 [3 Bde.]. Gütersloh 1937–1951 (Beiträge zur Förderung der christlichen Theologie, R. 2, 35, 45, 51).

5.2.2 Barockscholastik

Die *katholische Theologie des 16. und 17. Jahrhunderts ging ihren eigenen Weg. Allerdings knüpfte auch sie, humanistische Denk- und Arbeitsformen ebenfalls hinter sich lassend, erneut an mittelalterliche Formen an. In der Epoche des Barock, wie die Kunstgeschichte die Zeit von 1550 bis 1800 benennt, entfaltete sich eine neue *Scholastik, die Barockscholastik. Der Begriff wird im engeren Sinn für die von spanischen *Jesuiten in Salamanca betriebene Philosophie und Theologie verwendet, aber auch im weiteren Sinn für die gesamte *katholische Philosophie und Theologie der Barockzeit. In der Barockscholastik kam Thomas von Aquin, einer der Großen des Mittelalters (→ 3.2.5), zu neuen Ehren und wurde nun zum angesehensten mittelalterlichen Theologen.

Barock

Ein Barockscholastiker im engen, spezifischen Sinn war Francisco de Vitoria. Der Dominikaner lehrte von 1526 an in Salamanca. Als Theologe bewirkte er die Ablösung des Sentenzenbuchs des Petrus Lombardus, mit dem jahrhundertelang Theologie gelernt worden war (→ 3.2.5). Stattdessen wurde im Theologieunterricht nunmehr die *Summa theologiae* des Thomas von Aquin eingesetzt (→ 3.2.5). Als Jurist beschäftigte sich de Vitoria mit den Rechten der Indianer und wurde zum Bahnbrecher des modernen *Völkerrechts. Er widerlegte die Argumente, die zur Rechtfertigung der Eroberung Amerikas herangezogen worden waren, und verlangte die Indianer als rechtmäßige Herren ihrer Angelegenheiten zu betrachten. Die Gewalt des *Papstes

de Vitoria

in irdischen Angelegenheiten wollte er einschränken und seine Macht möglichst auf die rein spirituelle Ebene begrenzen. Einen solchen *Papst hätte Luther im Jahre 1520 vielleicht auch noch akzeptiert.

In der Barockzeit gewann erstmals Rom Bedeutung als Ort theologischer Arbeit. Hierfür steht unter anderen der Jesuit Robert Bellarmin, der dort 1621 auch gestorben ist. Mit all seinen Kräften diente er dem *Papst und wurde deshalb halb anerkennend, halb spöttisch als das „Faktotum der Kurie" bezeichnet, den Alleskönner des päpstlichen Hofes. Gleichwohl wollte er, ähnlich de Vitoria, die päpstliche Macht begrenzen, indem er erklärte, der *Papst dürfe in weltliche Angelegenheiten nur eingreifen, wenn es um das Heil der Seelen gehe. Bellarmin gilt als führender Kontroverstheologe seiner Zeit, der unermüdlich die Konfrontation mit den *Protestanten gesucht hat. Von denen wurde er auch gehört und gelesen, aber natürlich widerlegt.

<small>Bellarmin</small>

Die Barockscholastiker lieferten sich heftige Gefechte mit den *orthodoxen evangelischen Theologen. Direkte Begegnungen und Auseinandersetzungen gab es jedoch so gut wie keine.

Im Katholizismus war der Barock nicht nur eine Blütezeit der Theologie, sondern auch eine Blütezeit des Kirchenbaus. Während die Evangelischen die mittelalterlichen Kirchen weiter benutzten und vielfach nur wenig verändert bis heute verwenden, weshalb der Altar in alten lutherischen Kirchen seinen Platz häufig fernab der Gemeinde hat, haben die Katholiken die mittelalterlichen Kirchen vielfach um- und ausgebaut, zunächst im Stil des Barocks. Berühmte *katholische Barockkirchen gibt es in Süddeutschland. Sie überraschen und erschlagen durch eine überaus reiche Innenausstattung mit vielen Engeln und himmlischen Szenerien unter reichlicher Verwendung von Gold. Der Besucher der Kirchen sollte, dem irdischen Jammertal enthoben, einen Vorgeschmack des Paradieses erfahren, das ihn erwartete, wenn er sich treu zu seiner Kirche hielt.

<small>Kirchenbau</small>

Theologisch hatte die Barockepoche in der *katholischen Theologie noch zwei wichtige Neuentwicklungen zu bieten: Zum einen eine starke Belebung der *Mystik, insbesondere in Spanien und in Frankreich. Eine hervorragende Rolle spielte dabei eine Frau, Theresa von Ávila. Zweitens wurde neu über das für die Reformation entscheidende Thema der göttlichen Gnade nachgedacht und ein niederländischer Theologieprofessor, Cornelius Jansen, vertrat auf der Basis intensiver Beschäftigung mit Augustin theologische Positionen, die reformatorischem Denken nahe

<small>Mystik</small>

Jansenismus standen. Es entstand die Bewegung des Jansenismus, die insbesondere in Frankreich Resonanz fand.

Literatur

Karl Erlinghagen: Katholische Bildung im Barock. Hannover 1972 (Kirchenerneuerung und Schulhumanismus 2) (Das Bildungsproblem in der Geschichte des europäischen Erziehungsdenkens 4/2). – **Martin H. Jung**, Peter Walter (Hg.): Theologen des 16. Jahrhunderts. Humanismus, Reformation, Katholische Erneuerung. Eine Einführung. Darmstadt 2002.

5.2.3 Der Dreißigjährige Krieg

Der Augsburger Religionsfriede hatte Deutschland eine lange Friedensepoche beschert; bis vor kurzem war es die längste
1618 Friedensperiode seiner Geschichte gewesen. 1618 kam es jedoch zum Krieg.

Vorgeschichte Der Dreißigjährige Krieg hatte eine Vorgeschichte, die bis 1608/09 zurückreicht, und er bestand aus vier Teilkriegen oder Kriegsphasen.

Zu Beginn des 17. Jahrhunderts verschärften sich in Deutschland die konfessionellen Spannungen. Treibende Kräfte waren das *reformierte *Kurfürstentum Pfalz, kurz *Kurpfalz, und das *katholische Herzogtum Bayern. 1608 wurde unter Führung der *Kurpfalz ein *protestantisches Bündnis gegründet, 1609 folgte ein *katholisches Gegenbündnis unter der Führung Bayerns. Die eigentlichen Konflikte begannen in Böhmen.

Prag Am 23. Mai 1618 warfen protestantische Adlige zwei kaiserliche Statthalter und deren Sekretäre aus dem Fenster der Prager Burg. Sie sagten sich damit von ihrem *katholischen König los, dem habsburgischen Erzherzog Ferdinand, den sie ein Jahr zuvor gewählt hatten. Anschließend setzten sie ihn formell ab und wählten im August 1619 den evangelischen *Kurfürsten der Pfalz, Friedrich V., zum neuen böhmischen König. Doch Ferdinand, der 1619 im *Reich das Kaiseramt übernommen hatte, wehrte sich und besiegte Friedrich am 8. November 1620 (Schlacht am Weißen Berg). Der „Winterkönig", wie Friedrich von seinen Gegnern schon bald nach seiner Amtsübernahme hämisch bezeichnet worden war, weil sie mit einer nur kurzen Amtszeit rechneten, floh in die Niederlande, wo er 1632 starb. Die kaiserlichen Truppen aber gingen gegen die *Kurpfalz vor und eroberten sie, außerdem Teile Hessens und Westfalens. Die pfälzische *Kurwürde wurde 1623 an den bayerischen Herzog Maximilian übertragen. Damit endete die erste Kriegsphase (1618–1623), der böhmisch-pfälzische Krieg.

Die 2. Phase von 1623 bis 1629 wird als niedersächsisch-dänischer Krieg bezeichnet, weil er zunächst überwiegend auf dem Gebiet des heutigen Niedersachsens stattfand und der evangelische dänische König Christian IV. in die Kämpfe eingriff. 1626 wurde Christian geschlagen und die kaiserlichen Truppen rückten nach Schleswig-Holstein und Jütland vor.

1629, nach dem Sieg über Dänemark, erließ der Kaiser das Restitutionsedikt. Es ordnete die Rückführung (lat.: restitutio) des nach 1552 säkularisierten Kirchenbesitzes an. Das traf die Evangelischen hart. In der Folge musste in den Erzbistümern Bremen und Magdeburg sowie in sieben weiteren norddeutschen Bistümern der *katholische Glaube wieder eingeführt werden. Ferner erhielt die *katholische Kirche mehr als 500 Klöster wieder, allein in Württemberg waren es 50. Doch nicht nur unter *Protestanten erregte der Kaiser damit Unmut. Auch vielen *katholischen Obrigkeiten gefiel das rigorose kaiserliche Vorgehen überhaupt nicht. Sie fürchteten um ihre Freiheiten.

Der Protestantismus wäre wohl bald am Ende gewesen, wenn nicht Schweden zu seiner Rettung gekommen wäre. 1630 griff König Gustav II. Adolf in den Krieg ein und es begann die 3. Phase, der schwedische Krieg, der bis 1635 dauern sollte. Gustav Adolf wurde in Deutschland wie ein Heilsbringer gefeiert. Das Blatt wendete sich zu Gunsten der *Protestanten und deshalb wird Gustav Adolfs im deutschen Protestantismus noch heute gedacht. Es gibt das Gustav-Adolf-Werk, 1832 zur Unterstützung Not leidender evangelischer Gemeinden gegründet, für das regelmäßig, bevorzugt auch im Zusammenhang mit *Konfirmationen, Spenden und Opfer gesammelt werden.

Niedersachsen

1629
Restitutionsedikt

Schweden

Infobox

Gerechter Krieg (lat.: bellum iustum)
Die christlichen Theologen wussten, dass das Kriegführen nicht im Einklang mit der Ethik Jesu stand. Sie definierten deswegen, beginnend mit dem *Kirchenvater Augustin, zunächst drei, später vier und zuletzt sechs Bedingungen, unter denen ein Krieg als gerechtfertigt angesehen werden könnte:

- Ein gerechter Grund musste vorliegen.
- Der Wille zum Frieden musste vorhanden sein.
- Die Kriegserklärung musste durch die zuständige Obrigkeit erfolgen.
- Die Verhältnismäßigkeit der Mittel musste bei den Kämpfen gewahrt bleiben.
- Der Krieg musste das letzte Mittel (lat.: ultima ratio) zur Zielerreichung sein.
- Es musste Aussicht auf Erfolg bestehen.

Gustav Adolf war freilich nicht nur religiös motiviert, sondern verfolgte auch eigene, machtpolitische Interessen. 1632 fiel er im Kampf. Das Ende des Krieges hat er also nicht mehr miterlebt. Und nicht mehr mitbekommen hat er auch, wie seine Tochter Christine, die neue Königin Schwedens, 1655 zum Katholizismus konvertierte. Die Tochter eines Mannes, der für den evangelischen Glauben sein Leben gelassen hatte, wechselte die Seiten. In Rom wurde diese Konversion als großer Triumph gefeiert und noch heute wird im *Petersdom der schwedischen Königin gedacht, die Katholikin wurde und deshalb ihre Königswürde aufgab.

Der schwedische Krieg endete 1635, nachdem die schwedischen Truppen 1634 in Süddeutschland vernichtend geschlagen worden waren und die meisten protestantischen Mächte Deutschlands sich auf ein Friedensabkommen mit dem Kaiser eingelassen hatten.

Frankreich

Doch wenige Tage bevor man in Prag den Frieden unterzeichnete (30.5.1635), griff das *katholische Frankreich in den Krieg ein (19.5.1635), und es begann der schwedisch-französische oder europäische Krieg, die 4. und letzte Phase des Dreißigjährigen Krieges, die von 1635 bis 1648 dauerte und zu den schrecklichsten Verwüstungen führte. Frankreich ging es nicht um den Schutz der deutschen *Protestanten, sondern um die Eindämmung der Macht des Habsburgergeschlechts, das ja auch Spanien regierte, und des aus diesem stammenden Kaisers.

Verhandlungen

1637 kam mit Ferdinand III. ein neuer Kaiser aus dem Hause Habsburg auf den Thron. Den Kriegsparteien wurde zunehmend klar, dass eine Lösung auf dem Verhandlungsweg gesucht werden musste. 1641 verständigten sich die Schweden und die Franzosen mit dem Kaiser über die Verhandlungsorte. Ausgewählt wurden Münster/Westfalen und Osnabrück, eine *katholisch geprägte und eine überwiegend evangelische Stadt. 1643 schritt man zur Tat. Alle Kriegsparteien und alle an einer friedlichen Lösung der politischen und konfessionellen Antagonismen interessierten Mächte waren vertreten, außer Türken, Russen und Engländern. Die evangelischen Gesandten residierten in Osnabrück, die *katholischen in Münster. Auch die *reformierte Schweiz war – durch den Baseler Bürgermeister Johann Rudolf Wettstein – vertreten.

1648
Frieden

1648 wurde endlich Frieden geschlossen. In Osnabrück und in Münster wurde jeweils ein Vertrag unterzeichnet, wobei der Osnabrücker die religiösen, der Münsteraner die politischen Angelegenheiten regelte. Bekräftigt und erneuert wurde der Religionsfrieden von 1555 (→ 4.2.5), aber nun wurden die *Reformierten einbezogen. Erweitert wurde die religiöse Toleranz: Anders konfessionelle Minderheiten sollten hinfort geduldet und nicht mehr zur Auswanderung genötigt werden. Unter den Evangelischen wurde ferner vereinbart, bei einem Wechsel des Herrscherhauses vom lutherischen zum *reformierten *Bekenntnis (oder umgekehrt) die jeweilige Landeskirche bei ihrem Bekenntnisstand zu belassen. Die Schweiz und die Niederlande wurden aus dem Reichsverband ausgegliedert und gründeten sich als selbstständige Staaten.

Eine spezielle, ebenfalls liberalisierende Regelung betraf Osnabrück, ein dem Recht nach *katholisches Fürstbistum, das aber einen erheblichen evangelischen Bevölkerungsanteil hatte: Hier sollte die Herrschaft regelmäßig zwischen einem *katholischen und einem evangelischen Landesherrn wechseln (alternierende/alternative Sukzession). Mit dieser einzigartigen Regelung wurde die Stadt, in der der neue Religionsfriede verhandelt und beschlossen worden war, selbst zu einem Meilenstein neuzeitlicher Toleranzgeschichte.

Osnabrück

Der Friedensschluss von Münster und Osnabrück ist als „Westfälischer Friede" in die Geschichte eingegangen, doch diese Bezeichnung ist heute missverständlich, da gegenwärtig nur noch Münster, aber nicht mehr, wie noch 1648, Osnabrück zu Westfalen gezählt wird. 1648 gehörten beide Orte zu Westfalen, in beiden Orten wurde verhandelt und in beiden Orten wurden Verträge unterzeichnet. Wie der Augsburger Religionsfriede hat sich auch der Friede von Münster und Osnabrück bewährt und hatte lange Bestand. Die meisten Regelungen blieben 150 Jahre lang in Kraft.

Literatur

Helmut Lahrkamp: Dreißigjähriger Krieg, Westfälischer Friede. Eine Darstellung der Jahre 1618–1648 mit 326 Bildern und Dokumenten. 3. Aufl. Münster/Westf. 1999. – **Georg Schmidt**: Der Dreißigjährige Krieg. 8., durchges. u. aktual. Aufl. München 2010 (Beck'sche Reihe 2005, Beck Wissen).

Pietismus | 5.2.4

Im *Protestantismus folgte auf die Epoche der *Orthodoxie die Epoche des Pietismus. Die pietistische Epoche hatte jedoch erste Wurzeln bei Johann Arndt, einem *orthodoxen Theologen, der bereits um 1600 gewirkt hatte.

Arndt Johann Arndt stammte aus Anhalt, wirkte zuletzt aber als *Generalsuperintendent des Fürstentums Braunschweig-Lüneburg in Celle. Unter dem programmatischen Titel *Vom wahren Christentum* verfasste er das populärste *Erbauungsbuch der lutherischen Orthodoxie. Arndt forderte und predigte *Buße und verlangte, weniger auf die rechte Lehre als auf das rechte Leben zu achten. Dabei scheute er sich nicht, auch aus Quellen der *katholischen Spiritualität zu schöpfen.

Merksatz

MERKE: Der Pietismus war eine Frömmigkeitsbewegung, die bedeutendste Frömmigkeitsbewegung, die der *Protestantismus bislang hervorgebracht hat. Der neue Frömmigkeitsstil begann mit Arndt, der Pietismus als Bewegung aber erst mit Spener. Die eigentliche Epoche des Pietismus reichte von 1670 bis ins späte 18. Jahrhundert. Gleichwohl gibt es Pietismus in manchen evangelischen Regionen Deutschlands, vor allem in Westfalen und in Württemberg, auch noch im 19. und 20. Jahrhundert und bis in die Gegenwart.

Spener Der Pietismus im eigentlichen Sinne begann jedoch ein halbes Jahrhundert später mit Philipp Jakob Spener, einem lutherischen Pfarrer in Frankfurt am Main. Einige seiner Gemeindemitglieder fingen um das Jahr 1670 an, sich mit ihm regelmäßig zu privaten *Erbauungsstunden zu treffen, in denen zunächst *Erbauungsschriften, später die Bibel gelesen und über Glaubensfragen gesprochen wurde. **1675** Im Jahre 1675 schrieb Spener eine programmatische Vorrede zu einer Ausgabe von Arndt-Predigten, in der er empfahl, überall in den Gemeinden die wahren Christen in solchen Versammlungen zusammenzuführen und so dazu beizutragen, die Bibel wirklich unter die Menschen zu bringen. Darüber hinaus machte er weitere Reformvorschläge, die zum Beispiel auch das Theologiestudium betrafen. Die Studenten sollten sich weniger mit *Dogmatik, mehr mit Exegese, und weniger mit Theorie, mehr mit der Praxis beschäftigen. Ferner plädierte er dafür, die Streitereien zwischen den *Konfessionen einzustellen.

Pia desideria Die Ratschläge des Frankfurter Pfarrers erschienen unter dem lateinischen Titel *Pia desideria* (wörtlich: fromme Wünsche; Spener selbst übersetzte: herzliches Verlangen), waren aber in deutscher Sprache verfasst und fanden rasch Resonanz. Vielerorts entstanden Privaterbauungsstunden oder, wie man auch sagte, Konventikel (lat. conventiculum = kleine Versammlung). In Süddeutschland sprach man kurz und knapp von der „Stunde". In diesen Versammlungen traf sich, um einen heutigen Begriff zu verwenden, die Kerngemeinde. Spener sprach auch, lateinisch, von der „ecclesiola in ecclesia", dem „Kirchlein in der Kirche".

Infobox
Speners Reformvorschläge in den „Pia desideria":
▶ stärkere Verbreitung des göttlichen Wortes
– durch biblische Lesungen in Gottesdiensten
– durch privates Bibelstudium
– durch Bibelgespräche in neu einzurichtenden Gemeindekreisen
▶ Verwirklichung des von Luther gewollten „*allgemeinen Priestertums" (→ 4.2.1)
▶ praktische Ausrichtung des Christentums, vor allem auf die Nächstenliebe
▶ Abbau der innerchristlichen Streitigkeiten
▶ Praxisorientierung im Theologiestudium
▶ Predigten, die auf Gelehrsamkeit verzichten, aber den Glauben fördern

Dagegen aber regte sich seitens der Obrigkeiten bald schon Widerstand, denn es gab ja noch keine Meinungs- und Versammlungsfreiheit und das kirchenkritische Potential war unübersehbar. Gleichwohl wurde im Laufe der Jahre der Pietismus zu einer Bewegung, die weite Regionen des evangelischen Deutschlands, auch *reformierte Gemeinden, erfasste.

Widerstand

Unter dem Einfluss des Pietismus setzte sich in den evangelischen Kirchen die *Konfirmation durch als ein die Taufe ergänzender kirchlicher Akt. Die Reformatoren hatten das *Sakrament der Firmung, das Katholiken bis heute kennen, als unbiblisch abgeschafft. Im Pietismus kam aber die Meinung auf, dass die Taufe unmündiger Kinder einer Ergänzung durch ein mündiges Bekennen im Jugend- oder Erwachsenenalter bedürfe. An der Kindertaufe jedoch hielten die meisten Pietisten fest.

Konfirmation

Einige Anhänger Speners radikalisierten sich und distanzierten sich von der Kirche, die Spener reformieren wollte und an deren Reformierbarkeit er glaubte. Diese „Separatisten" bildeten eigene Gemeinden, sogar eigene Kirchen und wanderten vielfach aus. Zu den prominenten Gestalten gehörte eine Frau: Johanna Eleonora Petersen geb. von und zu Merlau. Die Adlige aus dem Umfeld Speners war mit einem fünf Jahre jüngeren Theologen aus bürgerlichem Hause verheiratet, der zeitweise als *Superintendent in Lüneburg wirkte, 1692 aber wegen seiner theologi-

Separatisten

schen Ansichten seine Stelle verlor. Petersen betätigte sich mit ihrem Mann schriftstellerisch und verfasste auch eine religiöse Autobiografie, in der sie nicht nur von ihrer religiösen Entwicklung und ihren theologischen Ansichten berichtet, sondern auch von mehreren *Visionen, die sie empfangen hatte und die ihr „göttliche Geheimnisse" erschlossen, die anderen Menschen verborgen waren. Dazu gehörte die Überzeugung, dass Gott als *Heiliger Geist auch eine weibliche Gestalt habe, da das hebräische Wort für Geist, Ruach (רוח), weiblich sei und Gott im Alten Testament auch mit weiblichen Eigenschaften geschildert werde.

Spener Während sich das Ehepaar Petersen separierte, blieb Spener seiner Kirche treu und machte Karriere und wurde 1686 *Oberhofprediger in Dresden und 1691 *Konsistorialrat in Berlin. Er starb 1705.

Francke Inspiriert von Spener begann der junge Theologe August Hermann Francke (s. Abb. 5.1) zunächst in Leipzig, später in Erfurt Konventikel abzuhalten, was ihm Probleme mit den Obrigkeiten einbrachte.

Spener vermittelte seinem Anhänger eine Pfarrstelle in Glaucha bei Halle, und hier begann Francke 1695 mit einem grandiosen Schulprojekt, das europaweit Aufsehen erregen sollte. Aus kleinen Anfängen mit einem Waisenhaus und einer Armenschule entwickelte Francke im Laufe von drei Jahrzehnten eine richtige Schulstadt (s. Abb. 5.1), in der bis zu 1700 Schüler und 170 Lehrer lebten (1727). Francke war der große Pädagoge des Pietismus und spielte auch eine wichtige Rolle in der Geschichte der Pädagogik in Deutschland. Erstmals begann er mit einer fundierten Ausbildung von Lehrern für ihren Beruf und erstmals führte er im Unterricht Realien ein, das heißt die Schüler beschäftigten sich nicht nur mit Büchern und Texten, sondern auch mit Gegenständen, Pflanzen und Tieren. Auch förderte er die höhere Mädchenbildung. Von seinen Schülern erwartete er aber auch,

Bekehrung eine *Bekehrung erlebt zu haben oder zu erleben. Nur wer eine *Bekehrung vorweisen konnte, war für ihn ein wirklicher Christ. Francke hatte als Student 1687 in Lüneburg im Zusammenhang mit einer Predigtvorbereitung, die ihn in eine tiefe religiöse Krise stürzte, ein dramatisches Bekehrungserlebnis, das er selbst als „Bußkampf" schilderte und als „Durchbruch" bezeichnete und das ihn vom Zweifel zur Gewissheit führte, zu einem felsenfesten Glauben ohne Anfechtungen. 1727 starb Francke in Halle.

Francke und seine Mitarbeiter begannen auch erstmals im Protestantismus damit, die Bibel unter das Volk zu bringen. 1710 wurde eine „Bibelanstalt" gegründet, in der massenhaft preiswerte Bibeln gedruckt wurden. In nur dreieinhalb Jahren wurden 38.000 Exemplare des Neuen Testaments verbreitet. Zweihundert Jahre nach der Reformation begann die Bibel in den evangelischen Kirchen zu einem Volksbuch zu werden.

Bei Francke in die Schule gingen nicht nur Kinder aus ärmlichen Verhältnissen, sondern auch hohe Adlige. Zu ihnen zählte der junge Graf Nikolaus Ludwig von Zinzendorf aus der Oberlausitz, einer Region Sachsens. Er wurde zu einem führenden Repräsentanten des Pietismus der dritten Generation, nach Spener und Francke. Zinzendorf gründete pietistische Gemeinschaftssiedlungen, beginnend mit Herrnhut in der Oberlausitz im Jahre 1722. Später entstanden weitere „Brüdergemeinen" (Herrnhaag, Marienborn, Montmirail [→ ♪], Zeist, Niesky, Sarepta) in mehreren Regionen Deutschlands, in der Schweiz, in Russland und in Amerika. Eine „Gemeine" ist dasselbe wie eine „Gemeinde", nur in altertümlichem Deutsch. Nicht in Deutschland, aber in der Karibik, in Mittelamerika, in Grönland, in Tansania und in Südafrika entstanden aus der Herrnhuter Bewegung richtige Kirchen, die es bis heute gibt. Sie firmieren als „Brüderunität" oder, englisch, als „Moravians" (Mähren) oder „Moravian Church" (→ ♪).

Zinzendorf

Zinzendorf zeichnete eine große religiöse Weite aus. Obwohl selbst im *Luthertum verankert, war er offen für andere christliche *Konfessionen und auch für das Judentum. Die verschiedenen christlichen *Konfessionen sah er als prinzipiell gleichberechtigte und gleichrangige Instrumente Gottes an, Menschen zu sich zu ziehen.

Am Nachhaltigsten wirkte Zinzendorf durch eine an Spener anknüpfende neue Idee zur Verbreitung der Bibel. Er wollte das Bibelwort in den Alltag bringen und mit dem Alltag vernetzen. 1728 wählte er erstmals eine „Losung" aus, ein religiöses Tagesmotto analog zur Tagesparole beim Militär, zunächst in der Gestalt eines Liedverses, alsbald aber in Form eines Bibelwortes. Später wurden die Losungen nicht mehr ausgesucht, sondern aus einer zuvor getroffenen Auswahl von geeigneten Bibelsprüchen wie bei einer Lotterie gezogen und in einem *Losungsbüchlein* (erstmals 1731) gedruckt. Diese Losungen – im doppelten Wortsinne: durch Losen zusammengestellte Losungen – eroberten die Welt und begleiten inzwischen nicht nur die von Herrnhut abstammenden Gemeinden und Kirchen, die es bis heute gibt,

Losungen

sondern werden weltweit im gesamten Protestantismus und darüber hinaus geschätzt und verwendet. Jährlich erscheinen *Die Losungen der Herrnhuter Brüdergemeine* in über fünfzig Sprachen mit einer Gesamtauflage von 1,75 Millionen, und auch virtuell werden die Losungen, natürlich kostenlos, verbreitet. Viele Christen lesen die Tageslosung, wenn sie morgens ihren Computer oder ihr Handy einschalten. Die Losungen sollen den Menschen dabei helfen, ihr Tagwerk mit einem biblischen Impuls zu beginnen und unter christlichen Vorzeichen zu gestalten. Zinzendorf starb im Jahre 1760 und wurde in Herrnhut begraben.

Reich Gottes

Zu einem wichtigen Thema wurde für viele Pietisten auch die *Eschatologie (→ ♫), die „Lehre von den letzten Dingen", die Beschäftigung mit der Zukunft. Sie interessierten sich dabei weniger für die Zukunft des Einzelnen als für die Zukunft der Welt und erwarteten, anders als die meisten Reformatoren, das Reich Gottes auf Erden, eine neue, friedliche und gerechte Welt. Mitunter wurde sogar anhand biblischer Zahlenangaben konkret berechnet, wann das Reich Gottes beginnen würde. Solche eschatologischen Hoffnungen und Spekulationen waren besonders unter württembergischen Pietisten beliebt und unter den radikalen Pietisten. Aber auch schon Spener hatte verheißungsvoll von einer „Hoffnung besserer Zeiten" gesprochen, wozu für ihn die Christianisierung der Juden und das Ende des *Papsttums gehörte. Schlagzeilen machte der angesehene württembergische Theologe Johann Albrecht Bengel, der in den vierziger Jahren des 18. Jahrhunderts den Beginn des tausendjährigen Reichs nach Apk 20,4 exakt auf das Jahr 1836 berechnete. Häufig wird das missverstanden als Weltende oder Weltuntergang, aber Bengel rechnete mit dem Reich Gottes auf Erden.

Motor des Fortschritts

Der Pietismus gründete seine Theologie auf die göttliche Offenbarung, wie sie ihm in der Heiligen Schrift begegnete. Daneben gehörten für ihn aber auch Erfahrung, Empfindung und Entscheidung wesentlich zur Religion, und das verband ihn mit der *Aufklärung und machte ihn zu einem Motor des Fortschritts in der Theologie- und Geistesgeschichte. Hierzu gehörte auch das nicht nur geforderte, sondern erstmals seit der Reformation tatsächlich verwirklichte *allgemeine Priestertum: Im Pietismus – erst im Pietismus – lernten die *Protestanten zu protestieren. Der Protest richtete sich zunächst und vor allem gegen die eigene Kirche und ihre Amtsträger, hatte aber auch ein gesellschaftskritisches Potential.

Literatur

Erich Beyreuther: Geschichte des Pietismus. Stuttgart 1978. – **Geschichte des Pietismus.** Bd. 1–4 / Martin Brecht (Hg.). Stuttgart 1993–2004. – **Martin H. Jung:** Pietismus. Frankfurt a. M. 2005 (Fischer Kompakt). – **Peter Schicketanz:** Der Pietismus von 1675 bis 1800. Leipzig 2001 (Kirchengeschichte in Einzeldarstellungen III/1). – **Johannes Wallmann:** Der Pietismus. Göttingen 2005 (UTB 2598 Theologie, Religion).

Aufklärung | 5.2.5

Anders als der Pietismus war die *Aufklärung von Anfang an eine außerkirchliche, überkonfessionelle und gesamteuropäische Bewegung, allerdings zunächst keine Massen-, sondern eine Gelehrtenbewegung vergleichbar dem *Humanismus. Den Aufklärern ging es darum, wie der Begriff sagt, aufzuklären, also Licht in die Dunkelheit zu bringen und Bereiche des Nicht-Wissens durch vernünftige und empirische Untersuchungen zu erhellen.

Gelehrtenbewegung

> **Infobox**
>
> **Kants Antwort auf die Frage „Was ist Aufklärung?"**
> Im Jahre 1784, beinahe schon am Ende der Aufklärungsperiode, formulierte der noch junge deutsche Philosoph Immanuel Kant eine klassisch gewordene Definition der *Aufklärung:
> „Aufklärung ist der Ausgang des Menschen aus seiner selbstverschuldeten Unmündigkeit. Unmündigkeit ist das Unvermögen, sich seines Verstandes ohne Leitung eines anderen zu bedienen. Selbstverschuldet ist diese Unmündigkeit, wenn die Ursache derselben nicht am Mangel des Verstandes, sondern der Entschließung und des Mutes liegt, sich seiner ohne Leitung eines andern zu bedienen. *Sapere aude!* Habe Mut, dich deines eigenen Verstandes zu bedienen!' ist also der Wahlspruch der Aufklärung."
> (Berlinische Monatsschrift 1784, 481)

Die *Aufklärung begann im frühen 17. Jahrhundert mit einem Franzosen, der aus Sicherheitsgründen in den Niederlanden im Exil lebte, mit René Descartes (→ ♪). Er war auf der Suche nach einer Philosophie, die über den Zweifel erhaben ist, und kam 1637 zu der Erkenntnis, dass allein das Zweifeln selbst, also das Denken, über den Zweifel erhaben ist. Somit machte er das denkende Subjekt zum Ausgangspunkt seiner neuen Philosophie, kurz und prägnant ausgedrückt in dem Satz: Ich denke, also bin ich (lat.: cogito ergo sum).

Descartes

Dass aufzuklären gefährlich war, musste Galileo Galilei erleben. Der italienische Mathematiker und Astronom forderte frei-

Galilei

es naturwissenschaftliches Forschen und hielt aufgrund eigener Himmelsbeobachtungen das kopernikanische, d.h. heliozentrische Weltbild für richtig. Die *katholische Kirche lehrte aber noch immer, dass die Sonne um die Erde kreise, und begann 1616 gegen Galilei vorzugehen. 1633 musste er widerrufen und wurde zu lebenslangem Hausarrest verurteilt.

Spinoza   Radikaler als Descartes und Galilei dachte Baruch Spinoza (→ ♪), ein holländischer Jude. Er richtete erstmals kritische Fragen an die Bibel und folgerte aus seinen Beobachtungen am Text des Alten Testaments, Mose sei nicht – wie in der Bibel behauptet und damals noch allenthalben geglaubt – der Verfasser der fünf nach ihm benannten Bücher. Am Gottesglauben hielt Spinoza fest, glaubte aber nicht mehr an einen persönlichen Gott, sondern sah in Gott eine den Kosmos durchwaltende Kraft, eine Naturgewalt. Solche Dinge zu behaupten war natürlich gefährlich, auch in den Niederlanden und auch für einen Juden. Spinoza wurde schon 1656 von seiner Religionsgemeinschaft verflucht und ausgestoßen. Wie Descartes und Galilei starb er aber eines natürlichen Todes.

Das Voranschreiten naturwissenschaftlicher Erkenntnisse brachte auf diesen beruhende philosophische Theologien hervor. Die „Physikotheologie" glaubte aus der sinnvollen Ordnung der Natur (lat. physica = Naturlehre) auf die Existenz eines höheren *Deismus*   Wesens schließen zu können. Der „Deismus" hielt am Glauben an Gott (lat.: deus) fest, rückte diesen Gott aber in weite Ferne. Für einen hörenden, redenden und handelnden Gott, für einen Gott als persönliches Gegenüber, wie ihn das Christentum lehrte, hatten Physikotheologen und Deisten, die vor allem in England eine große Rolle spielten, die es aber auch in Deutschland gab, kein Verständnis mehr.

In solchen religiösen Fragen weniger radikal waren die ersten *Thomasius*   Aufklärer Deutschlands. Unter ihnen ragt Christian Thomasius hervor (s. Abb. 5.1), der als Professor in Leipzig 1688 erstmals Vorlesungen in deutscher Sprache zu halten begann. Bezeichnenderweise wählte er für diesen Reformschritt den Reformationstag, den 31. Oktober. Er war Jurist und übte Kritik an der Folter. Ferner setzte er sich auch für Pietisten ein und arbeitete in Halle an der Saale, wo er von 1690 an bis zu seinem Tod im Jahre 1728 wirkte, mit Pietisten anfangs Hand in Hand. Ein zeitgenössisches Bild (Abb. 5.1) zeigt Francke und Thomasius einträchtig nebeneinander vor den Gebäuden des Waisenhauses und der Universität. Zuletzt trennten sich jedoch ihre Wege, da Francke die Offenheit der Aufklärer für andere Religionen ablehnte.

Abb. 5.1
Francke (links) und Thomasius (rechts) vor Waisenhaus und Universität (zeitgenössischer Kupferstich). Bildunterschrift: „So lang der Musen-Sitz in dir, o Halle bleibt, Der von Thomasio sich, als dem Vater, schreibt; So lang das Waysenhaus von Francken wird bestehen, Wird beyder Männer Ruhm zugleich nicht untergehen."

Bekannter und populärer als Thomasius ist in Deutschland Gotthold Ephraim Lessing, der von 1769 bis 1781 als Bibliothekar an der berühmten Herzog-August-Bibliothek in Wolfenbüttel wirkte. 1770 stellte er in seinem Theaterstück *Nathan der Weise* dar, dass sich die Wahrheit einer Religion nicht theoretisch erweisen lasse, sondern nur praktisch, durch das, was sie für Wohl, Frieden und Bildung der Menschheit bewirke. 1774–1778 publizierte Lessing die *Fragmente eines Ungenannten*, Auszüge aus einer bibelkritischen Schrift, die u. a. die alttestamentlichen Wunder

Lessing

sowie die Auferstehung Jesu bestritt. Der „Ungenannte", über den sich rasch viele erregten, war der 1768 verstorbene Hamburger Gymnasialprofessor Hermann Samuel Reimarus, der sich nie offen zu seinen radikalen Ideen bekannt hatte. Vollständig publiziert wurde Reimarus' Buch erst 1972.

Voltaire Eine aufklärerische Brücke zwischen Frankreich und Deutschland bildete Voltaire (→ ♪), denn er lebte zeitweise in Paris und zeitweise (1749–1753) in Potsdam, lange Jahre auch in England. Geboren in Paris 1694 und bei *Jesuiten in die Schule gegangen, strebte er zunächst den Beruf des Juristen an, wurde aber Schriftsteller und als solcher einer der ganz großen Aufklärer. Sein Leben verlief turbulent und war geprägt von mehreren Verbannungen und Gefängnisaufenthalten. Scharf antikirchlich eingestellt forderte er mit den Worten „écrasez l'infâme" zur „Vernichtung" der „niederträchtigen" Kirche auf, hielt aber am Glauben an einen Schöpfergott fest. Voltaire wollte die Welt verbessern, er verlangte nach Gerechtigkeit und nach Toleranz. Den Optimismus vieler anderer Aufklärer teilte er jedoch nicht. In seinem kleinen Roman *Candide* (auch: Candid) verspottete er diesen und die deutschen Aufklärer, kritisierte Katholiken wie *Protestanten scharf und propagierte ein sich mit den Realitäten abfindendes einfaches, den alltäglichen Verpflichtungen nachkommendes Leben. 1778 starb Voltaire in Paris.

Rousseau Im gleichen Jahr und ebenfalls in Paris starb auch Jean-Jacques Rousseau (→ ♪), ein zweiter großer Aufklärer des 18. Jahrhunderts. Er stammte aus Genf (geb. 1712), verbrachte ebenfalls einige Jahre in England und betätigte sich auch schriftstellerisch. Anders als Voltaire glaubte Rousseau an das Gute im Menschen und wollte eine Gesellschaft schaffen, die dem Menschen die Entfaltung seiner guten Anlagen ermöglichen sollte. Er wurde bedeutend für die Geschichte der Pädagogik durch seinen Erziehungsroman *Émile* (1762).

Alle großen Aufklärer beschäftigten sich, ohne Theologen zu sein, mit Fragen der Theologie. Einige Theologen, zunächst nur im evangelischen Bereich, ließen sich von den Gedanken der Aufklärer anregen, andere sogar begeistern, und so entwickelte sich von der Mitte des 18. Jahrhunderts an allmählich eine Aufklärungstheologie. Der erste wirklich bedeutende, noch heute *Semler* nachwirkende Aufklärungstheologe war Johann Salomo Semler, der seit 1753 als Theologieprofessor in Halle an der Saale wirkte, wo er 1791 auch starb. Er stellte heraus, dass die christliche Religion und die wissenschaftliche Theologie zwei verschiedene

Dinge seien und auch zwischen der Heiligen Schrift und dem Wort Gottes zu unterscheiden sei. Ferner erkannte er, dass der biblische *Kanon geschichtlich geworden war, und legte damit den Grundstein für die moderne *historisch-kritische Exegese.

Johann Joachim Spalding, ein zweiter großer Aufklärungstheologe, brachte die *Aufklärung auf die Kanzel. In kirchenleitender Stellung in Berlin tätig, wo er 1804 starb, wirkte er als begeisterter und begeisternder Prediger, der seine Hörer zu religiös mündigen Menschen formen wollte, aber auch als Schriftsteller, der vor allem zu zeigen versuchte, dass Religion zum Wesen des Menschen gehöre. Spalding

Eine *katholische Aufklärungstheologie entwickelte sich zaghaft gegen Ende des 18. Jahrhunderts. Sie hatte es schwer und wurde in ihrer eigenen Kirche bald schon als „Modernismus" beschimpft und bekämpft. Die kritische Auseinandersetzung mit der Bibel suchte 1774 der *katholische Mainzer Exeget Johann Lorenz Isenbiehl und büßte es mit Klosterhaft. Engelbert Klüpfel in Freiburg im Breisgau dagegen versuchte von 1789 an mit einer eher biblisch orientierten Theologie das in der Tradition verhaftete *dogmatische Denken zu überwinden. Rom verurteilte die neuen Gedanken und Ideale nachhaltig, und von 1910 an mussten alle *katholischen *Priester einen Eid schwören, in denen sie sich von Grundprinzipien der modernen Gesellschaft distanzierten (→ 6.2.5). Modernismus

Die *Aufklärung als Geschichtsepoche ist Vergangenheit. Viele Annahmen und Hoffnungen der *Aufklärung haben sich nicht bewahrheitet. Das Freiheits- und Gleichheitsideal der *Aufklärung und ihr Vernunftprinzip haben jedoch gesiegt und haben auch Kirche und Theologie verändert. Die evangelische wie die *katholische Theologie der Gegenwart basieren auf dem kritischen Geist der *Aufklärung. Dies gilt noch nicht für die Theologien anderer christlicher Kirchen sowie für die dominierenden theologischen Ansätze im Judentum und im Islam.

Literatur

Albrecht Beutel: Kirchengeschichte im Zeitalter der Aufklärung. Ein Kompendium. Göttingen 2009 (UTB: Theologie, Religion 3180). – **Barbara Stollberg-Rilinger**: Die Aufklärung. Europa im 18. Jahrhundert. 2., überarb. u. aktual. Aufl. Stuttgart 2011 (Reclams Universalbibliothek 18882) (Reclam Sachbuch).

5.2.6 Kirchen in England

Neben Deutschland hat England eine ganz besonders interessante, ja aufregende Kirchengeschichte. Die Umwälzungen begannen, als in den 20er Jahren des 16. Jahrhunderts auch in England Luthers Gedanken Fuß fassten. Der König, Heinrich VIII., bekämpfte sie – zunächst. Doch dann bekam er Streit mit dem *Papst, der ihm die gewünschte Ehescheidung nicht genehmigen wollte. Heinrich sagte sich von Rom los und machte die Kirche Englands zu einer von Rom unabhängigen *Staatskirche. Gleichzeitig öffnete er die Kirche reformatorischen Einflüssen. Diese kamen aber mehr und mehr nicht wie zuvor aus Wittenberg, sondern aus Straßburg, Zürich und Genf. Der *Calvinismus fasste in England Fuß. Die englische – „anglikanische" – *Staatskirche entwickelte sich zu einer Kirche, die im äußerlichen Gehabe, in ihren Strukturen und in ihrer *Liturgie, noch beinahe *katholisch war, aber in der Lehre evangelisch, und zwar calvinistisch.

Heinrich VIII.

Mit dieser halbreformatorischen Kirche waren aber strenge *Calvinisten, die es unter den Theologen Englands gab, nicht zufrieden. Es entstand eine streng calvinistische, eine „reine" (engl.: pure) Kirche fordernde Oppositions- und Reformbewegung, der Puritanismus. Viele Puritaner wanderten aus und bauten in Nordamerika eigene, puritanische Kirchen auf. Andere blieben in England und versuchten weiter, die Kirche in ihrem Sinne umzugestalten.

Puritaner

Unter Puritanern, die in Amsterdam im Exil lebten, bildete sich im Jahre 1608 eine erste *baptistische Gemeinde, die zur Keimzelle der heute weltweit verbreiteten baptistischen Bewegung wurde, eine der stärksten evangelischen Kirchen der Gegenwart. *Baptisten, wörtlich übersetzt *Täufer (griech. βαπτίζειν/baptizein = taufen), lehnen die Kindertaufe ab und praktizieren ausnahmslos die Erwachsenen- oder besser Glaubenstaufe. Außerdem legen sie Wert auf die Selbstständigkeit der einzelnen Gemeinden und ein mündiges, engagiertes Christsein in den Gemeinden.

Baptisten

Im 17. Jahrhundert entstand in England noch eine weitere neue Kirche, die Gemeinschaft der *Quäker. Das war ein Spottname und bedeutete „Zitterer" (engl. to quake = zittern). Die Bezeichnung kam auf, weil es vereinzelt zu ekstatischen Vorfällen gekommen und Gläubige in Entzückung geraten waren. Die Selbstbezeichnung war „Religiöse Gesellschaft der Freunde". Die *Quäker glaubten, jeder Mensch trage in sich etwas Göttliches, propagierten die Gewaltlosigkeit und bekämpften als erste Christen überhaupt die Sklaverei.

Quäker

Im 18. Jahrhundert kam dann noch der Methodismus auf, eine mit dem *Pietismus verwandte Frömmigkeitsbewegung. Prägend war der anglikanische Geistliche John Wesley, der 1738 in London ein *Bekehrungserlebnis hatte und anschließend in Deutschland Zinzendorf und verschiedene Brüdergemeinen besuchte. Ende des 18. Jahrhunderts trennte sich ein Teil der Methodisten von der *Staatskirche und gründete eigene Kirchen, die sich rasch weltweit verbreiteten. Ein Teil der Methodisten verblieb aber in der *Staatskirche und wirkte dort im methodistischen Sinne weiter. Sie wurden als Evangelikale bezeichnet. Auch sie wandten sich, allerdings lange nach den *Quäkern, gegen Sklaverei, traten überdies für Arbeiterrechte ein und bekämpften die Tierquälerei.

Methodisten

Infobox

Anglikanische Kirchen
Weltweit gibt es 38 anglikanische Kirchen mit rund 70 Millionen Gläubigen, die auf die Church of England, die englische Reformationskirche, zurückgehen. Oberhaupt der Church of England ist auch heute noch die englische Königin oder der König. Bischöfe können nur Männer werden. Alle zehn Jahre versammeln sich seit 1867 alle Bischöfe aller anglikanischen Kirchen in England, ursprünglich im Londoner Lambeth-Palast, weswegen die Versammlungen noch heute und unabhängig von ihrem tatsächlichen Ort als Lambeth-Konferenzen bezeichnet werden. Geistlicher Führer des Anglikanismus ist der Erzbischof von Canterbury; er hat jedoch keine mit dem *Papst vergleichbare Macht. Die anglikanischen Kirchen haben kein gemeinsames *Bekenntnis, aber sie verwenden im Gottesdienst alle das 1549 erstmals herausgegebene *Book of Common Prayer*, ein *liturgisches Handbuch, wenn auch in unterschiedlichen, auf die jeweiligen regionalen Besonderheiten zugeschnittenen Fassungen. Außerdem haben alle anglikanischen Kirchen eine bischöfliche Struktur, und neben den Bischöfen amtieren *Priester und *Diakone.

England entwickelte im 17. und 18. Jahrhundert ausgesprochen religionspluralistische Verhältnisse. Im Jahre 1689 wurde explizit religiöse Toleranz beschlossen und eingeräumt (*Act of Tolerance*). Davon ausgenommen blieben allerdings bis 1778 die Katholiken. Erst im 19. Jahrhundert kam es zu einer Renaissance des Katholizismus in England.

Toleranz

Literatur

Diarmaid MacCulloch: Die zweite Phase der englischen Reformation (1547–1603) und die Geburt der Anglikanischen Via Media. Münster/Westf. 1998 (Katholisches Leben und Kirchenreform im Zeitalter der Glaubensspaltung 58). – **William Reginald Ward**: Kirchengeschichte Großbritanniens vom 17. bis zum 20. Jahrhundert / Sabine Westermann (Übers.), Ulrich Gäbler (Einf.). Leipzig 2000 (Kirchengeschichte in Einzeldarstellungen III/7).

Aufgaben

1. Welche Repräsentanten des *Pietismus kennen Sie und was zeichnet sie jeweils aus?
2. Welche Repräsentanten der Aufklärung kennen Sie? Charakterisieren Sie kurz die Bedeutung der einzelnen Gestalten!
3. Fassen Sie in eigenen Worten den Ablauf und die Relevanz der Kirchengeschichte Englands im 16. und 17. Jahrhundert zusammen!
4. Lesen Sie Speners Vorstellungen zur Kirchenreform aus dem Jahre 1675 (Auszug) und vergleichen Sie sie mit einer 1703 im Herzogtum Braunschweig-Lüneburg erlassen, gegen den radikalen *Pietismus gerichteten Verordnung! Wo bezieht sich diese tatsächlich auf Gedanken Speners? Welche Erkenntnisse lassen sich indirekt aus der Verordnung über den radikalen *Pietismus gewinnen? (Texte: Kirchen- und Theologiegeschichte in Quellen IV, ⁴2012, 34–36 u. 76–79)
5. Lesen Sie Franckes Bekehrungsbericht (Auszug), listen Sie in Stichworten Dinge auf, die für sein Leben vor seiner Bekehrung charakteristisch waren, und stellen Sie diesen in einer Tabelle diejenigen Dinge gegenüber, die Franckes Leben nach seiner Bekehrung kennzeichneten! (Text: Kirchen- und Theologiegeschichte in Quellen IV, ⁴2012, 64–68)
6. Lesen Sie das von Rousseau 1762 formulierte „Glaubensbekenntnis", arbeiten Sie die Kerngedanken seiner religiösen Haltung heraus und überlegen Sie sich, an welchen Punkten er noch mit einer herkömmlichen, christlichen Position übereinstimmte! (Text: Kirchen- und Theologiegeschichte in Quellen IV, ⁴2012, 106–108)
7. Lesen Sie einmal morgens oder abends die Tageslosung und überlegen Sie sich, ob und wie man sie auf den vor oder hinter Ihnen liegenden Tag beziehen könnte!
8. Gibt es in Ihrem Heimatort eine baptistische Gemeinde, gibt es eine methodistische Kirche? Besuchen Sie einen baptistischen und einen methodistischen Gottesdienst!
9. Besuchen Sie Halle an der Saale und die Franckeschen Anstalten!
10. Besichtigen Sie eine Barockkirche in Ihrer Nähe!

AUFGABEN

11. Schauen Sie sich im Theater Lessings *Nathan* an!

12. Betrachten Sie folgendes Bild, versuchen Sie das Geschriebene zu entziffern und interpretieren Sie das Bild dann auf dem Hintergrund von Kap. 5.1 und 5.2.4! Die Lösung finden Sie im Anhang.

Abb. 5.2
Pietistische Botschaft im Bild. Kupferstich aus dem Jahre 1717

13. Lesen Sie Voltaires *Candide*! (Reclams Universal-Bibliothek 6549)
14. Lesen Sie Speners *Pia desideria* ganz! (s. a. „Umkehr in die Zukunft", bearb. v. E. Beyreuther)
15. Lesen Sie Franckes vollständigen Bericht von seiner *Bekehrung! (s. Francke, Lebensläufe)
16. Lesen Sie Petersens Autobiografie! (s. Johanna Petersen, Leben)
17. Frühe Neuzeit im Internet:
    - Pietismus
      URL: http://www.pietismus.uni-halle.de
    - Aufklärung
      URL: http://www.izea.uni-halle.de/cms

Moderne | 6

| Inhalt |

6.1	Kirchengeschichte der Moderne im Überblick	177
6.2	Hauptthemen der Kirchengeschichte des 19. und 20. Jahrhunderts	184
6.2.1	Diakonie und Caritas	184
6.2.2	Neue Theologien	187
6.2.3	Staatskirchen, Volkskirchen, Freikirchen	191
6.2.4	Antisemitismus und Philosemitismus	194
6.2.5	Päpste und Konzile	198
6.2.6	Bekennende Kirche und Kirchenkampf	203
6.2.7	Kirchen in Deutschland nach 1945	206
6.2.8	Mission und Dialog	211
6.2.9	Ökumene	214
6.2.10	Kirchen in Amerika	218
Aufgaben		221

Kirchengeschichte der Moderne im Überblick | 6.1

Mit der Französischen Revolution 1789 beginnt die zweite Hälfte der Neuzeit, die bis in die Gegenwart reicht. Sie wird auch als Moderne bezeichnet. In den zweihundert Jahren dieser jüngsten Epoche hat sich mehr verändert als in den 1800 Jahren zuvor. Republikanische und demokratische Staatswesen setzten sich durch, eine kapitalistische Wirtschaft baute sich auf, alle Wissenschaftsgebiete begannen nach den Prinzipien der *Aufklärung mit empirischen und *historisch-kritischen Methoden zu

1789

arbeiten, *Konfessionspluralismus und Religionstoleranz wurden Normalität.

> **Infobox**
>
> **Die „Moderne" als „Epoche" der Geschichte**
> Die Geschichte wird in Epochen unterteilt, auch die Kirchengeschichte. Als Epochen bezeichnet man Zeitabschnitte, die sich durch deutliche Gemeinsamkeiten von vorausgehenden und nachfolgenden Abschnitten unterscheiden. Das moderne Zeitalter beginnt mit der Französischen Revolution (1789) und der industriellen Revolution (um 1800) und erstreckt sich bis in die Gegenwart. Nicht mehr Religion und Kirche, sondern Wissenschaft, Technik und Industrie sind die Signaturen der Moderne.

Napoleon

Die Revolution in Frankreich hatte den Untergang der alten Mächte zur Folge, nicht nur in Frankreich, sondern in vielen Ländern Europas. Wo Frankreichs Soldaten herrschten, wurden die politischen Machtstrukturen umgekrempelt. Mit Gewalt sollte die Revolution exportiert werden. Zuletzt gelangte in Frankreich Napoleon an die Macht, der sich 1804, revolutionären Idealen zum Trotz und alle vorrevolutionären französischen Könige in den Schatten stellend, zum Kaiser krönen ließ – nein: selbst krönte, indem er sich selbst die Krone aufsetzte. Auf seinen Kriegs- und Beutezügen gelangte er bis nach Russland, scheiterte aber 1812 vor Moskau. Nach einer weiteren Niederlage bei Leipzig 1813, der so genannten Völkerschlacht, musste er sich schließlich hinter den Rhein zurückziehen. Napoleon endete als Gescheiterter und starb 1821 als britischer Gefangener auf der Insel St. Helena im Südatlantik, aber einige der von ihm in Deutschland ausgelösten Umwälzungen wurden nicht wieder rückgängig gemacht: Mit der Napoleon-Zeit endete in Deutschland die das Leben in Deutschland über 1000 Jahre bestimmende Kleinstaaterei (Mediatisierung). Außerdem endete das ottonische Reichskirchensystem (→ 3.1), die politische Herrschaftsausübung der Bischöfe und einiger Äbte (Säkularisation). Und nicht zuletzt: Es endete das Heilige Römische Reich deutscher Nation. Es gab keinen Kaiser mehr. 1815 bestätigte der Wiener Kongress diese Umwälzungen und gab Deutschland und Europa ein neues Gesicht.

> **Merksatz**
>
> **MERKE:** Für die Umbrüche zu Beginn des 19. Jahrhunderts werden die Fachbegriffe Mediatisierung und Säkularisation verwendet.
> Mediatisierung meint die „Mittelbarmachung" zuvor politisch selbstständiger kleiner Territorien und Städte, das heißt sie wurden größeren Staaten zugeschlagen. Beispielsweise wurde die *Reichsstadt Nürnberg 1806 ein Teil Bayerns.
> Säkularisation meint die „Weltlichmachung" kirchlicher Institutionen sowie geistlicher Staaten. Viele Klöster wurden einfach geschlossen und ihr Besitz konfisziert; allein in Bayern waren es 161. Fürstbistümer wurden anderen Staaten einverleibt. Beispielsweise wurde das von einem Bischof regierte Fürstentum Fulda 1803 aufgelöst und kam zunächst zu Nassau-Oranien, später zum Großherzogtum Hessen-Kassel. Der Bischof von Fulda hatte damit nur noch kirchliche Macht, keine politische Macht mehr.
> Nicht zu verwechseln mit der Säkularisation ist die Säkularisierung, ein schleichender Prozess der „Verweltlichung" in Gesellschaft und Kultur verbunden mit einem Bedeutungsverlust von Religion und Kirche.

Auf die Französische Revolution folgte die industrielle Revolution, bei der England bahnbrechend wirkte. Kerndaten der Industrierevolution waren die Erfindung des mechanischen Webstuhls 1786 und der Bau der ersten Lokomotive 1814. Die Konsequenzen der industriellen Revolution waren nicht minder groß als die der politischen, Französischen Revolution. Nicht nur die Wirtschafts-, sondern auch die Lebensverhältnisse der Menschen wurden völlig umgewälzt. Erstmals seit der Antike entstanden wieder Großstädte. In ihnen fanden viele Menschen Arbeit, viele gerieten aber auch in materielle Not.

industrielle Revolution

Darauf reagierten die Kirchen, indem sie im 19. Jahrhundert ein so zuvor nicht gekanntes soziales Engagement entfalteten. Sie wurden zu den wichtigsten Trägern sozialer Einrichtungen und sind dies bis heute geblieben. Keinen Blick hatten die Kirchen jedoch für die Strukturprobleme, die den sozialen Missständen zugrunde lagen, und deshalb distanzierten sie sich auch von der sich herausbildenden Arbeiterbewegung und ihren Parteien.

Für die *katholische Kirche begann das 19. Jahrhundert mit einer großen Krise. Zweimal waren Päpste in französische Gefangenschaft geraten. Der *Kirchenstaat war aufgelöst worden.

katholische Kirche

Vielen Evangelischen schien das schon lange erwartete Ende des *Papsttums gekommen zu sein. Doch dann erfolgte eine unerwartete Renaissance. Die *katholische Frömmigkeit blühte auf und mit ihr die Kirche, und auch das Papsttum entfaltete neue Kraft, gipfelnd in einem großen *Konzil 1870 in Rom, das dem *Papst *Unfehlbarkeit zubilligte. Mächtig, einheitlich, geschlossen und hierarchisch präsentierte sich die *katholische Kirche nunmehr den übrigen Kirchen und der Welt.

evangelische Kirchen

In den evangelischen Kirchen dagegen kam es zu immer weiter fortschreitenden Pluralisierungen und Differenzierungen. Laufend entstanden neue Kirchen, und innerhalb der großen Kirchen, vor allem in Deutschland, konkurrierten verschiedene theologische Richtungen, die auf unterschiedliche Weise auf die *Aufklärung reagierten und auf unterschiedliche Weise aktuelle philosophische Strömungen rezipierten. Diese neuen, kulturoffenen Prägungen des Protestantismus werden als „Neuprotestantismus" und als „Kulturprotestantismus" bezeichnet.

evangelische Unionskirchen

Gleichzeitig gingen die *protestantischen Kirchen aber auch aufeinander zu und bemühten sich, die seit der Reformation vorhandenen innerevangelischen Trennungen zu überwinden. Vielerorts entstanden, teils durch Initiativen von unten, teils durch Verordnungen von oben, Unionskirchen, in denen Lutheraner und *Reformierte unter dem Dach einer gemeinsamen „evangelischen" Kirche zusammenfanden. Unter anderem in Baden, Hessen, Westfalen und Brandenburg bildeten sich unierte Landeskirchen, die es bis heute gibt. Viele Unionskirchen wurden 1817 gegründet, anlässlich des 300. Reformationsjubiläums.

Relativierung der Bekenntnisse

Mit der Überwindung konfessioneller Trennungen ging die Relativierung der *Bekenntnisse einher. Schon *Pietismus und *Aufklärung hatten die Autorität der *Bekenntnisse untergraben, indem sie dem Leben den Vorrang vor der Lehre einräumten und der Bibel den Vorrang vor der *Dogmatik. Die Unionskirchen verständigten sich auf Minimalstandards, wobei das *Augsburger Bekenntnis* immer eine wichtige Rolle spielte. Von der *Konkordienformel* und den *Dordrechter Lehrsätzen* dagegen wollte niemand mehr etwas wissen. In den evangelischen Kirchen der Schweiz, wo es einmal einen ganz besonderen Bekenntniseifer gegeben hatte und noch 1675 ein neues *Bekenntnis geschaffen worden war (→ 5.2.1), wurde die Bekenntnisbindung sogar ganz aufgehoben. Eine gewisse Renaissance erlebte der Bekenntnisgedanke erst wieder 1934 mit der *Barmer Theologischen Erklärung* und als deren Folge (→ 6.2.6).

In der evangelischen Frömmigkeit fand der *Pietismus des 18. Jahrhunderts in den *Erweckungs- und Gemeinschaftsbewegungen seine Fortsetzung. Anders als der *Pietismus versuchten diese aber nunmehr auch Kirchenferne zu erreichen und wiederzugewinnen. Zur modernen Welt traten sie jedoch in eine immer größer werdende Distanz und gebärdeten sich auch politisch konservativ. Die ersten Eisenbahnen bekämpften sie im Gleichklang mit *Papst Gregor XVI. als Teufelszeug. Das seinerzeit revolutionäre *Schriftprinzip der Reformation erstarrte zu einem engen, auf theologische und hermeneutische Reflexion verzichtenden *Biblizismus. Anders als bei Luther wurde nun alles, was im Neuen Testament zu lesen stand, als richtig und verbindlich angesehen.

Erweckungsbewegungen

Das Selbstbewusstsein des deutschen *Protestantismus wuchs, als Deutschland 1871 ein Nationalstaat und ein Kaiserreich unter protestantischer Führung, wurde. Als Kaiser regierte Wilhelm I. und als einflussreicher, die praktische Politik prägender Kanzler Otto von Bismarck, beide bekennende *Protestanten. Mit der *katholischen Kirche suchten die protestantischen Regenten die Machtprobe. Schon 1871 entbrannte der so genannte Kulturkampf, der bis 1877 dauern sollte. In diesem Zusammenhang wurde 1874 in Preußen und 1875 im Deutschen Reich die *Zivilehe eingeführt und obligatorisch gemacht. Gemischte Ehen wurden dadurch erheblich erleichtert und das Alltagsleben der Menschen beeinträchtigende konfessionelle Schranken zerbrochen.

1871
Kaiserreich

Das 19. Jahrhundert war auch das Jahrhundert der *Mission. Immer stärker engagierten sich deutsche *Protestanten im Ausland, vor allem nachdem Deutschland 1884 ebenfalls begonnen hatte Kolonien zu erwerben. Die Verbindung von Missionierung und Kolonisation schuf allerdings Belastungen und Schuldzusammenhänge, die mancherorts bis heute nicht ausgeräumt sind.

Mission

Zu Beginn des 20. Jahrhunderts blühten in Deutschland Wirtschaft, Wissenschaft und Kultur. Die Reichen und Wohlhabenden ebenso wie die Gebildeten waren von Optimismus erfüllt. Alles schien gut zu werden. Nicht wenige *Protestanten sahen das Reich Gottes auf Erden nahe. Doch dann kam 1914 der Erste Weltkrieg, der mit seiner Brutalität und seiner Vernichtungskraft alle bisherigen Kriege in den Schatten stellte. Deutschland hat diesen Krieg begonnen, ohne deswegen allein schuldig zu sein.

Optimismus

1914
Weltkrieg

1918 war Deutschland besiegt und lag am Boden. Revolutionäre Unruhen brachen aus und die alten Mächte stürzten. Mon-

1918
Revolution

archische Strukturen wurden von demokratischen abgelöst und das *Staatskirchentum endete.

Parallel dazu vollzogen sich in Osteuropa einschneidende Veränderungen. Im Oktober 1917 wurde in Russland die Jahrhunderte währende Herrschaft der Zaren beseitigt, die in einem festen Bündnis mit der *orthodoxen *Staatskirche regiert hatten. Als Folge der „Oktoberrevolution" wurde aus Russland die Sowjetunion, ein neues, nunmehr sozialistisch regiertes Vielvölkerreich. Innerhalb weniger Jahre mutierte die Staatsführung, die mit hehren Idealen angetreten war, aber zu einer brutalen Diktatur, die auch die Kirche zu verfolgen begann. Tausende *Priester, Mönche und Nonnen wurden ermordet. In den 30er Jahren gab es in dem Riesenreich mit seinen 190 Millionen Einwohnern nur noch wenige hundert geöffnete Kirchen.

Russland

Ganz anders entwickelte sich die Lage der Kirchen nach der Revolution in Deutschland. In der „Weimarer Republik", dem 1919 von der in Weimar tagenden Nationalversammlung zu einer Republik umgewandelten Deutschen Reich, waren die evangelischen Kirchen Deutschlands erstmals seit der Reformation frei und regierten sich selbst. Neue Theologien blühten auf, darunter die *dialektische Theologie Karl Barths, welche die Krise des Weltkriegs zu verarbeiten suchte, indem sie den christlichen Glauben aus seiner Verschmelzung mit der Kultur löste. Doch wirtschaftlich wurde die Lage in Deutschland nach einer kurzen Erholung immer schwieriger.

Weimarer Republik

Merksatz

MERKE: In der Moderne …
… eroberte das Christentum die Welt und es entstanden neue Zentren in Amerika, Afrika und Asien.
… verlor Latein als Christentumssprache mehr und mehr an Bedeutung.
… nahm die Bedeutung Deutschlands und Europas für das Christentum sukzessive ab.
… wurde durch das Erstarken der *Freikirchen für das Christ-Werden der Glaube wieder wichtiger als die Taufe.
… gewann der private Raum für die religiöse Praxis wieder vermehrt an Bedeutung (Hauskreise).
… verloren alle westlichen Kulturen ihre geschlossen christliche Prägung.
… betrachteten mehr und mehr Staaten das Christentum nicht mehr als Staatsreligion.

… musste das Christentum erstmals andere Religionen, allen voran Judentum und Islam, ernst nehmen.
… erreichte die Theologie vor allem an deutschen Fakultäten eine nie gekannte Quantität und Qualität.
… bildete die Theologie zunächst profilierte Richtungen, diversifizierte sich dann aber vollständig.
… wurde Jesus beinahe ausschließlich als Mensch, als jüdischer Prophet, als Lehrer und Vorbild gesehen.
… verlor das Mönchtum innerhalb des Christentums allmählich an Bedeutung.
… verloren die *katholischen Bischöfe Deutschlands endgültig ihre politische Macht.
… wurde in vielen deutschen Landeskirchen das Amt und der Titel des *Bischofs, begrenzt auf repräsentative Aufgaben, wieder eingeführt.
… wuchs die Bedeutung Roms und seines Bischofs wieder.

Im Jahre 1933 übergab Reichspräsident Paul von Hindenburg die Macht an Adolf Hitler und seine Nationalsozialistische Deutsche Arbeiterpartei. Nach wenigen Wochen war die Demokratie beseitigt und die Verfolgung der Juden begann. Unter den evangelischen Christen Deutschlands gab es viel Zustimmung, aber auch Zurückhaltung und bald schon Distanz, als Hitler die evangelischen Kirchen nach seinen Prinzipien umzugestalten begann. Die Distanzierten sammelten sich im „Pfarrernotbund" und in der „Bekennenden Kirche" (BK). Verfolgungen waren die Konsequenz. **1933 Hitler**

1939 begann Deutschland mit Krieg und griff zunächst Polen an. Ein zweiter Weltkrieg, wieder und diesmal allein angefangen und verschuldet von Deutschland, hatte begonnen. Er sollte bis 1945 dauern und noch grausamer und verheerender verlaufen als der Krieg 1914–1918. Die evangelischen Kirchen Deutschlands unterstützten ihr Krieg führendes Vaterland, auch als 1941 die Sowjetunion angegriffen wurde, mit der Hitler einen Nichtangriffspakt abgeschlossen hatte, und nur wenige evangelische und nur wenige, aber etwas mehr *katholische Christen verweigerten den Waffendienst und bezahlten dafür mit dem Leben. **1939 Krieg** **1945**

Nach 1945 kehrte der Westen Deutschlands zur Demokratie zurück, während im Osten unter dem Anspruch, den Sozialismus und damit eine neue, gerechtere Gesellschaftsordnung zu verwirklichen, ein von der Sowjetunion abhängiges autoritäres

Einparteiensystem errichtet wurde, die Deutsche Demokratische Republik (DDR). Die Kirchen spielten in beiden Teilen Deutschlands unterschiedliche Rollen. Im Westen, der Bundesrepublik Deutschland (BRD), wurden sie rasch zu staatstragenden Kräften, im Osten jedoch entschieden sie sich zunächst für die Rolle der Opposition. Am Gedanken der Einheit aller Deutschen hielten die Kirchen länger fest als alle anderen Kräfte und kooperierten auch miteinander, solange es noch ging. Erst 1969 gründeten die Kirchen der DDR den eigenständigen „Bund der Evangelischen Kirchen in der DDR". Bei der friedlichen Revolution 1989 in der DDR spielten die Kirchen der DDR eine entscheidende Rolle (→ 6.2.7).

DDR
BRD

1989

Literatur

Kirchen- und Theologiegeschichte in Quellen. Ein Arbeitsbuch. Bd. 4: Vom Konfessionalismus zur Moderne / Martin Greschat (Hg.). 4. Aufl. Neukirchen-Vluyn 2012. – **Kirchen- und Theologiegeschichte in Quellen.** Ein Arbeitsbuch. Bd. 5: Das Zeitalter der Weltkriege und Revolutionen / Martin Greschat (Hg.). Neukirchen-Vluyn 1999. – **Martin H. Jung**: Der Protestantismus in Deutschland von 1815 bis 1870. Leipzig 2000 (Kirchengeschichte in Einzeldarstellungen III/3). – **Martin H. Jung**: Der Protestantismus in Deutschland von 1870 bis 1945. Leipzig 2002 (Kirchengeschichte in Einzeldarstellungen III/5).

6.2 | Hauptthemen der Kirchengeschichte des 19. und 20. Jahrhunderts

6.2.1 | Diakonie und Caritas

Hilfe für Arme und Kranke gehörte von Anfang an zum Christsein. In der frühen Christenheit kümmerten sich die Gemeinden vor allem um die Witwen in ihren Reihen. Im Mittelalter sorgten religiöse Vereine – Bruderschaften – für die würdige Bestattung von Toten, wenn sie keine Angehörigen hatten, und Spitalorden kümmerten sich um die Krankenpflege und die *Pilgerfürsorge. Die Reformation ordnete die Armenfürsorge in den Gemeinden neu und verbot den Straßenbettel. Der *Pietismus gründete Waisenhäuser.

Gleichwohl war den Kirchen Hilfe für Bedürftige kein vorrangiges Anliegen. Erst im 19. Jahrhundert rückte es in den Vordergrund, weil die Not infolge der Industrialisierung nie gekannte Ausmaße annahm.

katholische Orden

*katholische *Ordensgemeinschaften engagierten sich zunächst und vorbildlich für Waisenkinder, für Kranke und für

Hauptthemen der Kirchengeschichte des 19. und 20. Jahrhunderts

Arme. Im *Protestantismus waren es zuerst private Vereine, gegründet von Männern und Frauen, die pietistisch geprägt waren und den *Erweckungsbewegungen angehörten. Bald schon kam die Idee auf, die soziale Arbeit stärker zu institutionalisieren und zu professionalisieren. In diesem Zusammenhang wurde das alte Diakonenamt in den evangelischen Kirchen neu belebt, und zwar als Amt für Frauen. *Diakonissen, so die neue Amts- und Berufsbezeichnung, arbeiteten in der Sozialfürsorge und lebten, wie *katholische Nonnen, arm und ehelos.

evangelische Diakonissen

Infobox

Diakonissen

Als *Diakonissen wurden von 1836 an in den evangelischen Kirchen Frauen bezeichnet, die sich im Auftrag der Kirche der Krankenpflege und der Sozialarbeit widmeten und dabei arm und ehelos lebten. *Diakonissen verstanden sich in Anlehnung an den griechischen Bedeutungsinhalt des Begriffs (s. u.) als Dienerinnen im dreifachen Sinn: Dienerinnen Jesu, Dienerinnen der Hilfsbedürftigen und Dienerinnen untereinander. Sie lebten in Diakonissen- oder Mutterhäusern, die im 19. Jahrhundert in großer Zahl gegründet wurden. Während das Diakonissenamt im 19. und noch in der ersten Hälfte des 20. Jahrhunderts sehr beliebt war, gibt es heute in Deutschland nur noch wenige hundert *Diakonissen im aktiven Dienst. *Diakonisse werden kann man heute noch im bayerischen Puschendorf und im westfälischen Bethel.

Das soziale Engagement war im *Protestantismus immer verbunden mit dem Gedanken, den Armen und Bedürftigen auch das Evangelium nahe zu bringen, denn überwiegend waren die Helfer der Auffassung, dass die soziale Not letztlich eine Folge der geistlichen Not sei. Für das soziale Engagement protestantischer Christen und Kirchen wurde deshalb in der Mitte des 19. Jahrhunderts der Begriff der inneren *Mission geprägt: Wie die äußere *Mission die Botschaft des Evangeliums, verbunden mit praktischer Hilfe, zu fernen und fremden Völkern brachte, so sollte die innere Mission die Menschen in der Nähe erreichen.

innere Mission

Am Anfang standen vielerorts Rettungsanstalten, wie schon von 1819 an Einrichtungen bezeichnet wurden, in die eltern- und heimatlos gewordene Kinder aufgenommen wurden, um sie in einem doppelten Sinne zu retten: vor zeitlicher Not und ewigem Verlorensein. Ein weiterer wichtiger Punkt war die Gefangenenfürsorge.

Rettungsanstalten

Die innere Mission war im Protestantismus zunächst Sache Einzelner, nicht der Kirchen. Das änderte sich jedoch in der zweiten Hälfte des 19. Jahrhunderts. Im Jahre 1848 hielt ein

Wichern führender Vertreter des christlichen Sozialengagements, Johann Hinrich Wichern, bei einem *Kirchentag in Wittenberg spontan eine wortgewaltige Rede, in der er unter dem Eindruck der revolutionären Umtriebe dazu aufrief, die Kräfte zu bündeln und die Anstrengungen zu verstärken. In der mehr als einstündigen Ansprache äußerte er sich auch zum Verhältnis von Glaube und Liebe:

> Die Liebe gehört mir wie der Glaube. Die rettende Liebe muss ihr das große Werkzeug, womit sie die Tatsache des Glaubens erweiset, werden. Diese Liebe muss in der Kirche als die helle Gottesfackel flammen, die kund macht, dass Christus eine Gestalt in seinem Volk gewonnen hat. Wie der ganze Christus im lebendigen Gotteswortes sich offenbart, so muss er auch in den Gottestaten sich predigen, und die höchste reinste, kirchlichste dieser Taten ist die rettende Liebe. (Wichern: Sämtliche Werke I, 1962, 165)

In der Folge kam es zu einem großen Aufschwung des sozialen Engagements, und die innere Mission wurde institutionalisiert: Es bildete sich die „*Innere Mission", eine zentrale Organisation der evangelischen Kirchen, die das soziale Engagement bündelte und förderte. Überall wurden neue Häuser und Einrichtungen geschaffen, und ganze „Städte der Barmherzigkeit" entstanden, *Bethel* die berühmteste war Bethel bei Bielefeld, wo im Jahre 1910 rund 4000 Kranke und Behinderte betreut wurden. Heute sind die „Von Bodelschwinghschen Stiftungen Bethel" mit 250 Einrichtungen und 185.000 betreuten Menschen das größte diakonische Unternehmen in Europa.

In Hafenstädten wurden Seemannsmissionen aktiv. Auf Bahnhöfen kümmerten sich evangelische und *katholische Frauen gemeinsam um Mädchen, die in die großen Städte strömten. Diese *Bahnhofsmission* „Bahnhofsmissionen" wurden von Frauen geleitet und getragen und arbeiteten von Anfang an in ökumenischem Geist. Die erste wurde 1894 in Berlin gegründet, fünf Jahre später gab es in Deutschland schon 55.

Aus der „*Inneren Mission" wurde 1975 das „Diakonische Werk" und 2012 das „Evangelische Werk für Diakonie und *Diakonie* Entwicklung". Diakonie, ein Fremdwort aus dem Griechischen (διακονία/diakonia), meint Dienst, Dienst am Nächsten. In der *katholischen Kirche spricht man, lateinisch, von Caritas, Liebe, also dem Liebesdienst. Auch heute noch sind die Kirchen im sozialen Bereich die mit Abstand größten Arbeitgeber. Allein in der evangelischen Diakonie arbeiten gegenwärtig 453.000 Menschen in 27.100 Einrichtungen. Der *katholische „Deutsche Caritasverband" ist annähernd gleich stark. *Diakonissen und Nonnen trifft man in diesen Arbeitsfeldern aber nur noch selten.

Auch Ansätze zur, modern gesprochen, Schöpfungsdiakonie finden sich bereits unter erweckten *Protestanten des 19. Jahrhunderts. Nach Anfängen in England (Tierschutzvereine in Liverpool 1809 und London 1824) entstand 1837, angestoßen von dem pietistischen Pfarrer Christian Adam Dann, in Stuttgart der erste deutsche „Verein gegen Tierquälerei" und forderte gesetzliche Regelungen zum Schutz der Tiere und betrieb entsprechende Aufklärungsarbeit.

Tierschutz

Literatur

Martin Gerhardt: Ein Jahrhundert Innere Mission. Bd. 1–2. Gütersloh 1984. – **Martin H. Jung**: „Der Gerechte erbarmt sich seines Viehs". Der Tierschutzgedanke im Pietismus. In: Bernd Janowski, Peter Riede (Hg.): Die Zukunft der Tiere. Theologische, ethische und naturwissenschaftliche Perspektiven. Stuttgart: 1999, S. 128–154. – **Jochen-Christoph Kaiser**: Evangelische Kirche und sozialer Staat. Diakonie im 19. und 20. Jahrhundert. Stuttgart 2008.

Neue Theologien

6.2.2

Angestoßen von und in Auseinandersetzung mit der *Aufklärung entwickelten sich im deutschen *Protestantismus des 19. Jahrhunderts eine Fülle neuer und origineller theologischer Denkrichtungen. Das 19. Jahrhundert wurde zum großen Zeitalter der protestantischen Theologie, und das 19. Jahrhundert begann auch mit einem großen, nachhaltig prägenden protestantischen Theologen: Friedrich Daniel Ernst Schleiermacher. Man hat ihn, nicht zu Unrecht, als den *Kirchenvater des 19. Jahrhunderts bezeichnet.

Schleiermacher

Schleiermacher entstammte der *reformierten Kirche, war aber entschiedener Anhänger des Unionsgedankens. Kirche und Theologie wollte er fit machen für die neue Zeit. Grundlegend war seine neue Sicht der Religion. Religion gehörte für ihn zum Wesen des Menschen, aber anders als für die Theologen vor ihm bestand für ihn Religion weder in erster Linie aus Lehren (*Dogmatik) noch in erster Linie aus Lebensregeln (Ethik), sondern sie hatte für ihn ihren Sitz im „Gemüt". An Gott zu glauben heißt ihm zu vertrauen und mit ihm und für ihn zu leben. Anders formuliert: Religion ist primär eine Sache des Herzens und nicht des Kopfes und nicht der Hände. Pointiert konzipierte Schleiermacher seine *Dogmatik als „Glaubenslehre" (*Der christliche Glau-*

be, 1821/22). Zur *Trinitätstheologie und zur *Eschatologie hatte er ein distanziertes Verhältnis.

Schleiermacher, der in Berlin lehrte, prägte im 19. Jahrhundert Generationen von Theologen, und alle Richtungen der Theologie setzten sich mit ihm auseinander. Nach einem gewissen Bedeutungsverlust in der ersten Hälfte des 20. Jahrhunderts ist er heute wieder hochaktuell. Die protestantische Systematische Theologie der Gegenwart greift gerne und häufig auf Schleiermacher zurück, weil er auch nach zweihundert Jahren gerade für die religiöse Kultur der Gegenwart etwas zu sagen hat.

Neben Schleiermacher sorgte zu Beginn des 19. Jahrhunderts zunächst der *Rationalismus für Schlagzeilen. Seine Anhänger, unter ihnen prominente Exegeten, wollten von der biblischen Überlieferung und der kirchlichen Tradition nur noch gelten lassen, was vor der Vernunft (lat.: ratio) bestehen konnte und zugleich moralisch nützlich war. Am persönlichen Gottesglauben wurde festgehalten, *Bekenntnisse sah man aber als überholt an. Biblische Wunderberichte wurden oberflächlich vernünftig erklärt. Zum Beispiel konnte man den Seewandel Jesu (Mk 6,48) durch dicht unter der Wasseroberfläche liegende Steine verständlich machen. In *Sakramenten sahen die Rationalisten zeichenhafte Handlungen.

Rationalismus

> **Infobox**
>
> **Historisch-kritische Methode**
> Als Folge der *Aufklärung und im Kontext der neuen Theologien entwickelte und entfaltete sich im *Protestantismus auch eine neue wissenschaftlich-theologische Arbeitsweise, die *historisch-kritische Methode, und setzte sich durch. Themen und Texte der Theologie, auch die Bibel, sollten nunmehr nach denselben wissenschaftlichen Methoden untersucht werden, die andere Geisteswissenschaften für ihre Gegenstände anwandten. Historisch war diese Methode, weil sie theologische Texte, auch die Bücher der Bibel, als von Menschen geschaffen und geschichtlich geworden ansah und in ihrem jeweiligen historischen Kontext zu verstehen versuchte. Kritisch war diese Methode, indem sie zu analysieren und zu differenzieren (griech. κρινεῖν/krinein = unterscheiden) versuchte. Für die Theologie kam die neue Methode einer Revolution gleich, und viele fromme Christen führte sie in eine Glaubenskrise. Dennoch hat sie sich durchgesetzt. Im Katholizismus allerdings wurde die historisch-kritische Arbeit an der Bibel offiziell erst 1943 erlaubt.

Gegen den *Rationalismus mit seinen bibelkritischen Konsequenzen wandte sich die Erweckungstheologie, eine mit den kirchlichen *Erweckungsbewegungen eng verbundene akade-

Erweckungstheologie

mische Theologie. Sie pflegte einen unmittelbaren Umgang mit der Bibel, reflektierte über Frömmigkeitserfahrungen, legte großen Wert auf eine christliche Lebensgestaltung und deutete geschichtliche Ereignisse mit religiösen Kategorien. Ein ausgesprochener *„Biblizismus" machte sich breit, und auch dieser inzwischen Mode gewordene Begriff tauchte erstmals auf. Ein wichtiger Repräsentant der Erweckungstheologie war der Hallenser Theologieprofessor Friedrich August Gottreu Tholuck. Die Erweckungstheologie verbündete sich aus Furcht vor allem Neuen mit konservativen protestantischen Kreisen, die auf die Theologie des *orthodoxen Zeitalters zurückgriffen. So entstand im *Protestantismus des 19. Jahrhunderts eine „Neoorthodoxie" (griech. νέος/neos = neu).

Von der Mitte des 19. Jahrhunderts an entwickelte sich die *liberale Theologie. Differenzierter als der *Rationalismus versuchte sie dem Vernunftanspruch der *Aufklärung gerecht zu werden, indem sie sich den neuesten philosophischen Trends, allen voran der Philosophie Hegels, öffnete. In mehrfacher Hinsicht beanspruchten *liberale Theologen für ihre Arbeit Freiheit: Frei von der Bibel, frei von *Bekenntnissen, frei von der Kirche wollten sie forschen und lehren. Viele Theologen traten auch für kirchliche Freiheit (synodale Strukturen) und einige sogar für politische Freiheit (republikanische Strukturen) ein. Ein wichtiger früher Repräsentant der liberalen Richtung war der Schweizer Pfarrer Alois Emanuel Biedermann. In Deutschland hieß der bedeutendste *liberale Theologe Adolf von Harnack. Er wirkte als Kirchenhistoriker in Berlin und besaß große Ausstrahlungskraft. In seiner 1899/1900 gehaltenen, auch als Buch veröffentlichten Vorlesung über *Das Wesen des Christentums* erklärte er, das Wesentliche sei die Religion Jesu, die sich auf ein innerlich zu verstehendes Reich Gottes gründe und in Nächstenliebe und Barmherzigkeit konkretisiere.

liberale Theologie

Dezidiert für politische Freiheit und überdies für gesellschaftliche Gerechtigkeit trat im ausgehenden 19. und frühen 20. Jahrhundert der religiöse Sozialismus ein, eine an die *liberale Theologie anknüpfende theologische und kirchliche Richtung, die auch mit der Arbeiterbewegung in Beziehung trat. Ihre führenden Vertreter waren Schweizer Pfarrer, darunter Hermann Kutter in Zürich und Leonhard Ragaz, ebenfalls Zürich. In Deutschland gehörte der junge Theologe Paul Tillich zu den Anhängern des religiösen Sozialismus, der später in den USA Karriere machen sollte.

religiöser Sozialismus

dialektische Theologie   Anders dachte und argumentierte die *dialektische Theologie, die nach dem Ersten Weltkrieg und als Folge dieses Krieges entstand. Ihr Hauptrepräsentant war der Schweizer Theologe Karl Barth. Was Schleiermacher für das 19. Jahrhundert war, das wurde Barth für das 20. Jahrhundert: eine Generationen von Theologen prägende Gestalt, ein *Kirchenvater des 20. Jahrhunderts.

Karl Barth war Schweizer, hatte aber in Deutschland Theologie studiert. Auf den Ersten Weltkrieg und die Kriegsbegeisterung der deutschen Theologen reagierte er mit Entsetzen. Auf seiner Pfarrstelle in Safenwil, einer Arbeitergemeinde im Aargau, begann er neu nachzudenken und veröffentlichte 1919 (^{2}1922) den *Römerbrief*, eine in eine Auslegung des Paulusbriefs gekleidete Kulturkritik, die in Deutschland wie eine Bombe einschlug. Die Theologie rief er zurück „zur Sache", zu ihrer eigentlichen Aufgabe, zu Gott. Die Pfarrer erinnerte er an ihren eigentlichen Auftrag, das Wort Gottes zu verkündigen. Gott wurde von Barth nicht mehr länger, wie im Neuprotestantismus, als Teil der Welt, sondern als ihr Gegenüber angesehen.

Barth fand rasch viele Anhänger, vor allem in Deutschland, und wegen ihrer dialektischen Argumentationsweise wurde seine Theologie als *dialektische Theologie bezeichnet. Rasch wurde der Schweizer Arbeiterpfarrer zu einem deutschen Professor und im Laufe der Jahre zum prominentesten Theologen Deutschlands. Barth lehrte in Göttingen, Münster/Westfalen und Bonn, bis ihm der Nationalsozialismus eine Fortsetzung seiner akademischen Arbeit unmöglich machte. 1935 ging Barth zurück in seine Heimat und lehrte bis zu seinem Tod 1968 in Basel, wo er seine *Kirchliche Dogmatik* (kurz: KD) verfasste, eine Gesamtdarstellung der Theologie aus evangelisch-*reformierter Perspektive in zwölf Bänden auf rund 10.000 Seiten, eines der monumentalsten Werke der christlichen Theologiegeschichte.

Befreiungstheologie   Neben und nach Karl Barth fassten in der zweiten Hälfte des 20. Jahrhunderts erneut an die *liberale Theologie anknüpfende neue Theologien im *Protestantismus Fuß. Hierzu zählt die Befreiungstheologie, die primär im Katholizismus und zunächst in Lateinamerika beheimatet war, wo sich Christen für Befreiung in allen ihren Dimensionen – politisch, wirtschaftlich, gesellschaftlich, religiös – engagierten und darüber theologisch reflektierten. Die Befreiungstheologie wurde im deutschen Protestantismus rezipiert und erinnerte Theologie und Kirche an ihre Verantwortung für die Gesellschaft und die Welt.

Als Sonderform der Befreiungstheologie entwickelte sich die feministische Theologie und machte die Befreiung der Frau zu ihrem Anliegen. Feministische Theologinnen lasen und interpretierten die Bibel mit den Augen von Frauen, entdeckten ganz neu die wichtige Rolle von Frauen in der Kirchengeschichte und forderten auch die Gleichberechtigung der Frauen in den Kirchen, vor allem bei der Besetzung kirchlicher Ämter. Nachdem das evangelische Pfarramt bis in die 80er Jahre des 20. Jahrhunderts hinein eine Domäne von Männern gewesen war, gewannen nun die Frauen an Boden und machten die Kirchen weiblicher. Seit 1991 gibt es in allen evangelischen Landeskirchen Deutschlands Pastorinnen und Pfarrerinnen. In der *katholischen Kirche steht dagegen, trotz der feministischen Theologie, eine *Weihe von Frauen zu Priesterinnen weiterhin nicht zur Diskussion.

feministische Theologie

Literatur

Ekkhard Lessing: Geschichte der deutschsprachigen evangelischen Theologie von Albrecht Ritschl bis zur Gegenwart. Bd. 1–4. Göttingen 2000–2009. – **Jan Rohls**: Protestantische Theologie der Neuzeit. Bd. 1: Die Voraussetzungen und das 19. Jahrhundert. Bd. 2: Das 20. Jahrhundert. Tübingen 1997.

Staatskirchen, Volkskirchen, Freikirchen

6.2.3

Die evangelischen Kirchen waren in Deutschland *Staatskirchen bis 1918. Sie haben ihre staatskirchliche Struktur nicht selbst beendet, sondern mussten sie beenden unter dem Zwang der Verhältnisse. An den früheren staatskirchlichen Hintergrund erinnert noch heute der Begriff Landeskirche. Die Landeskirchen korrelieren mit den Bundesländern und ihre geografischen Grenzen entsprechen im Großen und Ganzen ebenfalls den Grenzen der heutigen Bundesländer. Auch der Anspruch, Volkskirche zu sein, erinnert an den staatskirchlichen Hintergrund und korrespondiert mit dem Begriff Volkspartei in der Politik. Die Landeskirchen erheben als Volkskirchen den Anspruch, nicht nur für einzelne, religiös speziell gestimmte Gruppen, sondern für die Allgemeinheit zuständig zu sein und sie zu repräsentieren. Die überwiegende Mehrzahl der Mitglieder der Landeskirchen besucht keine sonntäglichen Gottesdienste und nimmt am kirchlichen Leben nicht aktiv teil. Ihr kirchliches Engagement beschränkt sich auf die Bezahlung von Kirchensteuer und auf die Inanspruchnahme kirchlicher Leistungen bei Taufen, *Konfirmationen, Trauungen und Beerdigungen.

1918

Merksatz

MERKE: Die evangelischen Landeskirchen in Deutschland sind ehemalige *Staatskirchen und auch heute noch staatsnahe, wovon insbesondere die vom Staat eingezogene Kirchensteuer zeugt. Bis 1918 waren sie Teil des Staatsapparats der Länder, zu deren Nachfahren, den heutigen Bundesländern, sie geografisch auch heute noch gehören.

Die landeskirchlichen Strukturen haben in Deutschland die mehrfachen politischen Umbrüche überlebt. In Niedersachsen gibt es noch immer fünf Landeskirchen, weil dieses Bundesland aus fünf Ländern hervorgegangen ist. Zu ihnen gehört als Kuriosum die kleinste Landeskirche Deutschlands, die „Evangelisch-Lutherische Landeskirche von Schaumburg-Lippe" mit 22 Gemeinden und 60.000 Gläubigen – und einem *Bischof. Noch immer gibt es auch eine württembergische Landeskirche, obwohl Württemberg schon 1952 mit Baden zu einem Bundesland vereinigt wurde. Auch in der DDR überlebten die alten Landeskirchen mit ihren alten Strukturen. Konserviert wurden und werden veraltete Strukturen auch im akademischen Bereich. Im Prinzip leisten sich alle Bundesländer für alle Landeskirchen eine evangelisch-theologische Fakultät, fernab vom eigentlichen Bedarf.

Marginalien: Schaumburg-Lippe; Württemberg

Erst in der allerjüngsten Geschichte ist Bewegung in die Sache gekommen, aber nicht aus Überzeugung, sondern aus finanziellen Gründen. 2009 schlossen sich die „Thüringer Landeskirche" und die „Evangelische Kirche der Kirchenprovinz Sachsen", ein Überbleibsel aus der Neuordnung der preußischen Territorialverwaltung im frühen 19. Jahrhundert, zur „Evangelischen Kirche in Mitteldeutschland" zusammen, und 2012 bildeten die Kirchen Hamburgs und Schleswig-Holsteins (Nordelbien), Mecklenburgs und Pommerns die „Nordkirche".

Marginalien: Thüringen; Sachsen

Infobox

Die Evangelische Kirche in Deutschland (EKD)
Die EKD besteht aus 20 Landeskirchen, nämlich den Landeskirchen Anhalts, Badens, Bayerns, Berlin-Brandenburgs und der schlesischen Oberlausitz, Braunschweigs, Bremens, Hannovers, Hessen-Nassaus, Kurhessen-Waldecks, Lippes, Mitteldeutschlands, Norddeutschlands, Oldenburgs, der Pfalz, des Rheinlands, Sachsens, Schaumburg-Lippes, Westfalens, Württembergs und der *Reformierten

HAUPTTHEMEN DER KIRCHENGESCHICHTE DES 19. UND 20. JAHRHUNDERTS

Kirche in Bayern und Nordwestdeutschland. Die EKD hat eine jährlich tagende *Synode, einen leitenden „Rat" und an der Spitze einen „Ratsvorsitzenden", in der Regel einen Bischof aus einer der Gliedkirchen. Sie kann ihren Mitgliedskirchen aber nur Empfehlungen geben, keine Befehle.

Abb. 6.1
Die evangelischen Landeskirchen in Deutschland

Ganz anders liegen die Dinge bei den *Freikirchen. Sie sind organisiert wie Vereine. Dieses Kirchenmodell kommt aus den Vereinigten Staaten, hat aber in Deutschland eigene Wurzeln im *Pietismus. Die ersten *Freikirchen entstanden in Deutschland im 19. Jahrhundert, als sich kleine Gruppen engagierter evange-

Freikirchen

lischer Christen von den *Staatskirchen separierten. Heute gibt es in Deutschland ein breites Spektrum von *Freikirchen und sie haben inzwischen mehr aktive Mitglieder als die Landeskirchen. Generell gilt: Wer Mitglied einer *Freikirche ist, ist auch kirchlich aktiv. Frei- und Landeskirchen bekämpfen sich jedoch nicht, sondern kooperieren in der „Arbeitsgemeinschaft Christlicher Kirchen" (ACK). Anders als in der weltweiten *Ökumene (→ 6.2.9) besitzt hier auch die römisch-katholische Kirche eine Vollmitgliedschaft.

Literatur

Karl Kupisch: Die deutschen Landeskirchen im 19. und 20. Jahrhundert. Göttingen 1966 (Die Kirche in ihrer Geschichte 4, R2). – **Karl Heinz Voigt**: Freikirchen in Deutschland. 19. und 20. Jahrhundert. Leipzig 2004 (Kirchengeschichte in Einzeldarstellungen III/6).

6.2.4 | **Antisemitismus und Philosemitismus**

Massive Judenfeindschaft begleitete die Kirche durch ihre gesamte Geschichte. Auch Luther war den Juden feindlich gesinnt gewesen und hatte in seinen letzten Lebensjahren Schriften gegen die Juden veröffentlicht, in denen er u. a. zur Niederbrennung der *Synagogen aufgerufen hatte. Immer gab es aber auch einzelne Christen, die Juden freundlich gesinnt waren. Judenfeindschaft wie Judenfreundschaft erlebten im 19. und 20. Jahrhundert eine deutliche Verstärkung. Außerdem wurden neue Begriffe geprägt: Antisemitismus und Philosemitismus.

Im frühen 19. Jahrhundert waren judenfreundliche Tendenzen zunächst stark und zunehmend. Im *Pietismus und in den *Erweckungsbewegungen war ein wohlwollendes Interesse am Judentum und seiner Religion entstanden, häufig allerdings verbunden mit *Missionierungsgedanken. Außerdem hatte die Französische Revolution die Forderung nach Gleichberechtigung – Emanzipation – aufgebracht, und Napoleon ließ in den Ländern, die er sich unterwarf, sogleich auch Taten folgen. Nachdem die französischen Truppen Deutschland aber wieder verlassen hatten, wurden diese Maßnahmen rückgängig gemacht. In Deutschland herrschte die Auffassung vor, man müsse die Juden zunächst erziehen und an die deutsche und christliche Kultur gewöhnen, bevor man sie gleichstellen könne.

> **Infobox**
>
> **Geschichte der Juden**
> Schon in vorchristlicher Zeit gab es in vielen Städten des Römerreichs jüdische Gemeinden. Die Mehrzahl der Juden lebte bereits in der Diaspora (griech. διασπορά/ diaspora = Zerstreuung) und nicht mehr in Palästina/Israel. Ein bedeutendes Zentrum jüdischen Lebens entwickelte sich in Spanien. Wegen der Vertreibung 1492 wanderten viele Juden in die Niederlande und von dort weiter nach Deutschland und nach Osteuropa. In Osteuropa etablierte sich vor allem in Polen-Litauen ein neues wirtschaftliches und kulturelles Zentrum der Judenheit. Von Osteuropa wanderten Juden wiederum, vermehrt im 19. Jahrhundert, in Deutschland ein. Nach dem Verlust der Staatlichkeit im Jahre 63 v. Chr., dem Verlust des Tempels im Jahre 70 und der Vertreibung aus Spanien 1492 bildete die von Deutschland 1933–1945 durchgeführte Judenverfolgung und -vernichtung den schlimmsten Einschnitt der jüdischen Geschichte; die Juden selbst sprechen von der „Schoah", dem „Untergang" (hebr.: שואה). Nach 1945 lebten kaum noch Juden in Deutschland. Als Folge der politischen Umbrüche in Osteuropa setzte jedoch in den 90er Jahren des 20. Jahrhunderts eine Wanderung insbesondere russischer Juden nach Deutschland ein, sodass inzwischen wieder über 100.000 Menschen jüdischen Glaubens in Deutschland leben. Der 1948 gegründete Staat Israel bietet allen Juden Heimatrecht. Gleichwohl leben von weltweit fünfzehn Millionen Juden nur fünf Millionen in Israel.

Während über die Emanzipation noch diskutiert wurde, erlebte die Judenmission im frühen 19. Jahrhundert einen großen Aufschwung. Joseph Samuel Christian Friedrich Frey, 1771 in Franken geboren, 1798 in Neubrandenburg getauft, gründete 1809 in London eine Judenmissionsgesellschaft, die erste überhaupt. Das Vorhaben fand rasch auch im Heimatland Freys Resonanz. In den Jahren 1820–1822 entstanden entsprechende Gesellschaften in Basel, Frankfurt am Main, Darmstadt, Detmold und Berlin. Die Erfolge hielten sich jedoch in Grenzen.

Judenmission

Die Blicke vieler Juden und vieler Christen richteten sich im 19. Jahrhundert auf Palästina. Die Juden Moses Hess und Theodor Herzl propagierten in der zweiten Hälfte des 19. Jahrhunderts den Aufbau einer jüdischen Nationalbewegung, des „Zionismus", und die Auswanderung nach Palästina. Die ersten Zionisten waren jedoch Christen. Der jüdische Zionismus hatte in der ersten Hälfte des 19. Jahrhunderts christliche Vorläufer. Bereits 1817 verließ eine Gruppe christlich-religiös motivierter „Zioniden", wie sie sich selbst nannten, das Königreich Württemberg. Sie wollten nach Palästina, gelangten aber nicht dorthin und nahmen schließlich mit dem Kaukasus Vorlieb. In den 40er Jahren zog es weiter einzelne Christen in das Heilige Land.

Zionismus

1868 folgte der „Deutsche Tempel", wieder eine Gruppe frommer Württemberger, die in Palästina zahlreiche Siedlungen aufbaute.

Die christlichen Zionisten waren den Juden freundlich gesinnt, wenn sie auch auf deren Übertritt zum Christentum hofften. Andere jedoch verabscheuten die Juden, ganz gleich ob sie Juden waren und blieben oder Christen wurden. Gerade unter gebildeten evangelischen Deutschen verbreitete sich die Auffassung, ein Jude gehöre einer minderwertigen Menschenrasse an, der Rasse der Semiten, und bleibe so gesehen ein Jude, auch wenn er sich taufen lasse. Die biologische Argumentation mit der Rasse, eine wie man heute weiß abstruse Konstruktion, war neu, und so entstand eine neue Form der Judenfeindschaft, für die der Begriff Antisemitismus geprägt wurde. Er kam um 1860 auf und wurde erstmals von dem Schriftsteller Wilhelm Marr als politisches Schlagwort benutzt. Ein leidenschaftlicher Propagandist des Antisemitismus war der dem sächsischen *Luthertum entstammende Historiker Heinrich von Treitschke. Seine Parole „Die Juden sind unser Unglück" fand freilich auch unter evangelischen Kirchenmännern Resonanz, allen voran bei dem angesehenen und einflussreichen Berliner *Hofprediger Adolf Stoecker. 1881 beteiligte er sich an der berüchtigten, auch von vielen anderen evangelischen Theologen unterschriebenen „Antisemiten-Petition", die den Ausschluss von Juden aus obrigkeitlichen Ämtern und aus dem Volksschullehrerberuf forderte.

Antisemitismus

Trotz des zunehmenden Antisemitismus machte die Emanzipation der Juden weitere Fortschritte. Allerdings wurde sie deutschlandweit erst in den 70er Jahren Wirklichkeit. Gut voran schritt, schon vorher, die Integration. Viele Juden, vor allem die Erfolgreichen und Gebildeten, verstanden sich als Deutsche jüdischen Glaubens. Es entfaltete sich auch eine eigene jüdische Gelehrsamkeit, die den intellektuellen Austausch mit der christlichen Theologie suchte. Um die Wende vom 19. zum 20. Jahrhundert war der geistige Führer des modernen Judentums der Marburger Philosoph Hermann Cohen, der dem *liberalen Protestantismus nahe stand und Luther hoch schätzte. Das Judentum suchte er als vernunftgemäße Religion zu begreifen. Sein Schüler Franz Rosenzweig, der 1920 in Frankfurt am Main eine jüdische Volkshochschule („Lehrhaus") gründete, sah im Christentum eine Art Judentum für die Völker. Gemeinsam mit Martin Buber, der in Frankfurt und von 1938 an in Jerusalem als Universitätsprofessor wirkte, schuf er von 1925 an eine neue

Emanzipation

Übersetzung des Alten Testaments ins Deutsche (von Buber vollendet 1961), die den Geist und den Atem der hebräischen Sprache und des hebräischen Denkens wiederzugeben suchte. Nach dem Ersten Weltkrieg blühte das jüdische Leben in Deutschland, und einige evangelische Theologen öffneten sich dem Gespräch mit den Juden.

1933 kam es zu einem jähen Erwachen. Was in Jahrzehnten gewachsen war, wurde in wenigen Monaten zerstört. Die meisten Gebildeten unter den deutschen Juden wanderten aus, nach Amerika oder nach Palästina. Zu ihnen gehörte der junge, von Buber inspirierte Schalom Ben-Chorin, der eigentlich Fritz Rosenthal hieß und in München geboren war. Von Palästina aus verfolgte er das schreckliche Geschehen und dichtete sein Lied *Freunde, dass der Mandelzweig*, das heute in vielen evangelischen Gesangbüchern zu finden ist. Nach 1945 suchte er das Gespräch mit den Deutschen und mit den Christen und wurde zum jüdischen Pionier des christlich-jüdischen Dialogs.

Wer nach 1933 in Deutschland blieb und Jude war oder jüdische Vorfahren besaß, hatte kaum eine Überlebenschance. Die Nationalsozialisten setzten sich das Ziel, nicht nur das deutsche, sondern auch das europäische Judentum zu vernichten, und haben dieses Ziel beinahe erreicht. Sechs Millionen Juden starben in Vernichtungslagern. Eines dieser Lager, Auschwitz, bei Krakau in Polen gelegen, wurde zum Symbol für das, was die Juden selbst später als „Holocaust" (griech. ὁλοκαύτωμα/holocautoma = Brandopfer) oder „Schoah" bezeichneten. Nach 1945 war der christlich-jüdische Dialog von der Frage einer „Theologie nach Auschwitz" begleitet. Die christliche Theologie, die wegen der mit ihr verbundenen Judenfeindschaft mitverantwortlich war für das bislang größte Menschheitsverbrechen, konnte nicht weitermachen, als wäre nichts geschehen.

Eine wichtige Rolle bei der Erneuerung spielten die Evangelischen *Kirchentage. Hier gab es jüdisch-christliche Bibelarbeiten. Die Christen begannen umzudenken und legten althergebrachte antijüdische Vorurteile ab. Auch in der akademischen Theologie setzte sich allmählich eine neue, positive Sicht des Judentums durch. Die Evangelische Kirche in Deutschland legte 1975 eine vorsichtig als „Studie" bezeichnete Erklärung zu *Christen und Juden* vor, der 1991 und 2000 weitere, weiterführende Studien folgten. Während die erste Studie in sechs Punkten die Gemeinsamkeiten zwischen Juden und Christen herausstellte, darunter das *Bekenntnis zu Gott und das Bemühen um Gerechtigkeit und

Liebe, arbeitete die zweite die christliche Schuld an der Schoah heraus. Die dritte Studie legte unter anderem Leitlinien für das christlich-jüdische Gespräch dar. Spektakulärer war die Entscheidung der Evangelischen Kirche im Rheinland 1996 folgende Formulierung in den Grundartikel ihrer Kirchenordnung aufzunehmen:

> [Die Kirche] bezeugt die Treue Gottes, der an der Erwählung seines Volkes Israel festhält. Mit Israel hofft sie auf einen neuen Himmel und eine neue Erde. (Die Kirchen und das Judentum II, 2001, 744)

Schon 1980 hatte die Rheinische Kirche die Judenmission grundsätzlich verworfen und den 1948 gegründeten Staat Israel, der bereits mehrere Kriege überlebt hatte, als „Zeichen der Treue Gottes gegenüber seinem Volk" bezeichnet.

Dialog — Der religiöse und theologische Dialog zwischen Juden und Christen gehört zu den wichtigsten Errungenschaften der neueren Kirchen- und Theologiegeschichte. Er hat die Kirchen in Deutschland und die in Deutschland gelehrte Theologie nachhaltig verändert und geprägt. Zu den Pionieren christlicherseits gehörten die Systematiker Helmut Gollwitzer und Friedrich Wilhelm Marquardt sowie der Neutestamentler Peter von der Osten-Sacken, die alle in Berlin lehrten, sowie die Frankfurter Kirchenhistorikerin Leonore Siegele-Wenschkewitz.

Literatur

Martin [H.] Jung: Die württembergische Kirche und die Juden in der Zeit des Pietismus (1675–1780). Berlin 1992 (Studien zu Kirche und Israel 13). – **Martin H. Jung**: Christen und Juden. Die Geschichte ihrer Beziehungen. Darmstadt 2008. – **Gabriele Kammerer**: In die Haare, in die Arme. 40 Jahre Arbeitsgemeinschaft „Juden und Christen" beim Deutschen Evangelischen Kirchentag. Gütersloh 2001. – **Irena Ostmeier**: Zwischen Schuld und Sühne. Evangelische Kirche und Juden in SBZ und DDR 1945–1990. Berlin 2002 (Studien zu Kirche und Israel 21).

6.2.5 Päpste und Konzile

Die Reformatoren hatten den Untergang des *Papsttums erwartet. Doch das Papsttum überlebte die Reformation und erholte sich rasch. Im *Pietismus rechnete man erneut mit dem baldigen *Untergang* des Papsttums, aber wieder blieben die Anzeichen dafür aus. Ende des 18. Jahrhunderts schien das Ende jedoch tatsächlich zu kommen. 1798 nahm Napoleon *Papst Pius VI. in Gefangenschaft, wo dieser ein Jahr später starb. Sein Nachfolger Pius VII. war 1809–1814 ebenfalls Gefangener der Franzosen und überdies löste Napoleon 1809 den *Kirchenstaat auf. In Deutschland verloren die *katholischen Bischöfe ihre weltlichen Herrschaftsgebiete und erhielten sie nie wieder.

Nach dem Ende der napoleonischen Gewaltherrschaft und der Neuordnung Europas durch den Wiener Kongress erholte sich die *katholische Kirche rasch und die *katholische Frömmigkeit gelangte zu neuer Blüte und das Papsttum zu neuer Macht. Der *Kirchenstaat wurde 1815 wiederhergestellt. *Katholische *Orden engagierten sich verstärkt im sozialen Bereich (→ 6.2.1) und in der Bildungsarbeit, das *Wallfahrtswesen nahm einen großen Aufschwung, spektakuläre Ereignisse wie die *Stigmatisation der Anna Katharina Emmerick in Dülmen 1812 sowie angebliche Marienerscheinungen in Lourdes (→ ♪) 1858 erregten Aufsehen, und nicht wenige deutsche *Protestanten, gerade aus den Kreisen der Gebildeten, wurden ihrer eigenen Kirche überdrüssig *katholisch. Viele Künstler waren unter den Übergetretenen, zum Beispiel Clemens Brentano.

Aufschwung

In Rom regierten starke und machtbewusste Päpste, die das Ihre zur Kräftigung des Katholizismus beitrugen. An erster Stelle ist Pius IX. zu nennen, der von 1846 bis 1878 regierte. Er traf in seiner langen Amtszeit mehrere für die *katholische Theologie wichtige Entscheidungen.

Pius IX

Den Anfang machte 1854 die Festlegung, Maria, die Mutter Jesu, sei frei von *Erbsünde gezeugt und geboren worden (unbefleckte Empfängnis Mariens). Maria war also, wie Jesus selbst, völlig frei von Sünde.

unbefleckte Empfängnis

1864 veröffentlichte Pius den Syllabus errorum, ein „Verzeichnis" (lat.: syllabus) von achtzig modernen philosophischen, theologischen und politischen Positionen, die als „Irrtümer" (lat.: errores) verurteilt und verworfen wurden. Dazu gehörten die Idee der Religionsfreiheit, die Forderung nach Trennung von Kirche und Staat, das Recht auf Ehescheidung und das staatliche Schulwesen.

Syllabus errorum

1870 musste Pius zwar den erneuten Verlust des *Kirchenstaates hinnehmen, der nun sogar bis 1929 dauern sollte, aber im gleichen Jahr veranstaltete er in Rom ein *Konzil, das als eines der bedeutendsten *Konzile in die Geschichte eingehen sollte. Das 1. *Vatikankonzil (auch: Vaticanum I) tagte von Dezember 1869 bis Oktober 1870 und zählte beinahe 800 Teilnehmer. Vertreter der *orthodoxen und der evangelischen Kirchen beteiligten sich nicht. Hauptthema war die päpstliche *Unfehlbarkeit (Infallibilität). Was schon im Mittelalter vertreten worden war, sollte

Unfehlbarkeit

nun offiziell beschlossen und festgelegt werden: dass Päpste bei Entscheidungen zu Glaubens- und Sittenfragen *Unfehlbarkeit beanspruchen können. Etwa zwanzig Prozent der Konzilsteilnehmer waren zwar dagegen, reisten jedoch vor der letzten Beschlussfassung ab, sodass es schließlich nur zwei Gegenstimmen gab.

Merksatz

MERKE: *Unfehlbarkeit bedeutet nicht, dass alles, was der *Papst sagt, richtig ist und nicht hinterfragt werden darf. Unfehlbar sind nur Erklärungen, für die der *Papst ausdrücklich die *Unfehlbarkeit in Anspruch nimmt. Dies ist bislang nur einmal geschehen, nämlich 1950, als Pius XII. erklärte, dass Maria, die Mutter Jesu, nach ihrem Tod von Gott leiblich – wie Jesus selbst und im Unterschied zu allen anderen Menschen – in den Himmel aufgenommen worden sei. Gleichwohl sind als Folge des Unfehlbarkeitsbeschlusses tendenziell letztlich alle Äußerungen und Positionierungen des *Papstes über alle Kritik erhaben und werden innerkirchlich auch nur selten kritisiert.

Nicht alle Katholiken akzeptierten und arrangierten sich mit dem Dogma der *Unfehlbarkeit. In Deutschland und der Schweiz trennten sich kleine *katholische Kreise von ihrer Kirche und bildeten die altkatholische (Schweiz: christkatholische) Kirche, die es bis heute gibt.

Kulturkampf

In Deutschland entbrannte unter Pius der Kulturkampf, eine Machtprobe zwischen dem von liberalen *Protestanten geführten preußischen Staat, der in Deutschland den Ton angab und den Kaiser stellte, und dem konservativen, an Rom orientierten Katholizismus. Der Kampf begann 1871 mit dem „Kanzelparagraphen", einer Änderung im Strafgesetzbuch, die es allen Geistlichen untersagte, bei ihrer Amtsausübung Angelegenheiten des Staates in einer „den öffentlichen Frieden gefährdenden Weise" zu erörtern, und endete 1887 mit einem „Friedensgesetz". Besonders wichtige Maßnahmen waren das Verbot der *Jesuiten im Jahre 1872 und die Einführung der *Zivilehe 1874 in Preußen und 1875 im ganzen *Reich. Das Jesuitenverbot wurde erst 1917 aufgehoben, und der Kanzelparagraph hatte sogar Bestand bis 1953.

Mitten im Kulturkampf starb Pius IX. im Jahre 1878. Sein Nachfolger, Leo XIII., setzte den modernitätsfeindlichen Kurs jedoch gleich fort und erhob 1879 den mittelalterlichen scholastischen Theologen Thomas von Aquin hinsichtlich seiner Weisheit zum Vorbild und Maßstab aller *katholischen Theologie und Philosophie. Durch eine solche „gesunde" Philosophie erhoffte sich der *Papst die nachhaltige Abwehr von Zeitirrtümern. Der Neothomismus und die Neoscholastik waren damit geboren.   Neothomismus

Einen letzten Höhepunkt im Kampf gegen den Zeitgeist erreichte die *katholische Kirche 1910, als Pius X. den Antimodernisteneid einführte. Alle *Priester mussten bei ihrer Weihe nunmehr ausdrücklich den „Irrtümern" der Moderne abschwören. Erst 1967 wurde diese Verpflichtung abgeschafft.   Antimodernisteneid

Die *katholische Kirche konnte sich der Moderne jedoch nicht dauerhaft entziehen. Ein erster Meilenstein ihrer Modernisierung war die Freigabe der Bibelforschung im Jahre 1943. Nun hielt, 150 Jahre nach ihrer Erfindung, die *historisch-kritische Exegese Einzug in die *katholische Theologie.

Den eigentlichen Durchbruch brachte aber das 2. *Vatikankonzil (Vaticanum II), das von 1962 bis 1965 tagte und die *katholische Kirche umfassend erneuerte, sie sogar, so könnte man sagen, ein Stück weit evangelisch machte. Die protestantischen Kirchen wurden erstmals anerkannt, wenn auch nicht als Kirchen im strengen und eigentlichen Sinne, und den nichtchristlichen Religionen wurde erstmals Respekt gezollt (→ 6.2.8). Besonders hervorhebenswert ist die Reform der *Liturgie. In der Folge wurden die Gottesdienste in der jeweiligen Landessprache gefeiert und nicht mehr lateinisch, und die Predigt erlebte einen deutlichen Aufschwung. Die *Priester zelebrierten nicht mehr mit dem Rücken zur Gemeinde (wie viele lutherische Pastoren noch heute), sondern immer der Gemeinde zugewandt. Die Altäre wurden ins Zentrum des Kirchenraums verschoben. In den letzten Jahren entdeckten aber wieder mehr Katholiken eine Vorliebe für die alte lateinische Messe.   2. Vatikankonzil

Paul VI. setzte die Beschlüsse des *Konzils in Kraft und führte in manchen Bereichen die Reformbemühungen fort, zum Beispiel indem er die traditionelle Papstkrone, die Tiara, Symbol seiner weltlichen Macht, ablegte. 1966 verbot er Katholiken jedoch die künstliche Empfängnisverhütung, was unter Christen und noch mehr unter Nichtchristen angesichts der mit Hungerkatastrophen verbundenen Bevölkerungsexplosion in den armen Ländern der Welt heftigen Widerspruch auslöste. Trotzdem ist diese *katholische Sexualdoktrin bis heute in Kraft. Konsequent verbietet die *katholische Kirche auch jede Abtreibung, selbst nach   Paul VI.

einer Vergewaltigung. Die gesetzliche Neuregelung des Schwangerschaftsabbruchs war deshalb in Deutschland über Jahrzehnte hinweg (1974 erstes Gesetz zur Fristenregelung, 1995 letztes Urteil des Bundesverfassungsgerichts) heftig umstritten und war von zahlreichen *katholisch-kirchlichen Stellungnahmen, Protesten und Aktionen begleitet. Die evangelischen Kirchen waren dagegen nicht in der Lage zum Schwangerschaftsabbruch eine gemeinsame und einheitliche Position zu formulieren und zu vertreten. Die Empfängnisverhütung wiederum war für die evangelische Ethik nie ein Problem. Sie war erlaubt.

Johannes Paul II.

1978 übernahm ein noch konservativerer *Papst das Ruder, der Pole Johannes Paul II., der bis 2005 lebte und regierte und seine Kirche nachhaltig prägte (→ 7.1). Das Verhältnis zu den Weltreligionen entspannte sich unter ihm weiter, das Verhältnis zu den evangelischen Kirchen, denen weiter die Bezeichnung als Kirche vorenthalten wurde, verschlechterte sich aber. Nach seinem Tod bestieg erstmals seit Jahrhunderten wieder ein Deutscher den Papstthron, Benedikt XVI., der in den 60er Jahren als Theologieprofessor für Reformen eingetreten war, nun aber die konservative Linie seines Vorgängers fortsetzte. Heftige öffentliche Diskussionen löste er aus, als er die kirchliche Wiederversöhnung mit konservativen Kirchenmännern anstrebte, die als Holocaustleugner hervorgetreten waren. In seinen letzten Amtstagen holte er dann noch zu einer beinahe einer Verurteilung gleichkommenden Kritik am 2. *Vatikankonzil und der von ihm veranlassten Reformmaßnahmen aus.

Benedikt XVI.

Hans Küng

Zu den Opfern des neuen *katholischen Konservativismus gehört der große Tübinger Theologe Hans Küng, der bekannteste, populärste und innovativste *katholische Theologe des 20. Jahrhunderts. 1979 hatte ihm Johannes Paul II. die Lehrbefugnis entzogen, weil er das *Unfehlbarkeitsdogma in Frage gestellt hatte. Bis heute darf er nicht mehr im Namen seiner Kirche lehren.

Literatur

Klaus Fitschen: Der Katholizismus von 1648 bis 1870. Leipzig 1997 (Kirchengeschichte in Einzeldarstellungen III/8). – **Hubert Kirchner**: Das Papsttum und der deutsche Katholizismus (1870–1958). Leipzig 1992 (Kirchengeschichte in Einzeldarstellungen III/9). – **Hubert Kirchner**: Die römisch-katholische Kirche vom II. Vatikanischen Konzil bis zur Gegenwart. Leipzig 1996 (Kirchengeschichte in Einzeldarstellungen IV/1). – **Gottfried Maron**: Die römisch-katholische Kirche von 1870 bis 1970. Göttingen 1972 (Die Kirche in ihrer Geschichte 4, N2).

Bekennende Kirche und Kirchenkampf | 6.2.6

Deutschland erlebte im 20. Jahrhundert eine turbulente Geschichte und stürzte Europa, ja die ganze Welt zweimal in verheerende Kriege. Am Ersten Weltkrieg 1914–1918 war Deutschland nicht allein-, aber hauptschuldig, und die deutschen *Protestanten zogen unter einem protestantischen Kaiser und unter der Parole „Gott mit uns" begeistert in den Krieg, insbesondere gegen das *katholische Frankreich. Nur wenige Christen dachten und empfanden damals anders. In den ersten Kriegstagen gründeten jedoch Christen aus England und aus Deutschland den „Internationalen Versöhnungsbund" (IFOR), eine christlich-pazifistische Friedensorganisation, die es bis heute gibt.

1918 war Deutschland geschlagen. Der Kaiser und die Könige dankten ab und Deutschland wurde zu einer demokratischen Republik. Doch diese hatte gerade unter den *Protestanten, die in Deutschland dem Kaiser nachtrauerten, nur wenig Rückhalt. Ebenfalls nur wenige interessierten und engagierten sich nach dem Ersten Weltkrieg für dauerhaften Frieden. Zu ihnen gehörte ein lutherischer Franzose aus dem Elsass, Etienne Bach, der unermüdlich für deutsch-französische Verständigung arbeitete und eine christliche Friedensorganisation, die „Kreuzritter für den Frieden", gründete. Eine Wirtschaftskrise und das Versagen der demokratischen Parteien und Institutionen führten 1933 Adolf Hitler an die Macht, der sich von Anfang an die Abkehr von der Demokratie und die Abkehr vom Frieden zum Ziel gesetzt hatte. Als Erste verfolgte er die Kommunisten.

1918

1933
Hitler

Hitler, der diktatorisch als „Führer" regierte, wollte ganz Deutschland, jeden Einzelnen, mit seiner nationalistischen Weltanschauung erfüllen, mit der Judenfeindschaft untrennbar verbunden war. Auch die evangelischen Kirchen sollten im nationalsozialistischen Sinn umgestaltet werden. Aus den vielen Landeskirchen sollte eine einheitliche Reichskirche werden mit einem Führer-Bischof an der Spitze. Diese Idee fand in den Kirchen durchaus Unterstützung, insbesondere bei den Deutschen Christen (DC), einer streng nationalsozialistisch ausgerichteten evangelischen Gruppierung, stieß aber auch auf Widerstand, der schon im Laufe des Jahres 1933 allmählich stärker wurde. Insbesondere das unter dem Stichwort „Arierparagraph" behandelte Vorhaben, aus der Kirche Amtsträger auszuschließen, die jüdische Vorfahren hatten, hielten viele evangelische Theologen für falsch und verwerflich. Um Martin Niemöller, Gemeindepfarrer

Niemöller

Barth in Berlin-Dahlem, sammelte sich der Pfarrernotbund, und um Karl Barth, Theologieprofessor in Bonn, die *Bekennende Kirche (BK). Der Bund half Pfarrern, die unter der Hitlerherrschaft in Not gerieten, die *Bekennende Kirche bot allen Pfarrern und Kirchengemeinden eine Plattform, für die das Bekennen zu Jesus Christus weiter wichtiger war als die Treue zum „Führer". 1934 veranstalteten sie in Wuppertal-Barmen und in Berlin-Dahlem zwei große *Synoden. In Barmen wurde eine bekenntnisartige *Erklärung* verabschiedet, verfasst von Barth, die sich vom Programm einer nationalsozialistisch umgestalteten evangelischen Kirche distanzierte. Die *Barmer Theologische Erklärung* verabsolutierte Jesus Christus und stellte ihn dem absoluten Staat gegenüber:

1934

> Jesus Christus, wie er uns in der Heiligen Schrift bezeugt wird, ist das eine Wort Gottes, das wir zu hören, dem wir im Leben und im Sterben zu vertrauen und zu gehorchen haben.
>
> Wir verwerfen die falsche Lehre, als könne und müsse die Kirche als Quelle ihrer Verkündigung außer und neben diesem einen Worte Gottes auch noch andere Ereignisse und Mächte, Gestalten und Wahrheiten als Gottes Offenbarung anerkennen.
>
> Die Schrift sagt uns, dass der Staat nach göttlicher Anordnung die Aufgabe hat in der noch nicht erlösten Welt, in der auch die Kirche steht, nach dem Maß menschlicher Einsicht und menschlichen Vermögens unter Androhung und Ausübung von Gewalt für Recht und Frieden zu sorgen. Die Kirche erkennt in Dank und Ehrfurcht gegen Gott die Wohltat dieser seiner Anordnung an. Sie erinnert an Gottes Reich, an Gottes Gebot und Gerechtigkeit und damit an die Verantwortung der Regierenden und Regierten. Sie vertraut und gehorcht der Kraft des Wortes, durch das Gott alle Dinge trägt.
>
> Wir verwerfen die falsche Lehre, als solle und könne der Staat über seinen besonderen Auftrag hinaus die einzige und totale Ordnung menschlichen Lebens werden und also auch die Bestimmung der Kirche erfüllen. Wir verwerfen die falsche Lehre, als solle und könne sich die Kirche über ihren besonderen Auftrag hinaus staatliche Art, staatliche Aufgaben und staatliche Würde aneignen und damit selbst zu einem Organ des Staates werden.
>
> (Hermle/Thierfelder: Herausgefordert, 2008, 206–209)

Der Notbund und die *Bekennende Kirche traten nicht in offene, direkte Opposition zum Staat, sondern handelten äußerst vorsichtig. Dennoch musste Barth Deutschland 1935 verlassen, und Niemöller kam 1937 in Haft. Beide überlebten jedoch die nationalsozialistische Zeit und spielten nach 1945 im deutschen *Protestantismus eine große Rolle. Anders war es mit Dietrich Bonhoeffer Bonhoeffer, einem jungen, in der Pfarrerausbildung tätigen

Theologen, der eine radikalere Opposition befürwortete und unterstützte. Er schloss sich Kreisen aus dem Militär an, die ein Attentat auf Hitler planten. Das Attentat fand am 20. Juli 1944 statt, schlug aber fehl. Bonhoeffer wurde verhaftet und 1945, kurz vor Kriegsende, auf Befehl Hitlers hingerichtet.

Merksatz

MERKE: Der *Kirchenkampf verlief nicht so kämpferisch, wie diese schon im Frühsommer 1933 aufgekommene Bezeichnung suggeriert. Gekämpft haben nicht *die* Kirchen, sondern nur Teile der Kirchen. Gekämpft haben die Kirchen nicht oder nur kaum mit Hitler und seinen Genossen, sondern vor allem mit Hitleranhängern in den eigenen Reihen. Und gekämpft haben sie nicht für die grausam verfolgten Kommunisten und die tödlich bedrohten Juden, sondern in erster Linie für ihre eigenen Interessen. Kirche muss Kirche bleiben, so lautete das Hauptanliegen. Alles andere war dem nachgeordnet.

Die *katholische Kirche war nicht in gleicher Weise in Kämpfe involviert wie die evangelische. Durch einen Vertrag (*Konkordat) mit Hitler, der übrigens selbst Katholik war, hatte Rom bereits 1933 den deutschen Katholizismus abgesichert. Eine nationalsozialistische Umgestaltung der Kirche war kein Thema. Konflikte entstanden dennoch, weil einzelne Katholiken, darunter auch hochrangige Geistliche wie der *Bischof von Münster/Westfalen Clemens August Graf von Galen, gegen verschiedene Verbrechen *von Galen* des nationalsozialistischen Staates wie die Verfolgung der Juden und die Ermordung der Geisteskranken (die so genannte *Euthanasie) offen protestierten. Rom selbst ließ 1937 eine Erklärung ausgehen, die *Enzyklika *Mit brennender Sorge*, die von allen *katholischen Kanzeln Deutschlands verlesen wurde und sich gegen die Bedrückung der Kirche, aber auch gegen den Rassismus wandte. Als die Nationalsozialisten 1941 mit der Vernichtung des europäischen Judentums begannen, unterblieb ein lautstarker Protest jedoch. Zu Bonhoeffer gab es eine Entsprechung in dem *Jesuiten Alfred Delp, der ebenfalls Kontakt hatte zu den *Delp* Attentätern des 20. Juli und deshalb ebenfalls, bereits im Februar 1945, hingerichtet wurde.

Die Kirchen als Institutionen haben 1933–1945 versagt, aber einzelne Christinnen und Christen halfen und taten, was sie tun konnten, und haben vielen Menschen das Leben gerettet. In den

Niederlanden wurden zahlreiche Juden versteckt, das berühmteste Beispiel war Anne Frank, die freilich entdeckt wurde und deshalb nicht überlebte. In der Schweiz half Gertrud Kurz unermüdlich den Flüchtlingen und erreichte 1942, dass die Grenzen offen blieben, obwohl führende Schweizer Politiker verkündeten: „Das Boot ist voll!". In Deutschland rettete der Industrielle Oskar Schindler bei ihm beschäftigten Juden das Leben, indem er sie als für die Kriegsmittelproduktion unentbehrlich erklärte. Und die junge Vikarin Katharina Staritz solidarisierte sich mit den ebenfalls verfolgten *Judenchristen und büßte dafür mit einer Haft im Konzentrationslager.

Literatur

Siegfried Hermle, Jörg Thierfelder (Hg.): Herausgefordert. Dokumente zur Geschichte der Evangelischen Kirche in der Zeit des Nationalsozialismus. Stuttgart 2008. – **Martin H. Jung**: Gertrud Kurz (1890–1972). In: Adelheid M. von Hauff (Hg.): Frauen gestalten Diakonie. Bd. 2: Vom 18. bis zum 20. Jahrhundert. Stuttgart 2006, S. 511–531. – **Martin H. Jung**: Katharina Staritz (1903–1953). Ermutigung zum Gott-Vertrauen in der Gottes-Finsternis. In: Peter Zimmerling (Hg.): Evangelische Seelsorgerinnen. Biografische Skizzen, Texte und Programme. Göttingen 2004, S. 314–334. – **Klaus Scholder**: Die Kirchen und das Dritte Reich. Bd. 1–3 / Gerhard Besier (Bearb. u. Hg. v. Bd. 3). Frankfurt a. M./Berlin 1977–2001.

6.2.7 Kirchen in Deutschland nach 1945

Im Jahre 1945 waren die Kirchen die einzigen Institutionen Deutschlands, die überlebt hatten, noch Strukturen besaßen und zugleich moralisch halbwegs integer waren. Sie genossen bei den Siegermächten hohes Ansehen. Deshalb spielten sie bei der Neuordnung Deutschlands eine große Rolle. Sie mussten sich aber auch selbst neue Ordnungen geben und sie mussten sich der Vergangenheit stellen.

1945 Schulderklärung

Für Aufsehen und rege Diskussionen sorgte im Oktober 1945 die *Stuttgarter Schulderklärung*. Der neu gegründete Rat der Evangelischen Kirche in Deutschland (EKD) traf sich in Stuttgart zu seiner ersten Sitzung und erklärte mit Blick auf die Zeit 1933–1945, dass „unendliches Leid über viele Völker und Länder gebracht worden" sei. Die Ratsmitglieder bedauerten, dass die Kirchen „nicht mutiger bekannt, nicht treuer gebetet, nicht fröhlicher geglaubt und nicht brennender geliebt" hätten. Der Wille zu einem „neuen Anfang" wurde bekundet. Nicht ausdrücklich erwähnt wurden die Juden. Deutlichere Worte fand zwei Jahre später der Bruderrat der EKD, die Nachfolgeorganisation der *Bekennenden Kirche, in seinem unter Beteiligung Niemöllers entstandenen *Darmstädter Wort*. Es wandte sich grundsätzlich gegen Militarismus und Antikommunismus und forderte einen neuen und besseren deutschen Staat, der sich Frieden und Völkerversöhnung zum Ziele setze.

In Westdeutschland, das 1948 zur Bundesrepublik Deutschland (BRD) wurde, bewahrten die Kirchen ihre privilegierte Stellung. An den Schulen konnten sie weiter Religionsunterricht erteilen, und der Staat zog die Kirchensteuern ein. Führende Politiker waren überzeugte Christen. Der Katholizismus war im politischen Bereich allerdings stärker als der *Protestantismus. Der erste und langjährige (1949–1963) Bundeskanzler Konrad Adenauer war Katholik. Großen Widerstand gab es unter den *Protestanten gegen die von ihm betriebene Wiederbewaffnung Deutschlands und gegen die Integration Deutschlands in das westliche Militärbündnis, die Nato. Ein prominenter evangelischer Minister, Gustav Heinemann, trat deswegen 1950 aus der Regierung aus. Nachdem 1955 die Bundeswehr gegründet worden war, kam es zu einem erneuten Streit, diesmal um die Wiedereinführung einer Militärseelsorge, bei der Pfarrer nicht als Kirchenbedienstete, sondern als staatliche Beamte unter den Soldaten wirkten. Wieder hatten die Kritiker keinen Erfolg. Zuletzt wurde von 1958 an über die von Adenauer ebenfalls gewünschte, dann aber nicht durchgeführte atomare Bewaffnung der Bundeswehr gestritten. Damals begannen in Deutschland die „Ostermärsche", bewusst an Ostern, dem Fest des Lebens veranstaltete Friedensdemonstrationen, die es auch heute noch oder vielmehr wieder gibt. Kirchliche Kreise beteiligten sich, waren aber nicht die eigentlichen Initiatoren. Dagegen war im gleichen Jahr die Gründung der „Aktion Sühnezeichen", heute „Aktion Sühnezeichen/Friedensdienste" (ASF) ein rein kirchliches Unternehmen. Der EKD-Synodale Lothar Kreyssig, ein gelernter Jurist, der 1942 gegen die „*Euthanasie" protestiert hatte, legte den an die Völker, die unter Nazideutschland gelitten hatten, gerichteten Aufruf „Wir bitten um Frieden" vor, den 79 von 120 Synodalen unterzeichneten. Seit 1959 entsendet ASF junge Freiwillige, die dem Frieden und der Versöhnung dienen wollen, u. a. nach Polen, Israel, Russland, Holland und England.

Theologisch war die *dialektische Theologie noch lange vorherrschend, bis in die 70er Jahre hinein. Auch Barth persönlich, der weiter in Basel lebte und lehrte, erfreute sich unter deutschen Theologen, anders als in seinem Heimatland, großen Zuspruchs. Viele „Barthianer", wie seine theologischen Anhänger genannt

Wiederbewaffnung

Militärseelsorge

Ostermärsche

Sühnezeichen

Barthianer

wurden, gingen zu einem Gaststudium nach Basel, um diesen Großen unter den Theologen zu hören. Seine „KD" (→ 6.2.2) gehörte zur Standardausrüstung eines westdeutschen Theologen, und es gab nicht wenige, die stolz darauf waren, sie ganz durchgearbeitet zu haben. Als „Schweizer Stimme" mischte sich Barth weiter in Angelegenheiten des deutschen und europäischen *Protestantismus ein. Große Auseinandersetzungen, die sogar die Gemeindeebene erreichten, entstanden jedoch um den ebenfalls evangelischen Marburger Theologen Rudolf Bultmann und dessen bibelkritisches Programm einer „Entmythologisierung" des Neuen Testaments. Bultmann leugnete alle Wunder und hielt es für notwendig, in Kirche und Theologie das *mythische Weltbild der Bibel zu revidieren. Gegen ihn sammelten sich konservative *Protestanten, die Terminologie des *Kirchenkampfs wieder aufgreifend in einer „Bekenntnisbewegung" mit dem an Gal 1,6–9 anknüpfenden Untertitel „Kein anderes Evangelium!".

In den 60er Jahren fand die politische Stimme des deutschen Protestantismus Beachtung. Seit 1962 veröffentlichte die Evangelische Kirche „Denkschriften" zu aktuellen gesellschaftlichen und politischen Fragen. Erhebliche geschichtliche Bedeutung sollte eine kurz *Ostdenkschrift* genannte Erklärung von 1965 gewinnen, die die Situation der Vertriebenen und das Verhältnis der Deutschen zu seinen östlichen Nachbarn diskutierte. Sie bahnte einer neuen, auf Versöhnung ausgerichteten Ostpolitik den Weg, die von 1969 an von Bundeskanzler Willy Brandt, einem Politiker mit evangelischem Hintergrund, betrieben wurde. Heinemann, inzwischen ein führender Mann des deutschen Protestantismus, war im gleichen Jahr Bundespräsident geworden und engagierte sich wie schon in den 50er Jahren, nun aber mit großer Resonanz für Frieden und Versöhnung und für mehr Menschlichkeit in der Gesellschaft, zum Beispiel beim Umgang mit Behinderten.

Denkschriften

Infobox

Wichtige Denkschriften der EKD
1962: Eigentumsbildung in sozialer Verantwortung
1965: Die Lage der Vertriebenen und das Verhältnis des deutschen Volkes zu seinen östlichen Nachbarn
1969: Zur Reform des Ehescheidungsrechts in der Bundesrepublik Deutschland
1970: Aufgaben und Grenzen kirchlicher Äußerungen zu gesellschaftlichen Fragen
1975: Christen und Juden I

1982: Frieden wahren, fördern und erneuern
1984: Landwirtschaft im Spannungsfeld zwischen Wachsen und Weichen
1985: Evangelische Kirche und freiheitliche Demokratie
1987: Alterssicherung – die Notwendigkeit einer Neuordnung
1991: Verantwortung für ein soziales Europa
1997: Einverständnis mit der Schöpfung
2000: Zusammenleben mit Muslimen in Deutschland
2007: Aus Gottes Frieden leben – für gerechten Frieden sorgen
2010: Kirche und Bildung

Eine wichtige Rolle bei der Profilierung des westdeutschen Protestantismus spielten auch die nach dem Zweiten Weltkrieg gegründeten Evangelischen Akademien. Die dort veranstalteten Tagungen zu kirchlichen, gesellschaftlichen und politischen Themen wirkten breit in die Gesellschaft hinein und erreichten auch den Kirchen fern stehende Menschen. Wichtig waren vor allem die Akademien Bad Boll in Württemberg und Arnoldshain und Hofgeismar in Hessen.

Akademien

Über das Thema Krieg und Frieden und die Alternative Wehrdienst oder Kriegsdienstverweigerung wurde unter den westdeutschen *Protestanten weiter lebhaft diskutiert. Im Jahre 1967 kaschierten die Verantwortlichen die Unfähigkeit zu einer eindeutigen Positionierung durch das Motto „Friedensdienst mit und ohne Waffen". In den 80er Jahren jedoch wurden die antimilitaristischen und pazifistischen Kräfte stärker, und deutsche *Protestanten beteiligten sich führend und prägend an einem als Friedensbewegung in die Geschichte eingegangenen großen Protest gegen neue atomare Aufrüstungsmaßnahmen des Westens. Die so genannte „Nachrüstung" konnte zwar nicht verhindert werden, aber die politische Landschaft wurde in Deutschland grundlegend verändert durch die dauerhafte Etablierung einer neuen, ursprünglich pazifistisch gestimmten Partei, der Grünen.

Krieg und Frieden

In Ostdeutschland, das unter russischem Einfluss stand und 1949 zur DDR (Deutsche Demokratische Republik) wurde, verlief die Entwicklung anders. Auch hier bildeten sich die alten Landeskirchen neu, aber es erfolgte eine strenge Trennung zwischen Staat und Kirche, und der Staat begann allmählich mit einer antikirchlichen Politik. Der *Konfirmation wurde die Jugendweihe – ein säkulares, in der Mitte des 19. Jahrhunderts entstandenes Ritual des Erwachsenwerdens – entgegengestellt, mit nachhaltigem, bis in die Gegenwart andauerndem Erfolg. Heute noch lassen sich drei- bis viermal mehr Jugendliche in den

DDR

östlichen Bundesländern weihen, als sich konfirmieren lassen. Der Religionsunterricht in den Schulen wurde 1953 abgeschafft, und die Kirchen richteten als Alternative einen „Christenlehre" genannten eigenen Religionsunterricht in eigenen Räumen ein. Kirchengebäude verwahrlosten und verfielen. Kinder aus Pfarrhäusern wurden häufig Knüppel in den Bildungs- und Berufsweg gelegt. Dennoch konnten auch Christen in der DDR studieren und Karriere machen. Ein Beispiel dafür ist Angela Merkel, die aktuelle Bundeskanzlerin, eine aus einem Pfarrhaus stammende, in der DDR promovierte Physikerin. Auch blieben die theologischen Fakultäten an den Universitäten bestehen. Der stetigen Auswanderung gerade von Gebildeten bereitete die DDR mit dem Bau einer im Westen „Mauer" genannten Grenzbefestigung 1961 ein Ende.

Für Furore sorgten spektakuläre Aktionen wie die Sprengung der Leipziger Universitätskirche im Jahre 1968 und spektakuläre Proteste wie die Selbstverbrennung des evangelischen Pfarrers Oskar Brüsewitz im Jahre 1976 in Halle an der Saale. Die Mehrzahl der Evangelischen arrangierte sich jedoch mit den neuen Verhältnissen und führende Theologen entwickelten, inspiriert von Barth und Bonhoeffer, das Programm einer „Kirche im Sozialismus". Die Kirche sah sich nicht mehr als Opposition, sondern als kritische Partnerin der sozialistischen Regierung. 1983 wurde in der DDR das Lutherjubiläum, der 500. Geburtstag des Reformators, von Kirche und Staat gemeinsam groß gefeiert.

Kirche im Sozialismus

Die Kirchen waren in der DDR die einzigen Institutionen, die einen gewissen Freiraum des Denkens und Handelns boten. Sie wurden deshalb in den 80er Jahren zunehmend zum Sammelbecken der wachsenden Opposition. In Friedens- und Umweltgruppen engagierten sich kritische Christen und Oppositionelle. Die Kirchen spielten deshalb bei der häufig einfach als „Wende" bezeichneten friedlichen Revolution in der DDR im Herbst 1989, als die Mauer fiel und aus der Einparteienherrschaft eine Demokratie wurde, eine große Rolle. Anschließend wurde jedoch bekannt, dass sich nicht wenige, darunter prominente evangelische Christen innerhalb ihrer Kirchen als Spitzel, im DDR-Jargon „IM" (Informeller Mitarbeiter), betätigt, Mitchristen überwacht und den Staatsorganen einschlägige Informationen hatten zukommen lassen. 1990 endete die DDR, indem sie sich förmlich der BRD anschloss, und auch die Landeskirchen der ehemaligen DDR passten sich, abhängig von westlichem Geld, Zug um Zug den westlichen Verhältnissen an. Die Kirchensteuer und der Re-

Revolution 1989

ligionsunterricht in den Schulen wurden ebenso wieder eingeführt wie die Militärseelsorge, nur die separate, rein kirchliche Christenlehre behielten die Kirchen bei. Es gelang aber nicht, volkskirchliche Strukturen wiederherzustellen. Während im Westen Deutschlands auch heute noch die weit überwiegende Mehrzahl der Menschen konfessionell gebunden ist, gehören im Osten nur noch, regional unterschiedlich, fünf oder zehn Prozent Kirchen an.

Literatur

Martin Greschat: Der Protestantismus in der Bundesrepublik Deutschland (1945–2005). Leipzig 2010 (Kirchengeschichte in Einzeldarstellungen IV/2). – **Rudolf Mau**: Der Protestantismus im Osten Deutschlands (1945–1990). Leipzig 2005 (Kirchengeschichte in Einzeldarstellungen IV/3).

Mission und Dialog | 6.2.8

Das Christentum war nicht durch seine ganze Geschichte hindurch missionarisch aktiv. Vor allem die evangelischen Kirchen interessierten sich anfangs überhaupt nicht für *Mission, weil sie den Missionsbefehl Jesu (→ 3.2.1) als an die *Apostel gerichtet und als bereits in der Apostelzeit erfüllt ansahen. Im Katholizismus der Neuzeit gab es einen missionarischen Aufschwung im Zusammenhang mit der Eroberung und Kolonisation Mittel- und Südamerikas. Als auch Dänemark, England und die Niederlande Kolonien erwarben, entdeckten ihre Kirchen den Missionsgedanken neu. In Deutschland keimte die Missionsidee zunächst im *Pietismus. Aber erst im 19. Jahrhundert nahm die evangelische Missionsarbeit einen großen Aufschwung.

Im Jahre 1910 versammelten sich im schottischen Edinburg 1200 ausschließlich evangelische Christen aus der ganzen Welt, darunter 85 Deutsche, zur ersten „Weltmissionskonferenz" und diskutierten konfessionsübergreifend missionarische Probleme und Fragen der „nichtchristlichen Welt". Ein internationales Kommunikationsnetz wurde angelegt und in Afrika und in Asien wurde als Folge der Konferenzbeschlüsse mit dem Aufbau eigenständiger, sich selbst regierender und vereinter Kirchen, so genannter Junger Kirchen, begonnen. So sollte der Konfessionalismus in Afrika und Asien, langfristig aber auch in Europa und Amerika, überwunden werden.

1910
Edinburg

*Mission ging – leider – häufig einher mit Gewalt, aber *Mission ging – zum Glück – auch häufig einher mit Dialog. Wer

Gewalt

fremde Menschen aus fremden Kulturen für das Christentum gewinnen wollte, musste diese Menschen besuchen und unter und mit ihnen leben. Das Kennenlernen des Fremden veränderte häufig die Wahrnehmung und Bewertung des Fremden. Die Missionare förderten die Gedanken der Einheit der Menschheit und der Gleichheit aller Menschen und scheuten sich nicht, gelegentlich die Schwarzen den Weißen oder die Inder den Europäern als Vorbild vor Augen zu stellen. Gleichwohl findet man bei den Missionaren auch immer Gedanken und Gefühle der Überheblichkeit und der Überlegenheit.

Viele Völker verdanken ihre modernen Schriftsprachen christlichen Missionaren. Um die Bibel verbreiten zu können, ein Hauptanliegen gerade evangelischer Missionare, musste die Bibel übersetzt werden, und dafür bedurfte es einer Schriftsprache. So wirkte die christliche *Mission vielfach unbeabsichtigt Kultur und Identität stiftend. Ferner waren mit der *Mission auch immer Bildungsanstrengungen verbunden und Bemühungen, die wirtschaftliche Situation der Menschen zu verbessern. *Mission ging einher mit Entwicklungshilfe.

Entwicklungshilfe

Mehr als andere lenkte im 20. Jahrhundert der elsässische *protestantische Theologe und Arzt Albert Schweitzer den Blick vieler Menschen erstmals nach Afrika und auf die Nöte der Afrikaner. In Lambarene im heutigen Gabun baute er von 1913 an ein Urwaldhospital auf, das heute noch existiert. Doch Schweitzer wirkte nicht nur helfend, sondern entwickelte auch eine Kulturphilosophie, die den Menschen nicht mehr als „Krone der Schöpfung", sondern als Lebewesen unter Lebewesen begriff und alles Lebensfördernde gut hieß, alles Lebensvernichtende aber verurteilte. Grundlegend für seine Ethik wurde der Gedanke der „Ehrfurcht vor dem Leben", der ihm 1915 intuitiv kam, als er auf dem Ogowe-Fluss Richtung Lambarene hinauf und an einer Herde von Nilpferden vorbeifuhr. Wenig später, 1923, drückte er ihn in seinem Buch *Kultur und Ethik* mit folgenden Worten aus:

Schweitzer

> Ich bin Leben, das leben will, inmitten von Leben, das leben will.
> (Schweitzer: Gesammelte Werke II, 1970, 377)

Missionare lernten Christen anderer *Konfessionen kennen und kooperierten mit ihnen. Missionare lernten aber auch Vertreter anderer Religionen kennen, und durch das Kennenlernen wuchs allmählich auch das Verständnis.

Im Laufe des 20. Jahrhunderts wandelte sich die Missionsarbeit grundlegend. Die Missionsgesellschaften wollten nun nicht mehr europäische Kirchenmodelle in außereuropäische Länder exportieren, sondern sie förderten die Christen in den Missionsgebieten bei der Gründung eigenständiger Kirchen, die theologisch und *liturgisch eigene Wege gingen.

Heute ist *Mission häufig nur ein anderes Wort für kirchliche Entwicklungshilfe. Längst geht es nicht mehr darum, Nichtchristen zu Christen zu machen. An die Stelle einer *Mission in diesem klassischen Sinne ist der Dialog getreten, das Gespräch und die Zusammenarbeit der Religionen. Missionare haben heute allenfalls noch den Vorsatz, als Christen so zu leben, dass andere danach fragen, warum sie als Christen so leben. *Dialog*

Neben dem christlich-jüdischen Dialog, der aus der speziellen christlich-jüdischen Geschichte folgte, gibt es heute auch interreligiöse Dialoge zwischen Christen und Moslems, zwischen Christen und Buddhisten und zwischen Christen und Hindus. Die *katholische Kirche öffnete sich 1965 dem interreligiösen Dialog, als sie in der Konzilserklärung *Nostra aetate* (lat., dt.: In unserer Zeit …) verlauten ließ, die *katholische Kirche lehne nichts von dem ab, was in den Religionen der Buddhisten, Hindus, Moslems und Juden „wahr und heilig" sei. Die Verbundenheit der Kirche mit dem Judentum wurde eigens betont und der Islam mit ausdrücklicher „Wertschätzung" betrachtet. In der *katholischen wie in der evangelischen Theologie entwickelte sich eine als „Religionstheologie" bezeichnete neue theologische Richtung, die das Verhältnis des Christentums zu anderen Religionen zu durchdenken und neu zu bestimmen sucht. Besonders der *katholische Theologe Hans Küng (→ 6.2.5), der mit seiner Kirche in Unfrieden lebt, hat sich für diesen Dialog engagiert. 1990 begann er mit dem Projekt „Weltethos". Küng glaubt, dass die großen Religionen fundamentale Gemeinsamkeiten gerade im Bereich der Ethik haben und diese entdecken und nutzen sollten. So könnten die Religionen zum Aufbau einer besseren und gerechteren Welt und insbesondere zum Frieden beitragen. Den Zusammenhang zwischen Religionsdialog und Weltfrieden fasste Küng in folgenden Worten zusammen: *Religionstheologie*

> Kein Frieden unter den Nationen ohne Frieden unter den Religionen, kein Frieden unter den Religionen ohne Dialog zwischen den Religionen.
> (Küng: Das Christentum, 1994, 2)

Der Dialog mit dem Islam ist die große Zukunftsaufgabe, vor der das Christentum heute weltweit steht. Der Islam ist auf dem Boden des Christentums und aus dem Christentum heraus ent- *Islam* standen. Ihn als christliche Sekte anzusehen, wie seitens der christlichen Theologen lange üblich, ist also gar nicht so verkehrt. Anders als die Juden kennen und verehren die Moslems Jesus und Maria. Auch der Absolutheitsanspruch und der Missionsgedanke verbinden die beiden Religionen – und machen sie zugleich zu Konkurrenten. Hinzu kommt: In Geschichte und Gegenwart standen sich Christentum und Islam – anders als Christentum und Judentum – immer auf Augenhöhe gegenüber als zwei große, mächtige Weltreligionen mit jeweils eigenen, in sich geschlossenen religiösen Herrschaftsbereichen, in denen zugleich die jeweils andere Religion als Minderheit existierte. Es gibt keine einseitige, sondern allenfalls eine gemeinsame, gegenseitige Schuldgeschichte.

Wenn man diese Rahmenbedingungen bedenkt, ist der religiöse Dialog zwischen Christentum und Islam dringlicher und notwendiger als der Dialog zwischen Christentum und Judentum und müsste sogar einfacher sein. Gleichwohl gibt es zwischen den beiden Religionen auch Belastungen und Ungleichgewichte aus der jüngeren Geschichte, weil der Islam gerade in solchen Ländern stark ist, die zuvor von christlichen Kolonialmächten beherrscht worden waren. Nationale und antiwestliche kulturelle Trends verbünden sich dort mit der Religion und erschweren die rein religiöse Begegnung der Religionen. Und in den westlichen christlichen Gesellschaften selbst ist die Präsenz des Islam untrennbar verbunden mit der Migration und den aus ihr rührenden sozialen Spannungen und Konflikten. Auch das im Islam der Gegenwart stark gewordene Gewaltpotential kann man nur verstehen und bewerten, wenn man die jüngere politische und kulturelle Geschichte der islamisch geprägten Staaten berücksichtigt.

Literatur

Hans-Werner Gensichen: Missionsgeschichte der neueren Zeit. 3., verb. u. erg. Aufl. Göttingen 1976 (Die Kirche in ihrer Geschichte 4, T). – **Hartmut Lehmann:** Das Christentum im 20. Jahrhundert. Fragen, Probleme, Perspektiven. Leipzig 2012 (Kirchengeschichte in Einzeldarstellungen IV/9). – **Michael Sievernich:** Die christliche Mission. Geschichte und Gegenwart. Darmstadt 2009.

6.2.9 | Ökumene

Zusammenarbeit

In der *Ökumene geht es um die Zusammenarbeit der verschiedenen Kirchen. Das Wort ist alt und wurde schon in den ersten christlichen Jahrhunderten gebraucht. Das griechische „oikein" (οἰκεῖν) bedeutet wohnen, und als *Ökumene (griech.: οἰκουμένη) wurde in der Antike die ganze bewohnte Erde bezeichnet. Die Christen verwendeten den Begriff, wenn sie von der Kirche als Ganzes sprachen und von Dingen, welche die Christenheit insgesamt betrafen. So wurden zum Beispiel die großen *Konzile als ökumenisch bezeichnet. Im Laufe der Geschichte geriet der Begriff jedoch außer Gebrauch und auch die Sache selbst in Abgang.

Das Christentum hat sich in seiner Geschichte immer weiter ausdifferenziert und die verschiedenen Kirchen gingen häufig nicht tolerant miteinander um, sondern konkurrierten und behaupteten jeweils, selbst die wahre oder beste Form des Christentums darzustellen.

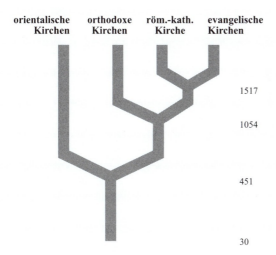

| Abb. 6.2
Die vier Kirchenfamilien

Innerchristliche religiöse Toleranz begann erstmals im 18. Jahrhundert zu wachsen, im Kontext von *Pietismus und *Aufklärung. Im 19. Jahrhundert machte die *Ökumene Fortschritte, indem zum Beispiel in Deutschland mancherorts lutherische und *reformierte Christen zusammengingen und einheitliche evangelische Kirchen – Kirchenunionen – bildeten (→ 6.1). In der Mitte des 19. Jahrhunderts entstand die Evangelische Allianz, ein weltweiter überkonfessioneller Zusammenschluss engagierter evangelischer Christen.

Toleranz

Evangelische Allianz

Merksatz

MERKE: Das Wort „*Ökumene" kommt wie das Wort „Ökonomie" aus dem Griechischen, und beide Begriffe gehen auf das griechische Wort für wohnen (griech.: οἰκεῖν/oikein) zurück. „*Ökumene" bezeichnet jedoch heute das Miteinander der unterschiedlichen Kirchen, während mit „Ökonomie" das Wirtschaften gemeint ist. Besonders leicht verwechselt werden die Adjektive ökumenisch und ökonomisch.

Die moderne ökumenische Bewegung wurzelte jedoch in der *Mission. Bei der Missionsarbeit lernten sich Christen verschiedener *Konfessionen kennen und schätzen. Die ersten ökumenischen Konferenzen waren Missionskonferenzen.

ÖRK — Nach dem Zweiten Weltkrieg wurde der Ökumenische Rat der Kirchen (ÖRK) gegründet. Der Beschluss, ihn zu bilden, war schon 1937 gefällt worden, aber der Zweite Weltkrieg verhinderte die Umsetzung. Doch im August 1948 kamen die Vertreter von 147 Kirchen aus 44 Ländern in Amsterdam zusammen und schufen eine „Gemeinschaft von Kirchen, die den Herrn Jesus Christus als Gott und Heiland bekennen". Der ÖRK ist also keine neue Kirche oder eine den Kirchen übergeordnete Kirche, sondern eine „Gemeinschaft", ein Bund von gleichberechtigten Kirchen. Alle Kirchenfamilien mit Ausnahme der römisch-katholischen Kirche waren beteiligt. Heute (2013) gehören dem ÖRK 349 „Kirchen, *Konfessionen und Gemeinschaften" mit 560 Millionen Mitgliedern aus 120 Ländern an. Die *katholische Kirche kooperiert seit 1965, ist aber kein förmliches Mitglied, weil eine Mitgliedschaft ihrem eigenen Kirchenverständnis, nämlich selbst die eigentliche und umfassende Weltkirche zu sein, widersprechen würde. Alle sieben Jahre fanden „Vollversammlungen" statt. Die Frage nach der Einheit der Kirche bewegte die Versammlungen in Uppsala 1968 und in Vancouver 1983. In Nairobi wurde 1975 über Befreiung, auch in gesellschaftlichen und politischen Dimensionen, gesprochen. Prominente „Generalsekretäre" waren der Inder Philip Potter, ein Methodist, der den ÖRK 1972–1984 leitete, sowie Konrad Reiser aus der Bundesrepublik Deutschland, der von 1993 bis 2003 im Amt war.

Fortschritte machte nach 1945 auch die innerprotestantische *Ökumene. Trotz der Kirchenunionen des 19. Jahrhunderts waren die Probleme, die Lutheraner mit *Reformierten hatten, längst nicht ausgeräumt. 1973 schuf, nach jahrzehntelangen Verhandlungen, die *Leuenberger Konkordie* Abhilfe, benannt nach der evangelischen Akademie Leuenberg bei Basel. Nunmehr war es problemlos möglich, dass Lutheraner und *Reformierte gemeinsam das *Abendmahl feierten. Die im 16. Jahrhundert formulierten Verurteilungen wurden für ungültig erklärt. Die *Konkordie reformatorischer Kirchen in Europa*, wie der Text eigentlich heißt, wurde bis heute (2013) von 98 Kirchen förmlich unterzeichnet. — Leuenberger Konkordie

1982 kam es zu einem großen Fortschritt in der internationalen und interkonfessionellen ökumenischen Arbeit. In Lima in Peru wurden so genannte „Konvergenzerklärungen" zu den Themen Taufe, *Eucharistie und Amt beschlossen und unterzeichnet. Sie waren das Ergebnis von mehr als fünfzig Jahre währenden Beratungen in der ÖRK-Kommission für „Glaube und Kirchenverfassung", unter Beteiligung der *katholischen Kirche. Nicht Konsens war das Ziel, sondern „Konvergenz", Annäherung, aber in ganz zentralen Fragen der Theologie und der kirchlichen Praxis. Die Texte wurden unmittelbar nach 1982 breit und intensiv diskutiert, hatten dann aber keine weiteren Konsequenzen. — Lima-Erklärungen

Das gleiche Schicksal widerfuhr dem „Konziliaren Prozeß für Gerechtigkeit, Frieden und Bewahrung der Schöpfung", der 1983 vom ÖRK begonnen wurde. Das eigentlich angestrebte *Konzil erwies sich als unerreichbar, weshalb man die neue und ungewohnte Bezeichnung „konziliarer Prozeß" gewählt hatte. Höhepunkte waren Versammlungen in Basel 1989 und in Seoul 1990. Es gelang jedoch nicht, Neues anzustoßen und bleibende Impulse zu geben, nicht zuletzt weil sich die politischen Rahmenbedingungen von 1989 an völlig veränderten. — Konziliarer Prozeß

Zu konkreten Ergebnissen führte jedoch der lutherisch-katholische theologische Dialogprozess. 1999 unterzeichneten Vertreter beider Kirchen in Augsburg eine Erklärung zum Thema *Rechtfertigung, die einen „Konsens" in dieser zentralen Streitfrage der Reformation postulierte. Die von Theologen beider Seiten gefundenen Kompromissformeln stießen jedoch nicht überall auf Beifall. Ausgerechnet unter evangelischen Theologieprofessoren Deutschlands regte sich lautstarker Protest. — Rechtfertigungskonsens

*Ökumene ist heute in aller Munde. Gleichwohl machte sie im ausgehenden 20. Jahrhundert kaum mehr Fortschritte. Die *katholische Kirche erkennt die evangelischen Kirchen weiterhin nicht als Kirchen an. Gemeinsame *Abendmahlsfeiern sind weiterhin nicht möglich, ja nicht einmal die gastweise Teilnahme von Evangelischen an der *Eucharistie ist erlaubt. Die öst- — Stagnation lichen Kirchen, die jahrzehntelang ökumenische Beziehungen pflegten, weil sie von diesen Kontakten profitierten, haben alles Interesse verloren, seit sie wieder von den jeweiligen Staatsregierungen hofiert und nationalen Zwecken nutzbar gemacht werden. Schwerer noch als die Katholiken tun sie sich damit, in den evangelischen Kirchen auf weibliche Amtsträger, darunter Bischöfinnen, zu treffen.

Taufe

Aber auch ein anderes Problem darf nicht übersehen werden: *Orthodoxe, Katholiken und *Protestanten haben die Taufe immer gegenseitig anerkannt und erkennen sie an, allen sonstigen Gegensätzen zum Trotz. Die Taufe war über Jahrhunderte, ja Jahrtausende ein die zersplaltene Christenheit einigendes Band. In vielen evangelischen *Freikirchen wird jedoch inzwischen die Taufe nicht mehr akzeptiert, wenn sie, egal in welcher Kirche, einem Kind gespendet worden war. Ein Christ, der zu einer *Freikirche übertritt, muss sich häufig noch einmal taufen lassen. Dies geschieht inzwischen massenhaft, auch in Deutschland, und stellt ebenfalls einen schwerwiegenden Verstoß gegen den Geist der *Ökumene dar.

Literatur

Christian Möller (Hg.): Wegbereiter der Ökumene im 20. Jahrhundert. Göttingen 2005. – **Peter Neuner**, Birgitta Kleinschwärzer-Meister: Kleines Handbuch der Ökumene. Düsseldorf 2002.

6.2.10 Kirchen in Amerika

Die Vereinigten Staaten von Amerika haben ihre eigene, hoch interessante Kirchengeschichte, und die Rückwirkungen auf Deutschland waren und sind stark. Die Eigenheiten dieser Geschichte begannen schon, bevor die Vereinigten Staaten ihre Unabhängigkeit erklärten. Ursprünglich waren die Vereinigten Staaten Kolonien, überwiegend britische Kolonien, und es siedelten dort Menschen, die aus wirtschaftlichen, häufig aber auch aus religiösen Gründen ihre europäischen Heimatländer verlassen hatten, nicht nur viele Engländer, sondern auch einige Deutsche.

Toleranz

Die religiös motivierten Ausländer setzten alles daran, in ihrer neuen Heimat auch im Bereich der Religion neue Verhältnisse zu schaffen. Schon früh gehörte dazu der Toleranzgedanke. Ein erstes Beispiel war Maryland, eine bereits 1634 von Katholiken gegründete Kolonie, in der vor allem *Protestanten siedelten, die aber immer verfolgten Katholiken eine Zuflucht bot. 1649 wurde hier religiöse Toleranz gesetzlich festgeschrieben. 1681 wurde von einem englischen *Quäker, William Penn, die Kolonie Pennsylvanien gegründet. Auch hier wurde, quäkerischen Grundsätzen entsprechend, von Anfang an Toleranz geübt und 1701 ebenfalls gesetzlich geregelt. Im 18. Jahrhundert suchten viele Pietisten Zuflucht in Nordamerika und eine Möglichkeit, ihre religiösen Ideale verwirklichen zu können.

Nachdem 1776 die Unabhängigkeit ausgerufen worden war, wurden die Religion zur Privatsache erklärt, Staat und Kirche getrennt und die freie Ausübung der Religion in der Verfassung (1787, mit Zusatzartikel von 1791) festgeschrieben. In den einzelnen Bundesstaaten herrschten jedoch noch lange Zeit unterschiedliche Verhältnisse. *[Staat und Kirche]*

Die Privatisierung der Religion führte in Amerika zu einer extremen religiösen Pluralisierung, aber sie führte nicht zu einem Schwund der Religion, sondern im Gegenteil, Amerika wurde so stark von Religion geprägt wie kaum ein anderes modernes Land. Während in Deutschland, England und Frankreich die Menschen immer häufiger den Kirchen fern blieben, strömten sie in Amerika massenhaft in die Gottesdienste.

Im 19. Jahrhundert entstanden in Amerika zahlreiche neue Kirchen, die, weil sie sich in ihren *Bekenntnissen nicht oder kaum unterschieden, nicht wie in Europa als *Konfessionen, sondern als Denominationen bezeichnet wurden, zu deutsch wörtlich: Benennungen. Man könnte sagen: unterschiedliche Namen für dieselbe Sache. Es entstanden aber auch zahlreiche, in der Lehre deutlich neue Wege beschreibende Sondergemeinschaften, früher gerne als Sekten bezeichnet, die von Amerika aus in der Regel nach kurzer Zeit auch Europa und Deutschland erreichten. Hierzu gehören die 1830 von Joseph Smith, einem Farmgehilfen, gegründeten Mormonen und die 1879 von Charles Taze Russel, einem Bibelschüler, gegründeten Zeugen Jehovas. Ferner wurde Amerika schon im 18., vermehrt aber im 19. Jahrhundert von großen Erweckungen (engl.: awakenings) heimgesucht, von massenhaften religiösen Aufbruchsbewegungen, begleitet von intensiven religiösen Erfahrungen, aber auch von Heilungen und ekstatischen Phänomenen. Der letzte große Erweckungsaufbruch begann 1906 in Los Angeles und es entstand die *Pfingstbewegung, in der frühchristliche religiöse Praktiken wie das – für Zuhörer unverständliche – Reden in Zungen wieder lebendig wurden. *Pfingstgemeinden gibt es heute in der ganzen Welt und sie sind die Form des Christentums, die weltweit und auch in Deutschland einen besonders starken Zulauf hat. In den USA ist heute *[Denominationen]* ein Fünftel der Christenheit *pfingstlerisch geprägt, weit über die eigentlichen *Pfingstkirchen hinaus. Und pfingstlerische oder – was das Gleiche bedeutet – charismatische Frömmigkeitsformen haben insbesondere in Lateinamerika inzwischen auch weite Bereiche der *katholischen Kirche erobert. Millionen von Katholiken haben sich bereits diesen evangelischen Kirchen angeschlossen.

Merksatz

MERKE: In den USA gibt es eine Vielzahl von Kirchen. Sie unterscheiden sich aber nicht wie in Europa durch ihre *Bekenntnisse, weshalb man in Europa von *Konfessionen (lat. confessio = *Bekenntnis) spricht, sondern sie unterscheiden sich in den USA eigentlich nur dem Namen nach und sind Varianten desselben. Deshalb hat sich für die verschiedenen Kirchen die Bezeichnung „Denominationen" (engl. denomination = Benennung) eingebürgert.

Die USA zählen heute etwa hundert größere Denominationen. Etwa achtzig Prozent der Menschen gehören gegenwärtig – ganz freiwillig – einer Religionsgemeinschaft an, und vierzig Prozent besuchen sonntags regelmäßig einen Gottesdienst. Eine vergleichbar starke Religiosität gibt es in keinem einzigen europäischen Land mehr.

Die USA waren, geschichtlich bedingt, ein durch und durch evangelisch geprägtes Land. Das hat sich allerdings durch die starke legale und illegale Einwanderung aus Mittel- und Lateinamerika in der jüngsten Geschichte verändert. Der Katholizismus nahm einen großen Aufschwung und ist heute die größte in sich geschlossene Denomination.

Infobox

Denominationen in den USA
Zugehörigkeit der Bevölkerung in den USA zu verschiedenen Denominationen in Prozent (Umfrage aus dem Jahr 1996)

Katholiken	30 Prozent	Episkopalisten	2 Prozent
*Baptisten	18 Prozent	Mormomen	2 Prozent
Methodisten	9 Prozent	Juden	2 Prozent
Lutheraner	6 Prozent	Moslems	0,5 Prozent
Presbyterianer	3 Prozent	ohne *Konfession	6 Prozent
*Pfingstler	2 Prozent	keine/unklare/sonstige Angaben	19,5 Prozent

(vgl. u. a. Noll: Christentum, 2000, 260)

Literatur

Robert Jewett, Ole Wangerin: Mission und Verführung. Amerikas religiöser Weg in vier Jahrhunderten. Göttingen 2008. – **Peter Kawerau**: Kirchengeschichte Nordamerikas. Göttingen 1961 (Die Kirche in ihrer Geschichte 4, S). – **Mark A. Noll**: Das Christentum in Nordamerika / Volker Jordan (Übers.). Leipzig 2000 (Kirchengeschichte in Einzeldarstellungen IV/5).

Aufgaben

1. Welche diakonischen und karitativen Initiativen und Einrichtungen gab es im 19. Jahrhundert? Was haben sie geleistet, und wo lagen ihre Grenzen?

2. Bringen Sie die vielfältigen neuen Theologien des 19. Jahrhunderts in eine tabellarische Übersicht!

3. Was ist *Ökumene und welche Erfolge hat die *Ökumene im 19. und 20. Jahrhundert zu verzeichnen?

4. Von 1910 bis 1967 mussten *katholische Theologen einen Eid gegen den „Modernismus" schwören. Vergleichen Sie Sprache und Inhalt des Eids mit den Erklärungen, die 1962–1965 das 2. *Vatikankonzil verabschiedet hat! (Texte: Kirchen- und Theologiegeschichte in Quellen IV, ⁴2012, 287–289; Kirchen- und Theologiegeschichte in Quellen V, 1999, 253–258)

5. Vergleichen Sie Positionen der Deutschen Christen (*Richtlinien* von 1932 und 1933) mit denen der Bekennenden Kirche (*Barmer Theologische Erklärung*)! Wo finden sich markante Unterschiede, nicht nur sachlicher Art, sondern auch im Sprach- und Argumentationsstil? Gibt es noch Gemeinsamkeiten, die beide Gruppen miteinander verbinden? (Texte: Kirchen- und Theologiegeschichte in Quellen V, 1999, 80–83 u. 109–111)

6. In den 50er Jahren wurde in Deutschland unter den evangelischen Christen heftig über die von der Regierung geplante Wiederbewaffnung gestritten. Stellen Sie die Argumente der Gegner (z. B. Niemöller) den eher zurückhaltenden Argumenten anderer Repräsentanten der Kirche (EKD, Müller) gegenüber und achten Sie darauf, ob und in welchem Ausmaß sich biblische und theologische Begründungen für die jeweiligen Positionen finden lassen! (Texte: Kirchen- und Theologiegeschichte in Quellen V, 1999, 219–223 u. 227f. sowie 218f., 223f. u. 224–227)

7. Besuchen Sie Bethel oder eine andere, in Ihrer Nähe gelegene große diakonische Einrichtung! Welche Gebäude entstammen noch dem 19. Jahrhundert? Was erinnert an die Geschichte?
8. Lesen Sie Harnacks *Wesen des Christentums*! (Neuaufl. Tübingen 2012)
9. Betrachten Sie folgendes Bild!

Abb. 6.3 | Die Sicht des Menschen und der Welt in den *Erweckungs- und Gemeinschaftsbewegungen des 19. Jahrhunderts (Lithographie nach einer Vorlage von Charlotte Reihlen, nach 1850)

Es zeigt Ihnen die Sicht des Menschen und der Welt in den *Erweckungs- und Gemeinschaftsbewegungen des 19. Jahrhunderts. Versuchen Sie das Geschriebene zu entziffern und die vielen kleinen bildlichen Darstellungen zu deuten. Ziehen Sie dabei auch die Bibel heran, auf die vielfach Bezug genommen wird! Interpretieren Sie zuletzt das Bild auf dem Hintergrund von Kap. 6.1, 6.2.1 und 6.2.2 und formulieren Sie seine Botschaft!

10. Besuchen Sie eine NS-Gedenkstätte in Ihrer Nähe! Was erinnert an kirchliche Opfer und kirchlichen Widerstand?
11. Nehmen Sie an der Barth-Tagung auf dem Leuenberg teil! Sie findet jährlich im Juli statt und ist für Studierende geeignet und erschwinglich (URL: http://www.karl-barth-gesellschaft.de).
12. Schauen Sie sich den Bonhoeffer-Film „Die letzte Stufe" (2000) an!
13. Besuchen Sie in einer *katholischen Kirche eine lateinische Messe!
14. Sprechen Sie mit Menschen, die in der DDR gelebt haben, und lassen Sie sich von den Lebensverhältnissen und der Rolle der Kirchen berichten!
15. Sprechen Sie mit Menschen, welche 1989 die „Wende" miterlebt haben!
16. Besuchen Sie eine *Synagoge und nehmen Sie an einem jüdischen Gottesdienst teil!
17. Nutzen Sie den „Tag der offenen Moschee", seit 1997 jährlich am 3. Oktober, zum Besuch einer moslemischen Gebetsstätte! Was erinnert an einen christlichen Kirchenraum, was ist ganz anders?
18. Neuzeit im Internet:
    - *Ökumene
      URL: http://www.oikoumene.org/de
    - Online-Ausstellung zum Widerstand von evangelischen Christen in der NS-Zeit
      URL: http://de.evangelischer-widerstand.de

7 | Zeitgeschichte

Inhalt

7.1 Kirchen-Zeitgeschichte im Überblick 224

Aufgaben. 230

7.1 | Kirchen-Zeitgeschichte im Überblick

Die letzte, jüngste Phase der Neuzeit und der Moderne wird häufig als Zeitgeschichte bezeichnet. Als diese Epochenbezeichnung aufkam, begann die Zeitgeschichte nach dem Ersten Weltkrieg. Doch der Beginn der Zeitgeschichte verschiebt sich mit der Zeit, denn sinnvoll angewandt werden kann der Begriff nur auf die Zeit, in der ein Historiker selbst lebt und die er selbst erlebt hat. Zuletzt ließ man die Zeitgeschichte 1945 beginnen, aber nach beinahe siebzig Jahren ist auch dies überholt. Inzwischen bietet sich immer klarer ein neuer Epocheneinschnitt an, das Jahr 1989, das nunmehr auch schon mehr als zwanzig Jahre lang und damit beinahe ein Vierteljahrhundert vergangen ist, aber in einer Zeit liegt, die alle heute aktiven Historiker schon selbst miterlebt haben. 1989 dürfte sich in den kommenden Jahren als neuer Beginn der Zeitgeschichte durchsetzen. Gesellschaftlich, politisch und wirtschaftlich hat sich in diesen zwanzig Jahren bereits sehr viel ereignet, kirchlich und theologisch allerdings weniger.

Epocheneinschnitt

1989

Christentum

Das Christentum blieb in den Jahren seit 1989 eine wachsende Religion. Der Anteil von Christen an der Bevölkerung sank zwar auf zwei Drittel, aber global wuchs das Christentum, und sogar stärker als der Islam. Weltweit hat das Christentum heute etwa 2 Milliarden Anhänger, und davon sind 1,2 Milliarden *katholisch.

Das Christentum konnte sich ferner in Ländern wieder entfalten, wo es jahrzehntelang aus der Öffentlichkeit verdrängt worden war, in den Ländern der ehemaligen Sowjetunion und in China, wo es heute etwa eine Million Christen gibt. Begleitet war dieser Zuwachs von Freiheit aber von einer Zunahme lokaler und regionaler Unterdrückungen und Verfolgungen insbesondere in Ländern mit moslemischer Bevölkerungsmehrheit. Vor allem in der arabischen Welt gerieten Christen unter den Druck eines sich unter anderem am Palästinakonflikt politisch aufheizenden Islam.

China

Mit *Papst Johannes Paul II. (→ 6.2.5) hatte das Christentum eine weltweit bekannte und anerkannte, inner- wie außerkirchlich außerordentlich stark wirkende Führungsfigur. Als erster *Papst überhaupt nutzte er alle Möglichkeiten der modernen Reise- und Medienkultur zur Verbreitung seiner Ideen und Anliegen und wurde deswegen auch als Reise- und Medienpapst tituliert. 1981 wurde allerdings ein Attentat auf ihn verübt, das er nur knapp überlebte und das hinsichtlich seiner Hintergründe bis heute nicht aufgeklärt ist. Johannes Paul ist es mit zu verdanken, dass in seinem Heimatland Polen und in den anderen Ländern des ehemaligen so genannten Ostblocks autoritäre und totalitäre Regime gestürzt wurden, und zwar auf überwiegend friedliche Weise. Er hat sich auch nicht gescheut, 2004 bei einer Audienz dem streng methodistisch-gläubigen amerikanischen Präsidenten George W. Bush die Leviten zu lesen und dessen Kriegführung im Irak offen zu kritisieren. Die Jahrtausendwende nutzte er dazu, die Menschheit für im Namen des *katholischen Glaubens geschehene Verbrechen um Vergebung zu bitten. Johannes Paul hat sich für die Verständigung zwischen Juden und Christen eingesetzt und auch die Beziehungen seiner Kirche mit dem Staat Israel normalisiert. Ferner bemühte er sich mit Erfolg um den Dialog zwischen den Weltreligionen. Die innerchristlichen *ökumenischen Beziehungen stagnierten jedoch oder waren sogar rückläufig. Lichtblicke der *Ökumene waren in Deutschland freilich die ersten Ökumenischen *Kirchentage 2003 in Berlin und 2010 in München; der 3. soll 2019 stattfinden. Johannes Paul starb 2005 und wurde bereits 2011 selig gesprochen. 2013 wurde nach mehreren Wundern, die ihm zugeschrieben wurden, seine baldige Heiligsprechung angekündigt. Als Seliger wird er regional, zum Beispiel in Rom und in Polen, verehrt, als *Heiliger (→ 2.2.3) weltweit in der *katholischen Gesamtkirche.

Johannes Paul II.

Die evangelischen Kirchen machten dagegen keine Schlagzeilen. Der Weltprotestantismus verhielt sich angesichts der politischen Veränderungen zurückhaltend, und das gilt auch für den deutschen *Protestantismus. Insbesondere die deutschen

Protestantismus

Landeskirchen waren stark damit beschäftigt, ihre finanziellen Verhältnisse zu regulieren und über die praktischen Folgen des demografischen Wandels nachzudenken.

Rückgang Der demografische Wandel führte zu einem Rückgang der Kirchenmitglieder und einem Rückgang der finanziellen Ressourcen. Wurden in der sächsischen Landeskirche 1990 noch 13.043 Menschen getauft, so waren es 2010 nur noch 6843. 1990 nutzten die evangelischen Kirchen 20.700 Gebäude, 2012 waren es 830 weniger. Kirchen wurden abgerissen oder umgewandelt, allerdings nur selten in Gotteshäuser anderer Religionen. Bislang wurden in Deutschland drei Prozent der Kirchengebäude geschlossen, weitere zehn Prozent sollen in den kommenden Jahren folgen. Während die *katholische Kirche händeringend nach *Priestern suchte, bauten die evangelischen Kirchen die Zahl ihrer Pfarrstellen nicht aus Personal-, sondern aus Geldnot ab und werden sie weiter abbauen. Die Kirche Westfalens plant, die Zahl der Pfarrstellen von 1850 im Jahre 2012 auf 800 im Jahre 2030 zu senken. Württemberg wird von 2013 bis 2018, in nur fünf Jahren, sechs Prozent seiner Pfarrstellen abbauen, das sind 110 Stellen. Trotzdem bahnt sich auch in den evangelischen Kirchen Deutschlands ein gravierender Pfarrermangel an.

Deutschland In Deutschland ist heute noch zwei Drittel der Bevölkerung christlich. *Protestanten und Katholiken zählen jeweils etwa 24 Millionen. Dem *orthodoxen Christentum gehören 1,2 Millionen an. 300.000 Evangelische sind Mitglieder von *Freikirchen.

Südafrika Politisch wichtig war die Rolle der Kirchen beim friedlichen Wechsel in Südafrika, wo 1994 das 1948 geschaffene, immer religiös begründete System der Rassentrennung beseitigt wurde. Hier spielte der anglikanische *Bischof Desmond Tutu eine prominente Rolle.

Weltweit befanden sich im *Protestantismus pfingstlerische Strömungen in einem großen Aufwind. Sie zählen nach ihren Angaben inzwischen 628 Millionen Mitglieder, das wäre mehr als ein Viertel der Gesamtchristenheit. Auch in Deutschland fanden pfingstlerische und andere evangelische *Freikirchen immer stärkeren Zulauf. Einige protestantische Kirchen diskutierten über und verabschiedeten sich von ihrem *Staatskirchentum (Schweden 2000, Norwegen 2012). In Deutschland kam es zum Zusammenschluss verschiedener Landeskirchen. Immer mehr Christen verabschieden sich aber auch aus kirchlichen Strukturen und bilden Hauskirchen (auch: einfache Kirchen), die sich wie in der Anfangszeit des Christentums oder wie in Ländern, wo Christen verfolgt werden, in einem Privathaus versammeln und in einem kleinen Kreis christliche Frömmigkeit und christliche Gemeinschaft pflegen. Die Hauskirchenbewegung kommt aus den USA, hat inzwischen aber bereits viele Länder, darunter auch Deutschland, erfasst.

Weltweit vollzieht sich im Christentum ein Prozess der Dekonfessionalisierung. *Konfessionen, *Bekenntnisse, spielen eine immer geringere Rolle, wie sich das in den USA schon im 19. Jahrhundert angebahnt hatte. Frömmigkeitsformen und Organisationsstrukturen sind für die Menschen wichtiger geworden als theologische Lehren. In der Kirche Gemeinschaft zu erleben ist vielen wichtiger als die Pflege von Traditionen. Die Bibel und das Gebet stehen im Zentrum. Die immer größer werdende Pluralisierung des Christentums geht so gesehen mit einer immer deutlicheren Vereinheitlichung einer, einer Vereinheitlichung nach frühchristlichen und evangelischen, nicht nach *orthodoxen und *katholischen Prinzipien.

Dekonfessionalisierung

Während in den 80er Jahren, als keine Kriege geführt wurden, das Thema Krieg und Frieden in allen Kirchen in beiden Teilen Deutschlands ein hochrangiges Thema war, wurde über die tatsächlichen Kriege im ersten Jahrzehnt des 3. Jahrtausends, mehrfach unter Beteiligung deutscher Soldaten, in den Kirchen kaum diskutiert. Hinsichtlich seiner Berechtigung und der Angemessenheit der eingesetzten Mittel noch weniger strittig als der Irakkrieg war der Krieg in Afghanistan, der zunächst nicht einmal als Krieg bezeichnet wurde. Als öffentliche Kritiker taten sich in Deutschland jedoch ein *katholischer Bischof, Walter Mixa, und eine evangelische Bischöfin, Margot Käsmann, hervor, die beide wenig später über dienstliche und private Verfehlungen stolperten und ihr Amt verloren.

Krieg und Frieden

Lebhaft diskutiert wurde in vielen Kirchen über die Rolle der Frau. In protestantischen Kirchen setzte sich weltweit mehr und mehr durch, dass Frauen nicht nur Pfarrerinnen, sondern auch Bischöfinnen werden können. Nur noch wenige evangelische Kirchen behalten diese Ämter Männern vor. Unter den lutherischen Kirchen lehnen die Kirchen Lettlands und Polens die *Ordination von Frauen weiter ab. In den anglikanischen Kirchen wurde um die Frauenfrage besonders hart gerungen und nicht wenige konservative Amtsträger und Gemeindemitglieder verließen deswegen ihre Kirche und schlossen sich der römisch-katholischen Kirche an. In der Kirche von England scheiterte 2012

Frauen

nach kontroversen Diskussionen die Zulassung von Frauen zum Bischofsamt.

Auch in der römisch-katholischen Kirche wurde über die Frauenfrage diskutiert, aber die kirchliche Hierarchie, allen voran die Päpste, sperrten sich gegen jede Veränderung. Eine Frau kann nicht *Diakonin und nicht Priesterin werden, geschweige denn Bischöfin oder Päpstin. So sehen das allerdings auch die *orthodoxen Kirchen, in denen über die Frage nicht einmal diskutiert wird. In zwei Dritteln der Weltchristenheit leisten weiterhin keine Frauen den Dienst an Wort und *Sakrament und dürfen ihn nicht leisten. Nicht nur im Islam, worüber häufig und öffentlich diskutiert wird, sondern in der Mehrzahl der christlichen Kirchen sind Frauen nicht gleichberechtigt.

Johannes Paul II. hat 1994 „kraft seines Amtes" – und damit, etwas verklausuliert, im Grunde die *Unfehlbarkeit (→ 6.2.5) beanspruchend – erklärt, dass nur ein Mann die *Priesterweihe empfangen könne und diese Entscheidung „endgültig" sei.

Zölibat

Beim *Zölibat gibt es weiterhin die alten Unterschiede: In den *orthodoxen Kirchen lebt nur der höhere Klerus ehelos, während die *katholische Kirche, trotz heftiger Diskussionen an der Basis auch um diese Frage, am verpflichtenden *Zölibat für *Priester festhält. Angeheizt wurde die Debatte zuletzt durch zahlreiche Missbrauchsskandale, bei denen *Priester als Kinderschänder entlarvt wurden. Rom aber will am *Zölibat nicht rütteln, obwohl es immer Ausnahmen gab und gibt: Wenn ein verheirateter evangelischer Pfarrer konvertiert, kann er nach einiger Zeit, trotz seines Verheiratetseins, als *katholischer Priester wirken.

Homosexualität

Kontrovers diskutiert wurde auch in vielen Kirchen der Umgang mit Homosexualität, speziell mit homosexuellen Amtsträgern. Darf ein Geistlicher homosexuell sein, ja seine Homosexualität offen bekennen und praktizieren? Viele evangelische Kirchen öffneten sich dieser sexuellen Orientierung, die noch vor wenigen Jahrzehnten einmütig als Sünde bezeichnet wurde, und einige führten sogar eine kirchliche Trauung oder Segnung für gleichgeschlechtliche Paare ein, zum Beispiel die lutherische Kirche Schwedens 2009 und die Mitteldeutsche Kirche 2012. Doch auch diese Frage, schon die Diskussion darüber und erst recht die Entscheidung zur Liberalisierung führte in vielen Kirchen dazu, dass Pfarrer und Gläubige ihrer Kirche den Rücken kehrten und sich anderen, strengeren Gemeinschaften anschlossen.

Selbst der staatliche Umgang mit dem Phänomen der Homosexualität war kirchlicherseits umstritten. 2013 gab es in Frankreich, geschürt von *katholischen Kreisen, heftige Proteste gegen die von der Regierung geplante „Homo-Ehe" unter Einschluss des Adoptionsrechts, und in Russland wurden auf Betreiben der *orthodoxen Kirche gesetzliche Maßnahmen getroffen, die Homosexuelle aus der Öffentlichkeit verbannten.

Vergleichsweise ruhig geworden ist es um das Thema Abtreibung. Die meisten Kirchen in den meisten Ländern haben es akzeptiert, dass sich in der Bevölkerung eine Einstellung durchgesetzt hat, die Abtreibungen, einschließlich der Spätabtreibungen bereits lebensfähiger Föten, nicht als verwerflich ansieht. Nur in den USA gibt es seitens strenger evangelischer Christen noch eine starke Front gegen Abtreibungen und gegen liberale gesetzliche Regelungen. Auch beim Thema Empfängnisverhütung findet die restriktive *katholische Haltung weltweit kaum mehr Gehör. Es gibt jedoch auch *katholisch geprägte Länder, wo die *katholische Sexualmoral noch heute schlimme Folgen zeitigt. Ein Beispiel sind die Philippinen, wo unter ihrem Einfluss nicht verhütet wird, aber unerwünschte Schwangerschaften rücksichtslos durch Abtreibungen beendet werden, und wo die Frauen in den Slums von Manila acht, zehn, zwölf und mehr Kinder haben, denen sie keine Lebensperspektiven bieten können.

Abtreibung

Weitere hochaktuelle Themen standen auf der Tagesordnung der theologischen Ethik, führten aber wegen ihrer Komplexität zu keinen handfesten öffentlichen Auseinandersetzungen. Hierzu gehörten die Themen künstliche Befruchtung, Präimplantations- und Pränataldiagnostik (verbunden mit Selektionen nach Geschlecht oder wegen Behinderung), die Sterbehilfe in ihren unterschiedlichen Formen, das Forschen an menschlichen Embryonen, das Klonen von Tieren und Genmanipulationen bei Pflanzen und Tieren.

Ethik

Zu Beginn des Jahres 2013 sorgte *Papst Benedikt XVI. für eine Sensation: Er trat von seinem Amt zurück, was kirchenrechtlich möglich, aber seit 719 Jahren nicht mehr geschehen war. Die Päpste blieben in ihrem Amt bis zu ihrem Tod. Bei Coelestin V. war es 1294 Amtsmüdigkeit, bei Benedikt war es – angeblich – gesundheitlich bedingt. Gleichwohl gab Benedikt mit seinem Rücktritt einer alternden Gesellschaft ein Signal hinsichtlich des richtigen Umgangs mit Ämtern einerseits und den eigenen Kräften andererseits. Zumindest wegen seines Rücktritts wird er in die Geschichte eingehen.

Benedikt XVI.

Als Nachfolger wählten die für die Papstwahl zuständigen Kardinäle, 115 an der Zahl, darunter 6 deutsche, im März 2013 einen *Jesuiten und Lateinamerikaner – beides hatte es zuvor noch nicht gegeben. Viele hatten gehofft, die Kirche würde sich erstmals für einen Afrikaner entscheiden und damit der Welt ein Zeichen setzen oder für einen ausgesprochenen Reformer. Ein erstes inhaltliches Signal setzte der Gewählte, der lange Jahre als *Bischof von Buenos Aires gewirkt hatte, als er den Namen Franziskus annahm. Noch nie hatte ein *Papst den Namen des *Heiligen aus Assisi getragen, der zu Lebzeiten wie heute für Jesusnachfolge, für Solidarität mit den Armen, für Frieden und für die Verbundenheit des Menschen mit der ganzen Schöpfung steht (→ 3.2.2). Allerdings trat der neue *Papst sein Amt im Alter von 76 Jahren an. Menschen dieses Alters sind zwar gesättigt mit Lebenserfahrung und Weisheit, haben aber in der Regel nicht mehr die Kraft von Managern, wie sie für Lenkung oder gar Umgestaltung einer Großorganisation wie der Kirche nötig ist.

Franziskus I.

Die evangelischen Kirchen bereiten sich weltweit, besonders aber in Deutschland, auf das Reformationsjubiläum 2017 vor, das der deutsche *Protestantismus schon 2008 mit einer „Luther Dekade" einzuleiten begonnen hat. Noch weiß niemand, ob es anlässlich dieses Jubiläums, zum Beispiel im Bereich der *ökumenischen Beziehungen, zu Ereignissen kommen wird, die in die Geschichte eingehen werden.

Reformationsjubiläum

Das Lutherjubiläum 2017 bietet die Chance, Geschichte zu vergegenwärtigen und Konsequenzen aus der Geschichte zu ziehen. Im Idealfall könnte die *katholische Kirche dahin gelangen, seine Verketzerung aufzuheben und ihn zu rehabilitieren, wie das schon 1992 mit dem ebenfalls, 1633 verurteilten Galileo Galilei geschehen war. Und die lutherischen Kirchen könnten sich entschließen, Luthers hässliche, gewalttätige Polemik gegen die Päpste, seine unsägliche Diffamierung anders denkender Reformatoren, seinen blinden Judenhass und seine borniertc Frauenfeindlichkeit zu verurteilen, die sich ebenfalls bis in die Gegenwart negativ auswirken.

Aufgaben

1. Das Zusammenwachsen der Kirchen aus beiden Teilen Deutschlands war 1989/90 ebenso wie die politische Wiedervereinigung nicht unumstritten. Lesen Sie die Argumente beider Seiten und prüfen Sie, welche sich im Nachhinein, aus heutiger Perspektive, als zutreffend erwiesen haben! (Texte: Kirchen- und Theologiegeschichte in Quellen V, 1999, 328–334)

AUFGABEN

2. Verfolgen Sie in Radio, Fernsehen und Zeitungen die Berichterstattung über kirchliche Themen!
3. Besuchen Sie einen Evangelischen *Kirchentag!
4. Zeitgeschichte im Internet:
   - Besuchen Sie die Internet-Seite der EKD!
     URL: http://www.ekd.de/
   - Besuchen Sie die Internet-Seite des ÖRK!
     URL: http://www.oikoumene.org/de/oerk.html
   - Besuchen Sie die Internet-Seite des *Vatikan!
     URL: http://www.vatican.va/phome_ge.htm

8 | Vertiefungen

Inhalt

8.1	Warum Kirchengeschichte – und wie?...........	232
8.2	Geschichte der Kirche oder Geschichte der Kirchen?	237
8.3	Kirchengeschichte als Christentumsgeschichte ...	238
8.4	Die Geschichte der Kirchengeschichtsschreibung .	239
8.5	Kirchengeschichte und Theologie...............	241
8.6	Kirchengeschichte in der Region	243
8.7	Kirchengeschichte in der Schule................	244
8.8	Kirchengeschichte in der Gemeinde.............	248
8.9	Epochen der Kirchengeschichte	250
8.10	Kirchengeschichtliche Quellen und Hilfsmittel ...	251
8.11	Kirchengeschichte im Internet	253
8.12	Prominente Kirchenhistoriker	256
8.13	Kirchengeschichtliche Arbeitsweisen............	258
8.14	Seminar- und Examensarbeiten in Kirchengeschichte...........................	259
8.15	Kirchengeschichtliche Zukunftsperspektiven.....	261
8.16	Das Jubiläum: 1517–2017	263

8.1 | Warum Kirchengeschichte – und wie?

Warum beschäftigen wir uns mit Kirchengeschichte? Warum ist Kirchengeschichte eine Disziplin der Theologie, eine in der Theologie fest verankerte Disziplin, gleichrangig mit anderen Disziplinen der Theologie?

Die Kirchengeschichte beantwortet nicht die Frage, warum es die Kirche gibt, aber sie beantwortet die Frage, warum die Kirche heute so ist, wie sie ist. Wer die Kirche oder vielmehr die Kirchen der Gegenwart verstehen möchte, muss sich mit ihrer Geschichte beschäftigen. Wer sie verändern möchte, muss sie zunächst verstehen und in ihrem geschichtlichen Gewordensein begreifen. Jedes Bemühen um Veränderung hat die Kenntnis der Geschichte zur Voraussetzung. Ohne Geschichte gibt es keine Zukunft.

Gegenwart verstehen

Geschichte ist für das Christentum wesentlich. Das Christentum ist nicht nur, wie jede andere Religion auch, in der Geschichte entstanden und hat sich in der Geschichte verändert, sondern Geschichte gehört zu seinem Wesen. Der Gott des Alten Testaments ist ebenso wie der Gott des Neuen ein Gott der Geschichte, ein Gott, der sich in der Geschichte offenbart hat und in der Geschichte handelt. Die Geschichte Israels ist die Geschichte Gottes mit seinem Volk. Aber auch die Geschichte Jesu ist die Geschichte Gottes mit einem spezifischen Menschen und durch ihn mit seinem Volk. Die Geburt Jesu ist ein geschichtliches Ereignis, seine Taufe durch Johannes ebenso, ferner seine Kreuzigung, und auch seine Auferweckung („am dritten Tag") ist ein geschichtliches, Letzteres freilich kein historisches d. h. nachweisbares, Ereignis.

Gott der Geschichte

Kirchengeschichte findet sich schon im Neuen Testament. Die Apostelgeschichte, die das Entstehen und die Ausbreitung des Christentums beschreibt, ist gewissermaßen die erste „Kirchengeschichte". Noch einmal bestätigt sich der geschichtliche Charakter der christlichen Religion. Gott ist wieder – oder vielmehr noch immer – ein Gott der Geschichte. Die Geschichte der Kirche ist die neue Geschichte des alten Gottes mit seinem neuen Volk.

Die Kirchengeschichte dient einem besseren Verständnis der Bibel, indem sie zeigt, wie die Bibel früher ausgelegt wurde, und indem sie uns klar macht, dass unser heutiges Verständnis der Bibel, einschließlich der wissenschaftlichen Methoden, derer wir uns dabei bedienen, geschichtlich geworden ist. In der Kirchengeschichte begegnen wir aber auch Wirkungen der Bibel, Auslegungen der Bibel in die Praxis hinein, Konkretionen der biblischen Botschaft. So gesehen ist Kirchengeschichte „Auslegung der Heiligen Schrift" (Gerhard Ebeling). Wenn sich Christen für den Frieden engagierten, legten sie damit die Bergpredigt Jesu aus. Wenn sich Christen in der *Mission betätigten, legten sie damit den Missionsbefehl Jesu aus. Richtige, dem Geist des Christentums gemäße stehen neben falschen Auslegungen, vertretba-

Verständnis der Bibel

re neben unvertretbaren. Die Licht- und Schattenseiten der Kirchengeschichte korrespondieren mit unterschiedlichen Weisen der Bibelauslegung. Aber an der Geschichte kann gezeigt werden, dass das Evangelium wirkt, verändert, befreit und tröstet.

Identität Geschichte stiftet und vergewissert Identität, Kirchengeschichte stiftet und vergewissert kirchliche Identität. Jeder Mensch gewinnt Identität aus seiner Lebensgeschichte und vergewissert sich seiner Identität, indem er sich seiner Lebensgeschichte erinnert. Jede menschliche Gemeinschaft, Völker, Parteien, Vereine, aber natürlich auch die Kirchen gewinnen Identität aus ihrer Geschichte und vergewissern sich ihrer Identität, indem sie sich dieser Geschichte erinnern. In ganz besonderem Maße gilt das für evangelische Kirchen, die nicht wie die *katholische Kirche eine lebende Persönlichkeit – den *Papst – als zentrales Identifikationsobjekt haben, sondern nur ihre Geschichte. Evangelische Christen und Kirchen vergewissern sich ihrer Identität, indem sie auf die Bibel, ein geschichtliches Buch, und indem sie auf die spezifische Geschichte der Reformation zurückgreifen.

Kontrasterfahrungen Die Geschichte ermöglicht Verfremdungs- und Kontrasterfahrungen vergleichbar mit der Begegnung mit fremden Kulturen. Fremdes ist immer attraktiv, und das Selbstverständliche ist plötzlich nicht mehr selbstverständlich, wenn man erfährt, dass früher alles ganz anders war und die Menschen ganz anders dachten, empfanden und lebten. Dies fordert dazu heraus, das eigene Denken, Empfinden und Leben entweder noch einmal zu fundieren, oder aber neu zu justieren. Beispielsweise gehört die Taufe heute zu den größten Selbstverständlichkeiten des Christseins, im Mittelalter ist sie jedoch oft unterblieben. Die regelmäßige Teilnahme an der *Eucharistiefeier („Sonntagspflicht") kennzeichnet heute den Katholiken, im Mittelalter jedoch war es üblich, allenfalls einmal im Jahr daran teilzunehmen.

aus der Geschichte lernen Aus der Geschichte kann und muss man lernen, auch aus der Kirchengeschichte. Die Geschichte zeigt, was gut und was schlecht war, welche Wege richtig und welche falsch waren. Angesichts gegenwärtiger Fragen erweitert die Kenntnis der Geschichte das uns bekannte Spektrum möglicher Lösungen und zeigt auch die Gefahren, die mit bestimmten Lösungswegen verbunden sind. Das Gute kann man nachahmen, das Falsche wird man meiden. Beispielsweise hat die Geschichte denen Recht gegeben, die schon vor, während und nach dem Ersten Weltkrieg aus christlicher Motivation für Frieden und Verständigung unter den Völkern Europas eintraten. Die Geschichte lehrt, auch heute allen neu aufkommenden Nationalismen zu wehren. Ein jüdischer Gelehrter, Baal Shem Tov, hat einmal gesagt: Erinnerung ist das Geheimnis der Erlösung. Dieses Wort steht heute mahnend an der Jerusalemer Schoah-Gedenkstätte Jad waShem.

Geschichtskenntnisse wehren dem Geschichtsmissbrauch, Kenntnisse der Kirchengeschichte wehren dem Missbrauch der Kirchengeschichte. Geschichte wurde und wird oftmals missbraucht, um einseitige und ungerechtfertige Ansprüche erheben, behaupten und durchsetzen zu können. Zum Beispiel wurden im 19. und 20. Jahrhundert Luther und die Reformation missbraucht, um einen kämpferischen und betont *protestantischen deutschen Nationalismus zu fundieren. Wider besseres Wissen wurde das auch heute noch viel zitierte „Hier stehe ich und kann nicht anders" zum geflügelten Wort, obwohl Luther, wie die Quellen bezeugen, in Worms 1521 am Schluss seiner Rede, in der er einen Widerruf abgelehnt hatte, nur bescheiden gesagt hatte: „Gott helfe mir! Amen." Und aus Luthers Widersacher Thomas Müntzer, der als *Spiritualist und Apokalyptiker mit den Bauern gekämpft hatte, machte die DDR-Geschichtsschreibung einen Klassenkämpfer und Sozialrevolutionär.

Geschichtskenntnisse relativieren Wahrheitsansprüche und fördern damit die Toleranz und ermöglichen so die interkonfessionelle Verständigung und den interreligiösen Dialog. Postmoderne Gesellschaften sind vom Pluralismus der *Konfessionen und Religionen geprägt. Dieser Pluralismus erfordert Toleranz. Zu einer Toleranz, die nicht einfach nur in Gleichgültigkeit wurzelt, ist nur derjenige in der Lage, der den eigenen Wahrheitsanspruch relativieren kann. Dazu verhilft die Kenntnis der Geschichte. Wer die *Ökumene fördern will, muss die Unterschiede zwischen den Kirchen kennen und verstehen. Verstehen kann man sie aber nur aus der Geschichte. Wer sie als geschichtlich geworden versteht, kann sie relativieren und damit auch – wenn gewünscht – verändern. Wer den interreligiösen Dialog fördern will, muss die Unterschiede zwischen den Religionen kennen und verstehen. Verstehen kann man sie aber nur aus der Geschichte. Wer sie als geschichtlich geworden versteht, kann sie relativieren und damit auch – wenn gewünscht – verändern. Das westliche Christentum hat als Folge der *Aufklärung einen Historisierungsprozess durchgemacht und sich selbst entdogmatisiert, gemäß dem 1840 von David Friedrich Strauß, dem großen kritischen Tübinger Theologen, formulierten Motto: „Die wahre Kritik des Dogmas ist seine Geschichte" (Strauß: *Die christliche*

Glaubenslehre 1, 1840, 71). Kirchengeschichtliche Kenntnisse verhindern Schieflagen beim Religionsvergleich und beim interreligiösen Dialog. Der Blick in die Geschichte zeigt, dass das Christentum als solches dem Judentum und dem Islam nichts voraus hat. Dies gilt gerade für die heute heftig diskutierten Frauen-, Toleranz- und Gewaltfragen. Allerdings hat das – westliche! – Christentum anders als Judentum und Islam oder zumindest eindeutiger und umfassender als Judentum und Islam die Katharsis der *Aufklärung hinter sich gebracht. Was das – westliche – Christentum von anderen Religionen unterscheidet, verdankt das Christentum der *Aufklärung.

<small>alles ist Zukunft oder Geschichte</small>

Und ein philosophischer Gedanke zum Schluss: Es gibt keine Gegenwart, alles ist in Wirklichkeit noch Zukunft – oder bereits Geschichte. Gegenwart gibt es nur punktuell, als Augenblick. Sobald wir sie zu greifen und zu begreifen suchen, ist sie bereits Geschichte. Es gibt Zukunft und es gibt Geschichte, aber es gibt keine Gegenwart. Als Menschen haben wir eine Zukunft, aber wir sind Geschichte. Wir sind Teil der Geschichte und sind selbst Geschichte. Das gilt auch für die Kirche als eine Gemeinschaft von Menschen, die an Jesus Christus glauben. Zukunft und Geschichte sind die beiden Dimensionen ihrer Existenz.

Die Warum-Frage hängt mit der Wie-Frage engstens zusammen. Wie muss Kirchengeschichte erforscht und dargestellt werden, wenn sie den genannten Zwecken dienen soll?

Kirchengeschichte muss kirchenkritisch betrieben werden. Kirchengeschichte muss ökumenisch akzentuiert sein. Kirchengeschichte muss ein interreligiöses Profil haben. Kirchengeschichte muss aktuell sein. Kirchengeschichte muss relevant sein. Kirchengeschichte muss interessant sein.

<small>kirchenkritisch</small>

Kirchenkritisch wird Kirchengeschichte betrieben, wenn sie neben allen Leistungen und Verdiensten, die es in der Kirchengeschichte zu entdecken gibt, auch die dunklen Kapitel nicht verschweigt. Oftmals dienten und dienen Geschichtsbetrachtungen *apologetischen Zwecken. Viele Produkte evangelischer Reformationshistoriker tragen noch heute apologetische Züge. Doch Apologetik schadet der Kirchengeschichte und schadet der Theologie. Nur eine selbstkritische Kirche findet noch Resonanz.

<small>ökumenisch</small>

*Ökumenisch akzentuiert ist Kirchengeschichte, wenn sie neben der Geschichte der eigenen Kirche und *Konfession immer auch die Geschichte der anderen mitbedenkt und deren Ansprüche und Überzeugungen achtet. Oftmals hatte die Geschichtsbetrachtung einen kontroverstheologischen Akzent. Lutherische

Kirchenhistoriker polemisierten nicht nur gegen *katholische, sondern auch gegen evangelisch-*reformierte Traditionen und Positionen. Die Gegenwart der Kirchen ist jedoch von *Ökumene geprägt und nur ökumenisch wird das Christentum eine Zukunft haben. Deshalb muss auch in der Kirchengeschichtsbetrachtung eine ökumenische Note zu spüren sein. Mit dem interreligiösen Dialog verbunden wird die Kirchengeschichte, wenn sie durch die ganze Geschichte hindurch die Geschichte der christlich-jüdischen und der christlich-moslemischen Beziehungen reflektiert.

interreligiös

Aktuell ist Kirchengeschichte, wenn sie sich selbst in Bezug setzt zu Gegenwarts- und Zukunftsfragen und dafür Verstehenshilfen und Deutungshorizonte eröffnet. Relevant erscheint Kirchengeschichte, wenn sie sich um Aktualität bemüht und Brücken schlägt zu anderen Disziplinen der Theologie und der Wissenschaft. Interessant wird Kirchengeschichte, wenn sie sich um Aktualität und Relevanz bemüht und wenn sie ihren Stoff und ihr Material unter Nutzung der ihr zur Verfügung stehenden hervorragenden Möglichkeiten didaktisch gut aufbereitet.

aktuell

relevant

interessant

Viel zu lange haben sich Kirchenhistoriker damit beschäftigt und begnügt Kirchengeschichte um ihrer selbst willen zu eruieren, als ob sie mit der Gegenwart nichts zu tun hätte. Damit haben sie selbst dazu beigetragen, dass Kirchengeschichte eine lange Zeit ein Schattendasein im Wissenschaftsbetrieb führte, nicht ernst genommen und als „Hilfswissenschaft der Theologie" (Karl Barth) karikiert wurde.

Geschichte der Kirche oder Geschichte der Kirchen? | 8.2

„Kirchengeschichte" kann singularisch oder pluralisch verstanden werden, als Geschichte der Kirche oder als Geschichte der Kirchen, und da passt die für das Deutsche typische sprachliche Unschärfe bei Genitivverbindungen ausnahmsweise einmal zur Sache: Man kann die Kirchengeschichte unter beiden Perspektiven sehen. Von einem traditionellen theologisch-dogmatischen Standpunkt aus gibt es nur *eine* Kirche, als Gegenstand des Glaubens. Diese eine Kirche ist dann entweder nur in einer der sichtbaren, offenkundig vielfältigen Kirchen wahrhaftig zu greifen (diesen Anspruch erhebt die römisch-katholische Kirche für sich selbst), oder aber sie ist auf unsichtbare Weise (zum Beispiel als die Gemeinschaft der wahrhaft Glaubenden) hinter den sichtbaren Kirchen vorhanden. Das *protestantische Hauptbekenntnis, die *Confessio Augustana*, lehrt, dass Kirche überall dort ist, wo das

Kirche

Evangelium gepredigt und die von Christus eingesetzten *Sakramente gespendet werden. Das ist die – einzige – Gemeinsamkeit, auf die es wirklich ankommt. So gesehen zeigt sich die eine Kirche in den vielen hinsichtlich ihrer Strukturen und ihres Brauchtums und ihrer Lehren höchst verschiedenen Kirchen durch Wort und *Sakrament. Sie ist nicht unsichtbar, sondern sichtbar, immer und überall, wo das Evangelium gepredigt, wo getauft und wo *Abendmahl/*Eucharistie gefeiert wird.

<small>Vielfalt</small>   Historisch betrachtet gab es die eine Kirche aber nie, sondern es gab immer Vielfalt. Das Christentum konkretisierte sich immer in verschiedenen Theologien und nahm schon immer in verschiedenen Kirchen Gestalt an.

Auch von einem modernen theologisch-dogmatischen Standort betrachtet kann man dieser Vielfalt Positives abgewinnen und sie nicht als Schwäche, sondern als Stärke begreifen. Pluralität ist Ausdruck und Folge von Freiheit, und das Christentum ist – evangelisch verstanden – eine Religion der Freiheit, weil der Einzelne ohne Mittlerinstanzen in einem unmittelbaren Gottesverhältnis steht.

<small>Freiheit</small>

<small>Kirchen</small>   Die Kirchengeschichte ist also die Geschichte der Kirchen, nicht der Kirche. Eingelöst werden kann diese Perspektive aber nur begrenzt, denn die christliche Vielfalt lässt sich kaum zusammenfassend und übersichtlich darstellen. Jede Kirchengeschichtsschreibung muss Akzente setzen, in Forschung wie Lehre, und sie setzt diese Akzente je nach den Rahmenbedingungen, unter denen sie arbeitet, und je nach den Ausbildungszwecken, denen sie dient. In der Alten Kirche fehlen uns außerdem teilweise die Quellen, um die Vielfalt angemessen darstellen zu können, denn die Texte derer, die damals verloren haben und untergegangen sind, haben sich in der Regel nicht erhalten. In der Neuzeit allerdings zwingt die Quellenmasse zur Auswahl.

8.3 | Kirchengeschichte als Christentumsgeschichte

Der Begriff Kirchengeschichte hat sich seit dem 4. Jahrhundert eingebürgert, obwohl er die Sache, um die es geht, nicht wirklich trifft, denn nie hat sich die Kirchengeschichte nur mit der Geschichte der Kirche oder der Kirchen beschäftigt, sondern immer mit der Geschichte des Christentums in seiner ganzen Breite. Den Begriff Christentum allerdings gab es früher nicht, die Christen sprachen ursprünglich, wenn sie ihre Religion meinten,

immer von der Kirche. „Kirche" war und ist auch ein Synonym für „Christentum".
Christentum ist mehr als Kirche. Es gibt zwar kein Christentum ohne Kirche, aber das Christentum geht in der Kirche nicht auf. Es gab und es gibt Christentum auch außerhalb von Kirchen. Und erst recht reichen die Wirkungen des Christentums über die Kirche hinaus. Insbesondere in der modernen Kultur wird man von Formen des Christlichen sprechen müssen, die es außerhalb und relativ unabhängig von der Kirche gibt.

Wirkungen

Das christliche Ethos beispielsweise wirkt auch außerhalb der Kirche, auch bei Menschen, die nicht der Kirche angehören oder sich nicht einmal als Christen bezeichnen. Auch die christliche Kunst, Bilder und Musik, wirkt in weiten Bereichen unabhängig von und außerhalb der Kirchen.

Ethos

Ferner lassen sich die Geschichte der christlichen Frömmigkeit oder die Geschichte der christlichen Theologie nicht einfach unter dem Begriff Kirchengeschichte subsumieren. Sie gehören jedoch unabdingbar zu einer Geschichte des Christentums, genauso wie die Geschichte des Gottesdienstes, der *Liturgie, des kirchlichen Rechts, der *Dogmen, der *Bekenntnisse usw. Kirchengeschichte muss also, auch wenn man den eingebürgerten Begriff beibehält, als Christentumsgeschichte betrieben werden.

Frömmigkeit

Die Geschichte der Kirchengeschichtsschreibung | 8.4

Die Christen haben sich nicht immer und nicht von Anfang an mit ihrer eigenen Geschichte beschäftigt. Die Christen haben immer und von Anfang an die Bibel ausgelegt, aber die eigene Geschichte wurde, von dem kleinen Auftakt in der Apostelgeschichte des Lukas einmal abgesehen, erstmals um das Jahr 300 Thema. Damals verfasste Euseb (→ 8.12), der *Bischof von Cäsarea in Palästina, erstmals eine „Kirchliche Geschichte" (so die wörtliche Übersetzung des lateinischen Titels – *Historia ecclesiastica* –, unter dem sie überliefert wurde) und schilderte die Entwicklung von den Anfängen bis zu seiner Gegenwart.

Alte Kirche

Im frühen Mittelalter etablierte der englische Mönch Beda Venerabilis die auch heute noch gültige Chronologie, die Jahreszählung nach Christi Geburt, und beschrieb in einem dicken Buch die Geschichte der Angelsachsen. Im Mittelalter wurden ansonsten keine Kirchengeschichten, wohl aber Chroniken verfasst – und viele falsche Urkunden. Texte wurden gefälscht, um angeblich früher erworbene Ansprüche belegen zu können. Das

Mittelalter

Fälschungen berühmteste Beispiel ist die so genannte Konstantinische Schenkung (→ 3.2.4). Manche der Fälschungen wurden später enttarnt, andere stellen die Kirchengeschichtsschreibung noch heute vor Herausforderungen.

Renaissance
Reformationszeitalter
Ein tieferes Interesse an der Geschichte, vor allem der antiken Geschichte entstand im ausgehenden Mittelalter in der Kultur der Renaissance. Einen bedeutenden Aufschwung fand das Interesse an der Kirchengeschichte dann im Reformationszeitalter, weil es nun wichtig wurde, den je eigenen Standpunkt mit geschichtlichen Argumenten zu rechtfertigen. Besonders Philipp Melanchthon förderte das Interesse an der Geschichte. Er selbst hielt Vorträge zu zahlreichen geschichtlichen Themen, und in seinem Umfeld entstanden verschiedene umfangreiche Geschichtsdarstellungen.

17. Jahrhundert
Im 17. Jahrhundert nahm das Interesse an der Geschichte weiter zu. Die Einteilung der Geschichte in Epochen kam auf. In der *katholischen Kirche erwachte ein neues Interessen an Augustin (Cornelius Jansen [→ 5.2.2]) und in der evangelischen ein Interesse an den die Christenheit verbindenden frühen *Bekenntnissen (Georg Calixt [→ 5.2.1]). An der Universität Helmstedt gab es von 1650 an erstmals einen Lehrstuhl für Kirchengeschichte. Gottfried Arnold (→ 8.1) lenkte als Erster den Blick auf die kirchlichen Außenseiter und betrachtete sie wohlwollend, während er Konstantin und seine Epoche verurteilte.

Pietismus
Ein neues Interesse evangelischer Theologen an *katholischen *Heiligen entstand im *Pietismus (Gerhard Tersteegen [→ 5.1]). Gleichzeitig versuchten andere den Geschichtsverlauf im Lichte der Bibel zu deuten und daraus Aussagen über die Zukunft, ein erwartetes Gottesreich auf Erden zu machen (Johann Albrecht Bengel [→ 5.2.4]).

19. Jahrhundert
Das 19. Jahrhundert war stark geschichtlich interessiert und hat die Geschichte erstmals konsequent kritisch betrachtet. Die Kirchengeschichtsforschung und -schreibung erlebten einen Aufschwung. Große Quelleneditionen, von denen die Theologie teilweise noch immer zehrt, wurden veranstaltet.

liberale Theologie
An der Wende vom 19. zum 20. Jahrhundert wirkte in Berlin Adolf von Harnack, ein *liberaler Theologe und großer Kirchenhistoriker, der auch das Feld der Systematischen Theologie bestellt und jahrelang als Präsident der Humboldt-Universität gewirkt hatte (→ 6.2.2). Die *liberale Theologie um 1900 schätzte die Geschichte, und zwar nicht nur, weil sie einer Epoche angehörte, die die Geschichte schätzte, sondern weil sie auch selbst die Ge-

schichte benötigte. *Liberale Theologen wollten eine modernen Ansprüchen genügende Theologie, die mit Traditionen, wenn nötig, bricht und die Religion im Einklang mit der modernen Kultur neu gestaltet. Für diesen kritischen, verändernden Umgang mit der Religion brauchten sie Geschichte.

Dann wurde es still um die Kirchengeschichte, weil Karl Barth, der einflussreichste evangelische Theologe des 20. Jahrhunderts, die Kirchengeschichte zu einer, wenn auch unverzichtbaren, bloßen Hilfswissenschaft der Theologie erklärt hatte. Viele evangelische Theologen nahmen die Kirchengeschichte anschließend nicht mehr ernst und verzichteten entgegen Barths Intentionen ganz auf sie, zum Schaden der Theologie.

Hilfswissenschaft

Das *Schriftprinzip der Reformation, die Negation der Tradition als Glaubens- und Lebensgrundlage der Kirche wurde vielfach dahingehend missverstanden, dass sich evangelische Theologen und evangelische Christen nur mit der Bibel und ihrer eigenen Gegenwart beschäftigen müssten. Aber auch die evangelischen Kirchen leben in und mit einer Tradition, und gerade wenn man sie negiert, gibt man ihr mehr Macht, als sie evangelisch gesehen haben dürfte. In den letzten zwanzig Jahren hat sich das Blatt jedoch wieder gewendet, weil die Kirchengeschichte nunmehr zu einer integrierenden Disziplin der Theologie geworden ist.

Kirchengeschichte und Theologie | 8.5

Innerhalb der Theologie integriert die kirchenhistorische Disziplin die Exegese und die Systematik in die Geschichte, indem sie die von diesen beiden Disziplinen heute nicht mehr selbst hergestellten Verknüpfungen leistet. Kaum ein Systematiker thematisiert mehr die traditionellen Kernthemen der Theologie wie Gottes- und *Trinitätslehre, *Christologie, Soteriologie und Ekklesiologie, die Kirchengeschichte aber tut es und fragt auch, wie diese klassischen Themen früher biblisch fundiert wurden.

integriert Exegese und Systematik

Zum Alten Testament gehört auch seine Wirkungsgeschichte und zum Neuen Testament seine Rezeption. Beides ist Gegenstand der Kirchengeschichte. Die beiden exegetischen Disziplinen brauchen die Kirchengeschichte, wenn sie sich wirkungs- und rezeptionsgeschichtlichen Fragen stellen.

Wirkungsgeschichte der Bibel

Zu Grundfragen der Systematischen Theologie vermittelt die Kirchengeschichte einen einfacheren Zugang als die Systematische Theologie selbst, da die Grundfragen im Horizont der Geschichte noch wirklich als Grundfragen erscheinen und noch nicht den Komplexitätsgrad aktueller systematisch-theologischer Reflexion haben. So werden die Anliegen und Antworten besser verstanden und außerdem im geschichtlichen und biografischen Kontext betrachtet.

Brücken schlagen — Integrierend ist die Kirchengeschichte aber auch, weil sie besser als alle anderen Disziplinen der Theologie Brücken schlagen kann zu außertheologischen Wissenschaften, nämlich zur Allgemeingeschichte, zur Kunstgeschichte, zur Philosophie, zur Religionswissenschaft, zur Judaistik und zur islamischen Theologie.

Die Kirchengeschichte als wissenschaftliche Disziplin ist ein Teilgebiet des Faches Theologie. Sie ist eines der fünf Kerngebiete des Faches Theologie, ein notwendiges und unverzichtbares und damit auch gleichberechtigtes Teilgebiet, wenn die Theologie ihren Ansprüchen gerecht werden will. Die Theologie braucht die Kirchengeschichte als theologische Disziplin, weil in der Geschichte der Kirche oder vielmehr des Christentums, theologisch gesehen, Wirkungen, ja Konkretionen des Evangeliums zu entdecken sind. Allerdings wird die Geschichte nicht in dem Sinne theologisch betrachtet, dass sie unter dem Vorzeichen des Wirkens Gottes interpretiert würde. Ferner basiert evangelische Theologie nicht oder zumindest nicht im selben Maße wie *katholische Theologie auf Geschichte (Tradition). Die Geschichte gibt der evangelischen Theologie nicht ihr Fundament, wohl aber die Treppen und den Aufzug, durch die das Gebäude der Theologie erst zugänglich wird.

Theologiegeschichte — Das Fach Theologie und die Inhalte der Theologie sind als „Theologiegeschichte" auch Gegenstand und Thema der Kirchengeschichte, aber nicht das einzige Thema, wie die als Synonym für „Kirchengeschichte" ebenfalls übliche Disziplinenbezeichnung „Historische Theologie" vermuten lassen könnte.

Die Kirchengeschichte zeigt, wie sich Theologie unter konkreten geschichtlichen Bedingungen und in biografischen Kontexten entfaltet und entwickelt hat. Sie relativiert damit den Wahrheitsanspruch der Theologie und fördert dadurch die inner- und außertheologische Toleranz.

nur von Theologen — Kirchengeschichte im Dienste der Theologie muss und kann nur von Theologen sinnvoll betrieben werden. Profanhistoriker und Kirchenhistoriker können zwar denselben Gegenstand mit denselben Methoden betrachten, aber sie betrachten ihn unter unterschiedlichen Fragestellungen und mit unterschiedlichen Erkenntnis leitenden Interessen.

Theologie ist immer konfessionell geprägt. *Katholische und evangelische Theologie stehen im Dienste unterschiedlicher Kirchen und können deswegen nie identisch sein. Deshalb ist auch die Kirchengeschichtsschreibung konfessionell geprägt. Ein vergleichender Blick in ein *katholisches und in ein evangelisches Handbuch der Kirchengeschichte zeigt, wie mit dem 16. Jahrhundert die Wege auseinander gehen und sich die Interessen und Schwerpunkte unterscheiden. Aber auch die Antike und das Mittelalter werden aus unterschiedlichen Perspektiven und mit unterschiedlichen Schwerpunkten behandelt. Die *katholische Kirchengeschichtsschreibung hat die Tendenz, die Rolle der Päpste besonders zu betonen und Kirchengeschichte als *Papstgeschichte darzustellen. Die evangelische Kirchengeschichtsschreibung begegnet durchweg Außenseitern und Sondergruppen mit größerem Interesse, hat in Deutschland aber auch die Tendenz, sich auf Deutschland zu konzentrieren. Im Katholizismus wird die Kirche dagegen immer als Weltkirche gesehen.

konfessionell geprägt

Kirchengeschichte in der Region | 8.6

Geschichte hat immer regionale und lokale Bezüge. Jede Stadt und jedes Dorf hat seine eigene Geschichte, und häufig kann die große Geschichte gerade an der Lokal- und Regionalgeschichte anschaulich werden. Letztere bieten viele Möglichkeiten, in der Bildungsarbeit Menschen Geschichte nahe zu bringen und zu vermitteln. Und nicht zuletzt bietet sie viele Möglichkeiten für eigene kleine, noch unerledigte Forschungsarbeiten. Unsere unmittelbare Umgebung ist wie ein aufgeschlagenes Religionsbuch oder ein geöffnetes Archiv.

In allen Regionen Deutschlands gibt es lokale und regionale Geschichts- und Kirchengeschichtsvereine, in denen sich Profi- und *Laienhistoriker sowie geschichtlich und kirchengeschichtlich Interessierte organisiert haben. Regelmäßig werden einschlägige Tagungen veranstaltet und regelmäßig erscheinen einschlägige Publikationen. Mitglied zu werden ist in der Regel nicht teuer und auf jeden Fall empfehlenswert.

Kirchengeschichtsvereine

Viele Pfarrer und Lehrer engagieren sich in der Regionalkirchengeschichte, wenn auch nicht mehr so stark wie früher. Der Wandel des Berufsbildes und des Berufsalltags beraubten viele der zeitlichen Kapazitäten, aber auch fehlende Impulse seitens der akademischen Theologie sind Ursachen dafür, dass das Engagement für die Kirchengeschichte der Region nachgelassen hat.

Außerdem werden viele kirchengeschichtliche Vereine nicht mehr wie früher von Theologen, sondern von Historikern – ausgebildeten Archivaren – geleitet. Die Existenz der kirchengeschichtlichen Vereine hängt von ihrer finanziellen Förderung durch die Landeskirchen und durch die einzelnen Kirchengemeinden ab. Nur wenn die Vereinigungen mit ihrer Arbeit den Gemeinden nützen und für die Landeskirchen hilfreich sind, werden sie ihre Existenz dauerhaft behaupten können.

8.7 | Kirchengeschichte in der Schule

Kirchengeschichte muss ein integraler Bestandteil des Religionsunterrichts sein. Dies folgt allein schon aus der konfessionellen Bindung, in der er nach dem Grundgesetz erteilt werden muss.

konfessionelle Bindung Versteht man die konfessionelle Bindung nicht rein formal, als konfessionelles Gebundensein der Lehrkräfte, sondern inhaltlich, als konfessionelle Ausrichtung der Ziele und Inhalte, so ist die Kirchengeschichte unverzichtbar, weil konfessionelle Identitäten geschichtlich geworden und geprägt und nur geschichtlich zu verstehen sind. Die konfessionelle Bindung des Religionsunterrichts ist nicht nur grundgesetzlich geboten, sondern auch religionspädagogisch betrachtet sinnvoll, weil es Religion immer nur konkret gibt. Es gibt das Christentum nicht jenseits seiner *Konfessionen. Vor allem wenn Religion konkret buchstabiert oder gar erfahren werden soll, bedarf es eines konfessionellen Kontextes.

Ziele und Inhalte Unabhängig von der konfessionellen Bindung können mit dem Religionsunterricht verschiedene Ziele und Inhalte verknüpft werden, die sich im Laufe der zurückliegenden Jahrzehnte in unterschiedlichen religionspädagogischen Konzeptionen konkretisiert haben, die in der Praxis freilich selten in Reinform, sondern wohl immer eklektisch umgesetzt wurden. Stellenwert und Aufgabe der Kirchengeschichte sind im Religionsunterricht unterschiedlich, je nachdem ob man ihn als „evangelische Unterweisung" konzipiert oder als „problemorientierten Unterricht", um zunächst die beiden wichtigsten, wirkmächtigsten neueren Konzeptionen zu nennen. Zwischen und neben ihnen wurden auch ein „hermeneutischer" und ein „therapeutischer" Religionsunterricht konzipiert, und aktuell erfreut sich das Modell eines „performativen" Unterrichts größter Resonanz. Gleichzeitig werden die Ziele nicht mehr in Form von Inhalten, sondern als übergeordnete Kompetenzen formuliert. So werden Beobachtungs-, Deutungs-, Urteils-, Dialog- und Handlungskompetenz hinsichtlich religiöser Phänomene als Ziele des Religionsunterrichts benannt.

In evangelischen Religionsunterrichtsgruppen gibt es immer landeskirchlich sowie *freikirchlich sozialisierte Schüler sowie Schüler ohne Bezug zur Religion. Nicht selten finden sich in einer Gruppe aber auch *katholische oder *orthodoxe Schüler und manchmal auch Moslems. Neben dem in konfessioneller Bindung erfolgenden Hauptstrom des Religionsunterrichts wird vielerorts, teilweise unter Missachtung der eigentlichen rechtlichen Rahmenbedingungen, ein konfessionell-kooperativer Religionsunterricht oder ein religionskundlich ausgerichteter Religionsunterricht angeboten. Nicht wenige engagierte und bewährte Religionslehrer denken, dass letzteren Unterrichtsformen die Zukunft gehören wird.

konfessionell-kooperativ

Religionsunterricht kann über Religion informieren, er kann Werte vermitteln, er kann religiöse Identität entwickeln, er kann dialogische Kompetenzen fördern, er kann religiöse Erfahrungen ermöglichen und er kann sogar Glauben wecken. Für alle Zielsetzungen ist die Geschichte relevant.

Jeder Religionsunterricht will und muss über Religion informieren. Die Information über Religion ist kein Selbstzweck und dient auch nicht lediglich der Allgemeinbildung, sondern zielt darauf, dass sich die Schüler in der Kultur, in der sie leben, zurechtfinden. Unsere Kultur ist von Religion geprägt. Religiöse Phänomene gilt es zu entdecken und zu beschreiben. Die nächsten Schritte, das Verstehen und das Beurteilen der religiösen Phänomene, funktionieren nicht ohne Geschichte, denn alle Religionen sind geschichtlich geworden und geprägt.

über Religion informieren

Wenn der Religionsunterricht Werte vermitteln will, muss er auch der Frage nachgehen, wie Christen zu einer Werteorientierung finden und wird sich in diesem Zusammenhang zwangsläufig mit der auch heute noch aktuellen Antwort Luthers auseinander setzen, der unter dem Motto „Ein guter Baum bringt gute Früchte" die *Rechtfertigung zur Basis der Ethik machte.

Werte vermitteln

Wenn der Religionsunterricht religiöse Identität wecken will, kommt er, sofern es sich um evangelische Schüler handelt, ebenfalls nicht umhin, über die Reformation zu sprechen, denn in ihr wurzelt jede evangelische religiöse Identität. Religiöse Identität zu wecken, zu entfalten und zu stärken ist ein Anliegen, das sich in allen religionspädagogischen Konzeptionen findet. Es geht aus von der Tatsache, dass die meisten Schüler eine religiö-

Identität wecken

se bzw. konfessionelle Bindung haben, und von der Auffassung, dass Religion zum Wesen des Menschen gehört.

Dialog fördern

Wenn der Religionsunterricht dialogische Kompetenzen, interkonfessionelle und interreligiöse Dialogkompetenzen fördern will, ist eine geschichtsbezogene Identitätsklärung unabdingbare Voraussetzung. Ein echter Dialog setzt Identität voraus. Nur wer eine eigene Position hat, kann andere Positionen ernst nehmen und mit anderen Menschen über ihre anderen Positionen sprechen. Im Dialog selbst führen alle Wie- und Warum-Fragen ebenfalls zurück in die Geschichte. Wie ist das bei euch? Warum ist das bei euch so? Alle Fragen nach Ritualen und Gebäuden und anderen äußerlichen Manifestationen von Religion, aber auch alle Wie- und Warum-Fragen zu Themen der Lehre und der Ethik lassen sich zumindest differenziert, wie es gerade in dialogischen Prozessen notwendig ist, nur unter Einbeziehung der Geschichte beantworten.

Erfahrungen ermöglichen

Wenn der Religionsunterricht religiöse Erfahrungen ermöglichen will, muss er Erfahrungsräume bauen oder aufsuchen, zum Beispiel Kirchen, die in ihrer Eigenart nur aus der Geschichte zu verstehen sind, und er muss fremde, und das heißt auch aus der Geschichte überkommene religiöse Erfahrungen aktualisieren und reflektieren. Kirchenraum-Pädagogik kann ohne Kirchengeschichte nicht sinnvoll betrieben werden, weil ein Kirchenraum nicht ohne Kirchengeschichtskenntnisse verstanden werden kann. Das Gleiche gilt für *liturgische Handlungen, die in einem Kirchenraum stattfinden.

Glauben wecken

Zum Glauben zu rufen und Glauben zu wecken wird heute kaum als Zielvorstellung des Religionsunterrichts genannt. Es wäre auch keine realistische und es wäre eine dem schulischen Kontext nicht angemessene Zielsetzung. Glaube ist immer unverfügbar. Gleichwohl kann im Einzelfall im Religionsunterricht eine Begegnung mit dem Glauben stattfinden, und zur Unverfügbarkeit des Glaubens gehört auch die Möglichkeit, dass ein Schüler im und durch den Religionsunterricht zum Glauben kommt. Begegnungen mit dem Glauben ermöglichen im Religionsunterricht Glaubensaussagen des Lehrers sowie von Mitschülern, aber auch Glaubensexempel aus der Geschichte. Durch seine ganze Geschichte hindurch hat das Christentum im Kontext der religiösen Unterweisung immer auf Lebens- und Glaubensbeispiele zurückgegriffen, um zum Christsein zu motivieren und die christliche Identität zu stärken. Deshalb entstanden Heiligenviten. Das reformatorische Christentum hat mit der Heiligenverehrung, insbesondere mit der Anrufung der *Heiligen als Fürsprecher bei Gott und Mittler zwischen Gott und Mensch, gebrochen, aber den Gedanken, dass Männer und Frauen der Geschichte Exempel christlichen Glaubens und Lebens darstellen, neu betont.

Traditionell haben Menschen schon immer über Lebensbilder einen Zugang zur Religion gefunden. Auch heute ist dieser biografische Zugang relevant, besonders in der Grundschule, wo ohnehin gerne erzählerisch gearbeitet wird. Aber in jeder Lebensstufe stoßen Biografien und religiöse Biografien zum Nachdenken an, denn in fremden Menschen begegnen wir letztlich uns selbst, gemäß dem Diktum des römischen Dichters Horaz: „Die Geschichte handelt von dir, nur der Name ist geändert" (*Sermonum libri duo* 1,1,69f). *Lebensbilder als Zugang*

Der Religionsunterricht braucht also die Kirchengeschichte. Zu den inneren Gründen kommen äußere hinzu. Kirchengeschichtliche Themen sind hervorragend geeignet für außerunterrichtliche Methoden, für Exkursionen und Lerngänge. Überall gibt es Kirchen und Friedhöfe, vielerorts Mahnmale, mancherorts auch Museen oder Archive. Auch manuelle Verfahren wie der Modellbau eines Klosters sind möglich; entsprechende Materialien stehen bereit. Für Projekte und für Fächer übergreifendes, „vernetztes" Unterrichten sind Kirchengeschichtsthemen ebenfalls besonders geeignet. Der Kirchengeschichtsunterricht kann Brücken schlagen nicht nur zur Geschichte, sondern auch zu Deutsch, zur Geografie, zum Musik- und Kunstunterricht. Der deutschlandweit jährlich begangene „Tag des offenen Denkmals" eignet sich vorzüglich für die Erschließung eines kirchengeschichtlichen Themas durch ein Projekt. Aber auch der jährliche Reformationstag oder regionale oder überregionale Jubiläen sind dafür geeignet. Projekte müssen allerdings geplant werden, und häufig ist es, wenn man durch Medien auf ein Jubiläum aufmerksam gemacht wird, schon zu spät. Das Internet bietet jedoch eine Vorausschau, die das Planen erleichtert, und zwar bis zu drei Jahre im Voraus. *vernetztes Unterrichten*

URL: http://geboren.am/jubilaeen

Immer bedacht und beantwortet werden muss die vierfache fachdidaktische Grundfrage: In welcher Bildungsinstitution will ich welche Inhalte aus welchen Gründen mit welchen Methoden behandeln? Ein überzeugender Unterrichtsentwurf setzt klare Antworten auf alle vier Fragen voraus.

Der Religionsunterricht braucht die Kirchengeschichte. Freilich ist nicht jedes geschichtliche Phänomen relevant für den

VERTIEFUNGEN

selektierend zugreifen

Religionsunterricht. Der Religionsunterricht kann und darf selektierend auf die Geschichte zugreifen. Aber auf die Geschichte selektierend zugreifen kann nur, wer die Geschichte in ihren Zusammenhängen kennt. Der Religionslehrer braucht also mehr Kirchengeschichte als der Religionsunterricht selbst.

Der Religionsunterricht und gerade der Religionsunterricht, der sich wirklich mit der Religion und nicht nur mit aktuellen Problemen beschäftigt, braucht die Geschichte. Er braucht, um die Geschichte angemessen einbeziehen zu können, aber auch

Grundlagen

Grundlagen. Dazu gehören geschichtlich gebildete Religionslehrer, mithin die Einbeziehung der Kirchengeschichte in das Religionslehrerstudium, und Lehrbücher sowie Materialien, die Geschichte für den Religionsunterricht aufbereiten. An Letzterem mangelt es – noch. Als Folge der von der *dialektischen Theologie verursachten und durch den problemorientierten Religionsunterricht verfestigten Geschichtsabstinenz fehlen für die evangelische Unterrichtspraxis aufbereitete kirchengeschichtliche Stoffe, wie sie leider ebenso – noch – für die Predigtarbeit fehlen.

8.8 | Kirchengeschichte in der Gemeinde

Jede Kirchengemeinde interessiert sich für ihre Geschichte, und zwar nicht nur anlässlich von Jubiläen. Die Geschichte einer Gemeinde ist Teil ihrer Identität. Viele Gemeinden erinnern sich

Identität

ihrer je eigenen Reformationsgeschichte. Auch der *Pietismus und die *Erweckungsbewegungen spielten in vielen Kirchengemeinden eine Rolle. Und viele Kirchengemeinden erinnern sich, mitunter stolz, mitunter traurig auch an die Epoche des Nationalsozialismus. Jede Kirchengemeinde kennt ihre Pfarrer, die in ihr Dienst taten, und mitunter gehörten dazu prominente Gestalten. Auch die Gebäude, die eine Kirchengemeinde nutzt, haben eine Geschichte, wobei die Geschichte vieler Kirchenbauten in das Mittelalter zurückreicht. Und ferner haben viele Kirchengebäude und Gemeindehäuser Namen, die an große Gestalten der Geschichte erinnern. Die Kirchengeschichte ist also in vielfacher Hinsicht präsent in den Gemeinden und will entdeckt und will angesprochen werden.

Predigt

Kirchengeschichte gehört auch auf die Kanzel. Predigttexte bedürfen der Illustrierung und der Aktualisierung. Geschichtliche Begebenheiten können dabei Verwendung finden. Bei heiklen Themen kann man, indem man über die Geschichte spricht, deutlicher etwas zur Gegenwart sagen, als wenn man sich direkt über die Gegenwart äußert. Auch viele Lieder, die in den Gottesdiensten gesungen werden, führen zurück in die Geschichte.

Kirchengeschichte gehört in den Konfirmandenunterricht. Konfirmanden erhalten heute keine katechetische Unterweisung mehr, sondern werden gemeindebezogen und performativ unterrichtet. Die Kirche zeigt sich als sichtbarer und greifbarer Raum, in dem es etwas zu entdecken und zu erleben gibt. Und genau an dieser Stelle hat auch die – lokale – Kirchengeschichte ihren Platz. Die örtliche Kirchengemeinde verfügt über alte Gebäude, die zum Beobachten und Entdecken einladen und Warum-Fragen provozieren. Viele Pfarrämter besitzen auch ein kleineres oder größeres Archiv und eine kleinere oder größere Sammlung von Objekten aus früheren Zeiten. Leicht kann man in einer Kirchengemeinde eine solche Sammlung auch aufbauen und die Gegenstände dann im Schul- und im Konfirmandenunterricht ebenso einsetzen wie in Symbol- und Zeichen-Predigten. Bei Gemeindeseminaren oder Gemeindefesten lässt sich mit solchen Gegenständen sogar eine kleine Ausstellung gestalten. Mit älteren aktiven Gemeindemitgliedern können Konfirmanden darüber sprechen, „wie es früher war", und das lädt zum Nachdenken über die Gegenwart und die Zukunft ein. Und kann nicht auch beim obligatorischen Konfirmandenausflug Geschichte zum Thema gemacht werden? Reformationsstätten laden dazu ebenso ein wie Bibelmuseen und natürlich nahezu überall alte Kirchen und alte Klöster.

Kirchengeschichte eignet sich für die Erwachsenenbildung. Jede Kirchengemeinde bietet Vorträge, Kurse, Seminare und mitunter sogar Studienreisen an. Neben biblischen eignen sich gerade geschichtliche Themen für eine lebendige und anschauliche Erwachsenenbildung. Die thematischen Möglichkeiten sind schier unerschöpflich und Referenten und Gesprächspartner sind leicht zu besorgen. Die landeskirchengeschichtlichen Vereinigungen stehen als Dienstleister zur Verfügung. Häufig sind auch kleine Ausstellungen vorhanden, die ausgeliehen und in Gemeinden gezeigt werden können.

Für Religionslehrer und für Pfarrer, die sich in ihrer eigenen Gemeinde als Kirchenhistoriker betätigen möchten, gibt es noch viel zu entdecken. Manches Kapitel der jüngeren Geschichte, zum Beispiel die Ereignisse in der Epoche des Nationalsozialismus oder im Osten Deutschlands die Situation der Gemeinde in der DDR-Zeit, harrt noch der Aufarbeitung.

8.9 | Epochen der Kirchengeschichte

Die Geschichte wird in Epochen gegliedert. Der Begriff Epoche kommt aus dem Griechischen (ἐποχή/epoche [→ ♪]) und bezeichnet eigentlich einen Haltpunkt. Die Geschichte hat Haltpunkte, besser Wendepunkte. Das leuchtet unmittelbar ein und lässt sich leicht anschaulich machen. Der Begriff Epoche bezeichnet einen Zeitraum zwischen zwei Halt- oder Wendepunkten, einen Zeitabschnitt, der durch viele Gemeinsamkeiten charakterisiert war.

Haltpunkte

Im frühen 18. Jahrhundert begann man damit, die Geschichte und die Kirchengeschichte in feste Epochen einzuteilen. Üblich und bis heute beibehalten wurde die Dreiteilung der Geschichte in Antike, Mittelalter und Neuzeit, wie sie sich 1704 bei dem Hallenser Historiker Christoph Cellarius findet. In der Kirchengeschichte spricht man ebenfalls vom Mittelalter und der Neuzeit, aber die Kirche in der Antike wird auch als die Alte Kirche – groß geschrieben – bezeichnet. Das Mittelalter wird unterteilt in das Früh-, das Hoch- und das Spätmittelalter. Die Neuzeit wird unterteilt in eine Frühe Neuzeit und die Moderne. Außerdem ist es, aus praktischen Gründen, im evangelischen Bereich üblich geworden die Reformationszeit wegen ihrer hohen Bedeutung für die die Geschichte und Theologie der evangelischen Kirchen, als eine eigene Epoche zu behandeln, obwohl sie nur vierzig Jahre umfasst.

Dreiteilung

Diese Epochenbegriffe machen freilich nur mit Blick auf die abendländische Geschichte Sinn. Sie lassen sich weder auf das östliche Christentum anwenden noch auf die Geschichte des Islam.

Die genauen Abgrenzungen der Epochen sind schwierig. Hier gibt es nicht nur eine richtige, sondern viele vertretbare Lösungen. Besonders weit auseinander liegen die Abgrenzungen zwischen der Alten Kirche und dem Mittelalter. Aber auch über die Frage, ob die Neuzeit mit der Reformation beginnt oder ob die Reformation nicht noch dem Mittelalter angehört, wurde schon gestritten.

Abgrenzungen

Ferner ist zu bedenken, dass die Epochenbezeichnungen und -abgrenzungen anders ausfallen, wenn man sich weniger für die allgemeine Geschichte und die Kirchengeschichte interessiert als für die Wirtschafts- und Sozialgeschichte oder die Mentalitätsgeschichte. Es gibt viele Blickwinkel, unter denen man den Geschichtsverlauf betrachten kann, und je nach Blickwinkel fallen auch die Epochenbezeichnungen und die -abgrenzungen unterschiedlich aus. Gleichwohl ist es sinnvoll, die Geschichte in Epochen zu gliedern, nicht nur aus praktischen, sondern auch aus Verstehensgründen.

Hier noch einmal die wichtigsten Jahre und Ereignisse und die damit beginnenden Epochen im Überblick:

Jahr:	30	~500	1517	1555	1789	1989
Ereignis:	Tod Jesu	z. B. Taufe Chlodwigs	Thesen	Religionsfriede	Französische Revolution	„Wende"
Epoche:	Alte Kirche	Mittelalter	Reformation	Frühe Neuzeit	Moderne	Zeitgeschichte

Kirchengeschichtliche Quellen und Hilfsmittel | 8.10

Die Hauptquellen der Kirchengeschichte sind schriftlicher Natur. Aus gedruckten und ungedruckten Texten erfahren wir am meisten darüber, was früher war. Aber es gibt auch archäologische Zeugnisse, die die schriftlichen Überlieferungen teilweise bestätigen, teilweise ergänzen und teilweise revidieren. Neue und neueste Themen können durch die Befragung von Zeitzeugen untersucht werden (oral history).

Texte

Ferner stellen auch Bilder eine kirchengeschichtliche Quelle dar. Häufig berichten sie uns von Dingen, die, weil sie einmal so selbstverständlich waren, in keinem Text festgehalten wurden. In keiner evangelischen Kirchenordnung der Reformationszeit steht, dass die Menschen beim *Abendmahlsempfang knien und dass nach Geschlechtern getrennt kommuniziert wird. Das war einfach selbstverständlich. Aus Bildzeugnissen wissen wir, dass es so war (s. Abb. 4.1).

Bilder

Alle wichtigen kirchengeschichtlichen Quellentexte stehen in wissenschaftlichen Editionen des 19. und 20. Jahrhunderts zur Verfügung. Von den besonders wichtigen Quellen gibt es häufig leicht zugängliche Studienausgaben. Im Studium spielen ferner auf einzelne Epochen ausgerichtete Quellensammlungen eine wichtige Rolle. Empfehlenswert auch schon für den Einstieg und als begleitende Lektüre zu einer Kirchengeschichtsüberblicksdarstellung ist die Sammlung von Quellenauszügen in der Reihe „Kirchen- und Theologiegeschichte in Quellen", die in den 70er Jahren des 20. Jahrhunderts begonnen wurde und seither Generationen von Theologiestudenten begleitet hat. Zu allen Epochenbänden gibt es inzwischen stark bearbeitete und erwei-

Editionen

terte Neuauflagen. Aber auch die alten Bücher aus den 70er und 80er Jahren sind nicht nur noch brauchbar, sondern sogar wegen ihrer Begrenzung des Materials besser als die Neubearbeitungen und außerdem, wenn antiquarisch greifbar, erheblich billiger. Viele andere kirchengeschichtliche Quellen stehen aber nur in alten Originaldrucken zur Verfügung oder in alten Handschriften, die in Bibliotheken und Archiven eingesehen werden müssen. Für viele Themen aus der Kirchengeschichte des 19. und 20. Jahrhunderts sind die umfangreichen Zeitschriftenbestände dieser Jahrhunderte eine geeignete Quelle.

Überblicksdarstellungen Wichtige Hilfsmittel für das kirchengeschichtliche Studium sind Überblicksdarstellungen, die es in unterschiedlicher Form sowohl zu den gesamten 2000 Jahren der Christentumsgeschichte gibt als auch zu einzelnen Epochen. Ferner stehen verbreitet Biografien großer Theologen zur Verfügung (z.B. von Augustin, Thomas von Aquin, Bernhard von Clairvaux, Luther, Melanchthon, Zwingli, Calvin, Spener, Zinzendorf, Schleiermacher, Barth, Bonhoeffer) sowie vereinzelt auch Gesamtdarstellungen ihrer jeweiligen Theologie (z.B. zu Luther und Barth).

Lexika Kurz und bündig kann man sich über viele Personen der Kirchengeschichte sowie über wichtige Einzelthemen anhand der theologischen Lexika informieren. Am meisten Material, auch für evangelische Theologen, bietet das *katholische *Lexikon für Theologie und Kirche* (LThK), das zuletzt in elf Bänden von 1993 bis 2001 in 3. Auflage erschienen ist. Hilfreich ist jedoch auch die zuletzt 1998–2007 in 4. Auflage und in neun Bänden erschienene *Religion in Geschichte und Gegenwart* (RGG), das evangelische Standardlexikon. Beide Lexika sind in allen Bibliotheken vorhanden und noch käuflich, auch als CD, nicht aber online zugänglich.

Methodenbücher Anders als in der alt- und neutestamentlichen Wissenschaft sind kirchengeschichtliche Methodenbücher selten. Nur für Fortgeschrittene brauchbar ist das 1995 (^{2}2004) erschienene *Arbeitsbuch Kirchengeschichte* von Christoph Markschies.

Prüfungsvorbereitung Für die Prüfungsvorbereitung erfreut sich Wolf-Dieter Hauschilds zweibändiges *Lehrbuch der Kirchen- und Dogmengeschichte* (^{1}1995/99, ^{4}2010/11) großer Beliebtheit, obwohl es so umfangreich ist, dass es anders als sein Vorgänger, „der Heussi" (Karl Heussi: *Kompendium der Kirchengeschichte*, ^{1}1907/09, ^{18}1991), wohl noch von keinem Examenskandidaten von vorne bis hinten durchgearbeitet wurde. Zum Wiederholen und „Pauken" konzentrierter Fakten eignet sich das *Kirchengeschichtliche Repetitorium* von Wolfgang Sommer und Detlef Klahr (^{1}1994, ^{5}2012).

Umfassendes Überblickswissen über 2000 Jahre Christentum bieten das *katholische *Handbuch der Kirchengeschichte* (1962–1979) sowie die evangelische Reihe *Kirchengeschichte in Einzeldarstellungen* (1978–2012), die 36 Bände zählt.

Sich selbst mit einschlägiger Literatur auszustatten ist im Theologiestudium unverzichtbar und wird immer unverzichtbar bleiben. Aber das heißt nicht unbedingt, dass man viel Geld ausgeben muss. Man kann sich Bücher neu kaufen oder gebraucht, man kann sie ausleihen und exzerpieren, man kann sie ausleihen und für den privaten Gebrauch kopieren. Umfassende und einfache Recherchemöglichkeiten, wo was wie und zu welchem Preis verfügbar ist, bietet im Internet der „Karlsruher Virtuelle Katalog" (KVK). Gerade weit verbreitete Standardwerke lassen sich häufig für wenig Geld erwerben.

KVK

Kirchengeschichte im Internet | 8.11

Die wichtigsten Hilfsmittel für die kirchengeschichtliche Arbeit stehen bislang im Internet nicht zur Verfügung. Die Artikel der Wikipedia haben in der Regel nicht das Niveau der einschlägigen theologischen Lexika und sind gerade für Anfänger ungeeignet, weil sie viele Missverständnisse und Fehler enthalten. Der Fachmann kann, auf den ersten Blick, unterscheiden, was brauchbar ist und was nicht, nicht aber der Unerfahrene. Gleichwohl lassen sich auf diese Weise schnell und bequem die Schreibweise von Namen oder die Lebensdaten von Personen eruieren sowie die Allgemeinbildung auffrischen. Wikipedia ersetzt ein Konversationslexikon (z. B. *Brockhaus*), wie es früher in jedem Akademikerhaushalt zu finden war, nicht aber theologische und historische Lexika und theologische und historische Fachliteratur. Für Seminar- und Examensarbeiten an der Universität ist Wikipedia tabu.

Wikipedia

Das Gleiche gilt für das schön gemachte, auf die Bedürfnisse von Theologen zugeschnittene *Ökumenische Heiligenlexikon*, das im Netz frei zugänglich ist. Der Titel klingt offiziös, aber in Wirklichkeit ist es, wie das Impressum offenlegt, ein privates Produkt von Personen, die keine wissenschaftliche Qualifikation haben. Das ist etwas anders beim ebenfalls online zugänglichen, sehr umfassenden *Biographisch-Bibliographischen Kirchenlexikon* (BBKL) mit seinen 14.000 Einträgen zu Gelehrten aus den Bereichen Theologie, Philosophie und Geschichte. Zwar ist auch dieses Lexikon ein Privatwerk und wurde nicht im erforderlichen Maße

Heiligenlexikon

BBKL

wissenschaftlich-redaktionell betreut, aber die meisten Artikel stammen doch von wissenschaftlich ausgewiesenen Fachleuten und sind deswegen in der Regel zuverlässig, wenn auch nicht so zuverlässig wie die Artikel der RGG und des LThK.

Quellen
Ältere kirchengeschichtliche Fachliteratur ist jedoch in immer höherem Maße über das Internet zugänglich, und eine Internetrecherche kann heute so manchen Gang in die Bibliothek ersetzen. Ferner werden immer mehr kirchengeschichtliche Quellen für das Internet erschlossen. Dadurch ist das Internet gerade für die kirchenhistorische Arbeit wichtiger als für andere theologische Disziplinen. Zu unterscheiden ist zwischen Texten, die abfotografiert/eingescannt und so im Internet präsentiert werden, und voll digitalisierten Texten, die abgeschrieben und semantisch aufgeschlüsselt wurden und echte, gedruckten Editionen gleichwertige Interneteditionen darstellen. Nachdem verschiedene Bibliotheken, zum Beispiel die „Bayerische Staatsbibliothek" München, die „Herzog August Bibliothek" Wolfenbüttel und die „Johannes a Lasco Bibliothek Große Kirche Emden" schon vor langem damit begonnen hatten, kirchengeschichtlich relevante Texte online zugänglich zu machen, vernetzt seit 2012 die bei der „Stiftung Preußischer Kulturbesitz" in Berlin angesiedelte „Deutsche Digitale Bibliothek" (DDB) die verschiedenen Anbieter und bietet neue, übergreifende Recherchemöglichkeiten.

Wirklich bequem am Bildschirm nutzen lassen sich aber nur Texte, die voll digitalisiert sind, und das ist die Minderheit. Abfotografierte Bücher lassen sich am Bildschirm nur sehr langsam und mühsam durchblättern und durchsuchen. Häufig kommt man mit einem Buch besser und schneller zum Ziel, wenn man es in einer Bibliothek in die Hand nehmen kann. Für spätere Zusatzrecherchen oder Überprüfungen, zum Beispiel von Zitaten, ist die Verfügbarkeit im Internet dann aber ideal.

E-Learning-Module
Einen Schritt weiter gehen Universitäten und Forschungsprojekte, die das Internet jetzt auch für aktive, dialogische Lernprozesse nutzen und so genannte E-Learning-Module aufbauen, durch die sich Wissen und Kompetenzen erwerben lassen vergleichbar mit der Teilnahme an Seminarveranstaltungen. Das *Oberhofprediger-Projekt der Universität Osnabrück und der Herzog August Bibliothek hat 2012 ein solches E-Learning-Modul freigeschaltet. Es wurde begleitend zu einem Forschungsprojekt entwickelt, das sich am Beispiel des Herzogtums Braunschweig den für Kirchengeschichtler, Historiker, Politikwissenschaftler und Germanisten gleichermaßen interessanten *Hofpredigern

zuwendet und nach der Verbindung von Religion und Politik im 16., 17. und 18. Jahrhundert fragt. Das E-Learning-Modul „Politikberatung in der Frühen Neuzeit" bietet jedem die Möglichkeit, über das Internet eine virtuelle Seminarveranstaltung zu allgemein interessanten Aspekten dieses Themas zu absolvieren.

URL: http://zentrum.virtuos.uos.de/wikifarm/fields/ikfn_oberhofprediger/

Dass der Freiheit im Netz auch Grenzen gesetzt sind, haben die letzten Jahre gezeigt. Anders als noch vor wenigen Jahren ist die *Theologische Realenzyklopädie* (TRE), das umfassendste evangelisch-theologische Lexikon, heute nicht mehr frei zugänglich. Auch zum *Biographisch-Bibliographischen Kirchenlexikon* gibt es seit einigen Jahren keinen freien Zugang mehr, sondern man muss ihn bezahlen oder sich über eine Universitätsbibliothek, die eine Lizenz erworben hat, einloggen. Im Hintergrund stehen finanzielle Probleme und Interessen. Auch Wikipedia wirbt deshalb bei den Nutzern regelmäßig um Spenden.

Grenzen

Verschiedene landeskirchengeschichtliche Vereinigungen, darunter der Verein für württembergische Kirchengeschichte, arbeiten zurzeit am Aufbau von Online-Ausstellungen zur jeweiligen Landeskirchengeschichte. Hier dürften qualitätvolle kirchengeschichtliche Internetangebote in naher Zukunft zu erwarten sein.

Online-Ausstellungen

Die Tübinger virtuelle Fachbibliothek VirTheo listet, laufend aktualisiert, seriöse Themenportale zu theologischen und kirchenhistorischen Arbeitsfelder auf:

VirTheo

URL: http://www.virtheo.de/themenportale/theologische-themenportale-anderer-anbieter/

Für Zufallsfunde im Internet gelten folgende Regeln:

Zufallsfunde

- Prüfen Sie genau, von welcher Organisation oder von welcher Person die Seite stammt!
- Achten Sie auf den Internet-Pfad!
- Falls eine Person genannt wird, klären Sie, ob es sich um einen Fachmann handelt oder nicht!
- Lesen Sie den zufällig gefundenen Text äußerst kritisch!
- Lässt sich in der Darstellung eine Tendenz erkennen, die man kritisch hinterfragen muss?

8.12 | Prominente Kirchenhistoriker

Euseb Der Vater der Kirchengeschichtsschreibung ist Euseb (ca. 260–339), der als *Bischof von Cäsarea in Palästina wirkte. Er verfasste erstmals eine Darstellung der Christentumsgeschichte der ersten drei Jahrhunderte, die noch heute gelesen wird, weil Euseb Quellen zur Verfügung hatte, die inzwischen verloren gegangen sind. Seine Quellen gaben ihm und geben uns sehr interessante Einblicke in die Kirchengeschichte des 1. und 2. Jahrhunderts.

Melanchthon Unter den Theologen der Reformationszeit erwarb sich Philipp Melanchthon (1497–1560) Verdienste um die Geschichtsforschung. Seinen Schüler Matthias Flacius (1520–1575) regte er dazu an, sich eine Gesamtdarstellung der Kirchengeschichte vorzunehmen, der Originalquellen zu Grunde lagen. Das Werk wird als die *Magdeburger Zenturien* bezeichnet, weil Flacius in Magdeburg wirkte und seine Quellensammlung nach Jahrhunderten (lat. centuria = Hundertschaft) gliederte. Sie dienten apologetischen Zwecken, der Verteidigung *protestantischer Positionen gegen den Katholizismus.

Arnold Eine kirchenkritische Kirchengeschichtsdarstellung verfasste erstmals Gottfried Arnold (1666–1714), ein pietistischer Theologe, der eine kurze Zeit als Geschichtsprofessor in Gießen wirkte. 1699/1700 erschien seine *Unparteiische Kirchen- und Ketzerhistorie*, in der er die Kirchengeschichte nicht, wie bislang üblich, aus der Sicht einer „Religionspartei", sprich einer bestimmten *Konfession, sondern von einem überkonfessionellen Standpunkt aus darstellte. Eine besondere Sympathie legte er mit den Außenseitern und den von den Kirchen Verfolgten zu Tage.

Mosheim Johann Lorenz von Mosheim (1693–1755) profilierte als Göttinger Theologieprofessor die Kirchengeschichte erstmals als eigenständige Disziplin der Theologie. Er glaubte, das Studium der Kirchengeschichte vertiefe die menschliche Selbsterkenntnis, indem es die Motive der geschichtlichen Veränderungen aufdecke.

Walch Johann Georg Walch (1693–1775), Theologieprofessor in Jena, wirkte als Kirchenhistoriker bereits weit über seine Epoche hinaus, indem er in zehn Bänden die Religionsstreitigkeiten innerhalb und außerhalb der lutherischen Kirchen darstellte. Außerdem gab er in 24 Bänden die Werke Luthers in deutscher Sprache heraus. Seine Übersetzungen lateinischer Luthertexte finden teilweise noch heute Verwendung.

Harnack Als der Größte unter den Großen der *protestantischen Kirchengeschichtswissenschaft ist Adolf von Harnack (1851–1930) zu bezeichnen, der in Gießen, Marburg und Berlin wirkte. Über sein Fach hinaus gab er der ganzen Theologie wichtige Impulse und engagierte sich in vielen Funktionen in der Kirche, in der Kultur, in der Wissenschaft und in der Politik. Bahnbrechend war sein dreibändiges *Lehrbuch der Dogmengeschichte*, in dem er darstellte, wie das Christentum seine Lehren in Auseinandersetzung mit dem Denken der griechisch-römischen Welt entwickelt hatte. Das altkirchliche Christus- und *Trinitätsdogma sah er kritisch und bezeichnete es als „Werk des griechischen Geistes auf dem Boden des Evangeliums" (I, 20).

Sein Zeitgenosse und Universitätskollege Karl Holl (1866–1926) legte von 1910 an den Grundstein der modernen Lutherforschung, die Luthers *Rechtfertigungserlebnis als Zentrum seiner Theologie ansieht. Holl

Verdienste gleichermaßen um die Patristik, die Lutherforschung und die *Pietismusgeschichte hat sich im Nachkriegsdeutschland Kurt Aland (1915–1994) erworben. Er wirkte zunächst in Halle an der Saale, von 1960 an aber in Münster/Westfalen. Bekannt ist er nicht nur als Kirchenhistoriker, sondern auch als neutestamentlicher Textforscher. Die neutestamentliche Wissenschaft arbeitet mit dem „Nestle-Aland", der von Aland fortgeführten, von Eberhard Nestle (1851–1913) erstmals herausgegebenen textkritischen Ausgabe des griechischen Neuen Testaments. Aland

Zu den großen, das Spätmittelalter in seine Forschungen einbeziehenden Reformationshistorikern gehörte Heiko Augustinus Oberman (1930–2001), der aus den Niederlanden stammte, aber lange Jahre in Tübingen wirkte und zuletzt an der University of Arizona lehrte. Oberman

Für die neuere Pietismusforschung steht Erich Beyreuther (1904–2003). Er lehrte in Leipzig, Erlangen und München und hat sich besonders um Zinzendorf Verdienste erworben. Von ihm stammt eine große Zinzendorfbiografie, und er hat eine große Reprint-Ausgabe von Zinzendorf-Schriften begonnen. Beyreuther

Klaus Scholder (1930–1985) wirkte bahnbrechend für die Erforschung der Rolle der Kirchen im Nationalsozialismus. Seit 1968 hatte er in Tübingen den Lehrstuhl für Kirchenordnung inne. Scholder

Die erste Frau unter den Kirchenhistorikern war Hanna Jursch (1902–1972). Sie war gleichzeitig die erste Theologieprofessorin überhaupt und lehrte in Jena. Nach ihrer Habilitation im Jahre 1934 bekam sie 1945 den Professorentitel und hatte von 1956 an Jursch den Lehrstuhl für Kirchengeschichte und Christliche Archäologie inne.

8.13 | Kirchengeschichtliche Arbeitsweisen

Die Kirchengeschichtswissenschaft bedient sich der gleichen Arbeitsweisen wie die Geschichtswissenschaft. Zentral ist die kritische Lektüre und Interpretation von Quellentexten. Auf eine eingehende Analyse folgt ein den historischen Kontext wahrendes Sachurteil und als dritter Schritt möglicherweise ein aktuelles Werturteil. Authentische Textinterpretationen sind aber nur möglich, wenn man die Sprache beherrscht, in der ein Text geschrieben wurde. Übersetzungen sind, da sie selbst Interpretationen darstellen, immer unzulänglich.

Textinterpretationen

Fragestellungen

Bei der Interpretation eines Textes können Fragestellungen von außen an den Text herangetragen werden, es können aber auch aus der Lektüre des Textes heraus Fragestellungen gewonnen werden, deren Weiterverfolgung sich lohnt. Hilfreich für die Interpretation von Texten ist immer ein Vergleich mit anderen Texten. Beim Vergleich zweier Texte zum gleichen Thema fallen Gemeinsamkeiten und Unterschiede auf und können herausgearbeitet werden. Bei der Interpretation eines Textes muss gefragt werden, wann er warum von wem und für wen geschrieben wurde. Die literarische Gattung muss bedacht werden, denn ein Brief hat zweifellos einen anderen Charakter als eine Predigt und eine Kirchenordnung ist etwas anderes als eine wissenschaftlich-theologische Abhandlung, um nur vier unter vielen für die Kirchengeschichte relevante Gattungen zu nennen. Ferner muss bedacht werden, ob ein Text bei seiner Veröffentlichung einer direkten oder indirekten Zensur unterlag. Mitunter muss man zwischen den Zeilen lesen. Auch die Sprachgestalt im Einzelnen ist für die Interpretation eines Textes wichtig. Welche Begriffe werden verwendet und wie sind sie konnotiert? Häufig versteht man einzelne Begriffe nicht sofort, weil sie veraltet sind oder es sich um Fachbegriffe handelt. Dann braucht man ein Lexikon und muss nachschlagen. Fachbegriffe klären Fremdwörter- und theologische Lexika (→ 8.10), bei altertümlichem Deutsch hilft das *Deutsche Wörterbuch* mit seinen 33 Bänden, das inzwischen auch im Internet zu finden ist.

Sprachgestalt

was wirklich geschehen ist

Wer sich fragend und forschend der Kirchengeschichte zuwendet, will wissen, was wirklich geschehen ist, und will verstehen, was Augustin oder Luther oder andere Theologen gedacht und gesagt haben. Gleichwohl geht das immer nur annäherungsweise, einerseits weil unsere Möglichkeiten, Einblicke in die Vergangenheit zu nehmen, begrenzt sind, andererseits weil unsere Verstehensversuche unseren gegenwärtigen Verstehensvoraussetzungen verhaftet bleiben. Die „Rekonstruktion" des vergangenen Geschehens und des fremden Denkens ist also immer begleitet von einer die Lücken des nicht Rekonstruierbaren füllenden „Konstruktion" durch den Geschichtsforscher. Jede Geschichtsdarstellung ist eine – mitunter subjektive – Geschichtsinterpretation, aber keine beliebige und keine willkürliche.

Seminar- und Examensarbeiten in Kirchengeschichte | 8.14

Seminar- und Examensarbeiten in Kirchengeschichte zu schreiben ist ganz besonders reizvoll, weil sich mit Leichtigkeit viele spannende Themen finden lassen, die noch nie oder nur selten behandelt wurden. Die Kirchengeschichte ist unerschöpflich und der zur Verfügung stehende Stoff wächst täglich. Natürlich gibt es aber auch Themen, die abgegrast sind und zu denen nichts gesagt werden kann, was nicht schon gesagt wurde. Sie sollte man meiden.

spannende Themen

Kirchengeschichtliche Themen haben somit einen besonderen Reiz, aber sie bringen auch spezifische Probleme und Herausforderungen mit sich. Bei der kirchengeschichtlichen Arbeit muss man sich häufig auf fremde Sprachen, auf eine fremde Schrift und auf ein fremdes Deutsch einlassen, und häufig gibt es kaum oder sogar gar keine Sekundärliteratur zum konkreten Thema.

spezifische Probleme

Fremde Sprachen: Am häufigsten braucht man bei der kirchengeschichtlichen Arbeit die lateinische Sprache, und dabei nicht nur das klassische Latein, das man im Sprachkurs lernt, sondern auch das Latein der Spätantike und das Latein des Mittelalters, ferner das Kirchen- und Theologen-Latein. Hilfsmittel stehen zur Verfügung, aber der Aufwand ist nicht gering, denn für viele lateinische Texte gibt es keine Übersetzungen. Wer sich mit Themen der Alten Kirche oder mit dem byzantinischen Christentum beschäftigt, kommt am Griechischen nicht vorbei, und das Griechische der *Kirchenväter ist anders als die Sprache Platons oder die Sprache des Neuen Testaments. Bei Themen der jüdisch-christlichen Geschichte spielt die hebräische und bei Themen der moslemisch-christlichen Geschichte die arabische Sprache eine Rolle. Und damit nicht genug: Wer sich für die Kirchengeschichte Englands oder Amerikas interessiert, braucht

fremde Sprachen

die englische Sprache, und wer sich mit der hochinteressanten Kirchengeschichte Polens beschäftigen möchte, kommt am Polnischen nicht vorbei.

fremde Schrift — Fremde Schrift: Die heute in Deutschland verwendete Druckschrift stammt ebenso wie die Schreibschrift aus dem Lateinischen. Es gab aber auch eine deutsche Druck- und eine deutsche Schreibschrift, die bis in die Mitte des 20. Jahrhunderts Verwendung fanden. Wer Bücher lesen möchte, die um 1900 gedruckt wurden, muss sich auf die so genannte Frakturschrift einlassen, und wer Originalbriefe lesen muss, die noch um 1970 von älteren Menschen geschrieben wurden, stößt auf die Spätform der deutschen Schreibschrift, die so genannte Sütterlinschrift. Noch schwieriger wird es bei Büchern und Schriftstücken des 18. oder gar des 16. Jahrhunderts.

fremdes Deutsch — Fremdes Deutsch: Jede Sprache verändert sich ständig, und zwar nicht nur die Orthografie, wie im Deutschen jüngst 1998, sondern auch die Wortverwendungen und die Wortbedeutungen. Manche Wörter, die um 1900 geläufig waren, sind uns bereits nicht mehr vertraut, und andere, die wir noch kennen, haben ihre Bedeutung verändert. Wer ältere deutsche Texte liest, hat Verstehensprobleme, die zunehmen, je älter die Texte sind. Texte des 16. Jahrhunderts können, auf den ersten Blick, beinahe unverständlich sein, obwohl sie in deutscher Sprache verfasst sind.

kaum Sekundärliteratur — Keine oder kaum Sekundärliteratur: Dieses Phänomen ist Fluch und Segen zugleich. Fluch, weil die Leitplanken fehlen, an denen man sich entlanghangeln kann. Segen, weil man keinen langen Anlauf durch einen dichten Wald von Aufsätzen und Monografien nehmen muss, um bei seinem Thema anzugelangen, sondern sofort loslegen und etwas Neues und etwas Eigenes produzieren kann.

Alle spezifischen Probleme der kirchenhistorischen Arbeit lassen sich bewältigen, und ihre Bewältigung geht durchaus mit zusätzlichen Reizen und zusätzlichem Gewinn einher. Es ist faszinierend, mit Originalen zu arbeiten, mit alten Büchern und alten Schriftstücken, und Lehrer wie Pfarrer profitieren im Beruf dauerhaft davon, alte Drucke und alte Schriften lesen und verstehen zu können. Allerdings sollte jeder, der eine größere schriftliche Arbeit in der kirchengeschichtlichen Disziplin angeht, sich vorher Klarheit über die anstehenden spezifischen Probleme verschaffen und sich beraten lassen.

Bibliotheksbesuche — Ein letzter Punkt: Wer kirchengeschichtlich arbeiten will, muss mitunter reisen. Archiv- und Bibliotheksbesuche können notwendig werden, denn alte und wertvolle Bücher werden nicht in die Fernleihe gegeben und Archivalien stehen in der Regel ohnehin nur vor Ort zur Verfügung. Allerdings reduziert sich der Reiseaufwand immer mehr, weil zunehmend Dinge im Internet zur Verfügung stehen. Bibliothekskataloge sind bereits jetzt beinahe komplett online einsehbar und viele Bücher und vereinzelt sogar Handschriften werden digitalisiert. Dass irgendwann alle Bücher, die es gibt, digital zur Verfügung stehen, ist denkbar, nicht jedoch, dass sämtliche Archivalien so erfasst werden könnten.

Wie bei jeder wissenschaftlichen Arbeit muss auch in der Kirchengeschichte vor dem Plagiieren gewarnt werden. Was man von anderen übernimmt, sei es allgemein inhaltlich, sei es konkret sprachlich bis in die Formulierungen hinein, muss in den Anmerkungen entsprechend ausgewiesen werden. Ansonsten begeht man geistigen Diebstahl und muss mit dem rechnen, was allen Dieben blüht, wenn sie entdeckt werden: Bestrafung. Erfahrene Dozenten merken beim Lesen meistens sofort, wenn ein Text nicht oder nicht ganz von dem stammt, der sich als Autor ausgibt. Dann ist es, mit oder ohne eine spezielle Antiplagiat-Software, die inzwischen vielerorts zur Überprüfung schriftlicher Arbeiten eingesetzt wird, nur noch eine Frage der Zeit, bis ein Plagiat enttarnt ist. Die zunehmende elektronische Verfügbarkeit von Büchern im Internet erleichtert den Prüfenden die Plagiatskontrolle und erschwert somit die Möglichkeit, fremde Formulierungen und Texte für eigene auszugeben. An vielen Universitäten droht dafür inzwischen die Exmatrikulation. Erfahrene Dozenten stellen Themen für schriftliche Arbeiten, gerade in Kirchengeschichte, aber in der Regel so, dass die Möglichkeit, ein Plagiat abzuliefern, erst gar nicht gegeben ist. Eine neue und spezifische Themenstellung in Verbindung mit nicht oder nur wenig behandelten Quellen erfordert eigenständige Arbeit. Die Möglichkeit, einfach irgendwo abzuschreiben, scheidet aus. Man muss schon selber lesen, denken und schreiben.

Plagiieren

Kirchengeschichtliche Zukunftsperspektiven | 8.15

Die Kirchengeschichte muss, wie die Theologie überhaupt, auf Fragen von heute reagieren und die Geschichte mit Gegenwartsfragen ins Gespräch bringen. Welche Fragen stellen sich heute? Die evangelischen Kirchen werden sich als Folge des demografischen Wandels neu mit ihrer Rolle in der Gesellschaft beschäfti-

Fragen von heute

gen müssen. Die Landeskirchen müssen sich der immer stärker werdenden Herausforderung durch die evangelischen *Freikirchen stellen. Das Verhältnis zum Judentum bleibt aktuell, da der Zuzug von Juden nach Deutschland anhält. Daneben steht vermehrt die Frage nach dem Umgang mit dem Staat Israel, dessen Besatzungspolitik weltweit einer immer stärker werdenden Kritik unterliegt. Das Verhältnis zum Islam dürfte ein alles andere überragendes religiöses Zukunftsthema werden. Im Fokus stehen ferner, vor allem durch das anstehende Luther-Jubiläum, die Licht- und Schattenseiten der Reformation und die Frage, wie evangelische Identität heute in Auseinandersetzung mit den Kerngedanken und Kernanliegen der Reformation gewonnen und definiert werden kann. Auch der Friedensfrage müssen sich die Kirchen und die Theologie neu stellen in einem Land, das sich anders als früher weltweit militärisch engagiert und zum drittgrößten Waffenexporteur der Welt aufgestiegen ist. Die Frage nach der Berechtigung von Krieg stellt sich ebenso wie die, ob eine Militärseelsorge, bei der Pfarrer selbst Teil des Militärapparats werden, noch zeitgemäß und ethisch legitimierbar ist. Und nicht zuletzt stellt sich als Folge der Schulden- und Eurokrise die Frage nach der Gerechtigkeit – im eigenen Land und weltweit. Die christliche Ethik wird ferner durch die Fortschritte der Neurowissenschaften und der Stammzellen- und Embryonenforschung ebenso herausgefordert wie durch den Klimawandel.

Viele dieser aktuellen Themen haben tief reichende geschichtliche Dimensionen und es gehört zu den Aufgaben der Kirchengeschichte, durch die Beschäftigung mit der Geschichte zur Erhellung und Lösung der Gegenwartsfragen beizutragen. Dabei muss seitens der Kirchenhistorie, stärker als in jüngster Zeit, auch die kirchliche Zeitgeschichte sowie die Regionalkirchengeschichte wieder mitbedacht werden. Der Abbau von theologischen Professuren einerseits und die Berufungspolitik der theologischen Fakultäten und Institute andererseits haben in den vergangenen beiden Jahrzehnten dazu geführt, dass die Reformationsgeschichte zwar größte Aufmerksamkeit findet, nicht aber die Zeit- und die Regionalgeschichte.

Die Theologie wird ihre Akzeptanz in der Gesellschaft und ihren Standort an den Universitäten nur wahren können, wenn sie sich den aktuellen Fragen stellt und den akademischen Diskurs mit möglichst vielen anderen Wissenschaften sucht. Wie für die Theologie im Allgemeinen gilt das auch für die Kirchengeschichte im Besonderen.

Der Kirchengeschichtsunterricht an den Universitäten muss angehende Pfarrer dazu befähigen, ihre eigene Kirche und ihre spätere eigene Kirchengemeinde mit kirchengeschichtlichen Augen zu sehen, und muss sie auf die Nutzung der nicht immer, aber oftmals in den Gemeinden vorhandenen Archivalien vorbereiten. Dazu bedarf es einer Aufwertung der Regional- und Lokalgeschichte sowie der Zeitgeschichte allen gegenwärtigen Trends zum Trotz gerade an den Universitäten. Der Kirchengeschichtsunterricht an den Universitäten muss angehende Lehrer dazu befähigen, in ihre Schulen und in ihren Unterricht kirchengeschichtliche Themen einzubringen. Pfarrer wie Lehrer müssen in der Lage sein, das Reformationsjubiläum 2017 zu gestalten. Auch in den Folgejahren wird das Reformationsgedenken weiter eine Rolle spielen, bis zum Jubiläum des *Augsburger Bekenntnisses* 2030. Dieses Jahr markiert dann aber gleichzeitig zweitausend Jahre Christentum. Neben der Reformationsgeschichte wird die Zeitgeschichte aktuell bleiben, insbesondere die jüngere deutsche Geschichte und die Geschichte der Kirchen in den östlichen Bundesländern.

Das Jubiläum: 1517–2017 | 8.16

Den evangelischen Kirchen unserer Welt steht mit 2017 das bislang größte Jubiläum ihrer Geschichte ins Haus. Die Vorbereitungen laufen, sie begannen schon 2008, als in Deutschland die „Luther Dekade" ausgerufen wurde.

Luther Dekade

Belastet werden die Vorbereitungen einerseits durch die vielen evangelischen Kirchen nicht behagende Engführung der Reformation auf Deutschland und auf Luther, andererseits durch Erklärungen der römisch-katholischen Kirche, dass es nichts zu feiern gäbe, weil Reformation einfach nur gleichbedeutend sei mit Kirchenspaltung.

Engführung

Angesichts des Jubiläums stehen die evangelischen Kirchen vor drei Herausforderungen: 1. geht es um die rückblickende Bewertung der Reformation. 2. geht es um die aktuelle Bestimmung dessen, was einen Evangelischen zu einem Evangelischen macht. 3. geht es darum, Zukunftsperspektiven für den *Protestantismus in einer konfessionstoleranten und religionspluralistischen Kultur zu formulieren.

Herausforderungen

Als *Papst Johannes Paul II. das Jahr 2000 als Jubeljahr ausrief, formulierte er ein kritisch und demütig zurückblickendes Schuldbekenntnis, das u. a. die *Kreuzzüge und die Judenfeind-

Schuldbekenntnis

schaft ansprach. Den evangelischen Kirchen stände es gut an, 2017 ebenfalls nicht nur an Jubel, sondern auch an Schuld zu denken. 1517 begann die Reformation bekanntlich mit einem Bußruf eines Mönchs. Die erste von Luthers 95 Thesen mahnte, das ganze Leben eines Christenmenschen unter das Vorzeichen der *Buße zu stellen.

Als angemessener Slogan für 2017 bietet sich deshalb an: Der Reformation gedenken – Schuld bekennen – *Ökumene fördern.

Ökumene

Anhang | 9

Inhalt

9.1	Musterklausuren.............................	265
9.2	Glossar......................................	267
9.3	Lösungen zur Musterklausur...................	277
9.4	Lösungen zu den Bildinterpretationen.........	279
9.5	Personenregister.............................	284
9.6	Sach- und Ortsregister.......................	286
9.7	Nachweis der Abbildungen.....................	292

Musterklausuren | 9.1

Kirchengeschichtlicher Stoff wird sowohl bei Prüfungen, die sich auf Einzellehrveranstaltungen oder Module beziehen, als auch bei großen Abschlussprüfungen in der Regel so geprüft, dass umfassende Fragen gestellt werden, die durch in sich geschlossene kleine Abhandlungen im Stil eines Essays beantwortet werden müssen. Sie setzen fundiertes Überblickswissen über alle oder über einzelne Epochen der Kirchengeschichte verbunden mit kirchengeschichtlicher Argumentations- und Urteilskompetenz voraus.

Beispiele:
- Große Theologen der Alten Kirche: Leben, Werk und Bedeutung
- Die Bettelorden
- Theologie im Mittelalter
- Christen und Juden im Mittelalter und in der Neuzeit
- Martin Luther und die Reformation
- Englische Kirchengeschichte im 16., 17. und 18. Jahrhundert
- Die Kirchen in Deutschland im 19. Jahrhundert
- Die Kirchen unter dem Nationalsozialismus

Aufgabe: Wählen Sie eine Frage aus, sammeln Sie Erinnerungen, Ideen und Stichworte, die Ihnen dazu einfallen, gliedern Sie den Stoff und schreiben Sie in zwei Stunden eine in sich geschlossene Abhandlung! – Überprüfen Sie anschließend die Korrektheit und Vollständigkeit Ihrer Abhandlung anhand des entsprechenden Buchkapitels!

Mitunter wird kirchengeschichtlicher Stoff einer einzelnen Lehrveranstaltung oder eines einzelnen Moduls aber auch durch eine Klausur überprüft, in der man in einer, manchmal zwei Stunden Kurzfragen mit wenigen Sätzen, Stichworten und/oder durch Ankreuzen beantworten muss. Folgende Fragen sollten Sie, nachdem Sie dieses Buch gelesen und gründlich durchgearbeitet (Anstreichen, Exzerpieren) haben, in 45 Minuten beantworten können:

1. Zu den „Apostolischen Vätern" zählen ☐ Paulus, ☐ Petrus, ☐ Ignatius, ☐ Polykarp, ☐ Justin, ☐ Tertullian.
2. Wann verfolgte welcher Kaiser wo erstmals Christen?
3. Schildern Sie in wenigen Sätzen die rechtlichen Grundlagen der Christenverfolgungen im 2. Jahrhundert!
4. Wann und wo entstanden die drei ersten offiziellen christlichen Bekenntnisse, welche Themen behandeln sie und welches wird noch heute in Gottesdiensten verwendet?
5. Nennen Sie die drei Bettelorden des Mittelalters!
6. Nennen Sie drei positive und zwei negative Wirkungen der *Kreuzzüge!
7. Um was geht es beim *Ablass und was ist der Unterschied zwischen Fegfeuer und Hölle? Gehen Sie insbesondere auf den Zusammenhang zwischen Sünde und Strafe ein!
8. Welche großen Ereignisse der Reformationsgeschichte verbinden Sie mit dem Jahr 1521?
9. In welchem Jahr wurde der Augsburger Religionsfriede geschlossen?
10. Wann und wo begann der Dreißigjährige Krieg?
11. In welchen zwei Städten wurde der Westfälische Friede ausgehandelt?

12. Mit welchem Ort und mit welchem Namen verbinden sich die Anfänge des *Pietismus?
13. Welche drei Erkenntnisse verdankt die Theologie Semler?
14. Welche drei Kirchenbildungen verdanken sich England?
15. Wann wurde dem *Papst die *Unfehlbarkeit zugebilligt?
16. Welchen Begriff verwendeten die deutschen *Protestanten im 19. Jahrhundert für ihr soziales Engagement?
17. Wo lehrte Schleiermacher, aus welcher *Konfession kam er und wie heißt seine Dogmatik?
18. Wie heißt die von Barth begründete Richtung der Theologie?
19. Wann endete in Deutschland das Staatskirchentum?
20. Was ist die Leuenberger Konkordie und welche Bedeutung hat sie?
21. In Amerika spricht man nicht von „*Konfessionen", sondern von …
22. Wie heißt die berühmte Denkschrift der EKD von 1965, die Geschichte machte?

   ☐ Norddenkschrift, ☐ Friedensdenkschrift, ☐ Süddenkschrift, ☐ Kriegsdenkschrift, ☐ Ostdenkschrift, ☐ Sozialdenkschrift

Die Lösungen finden Sie unten, nach dem Glossar.

Glossar | 9.2

Abendmahl lutherische Bezeichnung für die an das letzte Mahl Jesu und an seinen Tod erinnernde rituelle Mahlfeier mit Brot und Wein, eines der beiden evangelischen → Sakramente

Ablass Erlass von Sündenstrafen, die nach dem Tod im → Fegefeuer verbüßt werden müssten

Abt auf das hebräische Wort für „Vater" (abba) zurückgehender Titel des Vorstehers eines Klosters

allgemeines Priestertum eine Lehre und Praxis, die allen Gläubigen, nicht nur den → Priestern/Pfarrern im engeren Sinn, ein unmittelbares Verhältnis zu Gott und das Recht zubilligt, in Glaubensfragen Position zu beziehen

Apologeten Theologen vor allem des 2. Jahrhunderts, die Apologien verfassten, d. h. Schriften, die das Christentum gegen heidnische und jüdische Vorwürfe und Kritik verteidigten

Apostel christliche Führungspersönlichkeiten der ersten Generation, wörtlich „Gesandte" (Jesu), die missionierend und predigend umherreisten und Gemeinden gründeten

Arianer Anhänger des alexandrinischen Theologen Arius, der um 300 gelehrt hatte, der Sohn Gottes, der in Jesus Mensch geworden ist, sei ein Geschöpf Gottes und nicht Gott gleich gewesen; von der Mehrheitskirche, die die Gottgleichheit des Sohnes lehrte, zur Irrlehre erklärt

Askese wörtlich eine „Übung", die den Menschen durch äußerlichen Verzicht, insbesondere auf Essen, Körperpflege, Wärme und Schlaf, auf innere Erfahrungen vorbereitet

Aufklärung eine europäische Geistesbewegung, die Licht in die Dunkelheit des Nichtwissens bringen und der Vernunft zum Durchbruch verhelfen wollte

Baptisten eine kirchliche Strömung in → Protestantismus, im 17. Jahrhundert entstanden, in der nur Erwachsene, keine Kinder getauft werden

Bekehrung eine persönliche religiöse Wende, häufig intensiv, auch stark gefühlsmäßig erlebt, die aus einem Nichtchristen einen Christen oder aus einem suchenden einen entschiedenen Christen macht

Bekennende Kirche Landeskirchen, Gemeinden und Einzelpersonen innerhalb des deutschen → Protestantismus, die sich 1933–1945 gegen die Umgestaltung der evangelischen Kirchen im nationalsozialistischen Sinn wehrten und dem Zeitgeist durch das Festhalten an den → Bekenntnissen der Alten Kirche und der Reformation trotzen wollten

Bekenntnis kurze, prägnante Zusammenfassung christlicher Lehren in einem Text, der bindenden Charakter hat und auch liturgisch verwendet werden kann

Beschneidung Abtrennung der Penisvorhaut, bei Juden verpflichtend am 8. Tag nach der Geburt oder in Verbindung mit einem Übertritt eines Erwachsenen zur jüdischen Religion

Biblizismus eine seit dem 19. Jahrhundert im → Protestantismus zu findende theologische Position, die dem Wortlaut der Bibel unter Außerachtlassung seiner historischen Rahmenbedingungen in allen theologischen und Lebensfragen absolute Verbindlichkeit zuerkennt

Bischof leitender Geistlicher im Christentum (wörtlich: Aufseher), ursprünglich in jeder Stadtgemeinde, später in größeren geografischen Einheiten

Buße das innere Bereuen und offene Bekennen („Beichte") von Sünden vor Gott und unter Umständen auch vor einem Mitmenschen (z. B. einem Geistlichen), verbunden mit der Bereitschaft zur Lebensänderung (Umkehr), was traditionell mit einem Freispruch von der Schuld unter Auflagen (Verpflichtung zu frommen Werken) verbunden war

Calvinisten Anhänger des Reformators Calvin und Angehörige der auf ihn und die Reformation in Genf, aber auch auf die anderen reformatorischen Aufbrüche in der Schweiz zurückgehenden Kirchen

Christologie die theologische Lehre über Jesus Christus, verbunden mit der Deutung seiner Person und seines Werks

Dekan kirchliches Leitungsamt (lat., wörtl.: Führer von zehn Mann), in evangelischen Kirchen gebietsweise für → Superintendent

Diakon ursprünglich und in der → katholischen Kirche noch heute ein geistlicher Amtsträger neben dem → Priester, in evangelischen Kirchen ein kirchlicher Sozialarbeiter

Diakonisse eine arm und ehelos, quasi mönchisch lebende, in der Kranken-, Behinderten- und Sozialfürsorge tätige Frau in der evangelischen Kirche

dialektische Theologie wichtige theologische Richtung des 20. Jahrhunderts, begründet von Karl Barth, die Gott der Welt und dem Menschen schroff gegenüberstellte und eine Vorliebe hatte für dialektische, d. h. mit Gegensätzen und Widersprüchen arbeitende Denk- und Argumentationsfiguren

Disputation universitäre Lehrveranstaltung des Mittelalters und der Frühen Neuzeit, in der theologische und philosophische Fragen in einer Pro- und Kontradiskussion erörtert und gelöst wurden

Dogmatik Teilgebiet der systematischen Theologie neben der Ethik sowie Lehrbuch dieses Teilgebiets der systematischen Theologie

Dogmen theologische Lehraussagen mit dem Anspruch auf Verbindlichkeit

Enzyklika päpstliches Rundschreiben

Erbauung geistliche Stärkung durch Schriften oder Predigten

Erbsünde die dem Menschen als Menschen eigene, also angeborene, nach früherer Sicht von Adam und Eva ererbte Sünde

Eremit ursprünglich der in der Wüste lebende Mönch, aber auch jeder einzeln, als Einsiedler lebende Mönch oder Asket

Erweckungsbewegung religiöse Strömung des 18. und 19. Jahrhunderts, die auf ein Aufwachen aus Trägheit und Sündenverfallenheit zielte

Eschatologie (→ ♪) Teilgebiet der systematischen Theologie, die sich mit den „letzten Dingen" im Leben des Einzelnen, also Tod, Auferweckung, Gericht, ewiges Leben, sowie mit der Zukunft und dem Ende der Welt beschäftigt

Eucharistie → katholische Bezeichnung für die → Abendmahlsfeier, zurückgehend auf das in ihr enthaltene Dankgebet

Euthanasie neben „Gnadentod" von den Nationalsozialisten euphemistisch gebrauchter Begriff für die Tötung Kranker und Behinderter

Feg(e)feuer jenseitiger Reinigungsort, an dem an Verstorbenen Strafen für begangene Sünden vollstreckt und sie so auf den Himmel, die ewige Gottesgemeinschaft, vorbereitet werden

Freikirchen anders als → Staats- und → Landeskirchen vereinsmäßig organisierte (in der Regel evangelische) Kirchen, die nicht nur staatlichen Einfluss, sondern auch vom Staat gewährte Privilegien ablehnen

Gegenreformation → katholische Antwort auf die Reformation mit dem Ziel, diese zu bekämpfen und einzudämmen

Generalsuperintendent in manchen evangelischen Landeskirchen Titel eines hohen, kirchenleitenden geistlichen Amtsträgers

Häretiker Menschen mit einer von den offiziellen religiösen und theologischen Positionen abweichenden religiösen Haltung oder theologischen Überzeugung

Heidenchristen Christen, die oder deren Vorfahren nicht Juden, sondern Griechen, Römer, Germanen usw., also – wie man früher despektierlich sagte – Heiden waren

Heilige → Märtyrer und andere verstorbene hervorragende religiöse Gestalten, die neben Gott religiös verehrt werden

Heiliger Geist nach traditioneller christlicher Lehre auf der Basis zahlreicher, noch uneindeutiger neutestamentlicher Aussagen die dritte „Person" der Dreieinigkeit/Trinität, die dritte Wesensform oder Erscheinungs- und Wirkungsweise des einen Gottes, neben Gott dem Schöpfer und Vater Jesu Christi und dem Sohn Gottes Jesus Christus

GLOSSAR

historisch-kritische Exegese im 19. Jahrhundert im Kontext der → Aufklärung aufgekommene Weise der Bibelauslegung, die die Bibel historisch, also in ihren geschichtlichen Rahmenbedingungen, und kritisch, das heißt differenziert und auch relativierend betrachtet

Hofprediger hoher evangelischer Geistlicher am Hof eines Herrschers mit der Aufgabe der Predigt und der Seelsorge für den Herrscher, seine Familie und seine Mitarbeiter

Hostie lat. hostia = das Opfer(tier), Bezeichnung für das (symbolische) Brot, das beim Abendmahl gegessen wird, in Erinnerung an den Leib Christi, der am Kreuz geopfert wurde

Hugenotten Bezeichnung für französische → Protestanten, als Schimpfwort, wahrscheinlich auf deren Kontakte zur Schweizer Eidgenossenschaft anspielend als Verballhornung von „Eidgenossen" entstanden

Humanismus europaweite, auf die Antike zurückgreifende Bildungs- und Geistesbewegung im Vorfeld der Reformation und parallel zur Reformation

Innere Mission kirchlicher Dachverband der eine → Mission im Innern der eigenen Gesellschaft verfolgenden evangelischen diakonischen Einrichtungen in der zweiten Hälfte des 19. und in der ersten Hälfte des 20. Jahrhunderts

Jesuiten wichtiger neuzeitlicher → katholischer Mönchsorden, der sich der Missions- und der Bildungsarbeit widmete und eine wichtige Rolle bei der → Gegenreformation sowie der → katholischen Reform spielte

Judenchristen Christen, die selbst oder deren Vorfahren der jüdischen Religion angehörten und die sich mitunter weiterhin dem jüdischen Volk zugehörig fühlten und dies auch in ihre christlich-religiöse Praxis einfließen ließen

Kanon die für Lehre und Leben normativen heiligen Schriften

katholisch meint wörtlich allgemein, universal und ist erst in der jüngsten Geschichte zur Konfessionsbezeichnung für die mit Rom und dem → Papst verbundene und deshalb auch als römisch-katholisch bezeichnete Kirche geworden

katholische Reform die an den → Humanismus anschließende und auf die Reformation reagierende, im Trienter Konzil (→ 4.2.7) gipfelnde Erneuerungsbewegung in der → katholischen Kirche des 16. Jahrhundert

Ketzer im Mittelalter aufgekommener, wahrscheinlich aus „Katharer" (→ 3.1) entstandener alternativer Begriff für Irrlehrer und → Häretiker

Keuschheit das sittlich geordnete Verhalten eines Menschen in seinem Geschlechtsleben, bei → Priestern, Mönchen und Nonnen der konsequente Verzicht auf sexuelle Betätigung

Kirchenkampf die Auseinandersetzung innerhalb der evangelischen Kirche im nationalsozialistischen Deutschland um den weiteren Weg der Kirche und ihre Anpassung an den Nationalsozialismus

Kirchenlehrer herausgehobene Gruppe von → Kirchenvätern, deren Lehre für die → katholische Kirche über die Zeiten hinweg von höchster Bedeutung ist

Kirchenstaat das politische Herrschaftsgebiet des römischen Bischofs in Mittelitalien

Kirchentage im 19. Jahrhundert zunächst Tagungen von einigen hundert Repräsentanten des deutschen Protestantismus, nach 1945 protestantische Großveranstaltungen mit Tausenden von Teilnehmern, 2003 und 2010 erstmals ökumenisch gestaltet

Kirchenväter hervorragende theologische Denker und Lehrer insbesondere der ersten fünf christlichen Jahrhunderte

Kleriker Inhaber geistlicher kirchlicher Ämter

Konfession eine durch eine bestimmte Bekenntnisgrundlage definierte Kirche oder Kirchenfamilie

Konfirmation anstelle des → katholischen → Sakraments der Firmung in evangelischen Kirchen übliches Ritual, bei dem Jugendliche oder junge Erwachsene, die als Säuglinge oder Kleinkinder getauft worden waren, ihr ihnen bei der Taufe noch nicht mögliches Taufversprechen nachholen und sich vernehmbar zum christlichen Glauben bekennen

Konkordat Vertrag der → katholischen Kirche mit einem Staat zur Regelung kirchlicher Angelegenheiten

Konsistorialrat in der Kirchenleitung (Konsistorium) einer evangelischen Landeskirche tätiger leitender Beamter

konstantinische Wende die Tolerierung und spätere Förderung des Christentums unter Konstantin dem Großen nach drei Jahrhunderten Verfolgung

Konzil große Versammlung kirchenleitender Personen (Bischöfe und Äbte) sowie beratender Theologen

Kreuzzug bewaffnete → Pilgerfahrt im Zeichen des Kreuzes mit dem Ziel, heilige Stätten von nichtchristlichen Machthabern zu befreien und Nichtchristen sowie christliche → Häretiker zu bekämpfen

Glossar

Kurfürst erstrangiger Machthaber im mittelalterlichen und frühneuzeitlichen → Reich mit der Berechtigung, gemeinsam mit den anderen (insgesamt sieben) Kurfürsten den König zu wählen (küren)

Kurpfalz das Land Pfalz, der Vorläufer des heutigen Bundeslandes Rheinland-Pfalz, das im Mittelalter und in der Frühen Neuzeit zu den Ländern zählte, welche einen → Kurfürsten als Herrscher hatten

Kursachsen das Land Sachsen, der Vorläufer der heutigen Bundesländer Sachsen und Sachsen-Anhalt, das im Mittelalter und in der Frühen Neuzeit zu den Ländern zählte, welche einen → Kurfürsten als Herrscher hatten

Kurwürde das Recht eines Fürsten, bei der Wahl (Kür) von Königen mitzuwirken

Laien Nichttheologen und Nichtgeistliche in den Kirchen

Lateran Hügel und Stadtteil im Südosten Roms, benannt nach der Familie der Laterani, die hier ihre Paläste hatten, auf dem im 4. Jahrhundert die römische Bischofskirche erbaut wurde, die im Mittelalter mehrfach → Konzilen als Tagungsort diente, die deshalb als Laterankonzile bezeichnet werden

Legat Gesandter

liberale Theologie einflussreiche, sich von → Bekenntnissen und Denktraditionen, aber auch von einer strengen Bindung an die Bibel frei machende theologische Richtung des 19. und des 20. Jahrhunderts

Liturgie der Ablauf und die Bestandteile eines Gottesdienstes neben der Predigt, insbesondere die Wechselgespräche und -gesänge zwischen dem Geistlichen und der Gemeinde

Luthertum die sich dezidiert auf Luther und seine Reformation beziehenden evangelischen Kirchentümer

Märtyrer einer, der für seinen Glauben sein Leben opfert; wörtlich: (Blut)Zeuge

Messias ein im Judentum vor und nach Jesus in unterschiedlicher Weise erwarteter, in seiner Herrschaftsausübung alternativer „gesalbter" König

Mission die von Jesus Christus selbst ausgehende „Sendung" seiner Anhänger in die Welt mit dem Ziel, ihn selbst und seine Lehre zu verbreiten und so neue Christen zu gewinnen

Mystik elitäre, auf Innerlichkeit und außergewöhnliche religiöse Erfahrungen wie → Visionen (Schau, z.B. Gottes) und Auditionen (Hören, z.B. Gottes) abzielende Form der Religiosität

Mythos eine in eine anschauliche Geschichte gekleidete religiöse Aussage, insbesondere über die Entstehung der Welt und des Menschen und über die Gründe ihrer Eigenarten

Nationalkirche eine Kirche mit einem ausgesprochen nationalen Zuschnitt, die in enger Verbindung mit ihrem Staat und ihrer Nation einen eigenen, von dem anderer Kirchen differierenden Weg geht

Nottaufe bei Lebensgefahr eines Neugeborenen durch Eltern oder Hebamme vollzogene Taufe, üblich im Katholizismus und im → Luthertum, nicht aber in → reformierten Kirchen

Oberhofprediger der leitende unter mehreren → Hofpredigern

Ökumene die Christenheit, weltweit und konfessionsübergreifend gesehen, sowie alle Institutionen und Bemühungen, die auf die Kooperation der Kirchen sowie auf kirchliche Einheit abzielen

Orden eine ein einzelnes Kloster übergreifende Mönchs- oder Nonnengemeinschaft

Ordination Amtsübertragung an einen evangelischen Geistlichen

orthodox eigentlich: recht lehrend, recht glaubend, aber auch Bezeichnung von am Alten festhaltenden Kirchen und religiösen und theologischen Richtungen

Papst der Bischof von Rom mit seinem Anspruch, (der einzige!) Stellvertreter Christi auf Erden zu sein und deshalb eine Leitungskompetenz für die Gesamtkirche zu haben

Petersdom die dem Apostel Petrus geweihte und zum → Papst gehörende Großkirche im → Vatikan in Rom

Pfingstler/Pfingstgemeinden evangelische Gemeinden und Kirchen, in denen gegenwärtige, lebendige Erfahrungen des → Heiligen Geistes (z. B. das → Zungenreden) eine große Rolle spielen

Pietismus protestantische Frömmigkeitsbewegung im 17. und 18. Jahrhundert, die das Bibelstudium intensivierte und die → Laien aktivierte

Pilger religiös motivierte zu heiligen Stätten Reisende

Presbyter kirchenleitender Amtsträger in der Einzelgemeinde, wörtlich übersetzt: Ältester

Priester durch das → Sakrament der Weihe qualifizierter Geistlicher in → katholischen und → orthodoxen Kirchen

Priesterweihe das aus einem → Laien einen → Priester machende → Sakrament in → katholischen und → orthodoxen Kirchen, bestehend aus Handauflegung und Salbung

GLOSSAR

Protestanten auf den Protest von Speyer 1529 (→ 4.2.2) zurückgehende Sammelbezeichnung für alle Evangelischen

Protevangelium die als Frühevangelium (griech. πρότερος/proteros = früher) aufgefasste, da vermeintlich Jesus Christus als Erlöser ankündigende Bibelstelle Gen 3,15

Quäker in England im 17. Jahrhundert neu entstandene evangelische Sonderkirche, die ein undogmatisches und einfaches, zugleich aber gesellschaftlich engagiertes Christentum praktiziert

Rationalismus von der → Aufklärung stark geprägte neue Richtung der Theologie im frühen 19. Jahrhundert, die nur noch gelten lassen wollte, was vor der Vernunft (lat.: ratio) Bestand hatte

Rechtfertigung die Gerechterklärung oder Gerechtmachung eines an sich sündigen und damit nicht „gerechten" Menschen durch den gnädigen Gott

reformiert eine im Gegensatz zu „lutherisch" und alternativ zu „calvinistisch" gebrauchte Bezeichnung für die auf die Reformation Calvins ausgerichteten Kirchen Deutschlands und der Schweiz, nicht zu verwechseln mit dem allgemeineren, alle Reformationskirchen umfassenden Begriff „reformatorisch"

Reich Kurzbezeichnung für ein großes Herrschaftsgebiet, im Mittelalter und der Frühen Neuzeit vor allem für das als Nachfolger des antiken Römerreichs 800 durch Karl den Großen neu gegründete Römische Reich, das als „Heiliges Römisches Reich deutscher Nation" bis 1806 bestand

Reichsstadt eine „reichsunmittelbare", d.h. nur dem Kaiser, keinem Fürsten unterstellte Stadt, die auf den → Reichstagen die Reichspolitik mitbestimmt

Reichstag Versammlung der Vertreter aller selbstständigen Herrschaften des → Reichs, darunter die → Kurfürsten, aber auch die selbstständigen Städte (Reichsstädte), vom Kaiser einberufen zur Regelung grundsätzlicher Fragen

Ritualbad von Juden aus rituellen Gründen eingerichtete und besuchte Badestätte mit fließendem Wasser, häufig in einem Keller mit Kontakt zum Grundwasser

Sakramente rituelle religiöse Handlungen im Christentum wie Taufe und Abendmahl (bei Katholiken zusätzlich: Buße, Firmung, Ehe, Krankensalbung, Weihe), neben der Bibel und der Predigt zu den Kernelementen der christlichen Religion gehörend

Schisma „Spaltung" der Kirche aus persönlichen und machtpolitischen Gründen

Scholastik „schulische" Theologie und Philosophie im Mittelalter und in der Neuzeit

Schriftprinzip evangelischer Grundsatz, kirchliche Lehre und kirchliche Praxis an der Heiligen Schrift zu messen und alles einzustellen, was der Bibel widerspricht, zum Beispiel die Anrufung von → Heiligen, oder sogar nur noch zuzulassen, was ausdrücklich biblisch legitimiert ist, zum Beispiel nur zwei statt der im Mittelalter üblichen sieben → Sakramente

Spiritualist ein äußerliche Dinge wie → Sakramente, aber auch die Predigt, kirchliche Ämter und sogar die Bibel gering schätzender religiöser Mensch, der stattdessen auf den Beistand und konkrete Eingebungen des göttlichen Geistes setzt

Staatskirche eine vom Staat ganz direkt geleitete Kirche wie die meisten nachreformatorischen evangelischen Kirchen und noch heute die Kirche Englands und Dänemarks

Stigmatisation Ausbruch periodisch blutender Kreuzesnagelwunden Jesu an Händen und Füßen eines Menschen sowie der Lanzenstichwunde an seiner Seite

Superintendent in manchen evangelischen Landeskirchen Titel eines leitenden geistlichen Amtsträgers

Synagoge jüdischer Versammlungsraum oder -gebäude zu gottesdienstlichen Zwecken; auch – analog zu „Kirche" – im Sinne von „Judentum" gebraucht

Synode kirchliche Versammlung wie ein → Konzil, aber regional begrenzt und somit kleiner

Täufer die Kindertaufe ablehnende und nur Erwachsenentaufen, damit aber auch Wiedertaufen praktizierende Christen

Trinität Dreieinigkeit (Gottes)

Trinitätslehre theologische Lehre von der Dreieinigkeit Gottes

Unfehlbarkeit (Infallibilität) eine seit 1871 dem → Papst zugesprochene Begabung bei besonderen Entscheidungen in Fragen der Lehre und der Moral

Vatikan Hügel und später Stadtbezirk Roms, in dem der Apostel Petrus begraben liegt und wo seit dem Mittelalter die Päpste residierten

Vatikankonzil (Vaticanum) im → Vatikan tagendes → Konzil, konkret die Konzile 1869/70 und 1962–1965

Vatikanstaat Nachfolger des → Kirchenstaats

Vision Schau, inneres Gesicht, Erscheinung vor dem geistigen Auge

Völkerrecht das die Beziehungen zwischen Völkern, auch nationalen Minderheiten regelnde Recht
Völkerwanderung eine Wanderungsbewegung ganzer Völker oder Stämme, vornehmlich die 375 mit dem Hunneneinfall (→ 3.1) beginnende Wanderung germanischer Stämme in den Westen und Süden Europas
Waldenser Angehörige einer mittelalterlichen Armuts- und Predigtbewegung von → Laien, die von der Mehrheitskirche zu → Häretikern erklärt wurden, aber dennoch überlebten und sich im 16. Jahrhundert der Reformation anschlossen und in Italien heute eine kleine evangelische Kirche bilden
Wallfahrt religiös motivierte kleine Wanderung oder größere Reise an einen heiligen Ort
Zivilehe die vor einem staatlichen Standesbeamten, nicht vor Amtsträgern einer Kirche geschlossene Ehe
Zölibat Ehelosigkeit von → Priestern und Mönchen
Zungenreden ekstatisches, unverständliches Lallen (vgl. 1 Kor 12,10) als Ausdruck der Gegenwart des göttlichen Geistes

Lösungen zur Musterklausur | 9.3

1. Ignatius, Polykarp.
2. 64, Nero, Rom.
3. Christen sollten nicht gezielt gesucht werden, aber Anzeigen gegen Christen sollte, sofern sie nicht anonym erfolgten, nachgegangen werden. Zur Verurteilung der Christen reichte dann aus, dass sie sich dazu bekannten, Christen zu sein, es mussten ihnen keine konkreten Vergehen nachgewiesen werden.
4. Nicäa, 325, *Trinitätslehre, Vater und Sohn; Konstantinopel, 381, *Trinitätslehre, Vater, Sohn, Geist; Chalcedon, 451, Zweinaturenlehre. Das Bekenntnis von 381 wird noch verwendet.
5. Franziskaner, Dominikaner, Augustiner-Eremiten.
6. Sie brachten 1. einen Aufschwung des Handels mit sich und 2. neue Erkenntnisse durch die Begegnung mit fremden Ländern und Kulturen. 3. wuchs das Interesse an Jesus und seinem irdischen Leben. Auf der anderen Seite wurden 1. neue Krankheiten, darunter die Lepra, in das Abendland eingeschleppt. Und 2. kehrten viele Kreuzfahrer als Krüppel oder überhaupt nicht in ihre Heimat zurück.
7. Ablass meint nicht Sündenvergebung, sondern Erlass von Fegfeuerstrafen, und das Fegfeuer ist nicht die Hölle, wo no-

torische Sünder und Ketzer ewige Strafen erleiden müssen, sondern ein Reinigungsort, der wenn auch schmerzhaft auf den Himmel vorbereitet. Im Fegfeuer werden Strafen für begangene Sünden vollstreckt. Jede Sünde hat, auch nach erfolgter Vergebung, eine – zeitlich befristete – Strafe zur Folge. Die Vergebung stellt das durch die Sünde zerbrochene Gottesverhältnis wieder her, entbindet aber nicht von Strafen. Ein Vergleich mit der Kindererziehung bietet sich an: Wenn ein Kind etwas Böses getan hat, vergeben ihm die Eltern, sofern es bereut, und haben ihr Kind wieder lieb, verhängen aber trotzdem eine zeitlich befristete Strafe.

8. Zunächst wurde im Januar offiziell das kirchliche Ketzerurteil über Luther verhängt. Im April war er dann auf dem *Reichstag in Worms vorgeladen und trat dem Kaiser, Karl V., gegenüber. Er wurde zum Widerruf aufgefordert, widerrief aber nicht. Der Kaiser verhängte die Acht über ihn, wodurch Luther mit dem Tod bedroht war. Sein Landesherr brachte ihn auf der Wartburg in Sicherheit. Dort begann Luther das Neue Testament zu übersetzen.
9. 1555.
10. 1618, Böhmen.
11. Münster, Osnabrück.
12. Frankfurt, Spener.
13. Er stellte 1. heraus, dass die christliche Religion und die wissenschaftliche Theologie zwei verschiedene Dinge seien und 2. auch zwischen der Heiligen Schrift und dem Wort Gottes zu unterscheiden sei. Ferner erkannte er 3., dass der biblische Kanon von Menschen geschaffen worden war und einen geschichtlich rekonstruierbaren Entstehungsprozess hatte, und legte damit den Grundstein für die moderne historisch-kritische Exegese.
14. Baptisten, *Quäker, Methodisten.
15. 1870.
16. Innere Mission.
17. Berlin, reformiert, Glaubenslehre.
18. Dialektische Theologie.
19. 1918.
20. Sie markiert einen Fortschritt der innerprotestantischen *Ökumene. Trotz der Kirchenunionen des 19. Jahrhunderts waren die Probleme, die Lutheraner mit *Reformierten hatten, nicht ausgeräumt. 1973 schuf, nach jahrzehntelangen Verhandlungen, die „Leuenberger Konkordie" Abhilfe, be-

nannt nach der evangelischen Akademie Leuenberg bei Basel. Nunmehr war es problemlos möglich, dass Lutheraner und Reformierte gemeinsam das Abendmahl feierten. Die im 16. Jahrhundert formulierten Verurteilungen wurden für ungültig erklärt. Die „Konkordie reformatorischer Kirchen in Europa", wie der Text eigentlich heißt, wurde bislang von etwa 100 Kirchen förmlich unterzeichnet.
21. Denominationen.
22. Ostdenkschrift.

Sie haben bestanden, wenn Sie die Hälfte der Fragen vollständig beantworten konnten.

Lösungen zu den Bildinterpretationen | 9.4

1. Reformationsgeschehen als Mühlenbetrieb (s. S. 146)

Christus erscheint als Müller und schüttet Getreide in eine Mühle, nämlich die Evangelien (dargestellt durch die Symbole der Evangelisten) und Paulus (Symbol: Schwert). Diese werden vom Mahlstein zu Mehl gemahlen, heraus kommen Glaube, Liebe und Hoffnung (vgl. 1 Kor 13,13) sowie Kraft, welche Erasmus als Müllerknecht in einen Sack schaufelt. Luther, der Erasmus den Rücken zuwendet, bäckt aus dem Mehl Brot in der Form reformatorischer Schriften, welche er den Vertretern der alten Kirche (erkennbar sind durch ihre Kopfbedeckungen Papst, Kardinal, Bischof und durch ihre Tonsur Mönche) – ohne sie anzuschauen – reicht. Als Letzter, aber zugleich Wichtigster in der Reihe erscheint Zwingli, der zudem exakt im Zentrum des Bildes positioniert wird. Er gibt die reformatorische Botschaft durch das gesprochene Wort weiter an die Menschen und streitet von Angesicht zu Angesicht mit den Vertretern der alten Kirche, hinter denen der Teufel steht, symbolisiert durch einen fliegenden Drachen, der einen Bannruf ausstößt (Ban ban). Letztere werden zudem von einem Bauern namens Karsthans mit einem Dreschflegel bedroht. Über allem wacht Gottvater und gibt dem Geschehen seinen Segen. Das Bild zeigt das Reformationsgeschehen also als von Gott selbst gewollt, biblisch begründet und vom Humanismus fundiert. Luther spielt eine wichtige Rolle, aber Zwingli ist die entscheidende Gestalt – so lautet die Botschaft des Bildes.

2. Pietistische Botschaft im Bild (s. S. 175)

Das Bild zeigt drei Männer, Repräsentanten der drei großen Konfessionen, mit ihren jeweiligen Bekenntnisschriften in der Hand. Der reformierte Prediger deutet auf die Beschlüsse der Dordrechter *Synode (1618/19), der lutherische Pfarrer auf die *Konkordienformel* (1577) und der katholische Kleriker auf die Trienter Konzilsbeschlüsse (1545–1563), und jeder behauptet: „Hier ist Christus!" Dass etwas nicht stimmen kann, wenn drei dasselbe behaupten, dabei aber auf einander widerstreitende Grundlagen verweisen, versteht sich von selbst. Das Bild zeigt, wo Christus wirklich zu finden ist: Nicht in den Büchern, nicht in den Bekenntnissen, sondern auf dem Weg der Nachfolge. Im Bildhintergrund erklimmen zwei hagere Kreuzträger die himmlischen Höhen, wo sie Gott – symbolisiert durch ein Dreieck mit dem Tetragramm (den vier hebräischen Konsonanten des Gottesnamens) – erwartet. Die im Bild untergebrachten Bibelverse illustrieren zusätzlich dessen Botschaft: Nicht alle, die zu Jesus „Herr, Herr" sagen, werden in den Himmel kommen, sondern nur diejenigen, die seinen Willen tun (vgl. Mt 7,21). Auf die Nachfolger dagegen trifft zu, was Jesus Joh 10,27 sagt: „Meine Schafe hören meine Stimme, und ich kenne sie, und sie folgen mir." Wie der Lohn der Nachfolge aussieht, teilt der darauf folgende, im Bild nicht zitierte, aber implizit enthaltene Vers (Joh 10,28) mit: „Ich gebe ihnen das ewige Leben, und sie werden nimmermehr umkommen, und niemand wird sie aus meiner Hand reißen." Nicht das Hier und Heute, sondern die Zukunft, das Jenseits war für den Pietismus letztlich entscheidend.

Dieses antikonfessionelle Lehrbild war als Titelkupfer der konfessionskritischen Schrift *Von der wahren Kirche* des reformierten Mystikers und Spiritualisten Wolf de Metternich beigegeben, die zwei Auflagen (1709 und 1717) hatte.

Pietisten kritisierten die bestehenden Kirchen, fragten nach der wahren Kirche und versuchten diese sichtbar zu realisieren. Weil sich wahres Christentum für sie nicht durch die Bindung an Bekenntnisse erwies, sondern in der Heiligung, in der Nachfolge Jesu, wurden die traditionellen Konfessionsgrenzen durch eine Nachfolge-Jesu-Ekklesiologie nachhaltig relativiert und dem Konfessionellen Zeitalter seine Stützen entzogen.

3. Die Sicht des Menschen und der Welt in den Erweckungs- und Gemeinschaftsbewegungen des 19. Jahrhunderts
(s. S. 222)

Das Bild ist zunächst und vor allem ein Spiegel des 19. Jahrhunderts. Wir sehen Menschen, Gebäude und Landschaften des 19. Jahrhunderts. Wir sehen kulturelle Errungenschaften der Zeit, gesellschaftliche Institutionen und kirchliche Einrichtungen. Wir sehen, wie die Menschen lebten, wie sie gekleidet waren, wie sie gereist sind, womit sie sich beschäftigten und wie sie sich vergnügten. Wir entdecken unter anderem einige der Einrichtungen, die für die Erweckungs- und Gemeinschaftsbewegungen typisch waren: eine Kinder-Rettungsanstalt, ein Diakonissenhaus und eine Sonntagsschule. Ferner haben eine Kirche, ein Theater, eine Spielhölle, ein Gasthof und ein Ballsaal ihren Platz gefunden. Tatsachen des 19. Jahrhunderts werden auch gespiegelt, wenn das kirchenferne Leben dem städtischen Milieu und das kirchentreue, fromme Leben der ländlichen Kultur zugeordnet wird. In Letzterem spielen ferner Frauen eine auffallend große Rolle und zeugen von der Feminisierung der Religion im 19. Jahrhundert. Das Bild hat einen feministischen Zug. Der Weg links beginnt mit dem Huren der Männer und die letzte Station des Weges rechts vor dem himmlischen Jerusalem ist das von Frauen für Frauen geschaffene Diakonissenhaus. Auch die bei den Frommen verbreitete Ablehnung neuer Kleidungssitten zeigt das Bild.

Das Bild ist ferner ein Ausdruck der Weltsicht der Frommen. Es informiert uns darüber, wie die erweckten Kreise ihre Zeit und die sich pluralisierenden Lebensformen ihrer Zeit bewertet haben, welchen Lebensidealen sie selbst nachstrebten und welche Verhaltensweisen sie bekämpften. Auf der rechten, positiv bewerteten Seite werden unter anderem in alter, biblisch begründeter Tradition die sechs Werke der Barmherzigkeit dargestellt und um ein siebtes Werk erweitert: Speisen der Hungernden, Tränken der Dürstenden, Beherbergen von Obdachlosen, Bekleiden von Nackten, Besuchen der Kranken und Trösten der Gefangenen. Diese Aufreihung guter Taten geht unmittelbar auf eine Bibelstelle zurück, auf Mt 25,34–40, und war schon im Mittelalter eine beliebte Orientierungstafel für das richtige menschliche Verhalten. Als siebte gute Tat wird in Anlehnung an Lk 9,48 die Aufnahme verlassener Kinder hinzu genommen. Das Gegenmodell können wir links betrachten. Hier wird all das getan, was nach der Bibel ausdrücklich verboten ist. Als Gliederungsprinzip dient die Zahl Sechs: sechs vermeintliche Erquickungen (Huren, Fressen/Saufen, Gesang, Kartenspiel, Schimpfen/Fluchen, Zeitung lesen), sechs Zerstreuungen (Lustgärten, Theater, Klubhäuser, Spielhöllen, Schanktische, öffentliche Brunnen), sechs Laster (Tierquälerei, Stehlen, Raufen, Pfand nehmen, Lotto spielen, Reiten) und sechs Strafen (Gefangenschaft, Sklaverei, Krieg, Verkehrsunfälle, Feuerkatastrophen, Erdbeben) werden präsentiert. Ein Punkt soll beispielhaft herausgegriffen werden. Wir sehen links auf dem breiten Weg, wie ein Mann einen Esel, der unter seinen schweren Lasten zusammengebrochen ist, mit einer Peitsche schlägt. Spr 12,10 weist darauf hin, dass dieser erbarmungslose Umgang mit einem Tier dem Willen Gottes widerspricht. „Der Gerechte (= Fromme!) erbarmt sich auch seines Viehs" war in frommen Kreisen schon seit dem späten 18. Jahrhundert ein geflügeltes Wort.

Das Theater wird in der Mitte des Bildes platziert, exakt auf der Grenze zwischen Gut und Böse, wobei die rechte Seite allerdings durch einen stattlichen Baum – den Baum des Lebens – verdeckt wird. Theater wurden abgelehnt, aber nicht aus Prinzip, sondern wegen der konkreten Inhalte. Aufgeführt wurden in den Theatern des 19. Jahrhunderts entweder die klassischen Stoffe der vorchristlichen Antike oder moderne, von aufgeklärtem Geistesgut geprägte Stücke. Solche Theaterstücke waren für die Frommen nicht akzeptabel. Ein Theater, das christlich-religiöse Inhalte inszenieren und missionarischen Zwecken dienen würde, wie das im 16., 17. und noch im frühen 18. Jahrhundert vielfach, aber vor allem im reformierten und im katholischen Milieu, weniger in den Territorien des Luthertums, praktiziert wurde, wäre dagegen nicht nur akzeptabel, sondern sogar etwas Begrüßenswertes gewesen.

Lohnend ist es auch, die hinter dem Bild stehende und in ihm verborgene Theologie zu erheben. Der gekreuzigte Christus, die Erlösungstat des Gottessohnes am Kreuz, steht im Zentrum des theologischen Denkens der erweckten Frömmigkeitsbewegungen. Das Wort der Bibel, insbesondere Christi Worte, ist verbindliche Richtschnur des Denkens und Lebens. Der einzelne Mensch wird zu einer Entscheidung aufgefordert, die sich häufig in Form einer Bekehrung vollzieht, denn er lebt – auch als Kind frommer Eltern – zunächst im Bereich der Welt und der Sünde, bevor er sich für Christus entscheidet. Im Bildvordergrund steht ein Mann mit Dreispitz vor einem Wegzeiger, Hände und Füße hat er unschlüssig gespreizt, er wirkt einerseits verlockt, andererseits skeptisch. Sein Ohr lauscht dem Prediger, aber seine Augen blicken auf die Welt. In seiner Entscheidung ist der Mensch frei, er hat die Freiheit der Wahl, die von Luther behauptete Unfreiheit des Willens steht nicht zur Diskussion. Nach der Bekehrung ist der Weg gebahnt. Es gibt zwar noch Gefährdungen am Weg des Christen und es gibt Brücken, die in die gottlose Welt hinüberführen, aber diese Brücken sind nicht oder selten begangen. Auch von den Weltmenschen lassen sich nur noch wenige gewinnen.

Die Theologie vieler Erweckungsbewegungen war stark eschatologisch geprägt, das heißt, man hat sich stark mit der Frage nach der Zukunft des Einzelnen und der Zukunft der Welt beschäftigt. Die Alternativen werden oben im Bild angezeigt: Entweder Weltende, Gericht und Hölle oder ein neuer Himmel und eine neue Erde, das himmlische Jerusalem, die Gemeinschaft mit Christus (dargestellt als Lamm Gottes) und den Engeln. Das Bild bezeugt auch eine starke Naherwartung: Die Uhr auf der Kirche steht auf kurz vor Zwölf. In der Kirche wird, wie man durch das Fenster erkennen kann, Abendmahl gefeiert.

Das Bild stammt von der erweckten Stuttgarter Kaufmannsfrau Charlotte Reihlen und ist in der Mitte des 19. Jahrhunderts entstanden. Unter dem Titel „Der breite und der schmale Weg" ist es in die Geschichte eingegangen. Es fand eine ungeheure Verbreitung im In- und Ausland, hing in vielen Kirchen und Wohnzimmern und wird auch heute noch als farbiges Plakat gedruckt.

9.5 | Personenregister

Abaelard(us), Petrus 89f, 101
Adenauer, Konrad 207
Aland, Kurt. 257
Alexamenos (Soldat). 28
Ambrosius von Mailand 16f, 38f, 88
Amyraut, Mose 156
Anna (Großmutter Jesu). 112
Anselm von Canterbury 88
Anselm von Laon. 88, 90
Antoninus Pius (Kaiser) 34
Antonius (Eremit) 49f
Aristoteles 90, 92, 99, 115, 120
Arius. 45, 56, 268
Arminius, Jakob. 155
Arndt, Johann 161f
Arnold, Gottfried. 240, 256
Ascher, Saul 110
Athanasius 50, 56
Athenagoras 34
Augustin(us) . 16f, 38, 50–52, 54–56, 59f, 74, 77,
  88, 131, 157, 159, 240, 252, 258
Augustus (Kaiser) 7
Baal Shem Tov 235
Bach, Etienne. 203
Bahram I. (König von Persien) 53
Balduin IX. von Flandern 81
Bar Kochba. 21
Barth, Karl . . . 182, 190, 204, 207f, 210, 223, 237,
  241, 252, 269
Beda Venerabilis 88, 239
Bellarmin, Robert 157
Ben-Chorin, Schalom 197
Benedikt von Nursia. 17, 52
Benedikt XVI. (Papst) 202, 229
Bengel, Johann Albrecht. 166, 340
Bernhard von Clairvaux 74, 81, 91, 101, 252
Beyreuther, Erich 257
Beza, Theodor 140, 155
Biedermann, Alois Emanuel. 189
Bismarck, Otto von 181
Bodenstein, Andreas (→ Karlstadt)
Bonaventura 89–91
Bonhoeffer, Dietrich 33, 204f, 210, 223, 252
Bonifatius 70
Bora, Katharina von 121
Brandt, Willy 208
Brüsewitz, Oskar 210
Buber, Martin 196
Bultmann, Rudolf 208
Bush, George Walker. 225
Buxtorf, Johann d.Ä. 154
Buxtorf, Johann d.J. 154
Cajetan, Thomas de Vio 116

Calixt II. (Papst) 85
Calixt, Georg 154, 240
Calvin, Johannes . . 106f, 110, 125, 137–140, 143,
  145, 155, 252, 269, 275
Cellarius, Christoph 250
Childerich III. (König der Franken) 62
Chlodwig I. (König der Franken) 62, 70, 251
Christian III. (König von Dänemark) 143
Christian IV. (König von Dänemark) 159
Christine von Schweden. 160
Clemens von Alexandrien 37f
Coelestin V. (Papst) 229
Cohen, Hermann 196
Columba(n) 70
Dann, Christian Adam 187
David (König) 6, 80
Decius (Kaiser). 30f, 37
Delp, Alfred 33, 205
Descartes, René 167f
Desiderius 93
Diognet 27
Diokletian (Kaiser) 14, 31, 54
Dominikus 66, 77
Domitian (Kaiser) 29
Ebeling, Gerhard 233
Eck, Johann 116, 134
Eco, Umberto 103
Elchasai 22
Emmerick, Anna Katharina 199
Erasmus von Rotterdam 93, 123, 279
Euchrotia 55
Eugen IV. (Papst) 86f
Euseb von Cäsarea 38, 40f, 239, 256
Farel, Wilhelm 137
Felix V. (Papst) 87
Ferdinand I. (Erzherzog, Dt. König, Kaiser) . . 126,
  136
Ferdinand II. (Erzherzog, Böhm. König, Kaiser) . . .
  158
Ferdinand II. (König von Spanien) 97
Ferdinand III. (Kaiser) 160
Flacius, Matthias 256
Francke, August Hermann . . 150, 164f, 168f, 174
Frank, Anne 206
Franz(iskus) von Assisi 66, 74–77, 102, 230
Franziskus (Papst) 76, 230
Frederik I. (König von Dänemark) 143
Frey, Joseph Samuel Christian Friedrich 195
Friedrich der Weise (Kurfürst) 117f
Friedrich I. Barbarossa (Kaiser). 81
Friedrich V. (Kurfürst) 158
Galen, Clemens August Graf von. 205
Galerius (Kaiser) 32

Galilei, Galileo 167f, 230
Gerhard, Johann 37, 154
Gerhardt, Paul 154
Goethe, Johann Wolfgang von. 124
Gollwitzer, Helmut 198
Gottfried von Bouillon 81
Götz von Berlichingen 124
Gregor I. (Papst) 17, 39
Gregor VII. (Papst). 64, 84f
Gregor XVI. (Papst) 181
Grumbach, Argula von 121
Gustav I. Wasa (König von Schweden) 143
Gustav II. Adolf (König von Schweden) 159f
Harnack, Adolf von 189, 222, 240, 256
Hauschild, Wolf-Dieter 252
Hegel, Georg Friedrich Wilhelm. 189
Heinemann, Gustav 207f
Heinrich IV. (Kaiser). 64, 84f
Heinrich VIII. (König von England) 172
Heloisa 90
Herzl, Theodor 195
Hess, Moses. 195
Heussi, Karl 252
Hieronymus. 39, 93
Hildegard von Bingen. 39, 65
Hindenburg, Paul von 183
Hitler, Adolf 183, 203, 205
Holl, Karl 257
Horaz 247
Humbert von Silva Candida 84
Hus, Johann 67, 117
Hypatia 9, 43, 60
Ignatius von Antiochien 21, 26–27, 29
Ignatius von Loyola. 141
Innozenz III. (Papst). 86
Irenäus von Lyon 22, 35f, 56
Isabella (Königin von Spanien) 97
Isenbiehl, Johann Lorenz 171
Jakobus (Bruder Jesu) 27
Jakobus der Ältere, Sohn des Zebedäus (Apostel)
  100f
Jansen, Cornelius. 157, 240
Jesus. 1–4, 9, 11f, 15f, 19, 22f,
  26f, 34, 41, 44f, 47–49, 51–53, 59, 61, 67, 69,
  75, 80, 82, 100, 109, 128, 130, 132, 152, 183,
  199f, 204, 211, 214, 233, 236, 251
Johanna (angebl. Päpstin) 87
Johannes (Apostel) 23
Johannes der Täufer 1, 20, 44, 80, 233
Johannes Paul II. (Papst) 202, 225, 228, 263
Johannes XXII. (Papst). 91
Joseph (Vater Jesu)
Judas (Jünger, Verräter) 135

Anhang

Julius III. (Papst) 141
Junia (Apostelin) 12, 23
Jursch, Hanna 257
Justin (Apologet) 14, 21, 34f, 44f, 55
Justinian I. (Kaiser) 18, 43
Kant, Immanuel 167
Karl der Große (Kaiser) . . . 59, 62f, 72, 83, 85, 275
Karl V.(Kaiser) 106–108, 117, 133–135, 278
Karlstadt 119, 129
Käsmann, Margot 227
Klahr, Detlef 252
Klara von Assisi 77
Klüpfel, Engelbert 171
Konstantin der Große (Kaiser) 15f, 18, 32, 39–43, 45, 55, 83f
Konstantius Chlorus 39
Krell, Nikolaus 154
Kreyssig, Lothar 207
Küng, Hans 202, 213
Kurz, Gertrud 206
Kutter, Hermann 189
Kyrill (Slawenapostel) 70
Leo III. (Papst) 83
Leo XIII. (Papst) 200
Lessing, Gotthold Ephraim 169, 175
Licinius (Kaiser) 32, 41
Ludwig der Fromme (Kaiser) 72
Ludwig VII. (König von Frankreich) 81
Luther, Martin 51, 59, 66f, 97, 102, 104–108, 110, 112, 114–124, 126–131, 133–135, 137–140, 142f, 145–147, 149, 157, 172, 181, 194, 230, 235, 245, 252, 256–258, 262–264, 278f
Mani 53
Maria (Mutter Jesu) 1, 5, 80, 199f, 214
Markion 35f, 52
Markschies, Christoph 252
Marquardt, Friedrich Wilhelm 198
Marr, Wilhelm 196
Martin von Tours (Bischof) 112
Marxsen, Willi 3
Matthias (Apostel) 26
Maxentius (Kaiser) 39
Maximillian (Herzog von Bayern) 158
Melanchthon, Philipp . . 107, 116, 119, 133f, 154, 240, 252, 256
Menno Simons 130
Merkel, Angela 210
Method (Slawenapostel) 70
Metternich, Wolf von 280
Mixa, Walter 227
Mohammed 22, 100
Montanus (Prophet) 36
Moritz (Herzog von Sachsen) 108, 135, 136
Mose 168
Mosheim, Johann Lorenz von 256
Müntzer, Thomas 124, 235

Napoleon 63, 178, 194, 198f
Nero (Kaiser) 13, 28
Nestle, Eberhard 257
Niemöller, Martin 203f, 206, 221
Oberman, Heiko Augustinus 257
Ockham, Wilhelm von 91f
Odoaker 60
Oekolampad, Johannes 143
Origenes 14f, 21, 36–38, 45, 88
Osten-Sacken, Peter von der 198
Pachomius 50f
Papias 27
Paul III. (Papst) 141
Paul VI. (Papst) 201
Paulus (Apostel) 3, 12f, 26f, 35f, 279
Penn, William 219
Petersen, Johanna Eleonora 163f, 176
Petrarca, Francesco 59
Petrus (Apostel) 5, 26f, 82, 87
Petrus Lombardus 89, 156
Philipp (Landgraf von Hessen) 121, 128
Pilatus / Pontius Pilatus 1
Pippin III. (König der Franken) 62, 83
Pius IV. (Papst) 141
Pius VI. (Papst) 198
Pius VII. (Papst) 198
Pius IX. (Papst) 199f
Pius X. (Papst) 201
Pius XII. (Papst) 200
Platon 8, 37, 43, 92, 259
Plinius der Jüngere 29
Plutarch 8
Polykarp von Smyrna 26f, 29f
Potter, Philip 216
Priscillian 55
Quadratus 27
Radulph von Laon 88
Ragaz, Leonhard 189
Reihlen, Charlotte 222, 253
Reimarus, Hermann Samuel 170
Reiser, Konrad 216
Remigius von Reims 70
Reuchlin, Johannes 93
Robert von Molesme 73
Romulus Augustulus (Kaiser) 60
Rosenthal, Fritz (→ Ben-Chorin, Schalom)
Rosenzweig, Franz 196
Rousseau, Jean-Jacques 170, 174
Russel, Charles Taze 219
Schäufelein, Hans 79
Schapur I. (König von Persien) 53
Schindler, Oskar 206
Schleiermacher, Friedrich Daniel Ernst . . 37, 187f, 190, 252
Schweitzer, Albert 212
Schwenckfeld, Kaspar von 131

Semler, Johann Salomo 170
Servet, Michael 139
Siegele-Wenschkewitz, Leonore 198
Silvester I. (Papst) 83
Simon (Zauberer) 84
Simon von Trient 95
Smith, Joseph 219
Sölle, Dorothee 3
Sommer, Wolfgang 252
Sozzini, Fausto 132
Spalding, Johann Joachim 171
Spener, Philipp Jakob 150, 162, 164, 166, 174, 252
Spinoza, Baruch 168
Staritz, Katharina 206
Stephan II. (Papst) 62, 83
Stephanus (Märtyrer) 28
Stoecker, Adolf 196
Strauß, David Friedrich 235
Tarphon (Rabbi) 35
Tersteegen, Gerhard 151, 240
Tertullian 37, 45, 47
Theodosius (Kaiser) 15, 18, 42f, 84
Theresa von Ávila 157
Tholuck, Friedrich August Gottreu 189
Thomas von Aquin 89f, 156, 201, 252
Thomasius, Christian 168f
Tiberius (Kaiser) 11
Tillich, Paul 189
Trajan (Kaiser) 13, 29
Treitschke, Heinrich von 196
Tryphon (→ Tarphon)
Tschudi, Ägidius 58
Tutu, Desmond 226
Ulfila 69
Urban II. (Papst) 81, 85
Valdes 65
Valens (Kaiser) 54
Valerian (Kaiser) 31
Vitoria, Francisco de 156f
Voltaire 170, 176
Walch, Johann Georg 256
Weida, Ursula 121f
Wesley, John 173
Wettstein, Johann Rudolf 160
Wibert von Ravenna (Gegenpapst) 85
Wichern, Johann Hinrich 186
Wilhelm I. (Kaiser) 181
Wilhelm III. von Aquitanien 72
Wilhelm von Laon 88
Wulfila (→ Ulfila)
Wyclif, John 67
Zell, Katharina 121
Zinzendorf, Nikolaus Ludwig Graf von . 151, 165f, 173, 252
Zwingli, Ulrich 106, 110, 126–129, 131, 138–140, 143, 252, 279

9.6 | Sach- und Ortsregister

Abendmahl . 26, 66f, 86, 91, 106, 119, 127f, 131, 133, 143, 217
Abendmahlslehre 154
Ablass. 78, 106, 114, 126, 140, 145
Abt 50, 63f, 72, 76, 84
Abtreibung (s. auch: Schwangerschaftsabbruch). 201, 229
Acht 117, 133
ad fontes 92
Afghanistan 227
Ägypten 33
Ahnen 7
Akademie 9, 43, 60
Akko 65, 82
Aktion Sühnezeichen 207
Albigenser 66
allgemeines Priestertum . 119, 129, 139, 163, 166
Allstedt 124
Allversöhnung 155
Almosen. 67
Altes Reich 85
Älteste 139
Altgläubige 142
Altkatholiken 200
altprotestantische Orthodoxie 153
Amsterdam 172, 216
Anabaptisten 130
Anachoreten 49
Anglikanismus 173
Antichrist 116
Antike 18, 92, 104
Antikriegsschrift 93
Antimodernisteneid 201
Antiochien 3
Antisemiten-Petition 196
Antisemitismus 194, 196
Antitrinitarier 132
Aphrodite 7
Apologeten/Apologien 14, 33–35, 38
Apostel 12, 23f, 26, 100
Apostolikum 46
apostolische Sukzession 24, 356
Apostolische Väter 26f
Arbeiterbewegung 179, 189
Arbeitsgemeinschaft Christlicher Kirchen . . . 194
Archivalien 261
Ares 7
Arianer 61, 69, 100
arianischer Streit 45
Arierparagraph 203
Arnoldshain 209
Askese/Asketen 49–51, 54
Assisi 74, 76f, 103

Attentat 205
Auferstehung 3, 34, 42, 170
Aufklärer/Aufklärung 5, 9, 43, 94, 143,151, 166–171, 236
Aufklärungstheologie 170f
Augsburg 107f, 116, 133, 135f
Augsburger Bekenntnis 107, 133, 153, 180
Augsburger Interim 135
Augsburger Religionsfriede . . 136, 149, 158, 161
Augustiner-Eremiten 66, 77, 105, 112
Augustinregel 51, 77
Auschwitz 197
Auswanderung 136
Avignon 68, 86
Avignonensisches Exil 86
Bacchus 7
Bad Boll 209
Bahnhofsmission 186
Bannandrohungsbulle 117
Baptisten 144, 172
Barmer Theologische Erklärung 180, 204
Barock 156
Barockkirchen 157
Barockscholastik 156f
Basel . . 68f, 86f, 128, 137, 140, 143, 154, 190, 208
Bauernaufstand/Bauernkrieg 123f
Bayern 158
Befreiungstheologie 190
Beginen 77
Beichte 131
Bekehrung 164, 173f
Bekennende Kirche 183, 204, 221
Bekenntnis . . 46, 48, 65, 132f, 149, 151, 153, 155, 180, 188, 189
Bekenntnisbewegung 208
Belgien 144
Benediktiner 17, 52, 60, 63, 72, 76
Benediktusregel 52
Berlin 164, 188f, 240
Bern 128
Beschneidung 12, 20f
Bethel 186
Bettel 77
Bettelmönche/Bettelorden 66, 74f, 77f
Bibel 93, 106, 117–119, 123, 127, 147, 162–165, 168, 171, 188f, 201, 208, 212, 233, 241
Bibelanstalt 165
Bibelübersetzung 127
Biblizismus 181, 189
Bilder 120
Bilderstürme 119
Bildung 63, 110, 116, 141, 164, 170
Biografien 247

Bischof 24, 64, 109
Böhmen 149, 158
Bologna 88
Bonn 190
Book of Common Prayer 173
BRD 184
Brüdergemeinen [sic!] 165
Bruderschaften 184
Brüderunität 165
Buchdruck 115, 122
Bund der Evangelischen Kirchen in der DDR 184
Bündnis von Thron und Altar 84
Buße 162
byzantinisches Reich 18, 60
Calvinismus/Calvinisten 125, 136, 142–144, 150, 172
Canossa 64, 84
Canterbury 88, 173
Caritas 186
Cäsarea 3
Celle 162
Chalcedon 48
China 33, 225
Chorherren 74
Christen/Christentum 12
Christenlehre 210f
christlich-jüdischer Dialog 197
Christogramm 41
Christologie 44
christologischer Streit 48
Christus 2, 44
Church of England 173
Clairvaux 74f
Cluny 63f, 72f, 84
Coburg 133
Codex Iustinianus 18
Collegia pietatis 150
Confessio Augustana (s. auch: Augsburger Bekenntnis) 133, 136
cuius regio, eius religio 136
Damaskus 3
Dänemark 142f, 159
Darmstädter Wort 207
DDR 184
Deggendorf 95
Deismus 168
Dekonfessionalisierung 227
demografischer Wandel 226
Denkschriften der EKD 208
Denominationen 219f
deus absconditus 123
deus revelatus 123

Anhang

Deutscher Caritasverband 187
Deutsche Christen. 203, 221
Deutscher Tempel 196
Deutsches Reich 85
Diakon(in) 26, 139
Diakonie. 186
Diakonisches Werk 186
Diakonissen. 26, 185
dialektische Theologie 182, 190, 207
Dialog. 211, 213f, 225, 235, 237, 246
Diaspora. 195
Didache 27
Die Grünen 209
Dionys 7
Disputation 89
Dogmatik. 15, 37
Dominikaner 66, 77, 90
doppelter Ausgang 155
Dordrechter Lehrsätze 180
Dordrechter Synode 155
Dormitorium 76
Dreißigjähriger Krieg 149f, 158
Dresden 164
Dualismus 54
Dura Europos. 26
ecclesiola in ecclesia 163
Edikt von Nantes. 144
Edinburg 211
Ehelosigkeit. 51
Ehrfurcht vor dem Leben 212
Eidgenossenschaft 128, 137
Einsiedeln 126
Einsiedler. 77
Eisenach. 112
Eisenbahn 181
Eisleben 112, 135
Eklektizismus. 8
E-Learning-Module 254
Elkesaiten 22, 53
Emanzipation 194, 196
Empfängnisverhütung 201
England . . . 70, 88, 110, 142–144, 168, 172f, 179, 227
Entmythologisierung 208
Entwicklungshilfe 212f
Epoche . . . 12, 58f, 105, 111, 148, 178, 224, 250f
Erbauungsstunden 162f
Erbsünde 131, 199
Eremiten 49
Erfahrung. 91, 166, 246
Erfurt 112, 164
Erkenntnis 52–54
Erster Weltkrieg 181, 203
Erwachsenenbildung 249
Erweckungen 219
Erweckungsbewegung 181, 222

Erweckungstheologie 188f
Eschatologie 166
Essener. 6
Eucharistie. 26, 66, 128, 205, 207
Evangelikale. 173
evangelisch 105, 125
Evangelische Akademien 209
Evangelische Allianz 215
Evangelische Benediktinerinnen 121
Evangelische Kirche in Deutschland 192
Evangelium 2, 9
Examensarbeiten 259
Exemtion 64
Exorzist 1
Feg(e)feuer. 78f, 114
feministische Theologie 191
Ferrara 68, 87
filioque. 65
Finnland 142f
Firmung 163
Flugschrift 115, 122, 146
Formula Concordiae (→ Konkordienformel)
Formula Consensus helvetica 155
Franken 60, 70
Frankenreich 63
Frankfurt am Main 150, 162
Frankreich . . . 63, 135, 140, 142–144, 157f, 160, 178, 203, 228f
Franziskaner 66, 90f
Französische Revolution 151, 178, 194
Frau 65, 119–122, 147, 191, 227f, 257
freier Wille 115, 123
Freiheit 64, 72, 84, 111, 189, 238
Freikirche 193f, 218, 226
Frieden 213
Friedensbewegung 209
Friedensdienst 209
Frömmigkeit 150
Frömmigkeitsbewegung 162
Frühe Neuzeit 148
Fulda 179
Fürsprecher 78
Fürstenreformation 124
Gebet 72
Gefangenenfürsorge. 185
Gegenpapst 85
Gegenreformation 140
Gelübde 76
Gemeindereformation 123f
Gemeinschaftsbewegung 181
Genf 106f, 110, 137, 139, 170
gerechter Krieg 159
Gerechtigkeit. 105, 112
Germanen 69
Geschichte 233
Gesellschaft Jesu. 141

Gewalt . . . 70, 110, 121, 124, 128, 130, 139f, 152, 211
Gewissen 117
Glarus. 126
Glaube . 109, 112, 120, 123f, 127f, 131, 139, 186, 246
Glaubenstaufe. 172
Gnade. 157
Gnosis 52f
Goten 60f, 70
Gott 168, 190, 233
Gottesbeweis 90
Gottesdienst 26, 106f, 119, 147, 201
Gottesknecht 2
Gustav-Adolf-Werk 159
Habit 76
Hagenau 134
Hagia Sophia 18, 60
Halle 150, 164, 168–170, 189
Häresie/Häretiker 100, 35
Hausgott 7
Hauskirche 226f
Hauskreis 3
Hebräer 19
Hebraistik 154
Heidelberg 88, 115
Heidenchristen 28
Heil 139, 155, 157
heilig 225, 240
heilige Stätten. 82
Heilige 67, 76, 78, 80, 100, 106, 253
Heiligenverehrung 30
Heilige Geist 20, 65, 84, 139, 164
Heiliger Geist 164
heiliger Krieg 81
Heiliges Römisches Reich deutscher Nation . . . 62, 85, 178
Helfta 74
Hellenisten 19f
Helmstedt 240
Herrnhut 151, 165f
Hessen 108
Himmel 78, 80, 114
historisch-kritische Exegese/Methode . 171, 188, 201
Hofgeismar 209
Holland (s. auch: Niederlande) 144
Hölle 79f, 114
Holocaust 197
Homosexualität 228f
Horen 76
Hostie. 67
Hostienschändung 95
Hugenotten 144
Humanismus/Humanisten . . . 67, 92–94, 104, 112, 115, 122f, 126, 143, 151, 167

Hunnensturm 60	Kelten. 69	Kulturkampf 181, 200
Identität. 234, 245	Ketzer. 80, 106, 117, 125, 256	Kulturphilosophie 212
Indianer 156	Keuschheit. 76, 78, 93	Kulturprotestantismus 180
industrielle Revolution 178f	Kindertaufe 129, 131, 163, 172	Kurfürsten 85
Infallibilität 199	Kirche im Sozialismus. 210	Kurpfalz 158
Informeller Mitarbeiter 210	Kirchenbau 157	Kyniker 8
Innere Mission. 185, 186	Kirchengemeinde 248	La Chartreuse 74f
Inquisition 55, 77	Kirchengeschichte. 38, 88	Labarum. 41
Internationaler Versöhnungsbund 203	Kirchengeschichtsvereine. 243	Laie. 25
Internet 253, 255	Kirchenkampf 205	Laieninvestitur 64, 85
Interpretation 258	Kirchenkritik 67, 236	Laienkelch 67, 133, 135
Intoleranz 43	Kirchenlehrer(in) 38f, 65	Laientheologen 109
Investitur 64	Kirchenmutter. 39	Lambarene. 212
Investiturstreit 84	Kirchenspaltung 109, 111	Lambeth-Konferenzen 173
Irak 33, 225, 227	Kirchenstaat 62, 83, 179, 199	Landeskirche 191–193
Irrlehren/Irrlehrer 35f	Kirchensteuer 43, 192, 210	Laon 88
Islam (s. auch: Moslems) . . .4, 22, 54, 60f, 68, 82, 98–100, 213f	Kirchentag. 186, 197, 225	Latein. 61
	Kirchenväter . . . 14, 22, 35–39, 89f, 92, 154, 187, 190	Lateinamerika 230
Israel. 23, 195, 198, 225	Kirchenzucht 127, 138	Lateran. 83–86
ius reformandi. 136	Klausur. 76	Leibeigenschaft. 123
Jakobsweg. 101	Kleriker/Klerus 26, 32, 51	Leipzig 116, 164, 168, 210
Jansenismus 158	Kloster 17, 50, 72, 76–78, 91, 102, 121f, 143, 159	Lepra. 82
Jena 154		Letzte Ölung 78
Jerusalem. 1, 19, 21, 65, 81, 95	Koinobiten. 51	Leuenberger Konkordie 217
Jesuiten 141, 156, 200	Köln 69, 89	Lexika 252
Jubiläen 263	Kolonien. 181, 211	liberale Theologie 189
Judas von Meißen. 135	Kolosseum 29	Liebe. 186
Juden/Judentum 35, 93–95, 143, 165f	Konfessionalisierung 110, 141	Lima-Erklärung 217
Judenchristen 21–23, 28, 44	Konfessionelles Zeitalter 149	Loccum 75, 102
Judenfeindschaft. 194	Konfirmandenunterricht/Konfirmation .163, 249	Logos-Christologie 44
Judenfreundschaft 194	Konkordienformel/Formula Concordiae 149, 153, 180	London 195
Judenmission 195, 198		Losung 165f, 174
Judensau 96	Konstantinische Schenkung. 83	Lüneburg 163f
Judenvertreibungen 96f	konstantinische Wende 32, 55, 80	Luther Dekade 147, 230, 263
Jüdischer Krieg 6, 21	Konstantinopel 18, 64, 81	Lutheraner/Luthertum 125, 142f
Jugendweihe 209	Konstanz 68, 86	Luther-Gesellschaft. 145
Junge Kirchen 211	Konstruktion 259	Magdeburg 112
Jüngstes Gericht 78f, 155	Kontroverstheologie 157	Mailänder Edikt. 41
Jupiter (Gott). 7	Konventikel 163	Mam(e)lu(c)ken. 82
Kaiser/Kaiseramt. 83–85	Konzil . . . 15, 45, 47f, 68, 85f, 108, 110, 116, 134, 140f, 180, 199	Manichäismus 53f
Kaiserverehrung 7		Mansfeld 112
Kanon. 36, 171	Konziliarer Prozeß 217	Marburg. 128
Kanzelparagraph 200	Konziliarismus 87	Marburger Religionsgespräch 128
Kapitel 76	Koran 22	Marienerscheinung. 199
Kappel 129	Krankenpflege. 185	Mars (Gott) 7
Kardinal 86	Krankensalbung 78	Märtyrer/Martyrium. 13f, 29f, 33, 35, 95, 144
Karolinger 70, 72	Kreuz 44, 53, 100	
Kartäuser. 74	Kreuzestheologie 109	Märtyrerverehrung 30
Katakomben 30, 57	Kreuzgang 76	Massentaufe 62f
Katharer. 55, 66	Kreuzigung 1–3	Mauer (Berliner) 210
katholisch 142	Kreuzritter für den Frieden 203	Maulbronn 72, 75, 103
katholische Erneuerung 140	Kreuzzug 65f, 80–82, 94	Mauren 98
Katholische Könige 97	Krieg. 227	Maurentöter 101
katholische Reform 140f	Kriegsdienstverweigerung 209	Mediatisierung 178f
Kein anderes Evangelium 208	Kryptocalvinismus 154	Medina. 99
Kelchentzug 67		Meißen. 135

Mekka . . . 99	Niederlande . . . 110, 142–144, 155, 157f, 167	Philosoph/Philosophie . . . 8, 90, 92, 99, 115, 167, 189
Mennoniten . . . 130	Niedersachsen . . . 192	Physikotheologie . . . 168
Merowinger . . . 62, 70	Nonnen . . . 50, 76	Pietismus/Pietisten . . . 150f, 161f, 174f, 194, 211, 219, 257
Messe . . . 128	Nordkirche . . . 192	
messianische Juden . . . 23	Norwegen . . . 143	
Messias . . . 2, 21, 28, 44	Nostra aetate . . . 213	Pilger . . . 101
Methodenbücher . . . 252	Notbischof . . . 109	Pilgerfahrten . . . 67
Methodismus/Methodisten . . . 144, 173	Nottaufe . . . 138	Pilgerwege . . . 76, 101f
Militärseelsorge . . . 207, 211	Novizen . . . 76	pippinische Schenkung . . . 62, 83
Milvische Brücke . . . 39	Noyon . . . 137	Pisa . . . 86
Missbrauchsskandal . . . 228	Nursia . . . 52	Platonismus . . . 8
Mission/Missionare . . . 62f, 69f, 80, 181, 211–213, 216	Oblaten . . . 76	Pluralismus . . . 9
	Obrigkeitsgehorsam . . . 124	Polen . . . 132, 141, 225
Missionsbefehl . . . 69	Ockhamismus . . . 92	Potsdam . . . 170
Mithras . . . 7f	Offenbarung . . . 100	Prädestination . . . 139, 143
Mittelalter . . . 58f	Oktoberrevolution . . . 182	Prädestinationslehre . . . 155f
Moderne . . . 177f	Ökumene . . . 214–218, 225, 236	Präexistenz . . . 44f
Modernismus . . . 171, 221	Ökumenischer Rat der Kirchen . . . 216	Prag . . . 158, 160
Mohammedaner (s. auch: Moslems) . . . 94	Online-Ausstellungen . . . 255	Prämonstratenser . . . 74
monastische Theologie . . . 91	Opfer . . . 67, 128	Predigerorden (s. auch: Dominikaner) . . . 66
Mönche/Mönchtum . . . 17, 50–52, 63, 66, 71, 76, 109	Opferbefehl/Opferedikt . . . 30–32	Predigt/Prediger . . 66, 78, 91, 106, 110, 116, 124, 171, 201, 248
	Opferkult . . . 6	
Monepiskopat . . . 24	ora et labora . . . 73	Prémontré . . . 74
Monophysiten . . . 49	orientalische Nationalkirchen . . . 49	Presbyter . . . 24f
Monotheismus . . . 15, 22, 46	orthodoxe Kirchen/Orthodoxie . . . 18, 149, 153f	Priester . . . 25, 120, 133
Monte Cassino . . . 52	Osnabrück . . . 150, 160f	Priesterehe . . . 135
Moravian Church . . . 165	Ostdenkschrift . . . 208	Priesterorden . . . 74
Mormonen . . . 219	Ostermärsche . . . 207	Profess . . . 76
Moslems . . . 81, 98–100	Ostern . . . 47	Promotionen . . . 89
Mozaraber . . . 100	ottonisches Reichskirchensystem . . . 63, 178	Protestanten/Protestantismus . . . 125f, 166
Mülheim/Ruhr . . . 151	Palästina . . . 82, 195	Protevangelium . . . 41
Münster/Westf. . . . 130, 140, 150, 160	Papalismus . . . 87	Prozessionen . . . 76
Mutterhaus . . . 185	Papst/Papsttum . . 17, 39, 59, 64, 67f, 82–84, 87, 108, 116, 118, 125, 134, 141, 156f, 166, 179f, 198, 225, 229f	Prüfungsvorbereitung . . . 252
Mystik . . . 74, 77, 157		Psalmen . . . 76
Mythos . . . 54		Puritanismus . . . 172
Nachfolge . . . 75, 78	Päpstin . . . 87	quae supra nos nihil ad nos . . . 123
Nachrüstung . . . 209	Papstschisma . . . 86	Quäker . . . 172, 219
Nachtmahl (s. auch: Abendmahl) . . . 128	Paradies . . . 157	Quellen . . . 251, 254
Nag Hammadi . . . 53	Paraklet . . . 54	Qumran . . . 6
Namenstag . . . 30	Paris . . . 88, 90, 137, 141, 170	Rationalismus . . . 188
Nationalkirche . . . 143	Passah . . . 128	Realpräsenz . . . 128
Nationalkonzil . . . 116	Passau . . . 136	Rechtfertigung . . . 154, 217
Nationalsozialismus/Nationalsozialisten . . . 183, 197, 257	Pastor . . . 120	Rechtfertigungslehre . . . 134, 145
	Patrones Europae . . . 71	Reconquista . . . 100f
Nazareth . . . 1	Pennsylvanien . . . 132, 219	Refektorium . . . 76
Neoorthodoxie . . . 189	Petersdom . . . 114, 160	Reform . . . 68, 86f, 140
Neoscholastik . . . 201	Pfarrer . . . 120	Reformation . . 68, 92, 104f, 110, 112, 125, 153, 257
Neothomismus . . . 201	Pfarrernotbund . . . 183, 204	Reformationsjubiläum . . . 147, 230, 263
Neuapostolische Kirche . . . 24	Pfarrerwahl . . . 124	Reformationsrecht . . . 136
Neugläubige . . . 125	Pfarrhaus . . . 110f	Reformationstag . . . 105, 114, 168
Neuplatonismus . . . 8	Pfingstbewegung/Pfingstkirchen/Pfingstler 144, 219f, 226	reformatorische Hauptschriften . . . 116, 146
Neuprotestantismus . . . 153, 180		Reformierte . . . 125, 144
Neuzeit . . . 148, 177	Pfingsten . . . 47	Regel . . . 76
Nicäa . . . 45f	Pharisäer . . . 6, 19	Regensburg . . . 134
Nicaeno-Constantinopolitanum . . . 46	Philippinen . . . 229	Regionalgeschichte . . . 243
Nicaenum . . . 46	Philosemitismus . . . 194	Regionalkirchengeschichte . . . 262

regulierte Kanoniker. 74
Reich Gottes 166, 181, 189
Reich. 85
Reichskirche. 203
Reichstage. 107f, 116f, 133, 135f
Rekonstruktion 259
Religion 187
Religionsfreiheit 10, 43
Religionsgespräch. 108, 134
Religionskriege 128, 135
Religionspluralismus. 5
Religionstheologie 213
Religionsunterricht 43, 207, 210, 244f, 248
religiöser Sozialismus. 189
Renaissance. 67, 87, 92
Renaissance-Papsttum 87
Restitutionsedikt. 159
Rettungsanstalten 185
Revolution 181f
Ritualmord. 95
Rom 64, 82f, 86, 109, 112, 152, 157, 160
römisch-katholische Kirche 142
Russland. 71, 178, 182
Sabbat 21
Sachsen 63, 70, 80, 108
Sadduzäer 6
Sakramente 20, 130f, 133
Säkularisation 178f
Säkularisierung 179
Salamanca 156
Salerno. 88
Sankt Gallen 70
Santiago de Compostela 26, 99f
Säulensteher 51
Schaumburg-Lippe 192
Scheiterhaufen 117
Schismen 68, 86, 111
Schlacht am Weißen Berg 158
Schleitheimer Artikel 133
Schlesien 131
Schmalkaldischer Bund 108, 134
Schmalkaldischer Krieg 108
Schoah 195, 197
Scholastik 89, 156
scholastische Theologie 91
Schriftprinzip 106, 127, 129, 153, 181
Schwangerschaftsabbruch (s. auch: Abtreibung).
    202
Schwärmer 127
Schweden 142f, 150, 159f
Schwein 96
Schweiz 144, 151, 160, 180, 189f
Schweizergarde 83
Schwenkfelder Church 132
Seemannsmission 186
Seldschuken 81

Seminararbeiten 259
Sentenzen 89
Separatisten 163
Septembertestament 119
Septuaginta 37
Siebenbürgen 132
Simonie 84
Skandinavien. 110, 142
Sklaverei. 173
Slawen. 69f
Slawenapostel. 70
Sol/Sol invictus (→ Sonnengott)
sola fide 120, 123
sola gratia 120
sola scriptura 120
solus Christus 120
Sonnengott/Sol (invictus) 8, 15, 42
Sonntag 42
Sowjetunion 182
Sozinianer 132
Spanien 97f, 100, 135, 144, 157, 195
Speisevorschriften. 12
Speyer 125f, 130
Spiritualisten/Spiritualismus 127, 131–133
Spiritualpräsenz 128, 139
Spitalorden 184
St. Galler Klosterplan 72f, 103
Staatskirchen/Staatskirchentum . . . 43, 109, 142f,
    152, 172, 182, 191, 226
Staatsreligion 9, 15, 43, 60f, 70
stabilitas loci. 76
Stellvertreter Jesu Christi. 82
Stigmatisation 75, 199
stille Messen 66
Stoa 8
Stotternheim. 112
Straßburg. 134, 137
Stunden (zur Erbauung). 163
Stundengebet 76
Stuttgarter Schulderklärung 206
Styliten. 51
Südafrika 226
Summa theologica 90
Sündenvergebung 20
Syllabus errorum. 199
Synagoge 6, 19f
Synkretismus 8, 155
Taufaufschub 42
Taufe 20, 62, 70, 109, 112, 130f, 163, 218
Täufer. 129f, 132, 136
Taufgesinnte 130
tausendjähriges Reich 166
Tempel 6f, 19, 21, 98
Teufel 80, 123
Theologen/Theologie 13, 35, 89
Theologie nach Auschwitz 197

Theologiegeschichte 242
Theologiestudium 162
thesaurus ecclesiae. 106
Thesenanschlag. 115
Tiara 201
Tierschutz 187
Tod 78, 80
Toleranz 42, 60, 98, 100, 143f, 161, 170, 173,
    215, 218, 235
Toleranzedikt (313). 32, 41
Tonsur 76
Tours. 98f
Transsubstantiation 86, 128
Tridentinum 141
Trient 95
Trienter Konzil 108, 110, 134, 140–142
Trier 26, 42, 69
Trinität. 188
Trinitätslehre. 16, 36, 45–47, 139
Türken 68, 122
Türkengefahr. 133
Turmerlebnis 112
Überblicksdarstellungen 252
Unfehlbarkeit 180, 199f, 228
Unfehlbarkeitsdogma 202
Ungarn. 132
Unionskirchen 180
Unionskonzil 68
Unitarische Kirche. 132
Universität 61, 65, 67, 88–91, 99, 109
USA 132, 144, 218–220, 229
Vandalen 60
Vaticanum I 199
Vaticanum II 201
Vatikanstaat 62, 83
Venus (Gott) 7
Verbalinspirationslehre 153
Verfolgung 13–14, 28–33, 37, 225
Verfremdungserfahrungen 234
Vergebung 114
Vernunft 151, 167, 171, 188f
Visionen 3, 40, 74, 146
Völkerrecht 156
Völkerschlacht 178
Völkerwanderung 18, 60, 69
Volkskirchen 191
Vorlesungen 89
Vorreformatoren 67
Vulgata 39, 93
Waisenhäuser 164, 169
Waldenser 65f, 102
Wartburg 118–120, 147
Weihe 25
Weihnachten 48, 75
Weimarer Republik 182
Weltbild 168, 208

Weltethos 213	Wolfenbüttel 169	Zionismus 195
Weltmissionskonferenz 211	Worms 117f, 134	Zisterzienser 73f, 91, 103
Wende 210	Wormser Edikt 117, 133	Zivilehe 130, 181, 200
Werte 245	Wormser Konkordat 64, 84f	Zölibat 51f, 110, 119, 121, 126, 228
Westfalen 160, 162, 226	Wucher 97	Zönobiten 51
Westfälischer Friede 150, 161	Wunder 169, 188, 208	Zukunft 236
Westgoten 69	Württemberg 108, 162, 166, 192, 226	Zungenreden 219
Wiederbewaffnung 207, 221	Wüste 49, 72	Zürcher Bibel 127
Wiedertaufe 130	Zeitgeschichte 224	Zürich 106f, 110, 126–129, 143
Wiedertäuferreich 130	Zeitrechnung 11, 88	Zweifel 167
Wiener Kongress 178, 199	Zelle (eines Mönchs) 76	Zweinaturenlehre 16, 48
Winterkönig 158	Zeloten 6	Zweiter Weltkrieg 183
Wittenberg 112, 120, 129, 135, 143, 186	Zeugen Jehovas 219	Zwickau 124
Wittenberger Konkordie 134	Zeus 7	Zwölf Artikel 124

9.7 | Nachweis der Abbildungen

Titelbild: Atelier Reichert nach Fotos von Martin H. Jung.
Abb. 2.2: Raffaele Garrucci: Il crocifisso graffito in casa dei cesari ed il simbolismo cristiano in una corniola del secondo seculo. Monumenti due. Rom: Civiltà Cattolica, 1857, S. 5.
Abb. 2.4: Manfred Clauss: Konstantin der Große und seine Zeit. München: Beck, 1996 (Beck'sche Reihe 2042: C.H. Beck Wissen), S. 47. Vgl. auch Kay Ehling, Gregor Weber (Hg.): Konstantin der Große. Zwischen Sol und Christus. Darmstadt: von Zabern, 2011 (Zaberns Bildbände zur Archäologie, Sonderbände der Antiken Welt), S. 25, Abb. 5.
Abb. 3.2: Deutsche Geschichte. Bd. 1: Von den Anfängen bis zur Ausbildung des Feudalismus Mitte des 11. Jahrhunderts / Joachim Herrmann u.a. Berlin (Ost): Deutscher Verlag der Wissenschaften, 1985, S. 339.
Abb. 3.4: [Ulrich Tengler]: Der neü Layenspiegel von rechtmässigen ordnungen in Burgerlichen und peinlichen Regimenten. [...]. Augsburg: Otmar, 1511, Bl. 222r.
Abb. 3.5: H[enry] Martin: Les principaux Manuscrits à peintures de la Bibliothèque de l'Arsénal à Paris / Philippe Lauer (Bearb.). Paris: Sociéte, 1929 (Société française de reproductions de manuscrits à peintures 10/11), Tafel 35.
Abb. 4.1: Holzschnitt, Lukas Cranach d.J., um 1547 (Kupferstich-Kabinett, Staatliche Kunstsammlung Dresden).
Abb. 4.3: Ain anzaigung wie D. Martinus Luther zu Wurms auff dem Reichs tag eingefaren durch K.M. Jn aygner person verhört vnd mit jm darauff gehandelt. Augsburg: Melchior Ramminger, 1521, Frontispitz.
Abb. 4.4: Ayn bezwungene antwort vber eynen Sendtbrieff / eyner Closter nunnen / an jr schwester imm Eelichen standt zuogeschickt / darinn sy jr vil vergebner vnnützer sorg fürhelt / vnn jre gaistliche weißheit vnn gemalte haylikait zuo menschlichem gesicht aff mutzet. [Nürnberg: Hieronymus Höltzel], 1524, Frontispitz.
Abb. 4.5: Das hond zwen schweytzer bauren gemacht. Fürwar sy hond es wol betracht. [Zürich: Christoph Froschauer], 1521, Frontispitz.
Abb. 5.1: Besonders curieuses Gespräch In dem Reiche derer Todten, Zwischen Zweyen im Reiche der Lebendigen Hoch-berühmten Männern Christian Thomasio [...] Und August Hermann Francken [...]. Bd. 1. O.O.: ohne Verl., 1729, Frontispitz.
Abb. 5.2: [Wolf von Metternich]: Die Wahre Kirche / was und wo sie sey / Von ihren Eigenschafften und Kennzeichen / Auch Was die Geist- und Weltliche Obrigkeiten für Recht über sie haben [...]. Andere Edition Mit 2. Capiteln vermehrt. Frankfurt a.M.: ohne Verl., [1717], Frontispitz.
Abb. 6.3: Auf dein Wort. Beiträge zur Geschichte und Theologie der Evangelischen Gesellschaft des Kantons Bern im 19. Jahrhundert. Zum 150jährigen Bestehen der Evangelischen Gesellschaft herausgegeben / Rudolf Dellsperger, Markus Nägeli, Hansueli Ramser (Hg.). Bern: Haller, 1981, S. 100.

Die Karten (2.1, 2.3, 3.1, 3.3, 3.6, 4.2, 6.1) wurden von Thomas Buri gezeichnet, ebenso die Grafik auf S. 215 (6.2).

Michael Tilly

Apokalyptik

UTB Profile
2012, 144 Seiten,
zahlreiche Abbildungen und Tabellen
€[D] 12,99/SFr 18,50
ISBN 978-3-8252-3651-9

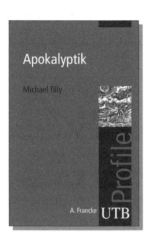

Die Erwartung eines radikalen Endes dieser Welt begegnet in der jüdischen und christlichen Tradition seit der Antike, und bis heute gehört die Vorstellung vom nahen Weltuntergang zu den Glaubensüberzeugungen zahlreicher religiöser Sondergemeinschaften. Vom Holzschnitt bis zum Horrorfilm fand das Thema immer wieder Eingang in die populäre Kultur. Dieser Band bietet gezielte und präzise Informationen über die antike jüdische und frühchristliche Apokalyptik sowie eine anschauliche Darstellung der Geschichte des Phänomens von der Spätantike bis in die Gegenwart.

Narr Francke Attempto Verlag GmbH+Co. KG • Dischingerweg 5 • D-72070 Tübingen
Tel. +49 (07071) 9797-0 • Fax +49 (07071) 97 97-11 • info@francke.de • **www.francke.de**